一個主廚的誕生

暢銷美食作家勇闖世界級主廚殿堂，
邁可·魯曼的美國廚藝學校CIA圓夢之旅

THE MAKING OF A CHEF:

Mastering Heat at the Culinary Institute of America 2nd Edition

Michael Ruhlman 邁可・魯曼
劉佳澐 譯

目錄

前言

再次踏入美國廚藝學院（Culinary Institute of America, CIA）大廳的那一刻，我依然由衷地感到震撼。重新身處在這座料理的殿堂，這裡有數十間繁忙的教學廚房、上百位學識淵博的名廚導師，還有無數熱情投身於烹飪世界的學生，這一切都是如此令人振奮。

我愉快地對眼前的新生說，現在正是進入美國餐飲業最好的時機。這段時間，廚師擁有前所未見的聲望、優質的食材日益豐富，食物也益發獲得矚目，有時是嚴肅的議題，有時是閒話家常的材料。我也告訴他們務必精熟烹飪的基礎知識，如此一來，其他過程都將跟著步上軌道，更重要的是，一旦掌握了烹飪的根本之道，便也擁有廚藝生涯的成功之鑰。我也說，一定要多加提問，在這段短暫的學習時光中，盡可能多吸收烹飪的知識與智慧。

這既是一次完整的烹飪教育，也是一趟充滿冒險的旅途，將徹頭徹尾地改變你，改變你對時間的理解，還有你與事物的關係。好的烹飪教育，無論是在餐廳裡或學校內，都會改變你對世界的看法，讓你重新組織生活、重塑對自己與他人的期望，使你以不同的方式面對挑戰。廚房的規則以及廚師與眾不同的工作精神，和我所遇過的每一件人事物都大相逕庭，在最好的廚房裡，這種精神是最值得努力達到，卻也是最難以保持的。

烹飪教育讓我們得以了解蔬果與肉類經烹煮會發生什麼變化，這是一種博大精深的知識系統。同時烹飪教育也使我們掌握運用雙手的方式、肢體技巧，並不斷精進這些經驗。最根本、最細膩的烹飪如同一門工藝，而工藝必須反覆練習，隨著練習，速度和精確度都將越來越好。

然而，最重要卻也最鮮為人知的是，烹飪教育是一種壓力訓練與自我激勵的過程，你可以做得比你想像的更多，做得比你以為的更好。這就是你每天必須達成的目標，當你學會拆解雞肉、醃製火腿、燻製香料，或者製作一份英式蛋奶醬（crème Anglaise）時，你知道自己會一天比一天更好。好的烹飪教育最終的目標是激勵你前進、讓你學習得更多、工作更加努力，並且做得更快更好。始終如此。

這本書側寫了全美最具影響力的烹飪學校之一，記錄其中的學生、老師、班級、課程和食物群像。同時，也是關於廚藝旅途中可能遭逢的種種轉變。我原本是一名記者，卻為了寫成本書成為一名廚師，這遠比我從前或往後所做過的任何一件事，都更加徹底地改變我的生活。

❖ ❖ ❖

我是因緣際會之下來到廚藝學院的。一九九六年，廚師這項職業正準備站上知名度的高峰。當時美食頻道（Food Network）正在草創階段，《艾默利現場秀》（*Emeril Live*）則在那年夏天首度登上螢光幕。在地食材與有機食品尚未成為大眾的目光焦點，主要是廚師之間在討論。美國人對食物、烹飪和餐廳的感興趣程度雖然日漸增長，卻也仍未到稱得上是「美食革命」的年代。

那一年，一共有一百五十七種烹飪學位、兩萬九千名學生，而我正是選擇其中一項學位的其中一名學生。根據廚藝學院的數據看來，去年共有六萬兩千名學生、三〇一種學位。現今，全美有五十六所學校提供烹飪學士學位，我入學當年只有兩所學校有設立烹飪科系：美國廚藝學院，以及擁有五個校區和最多學生的強生威爾斯大學（Johnson & Wales）。

十多年間，尋求正規烹飪教育的學生便增加了一倍，還有許多新生是轉職者。二〇〇五年我重回廚藝學院時，便遇到過一些年約四、五十歲的學生，他們曾是銀行從業員、醫師、律師或從事其他辦公室工作，有的人在過去的工作中無法獲得滿足感，有的人長期懷抱著專業廚師夢，他們最終都選擇了踏上這條冒險之途。而現在廚藝學院的學生，比當時的同學年輕許多，平均年齡從二十六歲降至二十四歲，轉職者只占了增長人數的一小部分。

招生數字之所以在十二年間足足增加一倍，我相信是因為食品產業的工作機會也大幅成長了。入學的學生不再如同過去六十年來那樣，將「成為主廚」視作唯一的目標（廚藝學院於一九四六年在紐哈芬市成立，為二戰退伍的美國軍人提供轉換跑道的機會）。如今，餐飲業持續強勁成長（今天的數字是五五八〇億美元，較去年成長了二一〇億美元），那些想成為廚師或餐廳工作者的人，一定也會擁有充足的就業機會。雖然在媒體與出版、食品生產和各個工商行業中，新的機會也比比皆是。

報名人數增加的另外一個原因是，廚師的聲望越來越高，因此修習烹飪學位似乎變成一件很潮的事。在過去，廚師並不是一個會讓父母們拿來吹噓子女成就的行業，現在已經是了，而這樣的轉變有好有壞。廚師能主持電視節目、廚師能當作家、廚師能開發一系列商品、廚師可以擁有各種生意。有些廚師成為舉世聞名的大人物，像是沃夫甘・帕克（Wolfgang Puck）、馬利歐・巴塔利（Mario Batali），還有尚—喬治・馮格里奇頓（Jean-Georges Vongerichten），以及無數在世界各地經營餐廳、銷售餐飲和烹飪產品的人，他們實現了職業廚師過去不敢想像的財富與名聲。

這對廚師來說是件好事。畢竟廚師值得我們尊敬，不是因為他們的工作，也不是因為他們的名氣，更不僅是因為他們身穿白色的廚師袍。好的地方在於，許多廚師透過努力工作，取得巨大的成功，也贏得其他同行的欽佩。而這些人的非凡成就，為整個行業帶來正面的影響。

然而這種現象也有負面影響。年輕的廚師可能會受到這些成功經驗的吸引，深信踏出烹飪學校的大門之後，眼前的道路勢必一帆風順。這樣的想法有點像是，認定所有在高中美式足球隊或籃球隊認真練習的人，未來都可以加入NFL或NBA，並有優異的表現。但殘酷的事實是，接下來進入廚藝學院的成千上萬名學生之中，只有極少數人會因為他們的廚藝或經營的事業而名利雙收。

因為近期名廚製造的夢幻泡泡，許多進入烹飪學校的學生會在畢業後感到失望和幻滅，身上還背負著學貸，並做著一些勉強餬口的工作。然而，這其實才是畢業後該接受的真相，甚至，這並不是什麼壞事。

當你完成烹飪學業之時，你所擁有的是一系列「工具」，讓你繼續學習如何獲得成功。繼續學習意味著累積經驗，而這需要時間。食品產業和相關行業非常廣闊，機會也很多。有些機會甚至尚未被創造，但即將出現，很可能會有一名正在研讀烹飪學位、野心勃勃的學生創造出來。由於機會不斷增加，那些報名就讀學位課程或輔修的學生，都將在就業市場中占有優勢。如果你有時間和金錢繼續進修，或許這項投資會是值得的。

這些年來，本書的許多讀者寫電郵給我。有人感謝我將他們從烹飪學校的想像裡拯救出來，但也有更多人說，這本書正是他們進入烹飪學校的原因。

我最常被問到的問題是：「這值得嗎？我是否該讓自己負債來就讀，或者在餐廳工作學習就好？」

這其實只有你自己能判斷。但我相信兩種都可以，視你的情況而定。一種需要花大把鈔票，但能在很短的時間內學習到很多知識；另一種則需耗費大量時間，也無法學到學校傳授的廣泛通識，但你能在學習的同時賺錢，此外，許多知名且備受尊敬的廚師都是透過工作磨練出來的。後者的變數較多，也較費時；前者極其昂貴，但我認為物超所值，因為能如此迅速地學到大量知識。

我還收到許多無法答覆的讀者電郵，多半是一些不再是年輕小夥子的人所寫。他們想知道一切是否為時已晚。「魯曼先生，」上週就有一位記者這麼寫到：「我是不是瘋了，才會以為自己能在五十歲的時候開啟烹飪生涯？」

看情況。如果這個人想成為一名餐廳廚師，我會說，確實是晚了。真正的餐廳烹飪是一場年輕人的比賽，需要非凡的毅力與耐力。廚師是一種考驗體能的職業，更接近職業美式足球，而不是表演藝術，你的身體強健，廚藝就越好。從烹飪學校畢業後，你至少需要花五年的時間，才能找到自己在廚藝產業的定位。接著還要再五年才能獨當一面，像是擁有一間餐廳，或者經營一個烹飪相關的生意。我不認識任何六十歲以上的廚師仍繼續在廚房工作。有些接近五十歲的朋友，偶爾還會在自己的餐廳廚房裡上班，但他們說，年輕同事總會不耐煩地在他們身後大聲朗讀出餐清單，因為他們的動作已經不夠快了。一如任何需要耗費體力的職業，無論是運動、手術或者烹飪，在廚師的一生中，總有一天，知識和經驗再也無法彌補速度的下降。

然而，如果這位來函的記者是想以其他方式涉足食物的世界，那麼，他可沒有發瘋。五十歲還能為各種挑戰而奮鬥，而如果經濟許可，烹飪學校能為你打開許多機會，讓你獲得回饋。或許是創作，也可能是製造，或者外場工作，甚至可能是食品公司的研發角色。

我是在一九九七年的一月完成了這本書的草稿和我的烹飪學校之旅，那年我三十四歲。當時我為了寫這本書而去就讀烹飪學校（當然還加上一些好運才能入學），但我完全沒有想到，這會成為我持續創作的基礎，並成為我主要的收入來源。艾爾頓・布朗（Alton Brown）也是在電視行業工作到三十多歲，過程中預見了美食節目的潛力，並在一九九四年前往新英格蘭烹飪學院（New England Culinary Institute）就讀。一九九一年，他向美食頻道提案他的節目《好吃》（*Good Eats*），從此大受歡迎，主持各種電視節目與紀錄片，並撰寫了許多本關於食物與烹飪的好書。

毫無疑問，有許多已屆中年的學生在烹飪界取得成功。這完全取決於你的目標是什麼。若你打算涉足某種飲食媒體，無論是出版或者影視，我建議你前去接受烹飪教育。我相信擁有堅實烹飪基礎的人，最適合運用傳統媒體與新媒體帶來的機會。

❖ ❖ ❖

我寫這本書的主要目的，並不是想當作烹飪學生的入門書；相反地，我想寫的是一則故事，讓無意進入烹飪學校的讀者，也能一窺學習烹飪會為你帶來什麼樣的改變、成為一位廚師意味著什麼，還有專業烹飪能讓我們了解哪些食物的知識、在專業廚房和家中烹飪又分別是什麼樣的體驗。這本書中，都是我在廚藝學院的旅途上所遇到的真實人事物。

我已經和書中提及的大多數人失去聯繫，但有些人仍然保持友好關係。亞當・薛柏（Adam Shepard）目前是弦月餐廳（Lunetta）的主廚兼老闆，有兩家分店，分別在曼哈頓和布魯克林。班・格羅斯曼（Ben Grossman）也在布魯克林開了一間餐廳叫燒烤聯盟（The Smoke Joint）。保羅・特魯希洛（Paul Trujillo）跑到維京群島的聖約翰餐館（St. John）擔任主廚。崔維斯・亞伯哈斯基（Travis Alberhasky）則在堪薩斯一間外膾公司擔任廚師，也是密蘇里國民衛隊（Missouri National Guard）的成員，曾經被派往伊拉克後又回國。李恩晶後來取得博士學位，目前在韓國的一間餐飲管理學院教書。去年，我巧遇當年和我一起上烘焙課的吉兒・戴維（Jill Davie），她現在在聖塔莫尼卡（Santa Monica）的法式餐館喬西（Josie）擔任行政主廚，當時她前去參加美食頻道的實境節目《下一位鋼鐵大廚》（*The Next Iron Chef America*）。她告訴我，我們烘焙課的另一位同學傑森・但丁（Jason Dante）後來成了護士。我又巧遇了比爾・史潘斯基（Bill Scepansky），我曾在美豐盛餐館（American Bounty）和廚藝學院納帕谷（Napa Valley）分校的一次食品研討會上和他一起下廚，現在他是一家大型製造公司的員工餐廳廚師。另外，也曾在美豐盛餐館和我一起負責燒烤檯的約翰・馬歇爾（John Marshall），後來在南卡羅來納的查爾斯頓

（Charleston）經營一間餐廳，多年後，他又賣掉這個事業，改在北加卡羅來納買了一座農場，並希望能在那裡開設一家「從農場到餐桌」（farm-to-table）的綠色餐廳。

大家各奔東西，烹飪的世界很大，而他們是十年前的畢業生中幾位具有代表性的同學，現在過著各自的生活。

現在，廚藝學院的現任校長提姆．萊恩（Tim Ryan）擴大設施、校區和課程，將學院往前推進了一大步。在他的管理下，廚藝學院可不是一座「職業學校」，他希望這所學院能像常春藤盟校那樣，成為一所高等教育機構。任何讀過這本書又前往就學的讀者，都會發現課程已經改變，這是因為，在這個不斷發展的領域中，越來越需要更加專業化的教學。然而即使廚藝學院不斷隨著時代而改變，基本的初衷與精神卻始終如一。

噢，別忘了帕德斯主廚（Chef Pardus）。他至今依然在海德帕克（Hyde Park）校區教書。他還成為一位亞洲美食專家，也依舊是我的摯友，他有一個和我兒子同年紀的女兒。一週前，我寄電子郵件告訴他我正在寫這篇書序，而這段期間他正好一天上兩門課，除了早上的亞洲烹飪課之外，還接手了一門晚間的基礎技能班。

「現在是第八天，」他寫到：「不過，是『現代版』的。真沒想到我會這麼說，但今天，我叫大家過來看洗鍋槽的時候忍不住笑了出來，我對他們說：『真有趣，我記得有本書就寫過這個場景……』我要大家不能對水槽裡的髒鍋子視而不見，有的人知道這一段。

「老天，等這段課程結束後就輕鬆多了……想必你一定幸災樂禍，我才剛嘗完十九份天鵝絨醬和十九份花椰菜奶油濃湯，真是太可怕了。」

幸好，有些人事物至今從未改變。

邁可・魯曼

克利夫蘭高地，俄亥俄州

二〇〇八年，五月

第一部

廚藝技能

1 秘密身分

一束用捆肉繩纏起的衣物正在沙發上等著我，看上去和其他剛洗好的衣服一樣普通。我將它夾在手臂下，邁步走出辦公室，穿過美國廚藝學院主樓的羅斯大樓（Roth Hall），溜進廁所最裡頭的隔間。我脫下毛衣和牛仔褲，把它們塞進皮製肩背公事包，然後解開那束衣物，抽出其中一件千鳥格紋長褲套上，最後，將那件潔淨的雙排釦廚師服罩在我的白色T恤外頭。剩下的那條褲子也塞進公事包裡，我蓋上包包，抓起黑色大衣和刀具組，推門走出隔間。

我在鏡子前面停下腳步。離開高中美式足球校隊之後，我就再也沒有穿過制服。我對自己嘲弄地抬抬眉毛，又不確定地聳聳肩。鏡中人一身烹飪學校的學生打扮，看起來分明是我，卻又不像我。似乎更像一個擁有秘密身分的人。但我可不能一直站在這裡思索這穿著制服的另一個自我——現在我得盡快找到K8教室，去上麥可．帕德斯主廚（Chef Michael Pardus）的技巧課程。

我匆匆走過砌著黑磚的廊道，右手邊是一間狹長的透明廚房，左側的牆面上則鑲嵌著數個展示櫃。左轉之後是校友廳，這裡曾是耶穌會修道院的小教堂，現在改建成主要的用餐空間。我大步走過洗碗站後左轉，終於來到K8教室，也就是左側的第一間廚房。這堂課表訂下午兩點開始，幸好，我還提早了一兩分鐘抵達。

我一腳跨進門，十八雙眼睛朝著我的方向望過來。

帕德斯主廚話說到一半頓住。教室裡，四張不鏽鋼大桌排成兩列，十七名學生在桌旁站得筆直，此刻全都好奇地盯著我。帕德斯主廚穿著一身標準的教練廚師服，和學生制服很類似，但夾克前襟綴著兩排精美的白色圓釦，領沿則壓有綠色和金色條紋，胸前口袋上的名牌也是綠色的。他頂著一頂紙質廚師帽，比學生的帽子高上一兩吋。他的身材精實，扣掉帽子的高度，身高看上去大約五呎十吋，帽沿和衣領之間露出一些整齊的淺棕色捲髮，此外，還戴著一副金屬細框眼鏡。

「邁可，」主廚開口。上週我們已經打過照面，他給了我課堂資訊和一些回家作業。

「是的，主廚，」我回答：「抱歉我遲到了。」

「你是十八號，我把你分在第一桌。」他指著我的位置，就在他的正前方，也是整間教室的最前端。他自己則站在一張似乎是六〇年代留下來的破舊金屬桌後面，身後的白板上，有他以亮色馬克筆寫下的字跡：

第一天

2份調味蔬菜

2份番茄碎

1份香料袋

1/2份洋蔥末

我走到自己的位置，將物品堆在鋼桌的架子上。

「你有帽子嗎？」帕德斯主廚問道。

「他們沒有給我帽子。」我回答。

「那領巾呢？」

「也沒有。」

「在這間廚房上課這兩者缺一不可，我等一下會打電話給裝備配發庫房，看能不能讓你穿得講究一點。」帕德斯主廚似乎有點不高興。我不僅遲到，還服裝不整。

但我來了，這是現在最重要的事實。我身在此處，就在這個實體的場域之中。

❖ ❖ ❖

我終於來到烹飪基礎技能初階班，這是美國廚藝學院極為複雜的課程規劃中第一門廚房實作課。跨出這一步，我覺得某方面來說，是早在十年前就已經注定的。

大學畢業後不久我便開始在紐約工作，那時我叔公比爾・格里菲斯（Bill Griffiths）曾寫了封信給我，信中闡述了藝術的定義，還提起他數十年前在紐奧良格拉多瓦餐廳（Gallatorie's）吃過的一餐。「整份餐點包含了許多東西，」他寫道：「但我始終無法忘懷的就是馬鈴薯。沒有花俏的醬料、沒有複雜的調味，也沒有其他配料相佐——只是樸實的馬鈴薯塊，表面煎得細緻鬆脆，口感極酥，而內部嘗起來如此飽滿滑順，風味十足，讓人同時感受到細膩的質地與絕妙的滋味。這道菜讓我了解到，廚師並沒有透過馬鈴薯來展現他浮誇、華麗的烹煮技法，而是將他藝術家般的技藝奉獻給了馬鈴薯。」

我在這段文字中找到了一種根本的真理，於是便將最後一句話寫在一張三乘五吋的卡片上，並貼在我桌旁的牆面。

在我的叔公比爾寫下這段話的近十年之後——卡片已經褪色，但仍貼在我的牆上——我有意開始學習烹飪，並書寫**如何**學習的過程。我希望自己能將叔公對藝術與馬鈴薯的闡釋當作點亮這段旅途的一盞明燈，不要費力追逐那些登上美食雜誌上的料理，而是學習烹煮出比爾筆下的那種馬鈴薯。

我的目標既謙虛又傲慢：我想學習如何將自己的技巧奉獻給馬鈴薯。**奉獻**對我來說是個關鍵字，是一切的主軸和不可動搖的支撐，即便這樣目標還會延伸出許多其他層面。像是，優秀的烹飪真的是一種藝術嗎？廚師算是藝術家嗎？華麗、浮誇的技法又有什麼問題？不起眼的馬鈴薯是如何變得這般重要，以至於我叔公數十年後仍舊記憶猶新？

還有，我真的很愛吃馬鈴薯。

基於渴望學習烹飪，並書寫其中的藝術、歷史和美食概念，以及對於「吃」那種純粹、與生俱來的熱愛，這兩個要素醞釀了我來到美國廚藝學院學習的計畫，這裡是全國最著名的烹飪學校，也是一個料理知識的聖地。他們會教些什麼呢？根據這所學院的定義，廚師最需要了解的是什麼？什麼是烹飪教育最不可動搖的核心概念？還有，真正優秀的烹飪秘訣又是什麼？

我想要明白這一切，於是便來到這裡成為一名學生。我將全力學習烹飪，彷彿我的未來全仰仗於它。當我走進帕德斯主廚的技巧課程，我就像踏入了一個全新的世界，準備理解如何才能成為一位專業的廚師。我將從基礎著手，而這門技巧課程的基礎就是高湯。

❖ ❖ ❖

「製作高湯是這門課程最主要的目標之一，」當我們開始參觀廚房時，帕德斯主廚這麼說道。我們的第一站：蒸氣鍋。這三座巨大的容器都是加熱的大缸，固定在蒸氣管上，並連接著兩支水龍頭。每天，中間的那座蒸氣鍋會盛滿一百二十磅的雞骨，二十二又二分之一加侖的水，和十五磅的調味蔬菜，並加入一袋用粗棉布包裹起來的月桂葉、黑胡椒、歐芹莖和百里香，稱為「香料袋」。這個食材組合會在課堂結束時熬成十五加侖的雞湯，待放涼之後便會貼上標籤儲存起來，作為之後的教學使用。

「製作高湯時溫度應該怎麼樣？」帕德斯主廚問。

幾個聲音回答：「微微沸騰。」班上的每個人應該都已經從回家作業中的影片學到這一點。學校圖書館裡大約儲藏了兩千三百支影片，有些是學院拍攝的電視烹飪節目，例如《美國廚藝學院的烹飪秘辛》（*Cooking Secrets of the CIA*），由學院教師擔任節目主廚，最近開始在全國各地的公共電視台播放。其他館藏影片則大多都是實用技巧教學，專為學院學生製作，像是「熬製褐高湯」、「牡蠣去殼」和「刨解小牛」。

「沒錯，微微沸騰，」帕德斯主廚複誦：「表面上只要有一點點沸騰的氣泡就可以了。為什麼呢？因為我們不希望肉材的脂肪乳化，在高湯裡產生其他雜質。我們希望高湯看起來是清澈的。」

帕德斯主廚蹲在最後一具蒸氣鍋的水龍頭旁，先扭開它後又關上，一邊說道：「要確定水龍頭是關起來的，否則你們的鞋子都會濕掉。」接著他轉動蒸氣管上的把手，蒸氣開始注入鍋子的夾層，發出一連串舊暖氣常有的那種叮噹聲響。帕德斯主廚又從桌上拿來一個白色大桶，把裡頭四十磅的牛骨全倒進鍋子裡，並將水龍頭打開，讓水注入鍋中。

「首先我們要汆燙牛骨，」他說：「目的是要去除雜質，主要是血液。水將變得濃稠、帶有臭味，呈現灰色。這時我們就會將水倒掉，淨空鍋子。在這門技巧初階班，我要你們用實際測量的方式來熬湯，到了第二級課程時，你們靠視覺就能作出判斷。」他桌子左邊的畫架上放著一大疊紙張，上面寫著高湯的各種食材比例，從水到骨頭、調味蔬菜和番茄都有。最初的三週，帕德斯主廚希望我們進行測量，以便了解七加侖半的水加入四十磅的牛骨後，水位會比牛骨高出多少。「四個小時後，我們要添加什麼？調味蔬菜，沒錯。最後的一小時則要加入香料袋。」接著他又說，當我們要過濾高湯時，溫度大約是攝氏六十三度，過濾後我們會讓所有的高湯冷卻——通常每天會煮三十加侖的湯——在兩小時之內降至二十一度，四小時內降至七度左右，正如學校的衛生守則要求的那樣。「不過別擔心，」帕德斯主廚說：「把湯從蒸氣鍋移動到冷藏櫃只需要十八分鐘，我想最快的紀錄是十六分鐘而已。」

「冷卻之前要確定脂肪都已經濾乾淨了，」他又補充：「如果你忘了這點，之後在製作法式清湯時，同學們都會討厭你，因為你會害大家的成績被扣兩分。」

接著他向我們介紹烤箱。兩大排烤箱幾乎跟房間一樣長，分別排在教室的兩側。「到教室來時，要確認你的烤箱是否正常運作。同學們不必自行打開常燃小火，維修部的同仁會幫大家處理。因為要是沒弄好，你就會被炸飛，」他皺皺鼻子，然後笑了：「很恐怖的，你臉上的毛髮都會被燒光。」

然後他向我們展示瓦斯爐和鐵板，後者說明得更仔細：「你並不會每次都知道鐵板燙不燙。如果很燙，」他一邊說著，一邊將手靠近鐵板感覺溫度，接著將手掌放在那面黑色金屬平面上：「我的手現在就黏在上面了。鐵板的溫度可以非常高，因此如果你有很多口鍋子要在上面進行料理時，就需要用錫箔紙環來調節溫度。」

最後，帕德斯主廚回到牛骨高湯的蒸氣鍋旁，鍋子現在已經開始冒煙了。他身後的牆上貼著一大張紙，上面寫著：

好湯底的判斷基準

—味道

—清澈度

—色澤

—濃稠度

—香氣

「已經有血水流出來了，」他望著巨大的蒸氣鍋，一邊說道：「煮開之後就會變成灰色。」

帕德斯主廚繼續帶著我們在廚房中走動，他順時針方向繞過爐灶，來到水槽旁，洗滌槽分別盛裝著熱肥皂水、熱漂白水和冷消毒水。同學們每天要輪流負責清潔水槽。但要是當天課堂上製作的是白醬，這可就不是件容易的工作。離開水槽前，他告訴我們：「行有餘力的話，請大家一定要互相幫忙。互助合作會讓你學到更多，別讓同學整晚一個人留在這裡洗碗。」此外，同學們每天還要輪流負責食材管理，分配材料時，清潔值日生就要在一旁協助調度人力。「值日生就像副手，」主廚說道：「他們就是這間廚房的副主廚。如果他們請你協助某件事——如果這間教室的任何一位同學請你幫忙——請不要說『我很忙、我頭痛、我的菜被狗吃了、我搞丟了』，」他停頓下來，目光掃過我們每個人：「請你回答：『好的。』」

我們經過製冰機旁，就擺在未來我們會經常使用的大型木砧板正對面，接著又走過乾燥儲物間，裡頭擺滿不需要冷藏的食材，然後走到一個衣櫃大小的層架前，上面有各式各樣的湯鍋、研磨器、大小網篩、湯勺、濾網、漏皿、食物攪拌機，還有一支超大的湯勺，專門用來撈蒸氣鍋內熬湯用的骨頭和蔬菜。他一一為我們解說每樣廚具的用途。「這是一般的湯勺，」他說：「這支是槽狀漏勺（slotted spoon），這支則叫洞狀漏勺（perforated spoon），」他說著，分別舉起槽狀漏勺和一般湯勺：「在某些地區，漏勺會稱為母勺，而一般湯勺稱為公勺。如果你未來的同事曾經在德國納粹時期接受廚藝訓練，他可能真的會在廚房大喊：『給我一根母湯匙！』你就要知道他指的是什麼。**不過**——這**過時**了，我們這裡不會使用這樣的稱呼，但還是讓你們知道一下。」

他又拿起雙層蒸鍋的內鍋、方形餐盆和網勺。

似乎察覺到稍早放進烤箱的鑄鐵大烤盤已經變得很燙，帕德斯主廚從一旁拿來兩桶小牛骨，將桶子拉到廚房最前端的桌子右手邊。這些骨頭上週五就送來了，在這裡擺了三天。他低頭往桶子裡聞一聞，又撈出幾塊放在手上仔細檢查。「不算太好，但我想沒什麼問題。」他說。

這時，班上一個名叫亞當．薛柏的同學發問：「您指的是味道嗎？」他個子很高，臉型窄長、鼻梁很挺，有著一頭深色頭髮。

「對，是指味道。我們會把牛骨煮熟，所以不必擔心會有殘留的毒素，像是葡萄球菌之類的。它們只是有點變味了。」

他從烤箱中取出一只熱烤盤，從一罐白色大罐中將韋森牌棉籽油倒入盤中。「我們用這種油的唯一理由，就是因為它最便宜，」說著，他又將半桶骨頭倒在盤子上。牛骨接觸到烤盤上的油，發出一陣滋滋聲。「骨頭要鋪平，不能堆在一起。為什麼呢？」

「這樣才能均勻受熱嗎？」其中一名學生開口。

「嗯，對，」主廚回答：「但只要不時翻動每塊骨頭，就可以均勻受熱了，」他停頓了一下：「真正的原因是，骨頭的表面會烤焦，中間卻會變得潮濕並且出水，這些液體流到盤子上之後會凝固，最後你的盤底就會黏著一層乾掉的血水和凝固的蛋白質，而不是濃稠美味的醬汁。所以，千萬不要試圖將八十磅的骨頭塞進三只烤盤裡。」我們參觀的最後一站是教室的「鍋房」，裡頭擺滿深炒鍋、煎炒鍋、筒狀深鍋、醬汁鍋、淺圓鍋，還有容量達兩加侖的塑膠高湯容器。他舉起一口鍋沿角度傾斜的淺鍋，問我們這是什麼。「深炒鍋（Sauteuse），」我們說。然後他又舉起一口同樣大小的鍋子，鍋沿角度筆直。「煎炒鍋（Sautoir），」我們又說。帕德斯主廚回到他的桌子旁，大聲地總結道：「**這就是你們未來六週的廚房。請保持清潔。**」

在我看來，這的確是一間很棒的廚房，既寬敞又明亮，長三十七點五呎，寬二十六呎。最前端擺著兩台冷藏櫃，一台供上午的課堂使用，一台則為下午用，櫃上鑲著電子面板，顯示冰箱內部的溫度。冷藏櫃正對著加蘭牌四口瓦斯爐的側邊，一共有三座，每座的爐口旁邊都設有平面煎板，底部還帶有兩部烤箱。放在廚房的另一頭則是沃夫牌瓦斯爐，七個爐灶排成一列，後方則有平面煎板，還有一座油炸器，這堂課只會用到一次，其他時間都是空的，並且蓋起來。教室的天花板上掛著兩條動力延長線，此外還配有三個獨立大水槽，一個僅用來冷卻高湯，另外還有一部巨大的製冰機。就連砧板看起來都很堅固，看起來大概三呎厚，我猜重量有二十五磅，必須用兩隻手抬到你的工作檯上。

一間配有這些設備的廚房，大概需要花三十三萬美元打造。而全美一共有三十六間這樣的教室。

帕德斯主廚要我們把椅子搬到桌旁，好讓我們各自就坐。「在這裡，我是帕德斯主廚。不過要是你們在加夫尼餐廳（Gaffney's）遇到我，或看見我在胡士托（Woodstock）附近閒逛，請叫我麥可就好。我一九八一年在這裡畢業，大學主修……我不知道那叫什麼科系，餐旅管理之類的，當時就讀強生威爾斯大學——真是弱斃了，」他說著，笑了起來。強生威爾斯大學雖然並非專攻廚藝教育，卻是美國廚藝學院最強勁的競爭對手之一。「我去年七月開始在這裡教書。」

三十七歲的麥可．帕德斯主廚在高檔法國餐廳度過大部分的廚師生涯，親眼見證了法國餐廳在國內沒落，一間接著一間倒閉。他最後一份工作是在加州索諾瑪市（Sonoma）的瑞士飯店（Swiss Hotel）擔任行政主廚。他很喜歡北加州，想要在那裡生根，卻不想一整天十四小時都在煮菜。當時美國廚藝學院位在聖海倫娜（St. Helena）的新校區即將開張，名叫「灰石學院」（Greystone），他下定決心，那所分校就是他的未來。他展開長期規劃，打算在加州分校取得教師資格，分校位在一座十九世紀的酒莊內，只開放給餐飲業人士就讀。於是帕德斯主廚的第一步就是向遠在七十五哩外的紐約校本部投履歷。本部先是要他進行一次實作，接著便決定正式聘用他。這個校區位於海德帕克鎮的哈德遜河畔，於是他便收拾行李，就這樣一路駕著車來到東岸了。他希望讓學校主管知道，他願意做任何事來獲得灰石學院的職位。

現在，他坐在桌子前，試著認識我們這群新學生。他指著一名有著一頭濃密黑髮的大個子，名叫盧．佛薩羅（Lou Fusaro），三十七歲，是全班年紀最長的學生。「你為什麼來這裡呢？」

盧說：「我還真不知道。」他聽起來真的很憂愁，似乎非常困擾，顯然他認真思考過這個問題。盧長年定居紐約州的波啟普夕（Poughkeepsie），就在海德帕克鎮的南邊，他已婚，有三個孩子，多年來一直在ＩＢＭ的物流部門工作，當年ＩＢＭ的廠房曾是那座小鎮的經濟棟梁。但盧察覺到他的未來充滿變數，電腦的體積越來越小，物流部門需要的人手就越來越少。盧說，早期的電腦大得足以占滿一間十二平方呎的房間，現在小得能直接擺在桌上，他雖從那時一路待到現在，但ＩＢＭ已經無法提供他所需要的穩定性了。他的父親曾經開了一間兼賣餐點的酒吧，八〇年代初期還開了一家三明治小店，家庭背景讓他符合入學資格，但其實他完全沒有任何實際的廚房經驗，連怎麼拿刀子都不知道。最後他說：「我猜我是要來弄清楚自己適合做什麼吧。」

帕德斯主廚點點頭，說那也是個好理由。「那你呢？」他又指著一名全班最年輕的同學問道。這位同學名叫麥特，未滿二十歲。麥特只是回答：「我不知道。」帕德斯主廚於是說，來這裡的原因有很多，其中一種原因可能是想增進廚藝。麥特似乎很高興主廚替他想好答案了，他點點頭說：「對，增進廚藝。」

每位同學都已經在這裡待九個星期了，我們去年耶誕節不久前就入學，總共七十二名學生一起唸預科。一開始先上了十四天的美食概論和烹飪數學，接著是七天的食品衛生與營養學，再來的七天是食材識別，要了解食材、評估品質、採買和研究採購，每天要上六個半小時的課，傍晚還要再學兩小時的烹飪法語。然後就進入下一階段的肉品識別，要認識動物的肌肉和骨骼結構，七天之後，再搬到地下室學習肉品處理，練習細分切、去骨和肋排切法。

❖ ❖ ❖

鮑伯・格羅索（Bob del Grosso），一個身形纖瘦的四十一歲男人，遺傳自他家族的義大利血統，他有一張窄長的臉和一雙深色的眼睛與深色的頭髮。每個進入美國廚藝學院的學生都要上他的美食概論課。他的廚師經歷大部分都在康乃狄克州，當過達里安（Darien）黑鵝燒烤餐廳（Black Goose Grill）的二廚、萊克維爾咖啡館（Lakeville Cafe）的主廚，還在史丹佛的公雞餐廳（Le Coq Hardi Restaurant）負責過備肉員、一廚和副主廚的職務，最後成為行政主廚。格羅索原本是一位微體古生物學家，擁有紐約市立大學皇后學院的碩士學位。早年蓬勃發展的石油工業讓他獲得許多工作機會，但就在八〇年代他考慮讀博士時，石油產業的泡沫終於破裂，他的前途於是墜入一團迷霧之中。他日益焦慮，夜裡無法成眠，老是爬起來踱步。某天半夜，他在客廳的地板上睡著了。黎明時分，眼前的一縷陽光喚醒了他。「那一瞬間我頓悟了，」他告訴我：「我想：『我可以去**煮菜！**』」

美食概論在一間看起來很老派的教室裡上課——牆上貼著魚、蔬菜和義大利麵的海報，前端有一面長長的黑板，座位則是一排又一排的固定座椅，排列成長長的弧狀。剛開始教書時，他很驚訝地發現大家都不知道什麼是美食。「天文學家都懂天文，」他說：「物理學家都懂物理。但自稱是美食家的，卻根本不知道美食是什麼。」格羅索站在教室的最前面對學生提問，又停頓下來，若有所思地捏著下巴，簡直像在模仿知名主持人艾德・蘇利文（Ed Sullivan），停頓時間久到彷彿不打算繼續討論食物了。這門課的確有課程規劃和進度表，一開始要討論用餐禮節，再藉此討論到法國廚師和新潮烹調（nouvelle cuisine）的歷史，再來到近代料理界，介紹了主廚愛莉絲・華特斯（Alice Waters），還有自耕自煮的興起。有一節課專心探討「何謂食物」，最後一堂課講的則是食品製造的倫理。

「我們來聊聊新潮烹調的定義，」他在課堂上說道：「這有點難，但我認為是你必須煮出精髓。我們可以說新潮烹調是一種哲學式的烹飪方式。你們有誰讀過柏拉圖的書？」全班三十六位同學裡，只有六個人舉手，於是格羅索簡單地介紹了《理想國》（*The Republic*），還有其中提到的「洞穴寓言」和「理型論」。「沙拉也有『理型』，」他解釋：「假如你是一名哲學廚師，而你打算做一個漢堡，那麼你就會從提出問題開始：『漢堡是什麼？』」他也這麼對全班同學提問。某位十分神勇的同學率先回答：「一片圓形的牛絞肉餅，夾在兩片烤麵包中間。」格羅索釐清他的答案：「圓形？讓我們說它是『圓盤狀』吧，」然後展開了一連串關於漢堡的生動討論。他說，對食物具備批判思考的能力是很重要的。班上許多同學只有高中畢業，還有一些人曾經從軍，或只是單純有廚房工作經驗，大家都不太習慣他說的這種思考方式。「廚師都該是哲學家，」格羅索繼續說：「要質疑一切，就連餐具的擺放方式都要經過思考。要煮出精髓，」他手舞足蹈地說：「『**牛肉啊牛肉**，你是什麼呢？』要煮出你的答案。這是一種非常不同的烹飪方式，需要大量動腦。但我當然不會鼓勵你每次都這麼做，因為就連我自己都不會這樣。想像一下，要是你每次煮一顆雞蛋就得自問：『雞蛋是什麼？』那有多累？但偶爾這麼做是非常有幫助的。」

格羅索的課是要將源自古典法國料理的廚藝文化介紹給同學，這也是學院的中心思想。但他的課程規劃感覺還是有點漫無邊際。比如說，光是解說由迪士尼在佛羅里達造鎮的「祝賀城」（Celebration），他就可以講上十五分鐘。接著，當某位同學提起「油封」（confit）這個詞，他馬上就停止討論當年為「新潮烹調」命名的兩位美食記者高特和米魯（Gault and Millau），開始詢問同學有沒有聽過「油封」。當他發現好像並不是全班都聽過，他就從頭開始講解油封的意思和由來，又解釋了糖漬（confiture）的做法，說這些製作方式都是早年為了保存食物發展而來，然後告訴我們他自己怎麼製作油封鴨，當作整個討論的小總結。

描述完乾醃和油封的做法後，格羅索還進一步解釋，他會把鴨腿浸在凝固的鴨油中至少放個兩星期，最好是儲存在玻璃罐裡。但如果你是在廚房裡工作，不想到處都擺滿玻璃罐，一個大的塑膠罐也可以。擺了兩週之後，只要把鴨腿從脂肪凍中取出來，多餘的脂肪清乾淨，然後把鴨腿扔進燒烤箱或明火烤箱裡，稍微加熱一下，讓表皮變得酥脆，再佐以奶油香煎馬鈴薯和酥炸歐芹，就可以上菜了。「你們吃過酥炸歐芹嗎？」他一邊問著，一邊閉上雙眼，又說：「奇蹟般的滋味。」

❖ ❖ ❖

這門課跟烹飪數學比起來，實在太形而上了。數學占據了新生大半的時間，有各式各樣的回家作業：請換算出十二夸脫加上十二大匙，總共會是多少夸脫？四磅的蜂蜜共是多少杯？若你要招待三百五十人，而你估計每個人會吃四分之三杯的洋芋片，那麼你總共需要訂購多少磅？

這些問題都非常重要，因為並不是每樣食材的一品脫都會等於一磅，例如，一品脫的肉桂粉只有半磅，一品脫蜂蜜卻有一磅半。

「等你們開始上基礎技能初階班時，就需要經常進行這些換算，」茱莉亞・希爾（Julia Hill）告訴同學：「如果你不適應這些換算，就得練習適應。」希爾以前是位會計師，但後來離開會計產業，當起餐廳經理。十一年之後，她來到這所學校進修，從此再也沒離開。「我踏進校園的那一刻，」她說：「就知道這裡是我的歸屬。」

她的課程是將數學應用在餐飲業中，更是一連串有趣的難題。有適合的機會時，她就會要同學帶著自己的刀具組和裝滿各種工具的黑色硬殼手提箱來上課，比如說要計算「採買數量」和「可食部分成本」，大家就會實際切分好幾顆的胡蘿蔔來找出答案。這門課的最初三天從基礎數學、分數、小數與它們的應用講起，接著開始學習換算、成本、食譜成本和比率，最後則是酒精測量。

「我們這行對『成本』的定義，」她告訴同學：「是你使用了哪些材料，而不是你花了多少錢買。」因此，成本只是一個概念，並非絕對。這跟我們剛聽過的「理型世界」簡直一樣模糊，但不少人對這個定義感到很慶幸。有些同學不喜歡格羅索的課，比較喜歡烹飪數學的精確。也有些人兩門課都不喜歡，整整九個星期都渴望著趕快進廚房。

這兩門課程就像「A級危險階段」，無法適應這些課的人則是輟學的「危險族群」。他們的平均年齡約二十六歲，二五％是女性，還有一二％是少數民族，最後大概會有一〇％的同學選擇放棄。這些同學上課時大多穿得比較隨便，但也會按照規定穿著淺色上衣和深色褲子或裙子，還有深色鞋子。接著是B階段，包含食品衛生與營養學；最後是C階段，也就是肉品辨識與製造。每一名畢業生都經歷過這種嚴格的學習過程，從一九七六年學院調整為「漸進式學習」的教學方針以來，這樣的預科課程規劃就沒有改變過，即便接下來的二十年裡，學院又新增了大量的其他課程。每一階段都有一共十四天的課程，平均分配在三週之內上課，結束後才進入下一個階段。

學院最主要的課程安排和教學觀念，就是運用前一段課程所學的知識與技能為基礎，再進階到下一階段課程。學生要對餐廚衛生有基本的了解（例如要知道為什麼高湯需要快速冷卻），接下來才能進入廚房。技能課程也是一樣，大家先學會煎一塊雞胸肉，到了下一門課程時，就能一次快速處理十六塊雞胸肉。這種學習觀念帶領學生走過三十個星期、七種不同的廚房實作，最後來到冷食廚房——校外實習之前的最後一門課。校外實習要求學生在餐廳、飯店、美食雜誌，甚至是美食頻道等相關產業裡支薪工作至少十八週，之後，就進入到涼爽的烘焙和甜點廚房了。再接下來的六個星期，大家脫下白色廚師服，在講堂研讀葡萄酒、菜單、餐廳規劃和餐飲法規。最後，就是這個學位的最後一部分課程，大家要前往學校開設的四間餐廳實習十二週，六週擔任廚師，六週擔任服務生。

課程規劃帶給學生極具邏輯的觀念和非常精實的實作訓練。這裡的生活以每三週為一個單位，馬不停蹄地前進著。每隔三個星期，學校大廳裡就會擠滿七十二名畢業生的父母和親友，下週立刻又有七十二名新生開始研讀美食概論。每隔三個星期，就會有七十二名學生離開學校到校外實習，另外七十二名學生則在實習完畢後重回學校。學校只有星期天不用上課，寒假和暑假也會各休假兩週，此外從來不休息。一天的第一堂廚房課，通常是「晨間備餐」或「早餐烹調」，凌晨三點十五分就開始上課，差不多是前一天最後一堂課結束的四小時之後。總共可以分成二十一個階段，包含校外實習可達八十一週或大約兩年，視實習的長度而定。學費包含住宿，大概落在三萬四千美元左右。如果有更多時間、金錢和精力，學生也可以在這裡多待兩年，繼續上高年級課程，畢業後，就可以取得美國廚藝學院的專業進修學士學位。

但美國廚藝學院所做的事情，可不是只有每三週就讓七十二名學生從這裡畢業。引用一名美食記者的評論，美國廚藝學院現在已經成為「烹飪教育的典範」。學院的每一個動作都備受矚目——無論是新增一門課程、開設一家新餐廳或出版一本書，這個總產值高達三千一百三十億美元的食品服務業就會睜大眼睛關注。儘管學院從來都不是因為培訓出大量劃時代的大廚而聞名，甚至這裡的畢業生還普遍被認為有點自以為是、薪資要求過高，但美國廚藝學院還是經常被稱為

「烹飪學校中的哈佛」，也真的孕育了許多知名廚師，例如：雅柏・懷特（Jasper White）、瓦爾迪・馬洛夫（Waldy Malouf）、克里斯・施萊辛格（Chris Schlesinger）、迪恩・費林（Dean Fearing）、蘇珊・費尼格（Susan Feniger）、瑞克・穆恩（Rick Moonen）、查利・帕爾默（Charlie Palmer）、大衛・柏克（David Burke）和托德・英格利什（Todd English），他們都是美國廚藝學院的畢業生。透過持續開拓新課程，並且設立加州分校，學院每年為數千名業內人士提供教育，甚至也在美國以外的其他地區開設烹飪課程，在國際上發揮影響力。

學院成立於一九四六年，當時名為紐哈芬餐飲學院（New Haven Restaurant Institute），註冊人數只有五十人，一直到一九七二年才遷往現在的校區，招生人數增加到超過一千人。現在，學院每年都有兩千多名學生就讀——有些人是高中剛畢業，有的則是中年人，想要開啟事業第二春。副校長提姆・萊恩（Tim Ryan）十分保守地這麼形容道：「我們是一個餐飲之地。」但其實學院早已是國內最悠久、最大、最知名也最具影響力的廚藝學校，更是全國唯一一所專門教授烹飪藝術的大學。學校總共雇用超過一百名廚師，來自二十個不同的國家。這座石砌的修道院建築坐落在翠綠的哈德遜河岸上，擁有全球最豐富的食物知識和經驗。

❖ ❖ ❖

帕德斯主廚從桌邊站起身。「這門課，」他說：「將會為你立下學院其他課程的基礎，也會成為你整個烹飪事業的根基。如果你不知道什麼是調味蔬菜、什麼是半釉汁（demi-glace），更不知道何謂收汁（cuisson），就算你如願進入一間高檔餐廳工作，別人也不會認真看待你。」他說，這所學校會帶給你「專業的語言」，會帶給你一套廚藝基準。「如果我請大衛油煎一塊豬排，」被點到名的大衛．史考特（David Scott）跟我同一桌，是個相貌堂堂的高個子年輕人，來自加州，看上去二十多歲，留著一頭黑短髮。「或我請盧油煎一塊豬排，我希望這裡的每個人對何謂『油煎豬排』的認知都是相同的。要讓這些認知成為你的一部分。」

帕德斯主廚講解了制服規定、著裝守則、衛生和禮儀。「規則你們都知道了，」他說：「我可不想訓誡你們。」

「我們班上有不少女生，」他接著說道。班上十七人中，一共有五名女性。「這樣很好。這裡的男人需要學習如何平等地和女性共事。」帕德斯主廚走向蒸氣鍋，一邊解說著回家作業規定，一邊清除汆燙牛骨上的一層灰色泡沫，「如果你沒做功課，我也不想聽藉口。這裡是大學，不是小學。」接下來三週內，每個人都要交四份兩頁的作業（小牛褐高湯、衍生醬汁、乳化醬汁和澱粉），寫上看完指定影片的心得，並且製作出食譜成本表格。

每名學生每天都有機會得到七十五分，評分標準包含日常準備、態度及團隊合作、刀法、完成指定湯品與醬汁、時間安排和衛生，最後，每日的綜合分數會占學期總成績的一半。只要你會用刀子，基本上都不會得到零分，但如果你來不及在六點以前做完你的食物，就會被扣分；如果六點半還是沒有完成，那麼你就真的會得到零分了，因為到了六點半，帕德斯主廚會告訴你：「你的客人早就離開了，你做的食物已經**一文不值**。」

他提醒我們拿刀時一定要放低，並放在身側，不能拿著刀子嬉鬧或亂扔。還特別提了一下我們配戴的隨身巾。這是學院特地從德國採買的，十分耐用——一種灰白格紋的棉質布料，學生會掛在圍裙上——因為國內找不到令人滿意的品質，所以就給我們這種質料極佳的進口隨身巾。在一名學生剛展開職涯的階段，毛巾總是很乾淨，幾乎是全新的。「隨身巾不是用來擦桌子的，」帕德斯主廚說：「也不是拿來擦刀子，更不是用來擦汗。是用來拿滾燙的容器。在廚房裡，所有東西都會變得很高溫，要預先考慮到這一點，隨時都會發生。」

「你們一天要搬運一百二十磅的骨頭，」他又說：「我只能說，記得要蹲下來。如果你打算一直待在這行，你會需要擁有強壯健康的背部。

「地面請務必保持乾淨。看到地上有東西就**撿起來**，不管是不是你掉的。這是你們大家的**地板**，請維持**整潔**。」

❖ ❖ ❖

每一個步驟帕德斯主廚都會示範一次。第一個示範是胡蘿蔔削皮。我之前確實聽人抱怨過，無論你過去是否有相關經歷，美國廚藝學院都會要求所有學生重新學習如何剁一顆洋蔥，這讓有些同學覺得很麻煩，但我倒是對此沒有什麼特殊想法。我當然知道怎麼切洋蔥，但我也真的不介意看別人怎麼切。而且即便只是替胡蘿蔔削皮，也有可以學習之處。帕德斯主廚並沒有把胡蘿蔔舉在半空中削皮，而是將比較胖的那一端放在砧板上，然後用指尖轉動胡蘿蔔。這個方法能切得更快、更省力，如果你一天要削二十磅的胡蘿蔔，你一定會希望越快越好，這時候不同的方式就會產生很大的差異。而如果你一小時付五美元給一名洗滌工，要他們也協助你削皮，帕德斯主廚說：「你要有辦法教他們怎麼做，更必須削得比他們更快更好。」

我們全都圍在主廚身邊看著他削皮，而主廚站在第二桌的最前端，面對著我們所有人。這時有位同學在一旁問削皮究竟是否必要，反正這些材料全都是用來熬高湯的。

帕德斯主廚停下動作，反問道：「那你煮湯時有削皮嗎？有些人確實不會這麼做。但我喜歡讓我的高湯盡可能地清澈而新鮮。我的方法當然不是唯一準則，但我也發現，不削皮的人通常只是因為他們懶惰，」他聳聳肩：「這麼喜歡胡蘿蔔皮的話，吃沙拉時就連皮一起吃下去吧。你會想吃這個嗎？」說著，他從砧板上拎起一團又髒又軟的胡蘿蔔皮。

每位同學都要製作兩磅的調味蔬菜，其中包含一份芹菜、一份胡蘿蔔和兩份洋蔥。在接下來的六週裡，我們每天都要這麼做。這些調味蔬菜能為我們每天製作的高湯提味。

接著他示範怎麼做番茄碎（tomato concassé）——也就是切碎的番茄。他已經在爐子上放了一鍋開水，準備將番茄燙過一遍，讓表皮變得鬆弛。二月中旬的番茄很硬，所以他建議先在沸水中煮上四十五秒，再進行冰鎮。每一張桌子上也都放了一碗冰水，準備盛裝鮮紅的番茄。帕德斯主廚將番茄去皮、去籽，接著切碎，一邊對我們說：「這就叫做番茄碎，很簡單。」每天我們還要練習切洋蔥，將一顆洋蔥對分後，一半切末，另一半切成薄片。他告訴我們，洋蔥切末時，一開始縱切下刀要越薄越好，接下來橫切時就會省力許多，也不會把洋蔥的水份都搗出來。洋蔥末應該要粒粒分明、透亮，而不是灰濛濛、溼答答地糊成一團。接下來是將大蒜和紅蔥去皮切末，然後是處理歐芹，要剁得很細，但不能變成粉末。最後則是學習最麻煩的「果雕」（tourner），將蔬果切成橄欖球狀。我們把這些仔細切好的配料分別裝在小紙杯裡，然後一起放在裝著兩磅調味蔬菜的方形餐盆中。一天的課程結束後，我們練習切割的各種食材會全部都混合倒進塑膠袋。

示範完之後，帕德斯主廚要我們回到自己的桌子各就各位，將所有材料備妥。即便他稍早已經為我們導覽過整個廚房，但我還是不知道什麼東西放在什麼地方，於是我開始四處悠轉，尋找可以盛裝廢料的碗、一個方形餐盆（也就是一種容量比較深、長方形，而且可以放入蒸鍋的容器），還有一捲棕色紙巾。一旁的保羅顯然很清楚所有東西的位置，我問他是怎麼知道的，他說：「我不知道，反正我就是知道。」

接下來的幾個小時裡，我們一邊切菜，帕德斯主廚會在一旁糾正我們握刀的姿勢。不要像拿槌子一樣握住整個刀柄、不要將食指伸到刀背上，要將刀片放在食指和拇指之間，並用剩下的手指握住刀柄，沒有其他握法。如果不是在糾正我們的握刀方式，就是在督促大家清理落在工作檯或地板上亂七八糟的東西。接著他說：「第一天上課我說的話會比其他時候多。一個星期之後，這間廚房就會一片嗡嗡作響。」

我向學院借了一套刀具組，接過的當下便立刻感覺到它頗具份量。袋子裡有一把十二吋的主廚刀、一把削皮刀、一把剔骨刀和一把切片刀，每把都裝有紅木手柄，還有一支電子溫度計、一支毛刷、一些擠花袋和花嘴，一支兩盎司的湯勺和一個小的胡椒研磨器。當大家都開始工作時，主廚有點擔心地看著我，低聲對我說：「你還好嗎？在廚房裡自在嗎？」我告訴他我沒問題。大概兩分鐘後，我已經備齊了大部分所需的工具，然後打算伸手往左邊拿一片粗棉布。我的手和紗棉布之間平放著我的廚師刀，當我一伸手，無名指尖便直接劃過刀刃。這把刀磨得非常銳利均勻，當我碰到它時，它紋風不動，彷彿是我指尖的肉主動滑進刀鋒一樣，產生一道整齊的傷口。鋒利的刀就是安全的刀。

身為全班唯一不曾在這個行業裡工作過的人，又在拿起刀來的第一刻就割傷，真是丟臉。我不希望大家注意我，也希望大家認為我在狀況內。但主廚對我割傷沒有太多表示，還說第一天割傷表示好運。「先去洗手，我找繃帶給你。」他從辦公桌抽屜裡拿來一捲繃帶，還給了我一個手指套，說這是「指險套」，因為兩者真的長得一樣，並且教我怎麼使用。它完全覆蓋住手指上的繃帶，並且在我備料時也沒有帶來任何阻礙。站在我旁邊的，是來自皇后區的碧昂卡・雷佐（Bianca Rizzo），今年二十一歲，也正在準備處理食材。在我對面的、背對著瓦斯爐的則是三十二歲的格雷・林區（Greg Lynch），還有大衛・史考特和崔維斯・亞伯哈斯基，兩人看起來都二十五歲左右。他們三人以前都在廚房工作過，格雷在來學院就讀之前，甚至原本即將在佛蒙特州的一間飯店民宿晉升為主廚，但他婉拒了機會。他來這裡只有一個目的：錢。一張美國廚藝學院的畢業證書能轉化為更高的薪水，他希望三萬美元的學費能夠盡速回本。

每天我們都要切兩磅的調味蔬菜。調味蔬菜的法文是mirepoix，命名由來和許多其他食材一樣，取自於十八世紀的法國人名。當時有位被封公爵的陸軍元帥名叫李維麥爾波（Duc du Lévis-Mirepoix），他的廚師會用調味蔬菜為西班牙醬汁提味。此外，我們還會將半顆洋蔥切片，切的時候將手指往後收緊，這樣就可以切得更快，又不會讓洋蔥染血。「手指保持向後彎曲，拇指收在其他指頭後面，」帕德斯主廚說：「我說真的，之後剁歐芹時，如果拇指不收在後面，一定會有人切到自己的手。」當你將一大把歐芹捏在一起剁碎時，是真的很容易忘記要把拇指收好。接著，我們還要將兩顆李子番茄去籽切碎，還要用一張方形粗棉布將五到六粒黑胡椒、一片月桂葉、一枝百里香和一些歐芹莖包裹起來，做成香料袋。一般香料袋中通常會放入大蒜，但帕德斯主廚問我們知不知道高湯會拿來做什麼？是否會被收乾做成醬汁，這種醬汁又是否需要帶大蒜味？他希望我們在他的課堂上能這樣思考。我們還要完成兩份果雕，他有時也會要我們練習一些特殊切法，例如將胡蘿蔔切丁片或切為條狀。六點之前，我們走到主廚面前那種戒慎恐懼的感覺，大概就像是《孤雛淚》（*Oliver Twist*）裡，小奧利佛走向邦布爾先生想多要一些粥那樣。主廚會坐在他的辦公桌旁，透過金框眼鏡向上看著你的臉，再往下看著你的餐盆，用手中的削皮刀撥弄你處理過的食材。「你的洋蔥丁不錯，」第一天他這麼對我說：「嗯……但紅蔥看起來有點不均勻。」他隨手切出各種尺寸，證明我的紅蔥並不均勻。我點點頭。

無論是紅蔥還是其他任何食材，切得均勻就是切得好。舉例來說，我的洋蔥片雖然切得太厚，但很均勻，這更重要。他又拿起我雕的胡蘿蔔。果雕真的很難，胡蘿蔔尤其難以一刀切為弧狀，削到最後看起來完全不像一顆均勻的七面美式足球。「還可以，」他說：「需要再練習，但還不錯。」我將餐盆移開，而帕德斯主廚舉起一張紙，在上面替我打分數，我想大概是十五分左右吧。

每天，他都會將要準備的食材寫在白板上，我們會裝在兩吋深的餐盆裡拿去給他檢查，這些材料簡稱為「SMEP」，也就是標準備料（standard mise en place）。六點過後，也就是當所有人都應該已經帶著餐盤讓他驗收打分數之後，大家就會將食材分類倒掉，洋蔥丁扔進洋蔥丁的袋子，洋蔥片扔進洋蔥片的袋子，全班加起來一共製作了三十六磅的調味蔬菜，有末狀、塊狀、丁狀等好幾大包，還有十八個香料袋。

我在這裡學到的是廚藝的基礎，絕對沒有什麼是比剁洋蔥和切碎歐芹更基本的技能了。

晚餐時間是六點半。每個人都會拿到一張餐券，上面寫著今天用餐的廚房。到了指定教室之後，我們要先向副主廚報告，才能進去取餐。我們K8廚房的同學分配到K9廚房領晚餐，就在隔壁而已，是魯迪·史密斯（Rudi Smith）主廚的教室。有傳言說他曾經在海軍陸戰隊服役，他看起來的確很像一位正在熟食概論課堂上閱兵的軍官——繃緊下巴、板著一張臉，雙手放在挺直的背後，邁步往前拾起一段四季豆放進嘴裡，謹慎地確認是否有煮熟。這門課是上完基礎技能後下一階段的課程，也是第一門實際製作餐點的課，班上同學要為其他班級做一頓飯。我們基礎技能班站在隊伍的盡頭，在走廊上等待著。餐點的內容通常會是一組經典配置：兩份蔬菜、一份澱粉、一份蛋白質和一種醬汁。一共有四種主食，每一個工作檯負責一種，分別用烤、炒、烘、燉四種方式烹調，另外還要加上一種素食。例如，烤雞佐雞汁醬會搭配炸馬鈴薯網片、炒菠菜和蜜漬胡蘿蔔，燉小牛肉佐白醬則搭配青蔥馬鈴薯泥、蔬果條和四季豆，簡稱為「燉菜」。如果你點這道料理，由學生擔任的副主廚就會對廚房大喊：「燉菜一份！」而在燉菜工作檯後方負責烹調的同學們也會大喊著回答：「燉菜一份！」

取餐之後，我們端著盤子走到大廳，向右轉，穿過另一個大廳，最後才來到名為「校友廳」的用餐空間。校友廳是一間長長的廳堂，有著挑高的拱形天花板，以前是耶穌會修道院的小教堂。巨大的壁龕用來陳設桌子，而桌子排列在祭壇台上，現在成了舞台。吃飯時，描繪基督生平的彩繪玻璃窗就圍在你的四周。

那天晚上，我和來自費城郊區的十九歲女孩艾莉卡（Erica）一起吃飯。艾莉卡身材嬌小，一頭厚重的棕髮依照規定盤起，並用髮網罩住。她有著一張圓臉，和一雙我見過最藍的眼睛，藍得幾乎透光，彷彿水晶一般。我原本認為她一定是戴了瞳孔變色片，在K9廚房外面排隊時，我便向她確認了一下。她說她的確有戴隱形眼鏡，但她的藍眼睛是天生的。「為什麼這麼問？」她好奇地說：「你覺得我的眼睛很好看嗎？」

「我覺得你的眼睛非常美，」我說：「是我見過最藍的眼睛。」

她笑著說：「你是說真的嗎？噢，謝謝你，我好喜歡聽到別人讚美我的眼睛。大衛，那你喜歡我的眼睛嗎？」她對一旁的大衛眨眼。

「喜歡啊，艾莉卡，」大衛回答：「你的眼睛很好看。」他邊說邊翻了個白眼，但艾莉卡開心地向他道謝。

大家拿著各自的晚餐——我很幸運，拿到最後一份嫩煎小牛排——我便和艾莉卡、盧和格雷坐在一起吃飯。盧聊起他現在還在IBM兼職工作，從早上七點工作到十一點，而他的太太是一名護士，要值大夜班，所以每天早上六點，盧都先把孩子送去岳父岳母家裡，他們再從那邊去上學。下班後他大約十一點半到家，簡單吃個午餐，一邊安靜地讀點書，接著在大約一點左右出發來廚藝學院上課。每天晚上他都會在十點前到家。他是全班年紀最長的同學，可能也是廚房經驗最少的，幾乎連切洋蔥都不會。格雷．林區說他離婚了，有兩個孩子，週末會開車到佛州陪他們。他高中畢業後曾經在工廠工作，後來又進入廚房，他動作很快，也會做菜，他說自己只是為了拿到學位才忍受這些基礎技能課程。艾莉卡則是在技術學院最後一年的下學期上過廚房技能課，後來在一間飯店民宿的廚房工作了大約一年，負責協助開胃菜製作。她很努力說服父母，說廚房工作是一個值得發展的職業生涯，而她的最終目標是成為廚藝教育的老師。

晚餐時光很快就結束，我們在七點半之前回到教室，清理所有的碗和鍋子、過濾高湯，並且將所有熱氣騰騰的骨頭和軟骨，還有濕軟的調味蔬菜鏟起來，倒進專門裝堆肥垃圾的藍色大箱中。小牛褐高湯則會在晚上慢慢熬煮，隔天再由早上七點到下午一點半的日間技能課同學進行過濾。

清理完廚房之後，我們將圍裙解下來捲起，並塞進背包裡，紙製廚師帽傍晚就已經脫掉了，刀具則一一固定在學院發給我們的黑色硬殼公事包裡。接著我們重新將椅子從乾燥儲物架旁邊搬過來，排列在桌子旁邊。我們在明亮乾淨的廚房裡端坐好，準備聽課。

第一天的講解內容就是高湯。我們今天已經做了好幾加侖的高湯——或者該說是格雷做的，他似乎是一個人做完所有的高湯準備工作，像個衝鋒陷陣的控球後衛一般在廚房裡四處奔走——雖然現在褐高湯已經在鍋裡準備燉一整晚，但白色牛骨高湯的備料卻太晚才完成。所以帕德斯主廚一邊解釋如何替高湯貼上標籤（冷卻之後會儲存在數個容量兩加侖的塑膠容器中），一邊說：「好的白高湯要經過大約五小時的燉煮，明天我們用來取代水的湯底會非常淡。」

帕德斯主廚從朗讀貼在牆上的教材開始他的講課。通常，他講課時會拿著一支木勺，邊講邊在半空中比劃，用它來當作指示棍。

「好湯底的判斷基準，」他頓了一下：「是它的**味道**。」條列出來的第一項當然是最重要的。嘗起來是否清爽可口，大骨的香氣是否有入味？第二項是清澈度。高湯不應該是混濁的，尤其是我們接下來要用高湯來做法式清湯。色澤也是評估標準，褐高湯就應該是褐色的，白高湯就該是白色（而不是灰色），雞高湯則應該是淡黃色的。濃稠度，「指的是在口中的層次，」帕德斯主廚解釋：「如果嘗起來像水一樣，就是濃稠度不足。」最後則是香氣。褐高湯應該帶有一股烘烤的香氣，雞高湯會帶有雞肉的味道，白高湯則是一種溫和的氣味。高湯的香氣聞起來應該清爽、新鮮。

「高湯好壞的判斷基準就是這些，」帕德斯主廚總結：「如果不是好的高湯，你們也必須有能力根據這些基準判斷是哪裡出了問題。」也就是說，如果你的褐高湯顏色太淡，或許是因為調味蔬菜焦糖化得不夠徹底。如果濃稠度不足，則可能是你加了太多水，導致膠質被稀釋了，或者大骨煮得不夠久，沒有釋放出膠質。動物的關節處有豐富的結締組織，會釋放出大量膠質，但比較沒有味道，富含骨髓的大骨則有很棒的風味，但骨髓卻會讓高湯變得混濁，因此，將兩者混合是最好的方式。每天煮好高湯之後，帕德斯主廚都會要負責的同學端一些湯給他，而他會用這幾項基準大聲給予評價。

帕德斯主廚坦承，煮高湯的方法確實很多，也確實有許多其他的好方法，但他說：「我們還是會用我們K8教室的煮法。」而這所謂的K8教室煮法，就是學院正統的方法——也稱為官方準則——學院出版的《新專業大廚》（*The New Professional Chef*）中有詳盡的說明。那是一本很厚的烹飪教科書。

帕德斯主廚在講課用的畫架上放了一本很大的翻頁筆記本。他每六個星期就會對不同的班級重複講一次相同的內容，這本可以重複使用的超大筆記本替他節省了許多寫黑板的時間。我們首先在筆記本上看到一份高湯材料比例的圖表，我將圖表照抄在筆記本上。帕德斯主廚接著翻頁，用他的木勺指了指，說道：「高湯即是，」他又停頓了一下：「所有經典法式料理的基礎。」

❖ ❖ ❖

料理的基礎（fond de cuisine），一位偉大的法國名廚兼美食作家奧古斯特．埃斯科菲耶（Auguste Escoffier）寫道：「醬汁廚師應當致力製作出完美的高湯。一如屈西侯爵（Marquis de Cussy）強調的，醬汁廚師應當是『一位啟迪人心的化學家、一位極具創造力的天才，更是所有傑出料理的基石』。」埃斯科菲耶的廚藝精神引領著學院的烹飪教育，就像釋迦牟尼影響了整個東方哲學。他於一九〇三年出版的《烹飪指南》（*Le Guide Culinaire*）後來終於譯為英文，並命名為《當代廚藝完全指南》（*The Complete Guide to the Art of Modern Cookery*），學校總會簡稱這本書是《指南》或「聖經」。這本書在完整性和廚藝哲學上締造了非凡的成就。埃斯科菲耶於一八四六年出生在法國尼斯（Nice），長大後學習成為一位廚師，並在一八八四年受邀到瑞士的一家飯店工作，挖掘他的人是那間飯店的前服務生領班凱撒・麗池（César Ritz），後來晉升為飯店經理。兩人一拍即合，於是便在一八九八年一起前往巴黎，共同創辦了麗池飯店（Ritz），接著又在倫敦開設卡爾登飯店（Carlton）。

埃斯科菲耶雖然寫了大約兩千份食譜，卻從未捨棄他對基本烹飪的關注，像是高湯。「這些烹飪的準備，」他在書中的第二段這麼寫道：「定義了烹飪的基本原理和必要成份，少了這些基礎，也就無法進行任何重要的嘗試。」在這句話裡，他傲慢中似乎帶有一絲謙虛。接著，他一項一項列出這些「基本的準備」，像是在條列採買清單上的物品那樣，**少了這些準備，就沒有辦法進行任何重要的嘗試**，注意，他說的可是無法進行「任何」嘗試。他總共列出十三項，又將其中八項列為最重要的部分，並分為三大類：高湯、油糊和母醬。這些正是當代烹飪的根基，也是我在這裡的原因。

我從來都不是那種拿著食譜照本宣科的人。到處都有各式各樣的食譜，倘若你一直奉行上面的步驟，永遠也學不會烹飪。我想追求的是方法，我想要的是親身體驗每一次實作，了解食物的模樣、烹飪時發出的聲響、聞起來的氣味和它們的觸感。我曾經煮過高湯，也和不同的廚師討論過他們的高湯，但在美國廚藝學院，我將學到高湯最經典的做法，學到基礎，學到古典烹飪的根基。如果你不知道如何製作出色的高湯，如果你甚至不知道出色的高湯嘗起來是什麼滋味，那麼你注定成為廚房中最平庸的那個人，而在最好和最壞的狀況之下，你將是一個無知且愚昧的人。

我們往往只有在事後回顧時，才能理解自己在人生中的某些作為和選擇。我和家人原本在克里夫蘭（Cleveland）租房子，後來我們把幾乎所有家當都搬到我爸住的地方，然後開車載著我的妻子（她是一位攝影師，在我們原本居住的城市裡有許多客戶）、我們的女兒（還不會走路）來到五百公里之外的蒂沃利（Tivoli），紐約哈德遜河畔的一個村莊，這裡的人口和牛的比例是一比一。我們搬進一間位在車庫樓上、只有一間臥房的閣樓。做了這一切之後我終於明白，我之所以來到這裡，是為了製作出最頂尖的小牛褐高湯。

❖ ❖ ❖

製作小牛褐高湯的物理原理與其他高湯沒有什麼不同。以水加熱大骨，大骨（以及上頭殘餘的肉末）便會釋出蛋白質、維生素、脂肪、膠質、礦物質以及乳酸和胺基酸。蔬菜、香草和香料則會釋放果膠、澱粉、酸類和硫化合物。大骨越年輕，結締組織就越多，這種組織是由大量膠原蛋白組成，而膠原蛋白會融化為膠質——一種膠狀的蛋白質，能製造出高湯的濃稠度。在處理肉材時，要將美味的肉汁和肉類蛋白質烤至焦糖化，燉煮高湯時便能入味。蔬菜也是一樣，要煮至褐色才會入味。在倒入調味蔬菜和番茄碎之後，要先熬煮到變成深而飽滿的褐色，再倒入冷水，然後非常、非常慢地加熱——直到表面微微沸騰，不斷冒出細小的氣泡，但不會有其他變化——讓它就這樣小火慢煮上好幾個小時，並時不時地撈起表面的浮沫，然後你就會煮出一鍋濃郁又營養的褐高湯。最後，只要將浮沫撈乾淨、過濾，再重新撈淨雜質，就完成了。

不過，你永遠不會想直接喝這樣的湯，況且它也不太好聞。雞高湯嘗起來遠遠稱不上可口，而牛高湯嘗起來就像沒有調味的牛肉。完美的小牛褐高湯的味道被認為是「原味」。說高湯「不是我們平常習慣的口味」，甚至說是「不易入口」，都還只是比較好聽的說法。

其實「原味」就是高湯的關鍵。你可以用頂級的小牛肉做千百萬種不同的料理，因為它具有出色的品質，本身的味道不會蓋過其他食材，能夠帶出其他食材的風味。它就像是匿名奉獻出自己的豐富層次與質地一般，甚至還可以濃縮料理成一道醬汁。你可以在小牛褐高湯中加入油糊，便能製成半釉汁，更可以在短時間內，用埃斯科菲耶的方法將半釉汁再製成千百種不同的醬汁。

如果你夠瘋狂，還可以用這完美的小牛褐高湯，這你燉煮了無數個小時的金黃色高湯，宛如天堂才能見到的湯底，把它倒在剛烘烤的小牛骨上，再加上一些已經深度焦糖化的調味蔬菜和煮至咖啡色的番茄糊。繼續慢慢地燉煮，慢慢地再煮一遍。如果過程中的每一步你都掌握得當，將煮出一鍋無懈可擊的小牛褐高湯。

❖ ❖ ❖

廚房裡的第一天差不多要結束了。帕德斯主廚為我們複習了一遍製作白色和褐高湯的方法。說到「湯用番茄糊」（pincé）這個字時（也就是指將番茄碎煮至褐色番茄糊的狀態），他的鼻子皺起來，金框眼鏡被鼻梁上的皺摺高高推起。他說得十分激昂，簡直像是用嘴唇為重點詞彙加上粗體。例如，當他說起其他種類的高湯，和高湯一詞的其他說法——魚高湯、調味高湯、肉湯的英文與法文用法、精粹液——又說起釉汁，他解釋道：「釉汁也就是高度濃縮的高湯。把一加侖的褐高湯濃縮為一杯的份量，放涼之後，它就會變得像**彈跳球**一樣硬，這就叫做**釉汁**。」他說「彈跳球」的時候，嘴唇先是壓得很扁，說到最後一個字時又噘成圓形，只有平時嘴唇一半的寬度，這讓他的尾音聽起來非常突出，很容易讓人聯想到一顆球，更讓你想要嘗試拿起一杯釉汁，扔到我們用來剁調味蔬菜的那些不鏽鋼桌子上，看看是否會真的彈起來。

下了課，我獨自離開K8教室，邁步走過耶穌會小教堂改建的餐廳，經過羅斯大樓後方的樓梯，再穿過空曠寒冷的中庭，下了幾層階梯，來到巨大的停車場，就在四車道的九號公路旁。我進了廚藝學校。看看我的千鳥格紋長褲、黑色厚底鞋，我帶著一副刀具組，皮製硬殼公事包就掛在我的肩上——學院和廚房的象徵。我會學到如何製作出完美的小牛褐高湯，學會讓它益發完美的要素，還有從高湯延伸出的一切。

日常工作 2

帕德斯主廚說得對，到了第三天，日常工作流程便幾乎底定了，廚房裡縈繞著一片忙碌的嗡嗡聲。我們通常在一點半到兩點十分之間抵達廚房，膳務員會在其他助手幫忙下，將裝滿食材的灰色大桶從儲藏室一路搬上樓梯，並送到K8教室，而每一桌的同學會派一名代表負責分配砧板，另一位同學則要發放碗盤，並備好用來製作香料袋的粗棉布。從今天開始一直到接下來的兩週裡，每次負責紮香料袋的同學大喊：「誰有百里香？」崔維斯都會回答：「噢，我這邊已經打烊了。」這個玩笑他開得樂此不疲，直到某天他終於說膩了，當有人再問：「崔維斯，你有百里香嗎？」他這才順手幫忙。其他人也漸漸找到自己的做事步調。例如，格雷是我們這一桌默認的小組長。當帕德斯主廚要我們每一桌都製作五到十磅的澄清奶油時，格雷便會是我們這一桌負責執行任務的人。至於我，現在我首先想要處理完洋蔥——切來做為調味蔬菜的洋蔥，半顆切成薄片，半顆切末，再來做其他的事。站在我旁邊的碧昂卡備料過程中一聲也不吭。她曾經在麵包店工作過五年，不過沒有廚房經驗。我們對面站在崔維斯和格雷中間的同學則是大衛，做起事來既認真又勤快。從南加州大學畢業後，他先是從事銀行業，然後才來到廚藝學院。

有雙美麗藍眼睛的艾莉卡則是遲遲上不了軌道，她每次都忘記戴上髮網，導致她的衛生分數每天都被扣掉好幾分。甚至制服也很不乾淨，從第一天開始就是這樣了，那時候根本還沒有開始進行實際烹煮。

站在艾莉卡對面的是李恩晶，一位來自韓國的年輕營養學家，之前和韓國當地一位知名廚師共事。這位廚師也曾經在學院進修，正是他推薦恩晶來申請的。恩晶身高不到五呎，一頭厚重的黑髮用髮網仔細地盤起，她給人的第一印象是害羞，但我很快就發覺，與其說是害羞，不如說那是亞洲人獨有的細膩精神，加上她對英語的理解似乎比較有限。為了彌補這個劣勢，她非常努力地做筆記，講課時總會把椅子搬到最前面，並且孜孜不倦地學習。第三天上課時，在其他同學都還不曾跟我搭話之前，她便友善地邀請我去他們的宿舍裡參加「泡菜派對」。我們在宿舍嘗遍各式各樣的泡菜，她還拿出韓國食譜向我展示一番。看得出她很想家。

二十五歲的班．格羅斯曼來自紐約州的羅克蘭郡（Rockland County），個子很高，一頭短髮，是我們的班長，因此要負責確保班上每位同學都有拿到每一門課的講義，並解決大家在課堂上可能遇到的任何問題。他還會安排全班同學一起開會，並且維持大家校園生活的秩序。班畢業於紐約州立大學奧爾巴尼分校，在紐約考取會計師之後，他工作了一年才決定轉職。啟發他轉換跑道的是《紐約時報》一九九三年的一篇文章，和一份火雞肉餅食譜。他說，就在那麼一瞬間，他便決定要來美國廚藝學院就讀了。一開始他先去一家位在南街海港的外燴廚房工作，接著透過家人介紹進入斯坦霍普飯店（Stanhope Hotel），七個月期間，他分別待過冷食廚房、食品儲藏室和外燴廚房。

不過他卻沒能在帕德斯主廚心目中留下好的第一印象。帕德斯主廚想必在思忖著，身為一位班長，自己的作業上都忘了寫名字，要如何帶領整個班級？其他同學則連第一份作業都沒能順利完成。這還只是其中兩件小事而已，其他像是艾莉卡老是忘記戴上髮網、恩晶跟不上進度，還有盧雙手動作笨拙，也許都讓帕德斯主廚留下不好的印象，他肯定認為這不會是個好班級。但我們還有已經對烹飪非常熟悉的格雷和亞當。亞當的身形高高瘦瘦、一頭短髮往後梳，看起來非常利落。他總是板著一張臉。我問他幾歲，他皺起眉頭說：「二十六？二十七？我不知道，老兄。」亞當總是在課堂上提出許多非常棒的問題。

蘇姍娜也十分聰穎，她二十七歲，個子瘦小，有一頭黑色捲髮、深邃的黑眼睛和一張小臉。她先是在巴納德學院讀了三年的英文系，之後就休學了，說那些課程無法滿足她，也不喜歡住在哈林區。接著在廣告業工作了幾年（她的丈夫現在仍在廣告業）後，她決定嘗試看看烹飪學校。學生時期她到處打工，在餐廳擔任服務生，不過申請美國廚藝學院需要更多資歷，於是她便設法錄取了紐約軒特羅餐廳（Chanterelle）的學徒資格。

第三天，我的索引卡上寫著今天的準備清單：

烤箱／烤盤

標準備料（胡蘿蔔切條、切丁）

褐高湯

洋蔥湯

第一項是我自己寫上去的，提醒自己第一件事是打開烤箱並加熱烤盤，好讓肉品處理課的同學將小牛骨送過來時，就可以直接開始烘烤。如果沒有事先打開烤箱，就會浪費整整半小時等待預熱。每一桌都被分配製作一種高湯，第四張桌子則要負責準備主廚用來示範的食材和工具——今天放的是洋蔥、醬汁鍋和深炒鍋、四十盎司的白高湯，還有一個裝著幾盎司蘋果白蘭地的白色紙杯。一切準備妥當之後，主廚大喊：「五分鐘後開始示範！」全班便走到離冷藏櫃最近的第二桌瓦斯爐旁，圍繞在帕德斯主廚身邊。示範過程中，他會一邊解釋一邊實作，而我們認真地看和聽。洋蔥湯似乎並不複雜，但實際烹煮任何東西都十分有趣。

帕德斯主廚昨天在講課時告訴我們，他不想讓我們使用起司或麵包丁。「我很想看看你們能不能做出美味的洋蔥湯。」他已經解釋過好湯的標準：色澤、濃稠度、溫度（他說：「湯必須是熱的，並且裝在熱的碗裡，但不可以在碗裡**沸騰**。」）、香氣，當然還有味道。

他示範了所有步驟，從洋蔥切片開始，要切得均勻，並且切成能剛好放在湯匙上的長度。他說，一條長長的洋蔥掛在某位女士的湯匙邊緣，隨時可能掉在她四百美元的裙子上，你絕對不希望這種事情發生。「注意看我手的姿勢，」帕德斯主廚在一塊木質大砧板上切洋蔥，然後停下動作說道：「我的手指是**彎曲的**，拇指收在**後面**，這樣才不會切到自己，不必去樓下找**護士**，不必去**醫院**。因為我還有**其他**很多事要**做**。」

他轉向爐子，將一口深炒鍋放在火焰上，繼續說道：「在爐子前，你們要懂得玩味火候。法國人都說爐子就像是你的鋼琴，你要知道如何調音，讓它能夠奏出美妙的音樂。懂得拿捏，你就是大師了。」他將火調小，慢慢地烹煮洋蔥。

接著他看了看濃稠的牛肉白高湯，放在一個半加侖的量杯裡，準備用來示範。「高湯要先稍微加熱，然後你要親自嘗嘗看。要是湯底不夠好，就算你花費了所有的時間和精力，也做不出一鍋好湯，」他說：「我確定這些湯底很不錯，這是我們昨晚自己做的。」

「那是我們用前天的湯底再製的，」班・格羅斯曼說道，他從前是會計師：「是因為這樣它才這麼濃稠嗎？」

「有可能，」帕德斯主廚回答：「也可能是因為煮了非常久。我們昨天從大概三點就開始了，大概煮到——噢，糟了。」

我們陷入一片漆黑之中。全班同學都跟著帕德斯主廚喊道：「噢！」

大約過了三十秒，燈又亮了。「快去，」帕德斯主廚說：「把所有烤箱都關掉。你那邊有火嗎？」格雷確認了一下，回答沒有。「把烤箱都關掉，」帕德斯主廚重複道：「常燃小火都熄了。現在可是紐約的冬天！」當學院跳電時，所有的瓦斯線都會關閉，必須手動再次開啟。因此發生這種狀況時，維修部的同仁便會拿著瓦斯噴槍，穿過從前是耶穌會修道院的校友廳，來到各個廚房重新點燃全校一千座烤箱的常燃小火。

「好吧，那麼先暫停示範，各位。」帕德斯主廚說。

「噢，不！」蘿拉（Lola）開玩笑地大喊。蘿拉來自史坦頓島（Staten Island），我問她為什麼來學院就讀，她說：「我想學習怎麼做好秋葵濃湯。」這句話引起我的共鳴。她有一雙深棕色的眼睛和長長的棕色頭髮。我之前會注意到她，主要只是因為每天在我對面切菜的崔維斯都和她黏在一起說悄悄話，兩人還會咯咯地笑個不停。我本來也沒發覺他們的互動良好，後來才知道他們幾週前就在肉品識別課堂上認識了，大概是這堂課對某些人產生了某種神奇的影響吧。

幾名身穿工作服和棕色長褲的學院維修部人員來替我們重新點燃烤箱的小火，大約半個小時之後，帕德斯主廚切好的洋蔥正在烤盤上發出滋滋聲。這時他突然開口說：「對了，大家有聽說我們要設立一個新的媒體中心嗎？叫做餐飲學院（Food and Beverage Institute），會負責拍攝節目、出版書籍，可能也會發行影音產品，諸如此類。這樣一來，我們就會有簡稱中情局ＣＩＡ的學校和簡稱聯邦調查局ＦＢＩ的媒體中心，真的。很可愛吧？

「好，現在已經有些焦糖化了，但還不太夠。我希望它們可以焦得徹底一些，像我們昨天說過的那樣，產生層次豐富的口味和香味。焦糖是糖的一種複雜的變化，當食物焦糖化時，各種分子都會發生改變，我沒辦法像寫論文一樣解釋給你聽，總之就是很複雜。」

「請問您所謂的複雜是指什麼？」我問。

有人開始竊竊私語，於是帕德斯主廚稍微拔高音量反問道：「也就是說，哪部分的複雜？」他等了一會兒，又說：「你們聊完了嗎？等你們都說完了，我再繼續講下去。」

蘿拉道了歉。

「有沒有吃過粗砂糖？」他繼續說道：「嘗起來如何？就是很甜，你只能這麼形容。但如果是一塊**焦糖**，例如焦糖軟糖，放進嘴裡之後，味道又是如何？一樣很甜，但除此之外，還有別的。它和砂糖不同，味道更為繁複。也有帶點香草味或肉桂味。也就是說，食物開始焦糖化的時候，你會嘗到這些不同的味道，還有相應的香氣。」

在今天的索引卡背面，我在我的工具清單下方寫了一個名字「馬基」，還圈了起來。這是為了提醒自己下課後要去書店買《食物與廚藝：廚房的科學與知識》（*On Food and Cooking: The Science and Lore of the Kitchen*），學院的必備閱讀清單之一。帕德斯主廚前天晚上告訴大家，在畢業之前，每個人都要把這本書徹頭徹尾地讀個兩遍，而作者哈洛德．馬基（Harold McGee）的姓氏更已經成了簡稱這本書的代名詞。接下來的一整年裡，每當有人在烹煮過程中對食物發生的變化有疑問，答案就是：「去讀《馬基》」或「查查看《馬基》」。

在這本書的六〇九頁，馬基證實了帕德斯主廚的說法。「焦糖化的過程中包含非常多種化學反應，大家並不是很清楚，」他寫道：「葡萄糖的結構比雙醣更加簡單，如果產生褐變，這種單醣分子便會分解重組，形成至少一百多種不同的反應產物，包含帶有酸味的有機酸、帶有甜味及苦味的衍生物質、帶有香氣的揮發分子和褐色的聚合物，是一種極為非凡的化學變化，更是盤中美味的一大功臣。」

食物變為褐色的過程，會使食物本身發生驚人的變化，這也使得食品製造商可以輕易地透過烹煮價格低廉的蔗糖和胺基酸，仿造出楓糖、巧克力、咖啡、蘑菇、麵包和肉類等較高價位的食物口味。甚至，加熱穀粉也可以得到一樣的變化。馬基提到，「波斯頓」（Postum）這種由小麥粉、麥麩和糖漿製成的飲料，便是早期利用這種原理來代替咖啡口味的一種混合物，在一八九五年由C. W.波斯特（C. W. Post）上市。

「好了，現在我的鍋底有了一層焦糖化的基底，」帕德斯主廚說。他準備將蘋果白蘭地加入鍋中，好萃取出鍋底的那一層褐色焦糖的風味，然後加入牛肉白高湯，再以文火燉煮。煮得恰到好處之後，他會依照喜好進行調味，然後宣布說洋蔥湯已經準備好了，要我們去拿根湯匙來品嘗，而我們的目標就是要做出這樣的洋蔥湯。當他的湯正以小火燉煮時，我們就在一旁各自進行今天的準備。在廚房中，「一切到位」（mise en place）指的不僅是食材，更包含日常的所有準備——廚師們經常提到的「心理層面的到位」。在主廚示範洋蔥湯之前，我正試著剁碎歐芹。但我一時心不在焉，用拇指和食指掃開刀面上的歐芹，接著刀鋒劃過食指，我皺起眉頭。帕德斯主廚見狀便說：「我拿個繃帶給你。」

我回答：「沒關係，我有帶。」

他驚訝地看著我，說：「你事先料到自己會笨得割傷手，所以帶了繃帶嗎？」接著他莞爾一笑：「真的是『一切到位』了。」

等我們覺得自己燉的湯已經達到完美的焦糖化狀態時，便用隨身巾將碗端到主廚面前——因為碗必須也是熱的——讓他品嘗並替我們評分。他坐在辦公桌後面，像位老派的拉丁學校老師，只不過頭上戴著一頂高高的白色紙質廚師帽。大部分人得到的評論是洋蔥煮得太焦、太黑、太甜。

❖ ❖ ❖

接下來我們將所有的鍋碗瓢盆、刀具、湯勺、網篩等工具一一洗淨收好，再將已經冷卻的高湯貼上標籤存放起來，並拖了地板、擦了桌子，最後將椅子排放在不鏽鋼桌周圍，帕德斯主廚便將我們第一天繳交的小牛褐高湯報告發還給大家。我大多坐在崔維斯對面，他之前待過軍隊，駐紮在德國菲爾塞克（Vilseck），現在則是陸軍預備隊，並在京斯頓（Kingston）附近的一間漢堡王工作，專門負責加熱漢堡肉。他來自密蘇里州的堪薩斯，身形高大，蓄著金色短髮，戴著眼鏡。十五歲時他便已經展開廚房生涯，先是在連鎖餐廳弗爾（Furr's）洗碗，後來擔任過油炸類廚師、烘焙師、蔬菜類廚師和晚餐廚師。接著他轉往灰狗巴士總站的廚房工作，最後加入堪薩斯城凱悅酒店（Hyatt）的烘焙廚房，也就是那時他決定來就讀美國廚藝學院。但他當時沒有存款，於是便加入軍隊，服役兩年半。

從臉上的表情，還有他一股腦兒把紙張塞進包包的動作看來，崔維斯對自己的成績很不滿意。事實上，大家看起來都不太滿意，就連南加州大學畢業的大衛·史考特也目瞪口呆地坐著，感到不可置信。滿分是五分，他寫得很認真，卻只得到三分，但來自長島貝爾波特（Belport）的保羅·特魯希洛只花了兩個小時完成，就拿到四分。

帕德斯主廚似乎察覺到大家的錯愕。以刀工來說，很容易就能判別出好壞，你要不是切對了，要不就是切得不對。法式清湯也一樣，如果你的清湯很混濁，低分也無話可說。但報告只得到兩分（亞當的分數）？畢竟這是一所廚藝學校，而非文學院，大家臉上不滿的表情彷彿在說：我們是在廚房裡，不是教室。

「嘿，」帕德斯主廚對面有慍色的同學說道：「大多數的同學離開這所學校之後，都會獲得不錯的工作，例如擔任二廚。如果你夠厲害，很快就能爬到副主廚的位置。當你當上副主廚時，大家就會拿著問題來找你：『嘿，副主廚，這為什麼會這樣，為什麼又會那樣？』他們會**預期**你能替他們**解答**。你們來這裡是要被訓練成為管理者，不是小嘍囉，從這裡畢業之後，你們應該有能力成為這行裡的**領導者**。難道你們想要永遠打雜嗎，一輩子喝雜牌啤酒就滿足了？這想必不是你們來這裡就讀的原因。正因如此，只要我認為你還不夠**賣力**，我就不會給你好的成績。」他希望同學們學會如何挖掘資訊。「畢業後，有人要求你一次做出七十人份的頂級法式晚餐，」他繼續說：「你最好要知道怎麼做。」下一份作業是關於乳化醬汁，他現在開始說明了：「如果你**了解**乳化的化學變化，**出錯**的時候就更容易**補救**。你必須具備補救的知識和技巧，因此我才會要求你們深入研究每個主題。舉例來說，為什麼有人將荷蘭醬視為母醬，有些人卻不這麼認為呢？」

他停頓了一下，環視全班同學，在半空中轉了轉手裡的湯匙。

「好了，」他說：「你們都需要有急迫感，這樣才能成為最好的廚師。如果每次都要花兩個小時才能出一道餐，你永遠找不到工作。」接著他便開始講課，解說我們明天要製作的奶油濃湯，尤其是花椰菜濃湯，不過這些就是細節了。重點是我們要學習方法。

我原以為這第三天的洋蔥湯課程會相當無趣，大概就只是一些重要料理實作的暖身操而已，結果卻是一場有關焦糖化的精彩實驗和討論。大家腦中都有不同的焦糖化手法可以實踐，但今天探討的是一種全然純粹的焦糖化，白色肉湯加入炒至焦糖色的洋蔥，燉煮成為一碗琥珀色澤、風味濃郁豐富的湯。

❖　❖　❖

也是這天開始，我們感覺自己彷彿身處在一個烹飪節目裡。主廚的示範就和美食頻道裡的一模一樣，只不過現在我們能親眼看到、親自聞到、聽到，並且體驗到實際烹煮所需要的時間，同時，我們還能對主廚提出問題。如果你認為某些地方沒說服力──我很期待他示範白醬和油糊褐醬──你可以告訴他，而他會再解釋給你聽。帕德斯主廚是位風趣的廚師，很活潑，也十分聰明。某一次他向我們示範美式什錦蔬菜湯，又稱為「十種蔬菜湯」，每一種蔬菜都需要不同的烹調時間，因此要在不同的時機點開始烹調，最後才能達到同步烹煮，他先是將一些澄清奶油舀入鍋中，再加入一些韭菜和洋蔥，最後加入大蒜，這時他會一邊說：「要用你的眼睛做菜、要用鼻子做菜，也要用耳朵做菜──用上你所有的感官。」他將鍋子從爐子上移開，緩緩掃過我們的面前，讓我們一個個伸長脖子隨著鍋子的方向移動，聞著剛下鍋的大蒜味。「現在聞起來還有點生，」主廚說，一邊讓大蒜再煮一下：「不過快好了。」他又拿起鍋子舉到我們面前，讓我們用鼻子、眼睛和耳朵感受。大蒜的味道現在已經完全散發出來──這種氣味我聞過千百萬次，卻從未停下來細看它的烹調過程。每個階段都會有不同的味道，進而影響最終成品的風味。帕德斯主廚拿起白色的紙杯搖了搖，將第二桌同學切成完美丁狀的芹菜和胡蘿蔔倒進鍋裡，接著還有玉米、皇帝豆、大頭菜和馬鈴薯。

「我們要試著計算時間，這樣才可以同時煮好，讓你同時品嘗到每一種蔬菜，」他說：「然後才能煮出好湯。」最後加入歐芹時，他特別提到可以加入平葉歐芹，味道比較辛辣，捲葉歐芹則較為無味。當我煮完蔬菜湯並端到他面前的桌上時，他告訴我，湯看起來很不錯，色澤明亮，沒有煮過頭，但味道有點平淡。「先舀一湯匙出來，加點鹽進去，」他對我說：「然後比較兩者的味道，會有很大的不同。這是一個很好的測試方法，讓你明白鹽的效果。」不是鹽的**味道**——一道料理不該吃出鹽的味道——而是鹽的**效果**。

他也讓艾莉卡做了鹽的測試。她走向帕德斯主廚，奮力吹開從帽沿掉出來的一撮頭髮，兩頰因此脹得通紅，表情看起來幾近驚恐。之前她的洋蔥湯不夠熱，後來蔬菜湯又沒有味道，花椰菜奶油濃湯也太稠了，甚至法式清湯也是混濁的。每天她從主廚的桌旁離開時，都努力地深呼吸，顯然在強忍著快要掉下來的眼淚，眼睛越來越紅。

你無法不喜歡艾莉卡。她那麼認真，卻於事無補，而她的努力又是這麼明顯，讓人忍不住替她的處境感到哀傷。她是全班說話最莽撞的人，但個性可愛率真。有次我們在K9教室排隊吃晚餐，對方問艾莉卡要哪一種湯，她回答：「豌豆湯，謝謝。」然後轉過來看著我，一路搖頭晃腦地說著：「我、**最愛**、豌豆湯！」

晚餐後，我們回到教室將高湯冷藏起來，清洗蒸氣大鍋和其他鍋子，拖著三大袋垃圾——可堆肥的、可回收的和一般垃圾——下樓，穿過走廊、走出後門來到車道上，然後扔進垃圾箱。接著我們就坐下來聽課。這天是週五晚上，也是進入廚房的第四天，所有人都盼望著週末。

「很好，」帕德斯主廚在我們面前來回踱步，一手在半空中轉著湯匙，「還有十五分鐘八點。如果接下來三週都能如此，我會非常滿意。」他開始說明下週一要製作的料理。先做油糊，然後煮湯。「第五天的大事，我們要做法式清湯。記住了，一樣六點前要做完。你們會有很多事情要做，今天就有同學差一點來不及了。星期一開始，你們就得培養出急迫感，做事必須非常有條理。所以你們必須有一份好的備料清單，確保自己有足夠的時間處理每一個步驟。法式清湯至少要煮一個小時，甚至有可能一個半小時。示範結束之後就應該馬上開始製作。」

他停頓了一下，拿起他的每日評分表，翻到今天的那一頁。

「我想，今天——是很棒的一天。大家都很準時，廚房也清理得很乾淨。」他看到有些人的分數很低，於是說：「有些同學被扣了一些衛生分數。再說一次，我希望大家都保持整潔，我希望大家都看起來很乾淨，我希望大家都要注意自己的頭髮，好嗎？進教室之前先**照鏡子**確認一遍。長頭髮和綁馬尾的同學，你們需要堅固耐用的髮網。髮長會超過帽沿的同學，也要注意將頭髮塞在帽子下，不能露出來，我不想看到有人的瀏海垂在帽子外面。還要留意鬢角，只能短短一截，不可以一路長到臉頰上。嘿，我也一樣剪短頭髮、修掉鬍子。連我都這麼做了，你們也要遵守規矩。還有，也要把桌子清潔得一塵不染，我不想在你們為清湯去完浮沫後看到砧板上放著一堆用過的紙巾，拜託各位，否則整組、整桌都會被扣分。到時我可不會事先提醒你們：『噢，你的砧板上很亂，我要扣分囉。』

你們一桌就是一個團隊，每天剛開始的分數都是十分，也有可能會被扣到零分，但通常不會這麼嚴格，除非我看到有人用**手指**沾湯來**嘗味道**，這只是特例。無論如何，大家要互相提醒，『嘿，各位，我們的桌上有點亂，來清一下吧。』或是，『我知道你很忙，我先連你附近的桌面一起擦乾淨，等一下你也替我多注意。』要互相合作。鍋子的部分，今天處理得很好。準備清單、工具清單，你們越來越有概念了，和我期待中的一樣，這樣很好，有一天你們就能信手拈來。所以我們也會慢慢加快腳步，目前的工作量還很輕，以後會越來越重。你們可以去找正在上概論課的同學聊聊，了解一下在基礎技能第二級課程中的工作量大概會如何。那些同學若是回到這間廚房，絕對能在一個半小時裡完成所有的事情然後放學，而你們卻要一路忙到晚上六點。但沒有關係，你們會學著變得越來越有條理，越來越有效率。」

對我來說，這四小時中確實有好多事情要做。我們要做十加侖的白高湯，要切好當天所有的標準備料、雕好胡蘿蔔。接著要切碎韭菜、洋蔥、芹菜、大蒜，用捆肉繩束好第二個香料袋，還要把大頭菜和馬鈴薯切丁，準備正確份量的皇帝豆和玉米粒、處理番茄碎、將甘藍菜切絲，最後再用所有材料煮湯。我雖不至於忙得上氣不接下氣或滿臉通紅，但感覺每個步驟都好趕。

「現在，來看看美式什錦蔬菜湯的分數，」他掃視數字：「大家都做出了好湯，沒有人煮得**不好**。」但他也說，很多同學都需要再加些鹽。他告訴我們如何讓湯變得更好、如何思考湯的味道。「調味不足，我是這麼說的吧？不是說湯的味道**不好**。嘗起來**不錯**，對吧？你們都煮了好湯，沒有出什麼差池。只要再多加點鹽，不會**嘗出**鹹味，但**嘗起來會……更好**。鹽能提味，讓風味變得更滑順。你們要試著摸索出這種平衡，試著發展出自己的味覺，並且注意到這四種味道：刺激性的酸味、發酵的酸味、甜味和苦味，知道如何處理它們、中和它們，你就擁有了成熟的味覺。」

要是我們認為他說錯了，他補充：「你們可以告訴我。我也想和你們聊聊，由你們指出我在判斷上犯了哪些錯誤，或者讓你們來說服我。我很樂意針對這些東西進行討論。我說的不一定每次都正確，不必害怕在這方面挑戰我，互相討論，我們都會有所得。對美式什錦蔬菜湯還有什麼問題嗎？我很喜歡你們的湯，你們都做得很棒。

「好，我們先回到第四百五十四頁，來看看這道法式清湯食譜，裡面寫得很詳細。照著食譜會做出一加侖的湯，不過我們先減量到一夸脫就好。首先需要一顆焦糖化的小洋蔥，還有四盎司的調味蔬菜、八盎司的牛腱絞肉，三份蛋白，要打勻。以及四盎司的番茄碎，看你要用新鮮的番茄或是罐頭番茄，兩者的酸度會有所不同。現在這個時節，溫室番茄的酸度不太夠，所以我傾向用罐頭。如果是夏天，番茄很新鮮、很成熟，就會有**不錯的酸度**，那時我們就會選用**新鮮**番茄。不過每年的這個時候我們通常都用罐裝的。

「再來，四十盎司的牛肉白高湯。我們需要有可以濃縮和蒸發的空間，之後解釋做法時，你們就會知道原因了。然後還要準備一份標準**香料袋**。**不要**加丁香也**不要**加多香果，也許你以後可以自己加在別的料理中，但這次我們著重在清湯的味道上，不是要做水果蛋糕。最後是猶太鹽和白胡椒。使用胡椒時要謹慎，先嘗嘗看，說不定你的湯根本不需要加。

「我們會需要製作澄清劑。所謂的澄清劑，就是絞肉、蛋白、調味蔬菜和有**酸味**的番茄碎製成的混合物。也可以加入白酒或檸檬汁，你也可以加入鹽酸，但可能味道不會太好。總之，就是需要加入**酸類**。將牛肉、蛋白、蔬菜和番茄混合均勻之後，澄清劑就完成了。『澄清』在這裡是一個名詞，是一種材料，和進行澄清**步驟**是不同的。澄清劑看起來很像一塊過於潮濕的肉餅，」主廚笑著說：「看起來有點噁心。」

❖ ❖ ❖

聽起來，法式清湯顯然會是我們截至目前為止做過最有趣的一道料理。想到要製作一種看起來像「絞肉奶昔」的可怕糊狀物，然後把它倒進完美的高湯中，竟帶給我一種幼稚的愉悅感——就像在玩泥巴，或把一顆超大甜瓜從高處扔下去，又或者和朋友一起玩「接雞蛋」遊戲，看你能在多遠的距離之內接下雞蛋又不會破在你手裡。不過，儘管過程中有著這些粗糙的樂趣——也**正因為**有這些過程——最後的成品將是一種終極的精緻。

週末時，我仔細研讀了教科書《專業大廚》上煮湯的步驟，上頭詳細的說明讓我理解加熱絞肉奶昔後會發生什麼事。它會凝結成一面灰色、髒兮兮的漂浮物，浮在高湯上，然後吸收掉高湯中所有的混濁物質。這個漂浮物就像一種有機的濾水器，高湯在其中慢慢沸騰，然後再被濾出。法式清湯顯然並不難製作，但要很細心，有時候能讓你發揮出最大潛能。

初冬之際，在幾個月的法式清湯教學的美妙時光之後，帕德斯主廚在K8廚房突然遇到問題。他從七月份開始在這裡教書，某一天卻突然無法煮出清澈的湯。他聳了聳肩，對同學說有時候就是會發生這種事，並向大家道歉，而那次班上也沒有任何一位同學成功煮出清澈的湯。這裡，清澈的定義就是**非常的**清澈。經驗法則：若將一枚一角硬幣放在裝著一加侖清湯的容器底部，要能清楚看見硬幣上的日期。

帕德斯主廚於是查閱書籍。

蛋白和絞肉中的蛋白質都是實際物質，是分子，如果你將一段二十呎長的金屬捲尺揉成哈密瓜狀，這就是平時蛋白質的樣子。再進一步想像一下，這段纏成一團的捲尺，每一吋都具有磁性，磁鐵彼此相吸，連結在一起，使得蛋白質全都混在一起。而如果你打破這些連結，磁力消失了，纏繞的捲尺就會鬆開而後四散。散開後，這團捲尺看起來就會像一條軟綿綿的寄生蟲，而不再是一顆紮實的哈密瓜。當你的鍋裡有數百萬條這樣鬆開的物質，就會形成一張網子，進而創造出一面筏狀物，一旦它浮上水面，便能將高湯中的雜質全都提取出來，達到澄清的效果。而打破蛋白質連結的就是酸類。

當帕德斯主廚自問他七月和十二月使用的食材究竟有何不同時，這才恍然大悟，他在冬天使用的那些又硬又蒼白的番茄沒有足夠的酸來打破連結，使蛋白質展開並形成一張有用的網子。於是，當他下一次製作法式清湯，便使用罐頭番茄，終於，他的法式清湯清澈見底了。

❖　❖　❖

除了為我們示範法式清湯，我們還要學習製作油糊，用澄清奶油烹製麵粉。另外也要製作芡水，用玉米粉、葛粉或馬鈴薯粉等純澱粉加入水，達到如同鮮奶油的黏稠度。油糊和漿液都是加入一些像水一樣稀薄的液體使之變得濃稠。格雷做了比分配工作還要多的事（也許是怕無聊）。他幫帕德斯主廚準備褐色油糊，因為這需要花很長的時間製作。帕德斯主廚可以在示範的時間內自己做好白色和金色油糊，但他也希望褐色油糊能同時準備好。「就像在拍電視節目一樣，」他說。

我們擠在第二桌旁，看著帕德斯主廚將三份蛋白倒入一只不鏽鋼大碗中，並快速攪拌，「使蛋白質受到理化因素作用而變性」，意思就是，打破它們的連結。「稍微打散就好，我們不是要做檸檬蛋白派。」他又倒入調味蔬菜、半磅的牛腱絞肉——因為澄清的過程也會除去味道，因此你必須添加更多的風味。然後加入番茄：「記得，我們用的是罐頭，」他說：「這樣就不必擔心冬天時無酸可用。」他又加入美味濃稠的牛肉白高湯，一邊再次確認品質。

「我請維克多幫忙記下來，」主廚說道。第三桌的維克多．卡德孟（Victor Cardamone）站在冰箱上貼的那一大張白紙旁邊，手裡拿著馬克筆。「澄清，」主廚繼續說：「非常明確，要清澈見底。」維克多將這一點寫在紙上。「味道，」帕德斯主廚又說：「味道要豐富，嘗得出主要食材。還有呢？」

「濃稠度？」格雷說。

帕德斯主廚認可地說：「濃稠度，在嘴裡能感覺到它濃厚的質地。那整體看起來要如何？」

班答道：「不能有雜質？」

「不能有雜質，要**乾淨**。還有呢？」

「溫度？」

「溫度，」帕德斯主廚說：「要**熱**。我們做的不是清湯凍。」他停頓了一下，環顧四周。這就是為什麼帕德斯主廚在我的心目中是位很棒的老師。他會先示範經典的做法，向你解釋原因，然後才會讓你知道他的個人見解，擴大討論的主題，其中會包含一些他的喜好。這時候，他的眼睛通常炯炯有神，為了強調某些重點，他的嘴唇還會反常地皺在一起。「當然你也可以製作清湯凍，這也是一道經典。看看高湯有多濃稠？將它澄清之後倒入碗中，加入一些佐料，然後放冷，它就會凝固了。這也是一道非常經典、非常歐式的夏日開胃菜——冷清湯凍。這在我們國內並不常見，因為大家覺得嘗起來很像牛肉口味的傑樂果凍（Jell-O）。但如果你做得好，那會非常美味。你絕對不會看到有人將一根湯匙豎在清湯凍上，拍那種傑樂果凍式的宣傳照。清湯凍是一種精緻的料理，夏天吃起來很清涼、很清爽。而鵪鶉清湯凍呢？裡頭會放入一小塊松露和鵝肝，如此**美味**、有層次，但依然清爽。」

他用木湯匙攪拌了一下清湯，從自己的白日夢裡回過神來。

他將湯鍋放在小火上，並提醒大家溫度和經常攪拌的必要性。「在我檢查完你們的清湯之前，先不要洗鍋子。」最困難的部分就是蛋白會在凝固之前先沉下去，然後黏在鍋底煮熟。這雖然會使得清湯呈現出美麗、深沉的琥珀色，對味道卻沒什麼幫助。帕德斯主廚非常了解這種顏色。他只要看同學的清湯一眼，就會馬上說：「讓我看看你的**鍋子**。」想當然，鍋底一定黏著燒焦的蛋白。

亞當總是站在人群的最後面，但他的個子很高，還是可以發問：「請問，澄清的過程中是否也會過濾掉高湯的膠質？」他總是能問出這樣的好問題。

「不會，」帕德斯主廚回答：「你覺得法式清湯是肉凍的基底嗎？」

「是。」

「是嗎？」

「嗯，」帕德斯主廚說：「事實上，冷盤課的同學常會來基礎技能課的教室，問我們能不能把清湯留給他們製作自助餐的肉凍。」

大家又站了好一會兒，全都盯著帕德斯主廚攪拌他的湯，等待著加熱後出現所謂的「黏附筏」（raft）。

「那為什麼學會法式清湯的做法這麼重要？」我問。

「為什麼這麼重要？」他重複我的問題，一邊若有所思地繼續用他的木湯匙攪拌著，將湯匙抵至湯鍋的邊緣，確保沒有任何蛋白黏在鍋底。「因為這是一種極需技巧的技術，」他回答：「這也是一種非常受歡迎的湯，高級餐廳裡經常會有。還有，製作這道湯需要有耐心，也要經過訓練。你不可能直接叫某個人去做一碗法式清湯，然後他馬上就做出來了。製作這種湯是需要練習的。」

他停下攪拌。他曾在數家高檔法國餐廳擔任過各種職級的廚師，但此刻他似乎暫時拋開這些，轉而描述他的個人想法。「我認為，製作法式清湯的過程，是將所有製作高湯的面向整合起來，然後提升到終極完美的狀態。清湯即是一種**完美的**高湯，」他說「完美」一詞時候，咬字異常清晰，「它教導你專注，教導你細膩，顧全所有食材。其中包含一些化學作用和凝結過程，有太多細節，剛開始學烹飪的人必須謹慎注意，而不僅僅是做出一碗湯而已，」他抬了抬眉毛：「事實上，我有位朋友在今早的廚師實務課烹煮清湯時就出了問題——結果有可能是沒辦法繼續在這裡教書了。」

帕德斯主廚的高湯已經沸騰，表面當然也出現一層灰色、黏稠而堅實的黏附筏，只能從它和鍋沿的縫隙看見高湯沸騰的氣泡。即使這層絞肉奶昔已經開始凝固，主廚還是繼續攪拌，直到它凝結成塊狀，跟著湯匙一起旋轉，這才停下動作，讓澄清劑自行發揮作用。他還從鍋沿放進一片焦糖化的洋蔥瓣，好讓清湯增添更多風味和色澤，過一陣子後，又加入香料袋。完成後，我們會再一起嘗嘗看。

「好了，」他說：「示範結束，輪到大家動工了。」

我們各自嘗試，也成功了。原本不透明的高湯變成清澈見底的清湯，只有恩晶的湯沸騰的時候製造了一點混亂，她的黏附筏完全散開了。平時她似乎總把所有事物都筆記下來，但還是有些事情她不明白。像是「文火慢煮」這個修飾語很容易被她忽略了。除非她有直接看清楚每個步驟，否則她對自己總是沒什麼把握。帕德斯主廚立刻衝過去搶救。我想他很高興有人的黏附筏破了。他喜歡很快地補救好出錯的地方，不浪費一丁點時間。他重新做了一份澄清劑，先將沒做成功的清湯倒進一只不鏽鋼碗中，加入更多的牛絞肉和蛋白，再加進一點其他同學剩下的番茄碎湯汁。（後來又有學生的黏附筏破掉時，他正好看見一旁有半顆檸檬，便順手將檸檬汁擠進去——他真的對使用哪一種酸類毫不在意。）最後，他將鍋子重新放回瓦斯爐上，小火慢煮，煮成一個全新的、美麗的黏附筏。

現在恩晶明白了什麼情況下清湯會製作失敗、如何補救，還有如何做好一份清湯。當湯煮沸時，她拿來一支咖啡濾網狀的細篩，是一種極細的濾網，將黏附筏舀入另一口鍋中。高湯變得極為清澈。她嘗了嘗，加入調味料，再加熱一次，倒入一只溫熱的碗中，並用一張褐色紙巾除去表面的浮沫，這些步驟都是帕德斯主廚親自展示過的。最後，她將碗端到帕德斯主廚面前檢查。那是一碗很美、也很美味的湯。

製作清湯意外地令人感到滿足。你可以**親眼看到**這些變化發生——一種客觀的進展。有點像是在烹調一塊原本蒼白而粗糙的木頭，替它加入油、灑上調味料。我完成了自己的法式清湯，帕德斯主廚嘗了嘗，非常滿意——「你會成為一位好廚師，邁可，」他有點驚訝地說——而我此刻最想做的，就是品嘗我的清湯，細細地端詳它，欣賞它的澄澈和色澤。

我不是班上唯一一個有這種感覺的人。當我盯著我的湯看時，站在我對面的大衛．史考特也已經完成他的清湯，正對著它頻頻點頭。「這真的很酷，」他說著，露出一個大大的微笑。

帕德斯主廚甚至為這堂法式清湯課再添驚喜，要帶我們回過頭來看看製作清湯的高湯。我們要借鑑清湯的原理，用新的方式製作牛肉白高湯和雞高湯。

「我會從將水煮滾開始，」主廚說：「還會添加一些酸類。今天剩下的番茄碎屑都要留下來，可以將它們都加入白高湯中。我們要嘗試做出一種能自行澄清的高湯。這是一種歐洲長期使用的製作技術，我之前從來沒聽過。後來我問了赫斯納主廚（Chef Hestnar），他說：『對啊，是真的。我們學校不會這樣教，但你可以試試看，效果很好。』葛里菲斯主廚（Chef Griffiths）上星期也試過，十分成功，很清澈，而且省下一個小時的烹煮時間。現在你們已經知道了學院的標準做法，就讓我們來超車一下，學習其他做法。我們一起學，這對我來說也是新技巧，當做一個實驗。如果不成功，下次有人跟我說：『是啊，效果很好。』我就會回答：『不，效果**不好**，我**試過**了。』如果成功了，那很棒，你們就會學到兩種高湯的做法。」

課堂結束後，我走出美國廚藝學院，踏入寒冷的二月冬夜，步伐像個剛離開遊樂場的孩子，一個手裡拿著一張通行證的孩子，所有他喜歡的設施都能體驗。帕德斯主廚今天說我能成為一位好廚師。我當然知道**我**可以。但這一晚，下課後我更加振奮，因為他也如此認可。

3 第八天

當我看著自己第八天的備料清單，並且和第三天的清單做比較，我就該知道這一天與之前幾天全然不同：

第八天

法式清湯

標準備料

天鵝絨醬

白醬

蛤蜊巧達湯

五份澄清奶油
牛肉白高湯

看著這張索引卡，我覺得時間點會是今天的一大重點，因為我已經計劃好今天要呈現給主廚檢查的成品順序。首先是法式清湯，最後是白醬，做完這些之後我才要進行刀法練習。我打算在六點過後再給他檢查切割成品，超過六點檢查沒關係，只要是在六點前完成切割就好。另外要在五點半到六點十五分左右，將湯品和醬汁盛裝在鍋子和碗中提供他確認，他會先在桌上擺好一張長條的文件紙，交件時間以簽名的那一刻為準，如此一來，就不必浪費時間排隊，只能瞪著碗中自己的倒影，任憑湯變得越來越涼。六點鐘一到，主廚就會在最後一刻簽字者的名字下方畫一條線，之後來簽名的同學都會被扣分。

前一天，課程的節奏便開始加快了。第六天時，我們還處在只需要完成一份標準備料、一種湯品的步調。到了第七天，就變成標準日常備料（再加上胡蘿蔔切絲和切為細丁，還有四顆馬鈴薯果雕）、法式清湯、豌豆湯和白醬。白醬，混合了麵粉和牛奶，是一種母醬，能進而製作成許多醬汁，例如乾酪白醬（也就是白醬加入起司）、南蒂阿蝦醬（加入小龍蝦）和洋蔥白醬（也就是加入洋蔥），白醬也用來製作出各種很棒的奶油濃湯。不知道為什麼，在這裡大家總愛把白醬與某些建材或原料聯想在一起。帕德斯主廚第一天上課時就曾說，他能用我們做的白醬來「蓋一棟房子」。而當我問盧以前在ＩＢＭ做過些什麼時，他告訴我他以前常需要運送很大的電路板，這些板子是一層厚厚的白色化合物澆注後凝固而成——而在凝固之前，盧形容道，這些白色化合物就像我們做的白醬。反觀其他母醬，像是天鵝絨醬（雞高湯或魚高湯加入油糊後變得濃稠），還有褐醬，則被認為是比較高檔的母醬。然而，這也許很快也會出現在五金行架上、莫名備受貶低的白醬，曾經在學院可是扮演著一大要角。

第七天，大夥兒雖然都匆匆忙忙，又擔心白醬在製作過程中隨時會燒焦，但整體氣氛仍是輕鬆愉快的。事實上，忙碌是樂趣的一部分。

奮戰過程中我只停頓了一次：艾莉卡穿過中間的走道，從我身後經過，正小心翼翼地將她做好的豌豆湯端到主廚師的辦公桌旁，專注得連舌頭都吐了出來，抵在她的上唇左側，並且就像往常一樣，走近面無表情的帕德斯主廚時，她滿臉通紅，緊張得直冒汗、神情窘迫，而主廚似乎也對她不抱什麼期望。基礎技能初階班現在才過了一半，而她目前平均分數只有六十五分，處於及格邊緣。她的湯總是做得不好，經常是冷的，而且混濁。她的衣著也總是一團糟，常因為忘記戴上髮網而丟了很多分數。

帕德斯主廚坐在桌旁的椅子上，通常低著頭，不是正在仔細地檢查著食物，就是正在登記分數。此時他抬起頭來，雖然並沒有真的嘆了一口氣，但表情看起來像是在嘆氣。他用右手從一個容器中拿起一根湯匙，說：「好吧，艾莉卡，讓我來嘗嘗你做的湯。」艾莉卡挪動了一下雙腳的姿勢，像是迫不及待想要逃跑一般。帕德斯主廚先是摸摸湯碗確定溫度，不發一語。接著他將湯匙放入碗中，點了點頭。「濃稠度很不錯，顏色也很好，」他說。他舀起一匙湯，吹了吹，再嘗了一口：「味道很好。這是一碗好湯，艾莉卡。這是一碗**非常**好的湯。」艾莉卡回到她的工作檯，手裡捧著她的碗，臉上不再是窘迫的表情。我走到她旁邊，問她結果如何。

她嚴肅地點點頭，說：「主廚喜歡我的湯。他說做得非常好。」

我說：「太好了，艾莉卡。」並請她也讓我嘗一嘗。艾莉卡的豌豆湯真的非常美味。

當維克多．卡德孟端著他的法式清湯去給主廚檢查，主廚說：「顏色很好看，非常好看。我甚至不用嘗它，用看得就知道了。你的湯**燒焦**了。」

「確實燒焦了，」維克多承認。這位來自費城的二十多歲前海軍陸戰隊軍人，常說自己愛抽菸、愛喝酒，像個滿口髒話的廚師，喜歡在廚房裡大聲嚷嚷。他的男中音在一片嘈雜的廚房中也十分突出。

「讓我看看你的鍋子。」帕德斯主廚說。

維克多去拿了他的鍋子回來，想當然，鍋底黏了一層燒焦的蛋白。帕德斯主廚叫維克多把他燒焦的鍋子和清湯留下來，然後對全班公告，說同學們若有興趣知道燒焦的法式清湯看起來、喝起來如何，他的辦公桌上就有一份範例。維克多回到他第三桌的工作檯，搖著頭，被當成失敗的範本顯然讓他非常沮喪。

課堂大約過了一半時，我看見蘇珊坐在主廚桌旁，手舉在半空，捏著一張血淋淋的紙巾。主廚說得對，剁碎食物時，拇指一定要收在後面。

晚餐時間，當我們在K9教室外面排隊，手裡拿著塑膠托盤，大家紛紛問艾莉卡今天做得如何，她點點頭笑著說：「我做得不錯。**終於啊**。」

今天一切都非常匆忙，而亞當一直在發牢騷。也許是他的湯沒做好，或者他本來就很愛生氣，我不知道。他的確有一張窄窄長長的臉、薄而挺的鼻子，和短短刺刺的小平頭黑髮，也許正是這些外型的銳利稜角讓他看起來總是一副不高興的模樣。

他抱怨到一半時，我問道：「一般餐廳的情況不是這樣嗎？」

「完全不是，老兄，」他說：「在一間真正的餐廳裡工作時，你只要喊『給我一口鍋子』，洗碗工就會**立刻**替你拿鍋子來，因為他知道如果自己的動作太慢就會被你開除。你也不必自己洗鍋子，不必每天切這些標準備料，就算需要自己動手，你也可以提早進廚房準備。」他繼續抱怨著，這時領取晚餐的隊伍開始往前移動，我們各自選擇炙烤、香煎、燒烤、燉煮、烘烤等不同料理方式的主食，或蔬食盤。

一如第七天，第八天很快就陷入忙亂的漩渦中，時間也變成一種難以衡量的模糊概念，有時四十五分鐘彷彿只有十五分鐘，有時卻又像四十五分鐘，你永遠無法確定。但製作法式清湯時，時間卻非常重要。如果你沒有注意到燉煮的時間，有可能會煮得太久，導致黏附筏崩解，而如果你燉煮的時間不足，就會煮不出好味道。這也是我們不該太過依賴時鐘的原因，要仰賴視覺、嗅覺和味覺做出判斷。時鐘不算是個有用的工具，除了它會提醒你現在已經六點，而你還沒有雕好馬鈴薯。當你像尊雕像一樣杵著，周圍有一堆沸騰的鍋子和洋蔥皮，而你只能呆滯地盯著前方，試圖回想自己究竟是什麼時候開始燉清湯的，同時，一旁的白醬彷彿對你的忽視懷恨在心一般，開始燒焦，於是你只好盡快再找來一口鍋子，把還沒燒焦的部分一股腦兒地倒進去，希望剩下的麵粉還足以讓它變稠。

今天也是我們第一次製作天鵝絨醬，它和白醬的做法幾乎一樣，除了要將牛奶替換為雞高湯。這種醬汁也很容易燒焦，你必須隨時撈起浮上來的雜質，你得隨時關注它們，因此沒有理由煮到燒焦。此外，如果此時你還沒有開始準備巧達湯，你就麻煩大了——因為時間所剩不多，而且也沒有多餘的鍋子可用了。要是你正好找到一口鍋子——比較有可能是你必須自己洗一口來用，而你運氣也要夠好，才能找到一個空出來的瓦斯爐口或鐵板上的空位進行烹煮。

今天早些時候，帕德斯主廚說：「我想讓你們知道，你們現在已經使用了廚房裡全部的鍋子。」所有人都忙得沒時間說話，因此很容易就聽清他的聲音。他又補充道：「這現象沒有好或不好。」

聽到他這麼說我不禁感到慶幸，因為這個資訊讓我得以釐清某些事情，我很高興自己沒有突然抓狂或失去理智。大家真的都太忙了，所有人的爐子上同時都需要三口鍋子，所有總共是四十五口鍋子。而且每口鍋子都需要一系列其他輔助的鍋碗瓢盆。例如法式清湯需要一個咖啡網篩、細網篩和一口盛裝過濾湯汁的鍋子，當然還有一只湯碗，最好是溫熱的，但不能太燙。要是你把碗放在攝氏兩百六十度的烤箱裡半個小時，然後將清湯倒入碗中，五秒鐘之內你的湯就會開始收乾。白醬也需要過濾到另外一口鍋裡，偏偏所有人的白醬都燒焦了，水槽裡高高堆起滿是牛奶和麵粉垢的鍋子。但誰又有時間清洗？

剛才還有一位名叫扎爾福斯（Zearfoss）的高階廚師——聽說他擔任學校的衛生組長——從門外探頭進來揶揄了帕德斯主廚一番，說我們教室地板上堆滿了鍋子。但當時帕德斯主廚正忙著「親嘗百味」（他總這麼說），所以一點也沒有注意到。等到扎爾福斯離開時，他才大喊：「找個人去把鍋子收拾乾淨！」我假裝沒有聽到，但的確有人去處理了，大概是格雷，畢竟他總是一馬當先。

大約五點半時，教室裡一片混亂，我們的工作檯簡直像是一場災難，四處散落著洋蔥皮和紙巾，擠滿了不鏽鋼碗、砧板、方形餐盆和細網篩，可堆肥的廚餘屆時會全部裝進一個巨大的藍色垃圾桶中，現在卻灑遍整個桌面。整間廚房彷彿被暴風掃過，地板上全是滑溜溜的食物殘渣、燒焦的醬汁和番茄塊。帕德斯主廚在一旁用小湯匙敲打著一只銀碗，擊出四四拍的節奏，而有人則大喊著「小心後面！」或是「很燙！」又或是「誰有細網篩？」

就在這一團混亂中，某種類似幻覺或夢境的景象出現了：三名學生來到教室，衣著整潔，制服白得發亮，每名學生手裡都拿著兩只盤子。帕德斯主廚請他們三位在教室裡先找個位置站著。他要崔維斯和我在桌上清出一個空間，我雖然困惑不解，但還是像個服從的士兵一樣照辦了。接著一只潔白的盤子擺在我的砧板旁，盤裡放著一圈完美的鵪鶉肉捲，底部佐有精緻的芥末醬。肉捲旁則是鵪鶉腿，襯以金黃色的酥炸馬鈴薯籃，盛裝著兩顆小鵪鶉蛋，像一個鳥巢。這真的彷彿是個幻覺。我不知道為什麼會發生這樣的事，而且當時我也不怎麼在乎。當我們正忙著又剁又切又過濾，並在佈滿垃圾的桌子上裝盤，這份美麗的鵪鶉開胃菜就這樣擺在我砧板旁邊的桌面上，彷彿是一種責問、一種羞辱，但又像是一座希望的燈塔。總有一天，我們會做出比燒焦的白醬和每日標準備料更真實的料理。

我差不多剛好在六點完成所有成品，接著累得在晚餐時無法與任何人交談。其他人似乎和我一樣疲憊和沮喪。我們全都坐在同一桌吃飯，像一群傷患共用著繃帶，蘇珊率先發難，她想知道我們和其他班級比起來如何。當然，沒有人知道，但大家都明白她潛在的恐懼，並且似乎也感同身受：我們做得並不好。我們盡了最大的努力，卻依然做不好。

我也在想同樣的問題。所有這些焦慮不安都是起因於今天的兩種湯和基底醬。晚餐時間大家都很安靜，大多數人也很快便回到教室，因為剛才我們離開時，教室裡仍髒亂得像一場災難。還有二十加侖的高湯需要過濾，有人要負責將煮湯的所有骨頭、蔬菜和油脂鏟出來扔進藍色的廚餘箱中，然後推著箱子走過長廊、搬下樓梯，再推一小段路來到堆肥桶，就放在資源回收和一般垃圾桶旁邊。我們還有一個專門存放脂肪的桶子，從高湯撈起的脂肪都會裝入這個桶內，可以用來製成肥皂。同時，還有人要負責將這些高湯裝好放入冰桶中快速冷卻。崔維斯則一馬當先地清理那些黏著牛奶和麵粉的鍋子。他很懂得清洗鍋具，可能是因為他曾在軍隊中待過很長一段時間。我們一直到九點以後才開始講課。帕德斯主廚昨晚熬夜替其他案子研究素食食譜，現在顯得很疲倦，沒有什麼活力。

❖ ❖ ❖

「褐醬、西班牙醬汁，」主廚從《專業大廚》中挑出明天的食譜開始解釋道：「製作食譜上四分之一的份量。油需要加熱。番茄糊要一盎司。小牛褐高湯，四十盎司。書上寫白色油糊，但我們要用**褐色油糊**。這裡還寫每加侖要使用十二盎司，我們每加侖則使用三十二盎司，或每夸脫使用八盎司。」

帕德斯主廚精疲力盡了。他坐在桌前，而不是像平時一邊來回走動、一邊在半空中旋轉著手裡的湯匙。他也少了一貫的俏皮。解釋完食譜之後，他開始今天的評分。我感覺到班上瀰漫著一股無精打采的氛圍，我自己也陷入其中。

「嗯，今天，」帕德斯主廚深吸一口氣，說：「白醬很有**問題**。好幾位同學鍋底都燒焦了，導致增稠程度受損，因為油糊都黏在底部了，最後你們的白醬都很稀，或嘗起來有焦味。這一切都是關乎你們的專注與仔細。我**知道**你們今天都很趕，我**知道**你們有很多事要做。對大多數人來說，今天都是震撼的一天。」他停頓了一下，表現出一瞬間的同情，接著說道：「但**這不重要**，重要的是你們還是必須專注於製作中的食材。將冷掉的碗或鍋子端上桌是不可接受的，你們都很清楚這一點。**別……這麼做**。如果太稠了呢？你們之前已經做過，應該知道如何補救，**做**就是了！有些人煮得不夠久，嘗起來很粗糙。若要知道是否太稠，嘗一口，用舌頭在上顎搓一搓，如果沒有**滑順得恰到好處**，嘗起來有顆粒感……那就**再煮久一點**！但你煮得越久，醬汁就會越濃稠，所以要一邊加熱，再一點一點倒入牛奶，**然後**再繼續煮一陣子。把澱粉煮出來，口感就不會粗糙。白醬是一種完美柔滑的醬汁。

「這是一種難以精確計算的科學，更是施展藝術的料理。標準的比例固然有用，但總還會有許多變數，像是：你是否已經炒好油糊了？烹煮的溫度該達到多少？蒸發量是多少？蒸發後還剩下多少？你必須將這些因素全都考量進去，然後想辦法**解決**。我認為你們現在都已經知道該如何解決，你們現在該做的就是不要如此緊張，或者在面對壓力時，有辦法對自己說：『我知道現在出問題了，我要來解決它。』」

「如果料理做得不好，甚至是不能端上桌的，」主廚繼續說，現在已經站起身來了。「你有多忙一點都不重要。每次你將一道料理端上桌，那就關乎你的名譽。如果你開始認為：『我不管成品如何，因為我太忙了，快點端上桌吧，說不定沒人吃得出差別。』那你終其一生就只會在那種程度的餐廳裡工作。你永遠無法進入真正傑出的餐廳，也永遠不會成為一位卓越的廚師。你只能在一間平庸的餐廳工作，當一個平庸的廚師。因為那樣的思維，就是一名平庸的廚師會有的想法：『我**太忙**了，快端走就是了！』

「**所以，動手做就是了，盡早養成好的習慣！**務必做到正確，慢慢學習。」

他又點評了天鵝絨醬：有顆粒感、煮得不夠入味、有點太稀；然後是巧達湯：有些人的豬肉切得太大塊、有些人煮太久，變得像碗燕麥粥；接著是法式清湯，顯然是今天的一大亮點。

「大致上，你們都煮出非常棒的法式清湯，」他說：「整體來說，你們的湯都呈現清澈好看的狀態。有些顏色比較淡，味道也比較淡，有些顏色深，味道比較重。顏色淡而淺和深而重的差異，一般來說和烹煮的時間有關。像這樣份量較少的法式清湯，可以煮至一個半小時，或一小時四十五分鐘，直到黏附筏開始變質。建議你們可以煮至大約一小時之後拿支湯匙先嘗嘗看，確認一下清澈度、確認一下顏色，然後嘗一口，感覺一下濃稠度和嘴裡的味道，然後想一下：『嗯，我的湯如何？還要再濃一點，或顏色再深一點？』」

他停頓下來，低頭看向便條本，上面寫滿了筆記。

「我不打算一直強調這些，畢竟我們時間不多，但你們真的得多費些心思保持鍋具清潔。我本來也沒有注意到，直到扎爾福斯主廚探頭進來，問我情況到底有多糟。簡直是一場**災難**。你們得更認真地看待整潔這一點。把東西放在那裡的人，就該主動去清理，**如此而已**，」他打了個響指：「用來存放蛤蜊的碗，只需要浸泡一下、擦拭乾淨，再浸泡一下，然後洗乾淨就完成了，只花你三秒鐘。但這很重要，好嗎？如果哪天地上鍋碗瓢盆的數量多到我覺得被羞辱的程度，我就會叫你們停工。我會說：『好，停，全都停下來，所有人現在立刻去洗鍋子。鍋子洗好收好之後，才能再繼續工作。』截止時間**一樣**是六點，但我就是**不想**讓你們像**豬**一樣地工作。

「也要多加注意可回收的垃圾。你們處於高壓狀態，努力想按時做出成品、做出品質，這當然值得欽佩，但也不能把所有的謹慎都拋諸腦後。你們還是得注意鍋具的清潔，得注意垃圾如何分類。我們不會把粗棉布、髒毛巾扔進回收桶，也不會把浸過澄清奶油的咖啡網篩扔掉。

「再來是每日標準備料，你們都得完成。像這樣的作業時間是足以讓你們完成所有工作的，如果你在一天結束時說：『我只做了這些，我沒時間切丁切條，也沒時間將歐芹切碎，』那你就會被嚴重扣分，因為你只完成了一半的工作。

「高湯小組，你們要做出高湯，要將這件事當成首要任務，盡快開始動手做，這樣我們才不會到了晚上八點半還在煮高湯。

「示範小組，我們今天慢了十五分鐘。我們本可以早點開始，但示範材料卻沒有準時到位。你們得負起責任。當示範晚了十五分鐘開始，就表示所有人都會晚十五分鐘開始動工。這是你們示範小組應該注意的事，先整頓好工作檯、準備好示範材料，完成之後，再開始準備你們的調味蔬菜。你們今天沒能好好地進行團隊合作，你們太**自私**了。

「我不知道說這些有沒有幫助。我也不想一直叨唸這一連串的瑣事，你們得再加把勁，做事才能更有魄力。我並不是在拿你們來和別人作比較，更不是說你們不夠努力。我只是試著要讓你們再更賣力一點。

「還有一件事。這塊螢幕要好幾百塊美元。」

我之前就發現放高湯的水槽旁，有支看起來很耐用的電子溫度計扔在一灘冰水裡。當時我就對負責冷卻高湯的維克多說，我覺得把溫度計留在那裡並不是個好主意。但我也沒去動它。「電子溫度計，」帕德斯主廚舉起它，繼續說道：「有人將它放在水槽邊的一灘水裡。裡面的電路都進水了，有可能好幾天都不能用。我猜等到乾了之後應該就沒有問題，但前提是水裡沒有太多**鹽**，造成電路嚴重腐蝕。**各位，拜託了**。這是一件昂貴的器材。如果這是你的餐廳，你就有充分的理由嚴厲譴責、懲罰或開除那些隨意對待昂貴器材的人。」

帕德斯主廚停頓下來，環顧四周，然後做了個鬼臉，說道：「好了，**老爹**的說教時間結束。接下來看看乳化醬汁。你們可以讀讀這裡所有的內容。現在已經晚了，如果我太過詳細地解釋乳化的化學作用，你們一定會打瞌睡。但你們可以自己讀一讀，畢竟你們**有必要**知道。」

我很慶幸他沒有開始解釋乳化的化學作用，聽到他說：「好吧，明天見。」我感到加倍慶幸。我快步溜到停車場，想著寒冬裡遠在二十五哩外的家，想著待會見到妻子會有美好，她一定還醒著，或許在看報紙或電子郵件。我們會輕手輕腳地走到隔壁房間裡，看看我們睡得安穩的女兒。我盼望著這一刻的到來，但現在已經晚於我平時到家的時間，而且我還得完成許多隔天要交的功課。我寫了明天要交乳化醬汁報告，又寫了明天的備料和器材清單，並多讀幾頁《馬基》。

在我意識到之前，我已經重新穿著制服、解開我的刀具包、在腰際繫上圍裙，並且抬著一塊砧板來到工作檯前了。

褐醬

4

像這樣的醬汁被俗稱為「褐醬」實在再適合不過了。就連它的法文名稱「西班牙醬汁」，在我聽來都近乎乏味沉悶，簡直像是刻意要掩飾這種醬汁的顏色。它看起來就像你會在夏普萊特超市（Shoprite）買到的那種罐頭肉汁一樣，是以油糊增稠的小牛高湯，加入更多麵糊。老麵糊。還有誰在用這種醬汁？這年頭美國廚師都用精緻濃縮高湯，其他肉類基底的醬汁很少見。但在廚藝學院，在這基礎技能初階班的第九天，你得學習如何製作褐醬。十九世紀初，馬利—安東・卡瑞蒙（Marie-Antoine Carême）首度將這種醬汁歸類為母醬。卡瑞蒙的褐醬食譜需要加入拜雍生火腿（Jambon de Bayonne）和鷓鴣，並且烹煮大約三天，但我們學習的版本則減少燉煮時間，並省去火腿和鷓鴣。

我們，當然就是指我們這群學生，今天將要按照教科書《專業大廚》上的食譜製作：四盎司焦糖化的調味蔬菜、一盎司煮至褐色糊狀的番茄碎、五杯褐高湯、八盎司的褐色油糊和一份香料袋。我們會將這些材料文火慢煮至少一小時，同時不斷撈除表面雜質，並持續攪拌，以防麵粉黏在鍋底。接著，我們會嘗一嘗，聳聳肩，說：「就是褐醬的味道而已，」最後便將它過濾到另一口鍋子或碗中。有的同學會用粗棉布過濾。目前就我看來，製作褐醬只有一種樂趣：帕德斯主廚每次要求我們製作時，他都得一次試吃十八湯匙。

即便褐醬是如此過時又乏味，但它的某些矛盾之處卻讓這種醬汁在我腦中揮之不去。首先，沒有人注意到，帕德斯主廚第一次要我們製作褐醬時，他擅自更動了配方——食譜上列出的是淺棕油糊，他卻要我們使用**褐色**油糊，自己改變了做法。或者，他其實不算是擅自更改？因為《專業大廚》一共有六版，我這本是第五版，同一頁裡，食材欄位寫的是「淺棕油糊」，但做法欄位中卻兩次寫道「褐色油糊」要加入高湯中。

再來，雖然時下已經不常使用褐醬，人們也普遍認為過時，但它還是擁有不可動搖的重要性。畢竟，褐醬可進一步烹調提煉為半釉汁，依然是數百種經典法式小醬汁或複合醬汁的基底。因此，當法式料理奠定地位，並逐漸主導西方料理世界之際，西班牙醬汁可說是它的基石。

聽聽茱莉亞・柴爾德（Julia Child）怎麼說。她的經典著作《法式料理聖經》（*Mastering the Art of French Cooking*）是徹底改變家庭料理烹飪觀念的書籍之一，書中，她彷彿用她令人印象深刻的假音和驚嘆的語調寫道：「醬汁，即是法式料理的光輝與榮耀。」然而，她對半釉汁似乎稍顯輕忽，只在書中約略說明，接著便寫道：「由於我們要談的並不是太正式的烹飪方式，因此就不再多說。」

而可憐的《專業大廚》幾乎是用抱歉的口吻在談論這些經典醬汁：「即便它們不再像過去那般受到倚重，但這些醬汁在現代廚房中依然十分重要。」書中沒寫出原因，彷彿期望人們會認為這是不言而喻的，並且盡快開始動手製作這些老派的醬汁。

就連英國著名美食作家伊麗莎白．大衛（Elizabeth David）三十多年前的演講，觀點聽起來也與現今非常接近。她說：「這些神秘的醬汁起源於十八、十九世紀，當時的環境和現在截然不同，導致這種醬汁在現代更顯得過時。」對於這些大醬汁和延伸品，她甚至揶揄了一番它們的概念：「它們導致每一道料理都無可避免地擁有雷同的基本風味。由於這些醬汁是如此了無新意，這實在不是什麼好現象。」

眾人推崇的馬基在討論褐醬時，倒是比較收斂一些。他形容製作醬汁的過程是如此「怪異」「艱難」又「難以捉摸」，因為褐醬成敗「與廚師的技巧大有關聯」，他是這麼說的。接著他進一步總結：「醬汁本質上是非常複雜的物理和化學變化系統。」這當然是事實。

有關經典醬汁，我讀過最好的一本書是《醬汁廚師的學徒》（*The Saucier's Apprentice*），作者為記者兼美食作家瑞蒙．索科洛夫（Raymond Sokolov）。他在書中對讀者提到，十九世紀美食家布里亞—薩瓦蘭（Jean Anthelme Brillat-Savarin）有句經常被引用的箴言。他說，一頓沒有醬汁的餐食，就像一個美麗的女人沒有穿衣服。索科洛夫解釋了這一段話的真意，那就是，女人或餐食所缺少的是「能激發我們深層渴望的文明外衣」。你馬上就能看出索科洛夫是以一種近乎騎士的保衛精神在推崇褐醬。「法式醬汁，」他寫道：「是廚藝技巧的極致。」更遑論半釉汁了，它正是由褐醬與褐高湯濃縮而來，是「褐醬的最高境界」。

法蘭索瓦・皮耶・德拉瓦倫（François Pierre de La Varenne）咸認是將醬汁推離中世紀窠臼的人。中世紀的醬汁特色是極為辛辣，並經常使用麵包這種有力的材料來增稠。他改以用「麵粉作為稠化劑」，現在稱之為油糊，而他用來搭配蘆筍的「辛香醬汁」，與荷蘭醬十分相似，則顯示以雞蛋為底的乳化醬汁可能是他發明的。還有，他發明的另外一種名為「羅勃醬」（sauce Robert）的醬汁，至今仍廣泛使用，當年也是在短時間內便蔚為風潮。在那之後的數百年裡，許多經典的法國醬汁陸續被發明與命名（例如白醬，還有它的延伸產物洋蔥白醬及乳酪白醬）。發明這些醬汁的廚師很少名留千古，反而是他們的雇主聲名遠播，因為這些醬汁最後都成為某些貴族的御用醬料。例如，夏多布里昂醬（Chateaubriand）的發明者並不是作家兼政治家夏多布里昂，而是他名叫蒙特米雷爾（Montmireil）的主廚創造了這種大名鼎鼎的醬汁。

在學院新的圖書館裡，壁爐的火光在二月寒冷而明亮的午後閃爍著，木柴正劈啪作響。有一個像是蒂芙尼珠寶門市會擺設的展示櫃，裡頭放著一座獎盃，玻璃外盒上印著一段芬妮・法默（Fannie Farmer）的話：「當文明進步，烹飪也與之並進。」

似乎是在法國大革命和隨後的恐怖統治結束之後，這段話更顯得有道理。當時的恐怖統治嚇壞了許多倖存的貴族，不少貴族當時都慘遭斬首，其他人紛紛逃到國外，導致他們的廚師都失業了。當第一位餐館老闆在巴黎的街頭懸起他的餐廳小招牌（掛招牌這個動作則是由一位烘焙師起頭的，他在一七六五年時用來廣告他的白醬羊蹄），歷史上烹飪與文明並進看起來更不僅僅是巧合了。他們想出這樣的點子：開設公共餐廳。畢竟當時餐飲顧問還沒有形成一種模式，一名失業的廚師又能做些什麼呢？隨著餐廳的蓬勃發展，從業者也對食物成本和效率產生關切，畢竟已經沒有人供應他們大量的金錢來購買食材。並且，就像現在一樣，越多人吃你的食物，你就賺得越多。

在這段期間裡，法國大革命期間年僅五歲、自負又虛榮的廚師成了法國第一位名廚。索科洛夫形容馬利－安東．卡瑞蒙是「整個法國高級料理史上最傑出的人物」。根據索科洛夫的說法，「首度建立母醬概念」的人正是卡瑞蒙，也是他選擇將油糊當作一種通用的增稠劑。卡瑞蒙本身也在自己的書中用了很長的篇幅，向那些對油糊嗤之以鼻的人提出強力的辯駁。卡瑞蒙寫道：「他們（指的是那些批判油糊的人）並不知道，我們的油糊依照上述原則製作後，將帶有一股堅果的風味，嘗起來是如此迷人……。」他進一步指出，油糊能使醬汁增稠，而後與之分離。一百多年來，廚師們追隨著卡瑞蒙的腳步，而油糊也成為西方世界通用的增稠劑。

透過闡述母醬的概念，並將無數的小醬汁依據四種母醬進行分類，卡瑞蒙創造了一個符合後革命時代需求的「方案」：以符合經濟效益的方式製作大量的母醬，並儲存在大桶中，然後便能在點餐之後，方便快速地製作出所需的小醬汁。馬基和索科洛夫都很了解這種醬汁的商業模式，馬基也引用了索科洛夫撰寫的內容，他將這種基底醬汁的新觀念稱之為「高級的方便食品」。有些人甚至可能認為，高級法式料理實際上是歷史上的第一種速食。

卡瑞蒙對自己也十分自豪，說他的書擁有「不可泯滅的標記」。但他同時也很慷慨而謙遜，他說道：「你們也能煮得像我一樣好，只要你們遵循我的醬汁方案、運用你們的常識，並且讓自己『毫不懈怠』。」

後來，埃斯科菲耶進一步完善並提升了這史上第一位名廚的革新。埃斯科菲耶深信好醬汁的價值。他的第一本書中提到將近兩百種醬汁，還不包含甜點的醬料。「正是這些醬汁，」他談起法式醬料：「創造並維繫了法國料理當今的優勢。」

埃斯科菲耶相信——不，應該說他預測並盼望——油糊將被純澱粉如竹芋粉和玉米澱粉所取代。油糊要花太多時間製作，卻又沒有太多效益，他相信，當純澱粉符合經濟成本之際，就將成為製作醬汁不可或缺的材料。

但他錯了。一九九六年二月，帕德斯主廚的基礎技能課，還有其他七個班級，正在製作一大堆油糊，要將它們全倒入精緻的高湯中。

❖ ❖ ❖

亞當·薛柏一開始就因為他的提問而顯得十分出眾。

講解荷蘭醬時，帕德斯主廚批評有許多人都端出冷掉的醬汁。「荷蘭醬不該是冷的。要學會怎麼在醬料仍是溫熱時端上桌。」當然，問題是，要是溫度太高，蛋液就會凝固，大家當然寧可端出冷醬汁，也不願端出做壞的。

亞當舉手發問：「既然酸類能提高蛋白質凝固的溫度，那能不能先加檸檬汁，然後在大約攝氏六十五度時再加入奶油呢？」

我記得自己當時對此感到有些驚奇，主要是因為亞當竟然知道六十五度是什麼樣的狀態，也知道六十五度的奶油會對泡沫狀的蛋黃產生什麼樣的作用。

「這是個好觀點，」帕德斯主廚說：「大家都能理解亞當的問題嗎？」面對一臉茫然的全班同學，他重新整理了亞當的提問，然後總結道：「先加入檸檬汁的確能讓你的荷蘭醬**保持溫度**。你可以試試看，希望你成功。這真的是個好想法，我很驚訝自己竟然沒有想出來。」帕德斯主廚微笑，表情彷彿在說「沒錯，你聽到我說的話了」。「這就是我試著跟你們一起解決問題的方法。亞當，你做得很好。」帕德斯主廚相信好的廚藝就是解決一連串的問題。

我們漸漸了解到亞當不是個簡單的人物，但要了解他也很不簡單。在學院裡，大家都很清楚規則，廚房不是個聊天的地方。亞當身上卻似乎還有一些別的謎團——我甚至無法看出他究竟幾歲。像是他剛才的提問複雜而清晰，顯示出他花了大量的時間閱讀和思考。但話又說回來，他似乎並沒有想要隱瞞任何事情。他總是看起來很生氣，還會盯著你看。從某個角度看，你會發現他的一隻眼睛比另外一隻的位置高了一些。大概是因為他盯著人看的那股力量，還有他在廚房中的速度和技能，讓我一直到兩週後才注意到原來他的右手，也就是拿刀的那隻手，竟有殘疾。

沒有人特別提過這件事，但當亞當自己聊起來時，我便問了。那是在某個星期五晚上下課之後，我們第一次製作了褐醬和荷蘭醬，還有兩種快速醬汁，分別是雞醬和奶油醬（前者是雞絨醬佐蘑菇調味，和金寶〔Campbell's〕的蘑菇濃湯罐頭非常相似，後者則以白醬為基底，令我意外的是，口感是如此地精緻輕盈）。亞當平時有在學校住宿，但這天他準備回布魯克林，去和他結婚兩年的妻子潔西卡待在一起。我們一起走在昏暗、幾乎空無一人的走廊上，經過學校餐廳，而我問他為什麼來這裡就讀，又為什麼想要烹飪。

「一場意外替我做了這個決定，」他說著，抬起了右手。食指和拇指完好無缺，但中指斷了，而剩下的兩隻手指黏在一起，並與手掌形成一個永久的直角。

亞當說他來自新英格蘭地區，之前一直在緬因州的海鮮餐廳工作。他以前讀過佛蒙特州的馬爾波羅學院（Marlboro College），但一年後就休學了，在那附近的餐廳廚房找了份工作，同時旁聽了三年的攝影、木工、哲學、藝術史、宗教和語言學的課。但最終，這些紙上談兵對他仍然沒有任何吸引力。「我比較適合技術學院吧。」他說。

但我告訴他，他在課堂上提問的力道，似乎不像這麼一回事。

「也不一定是技術學院，但總之就是——我也不知道……」他喃喃自語：「個性使然吧。」

「嗯，個性使然。」

後來他離開學校，沒有拿到學位，但眼前有兩個職涯選擇：廚房或木材行。他選了木材行，製作可供販售的傢俱和櫥櫃。晚上，他則製作樂器。在他和潔西卡的婚禮上，他的朋友便是使用他製作的吉他演奏。他還做了自己的婚禮蛋糕，一共十三個，每桌的正中央放一個。

我問他意外是怎麼發生的。「我還真不知道，老兄，」他說。

「你說不知道是什麼意思？」我又問。

「我不**知道**，」他說：「我不記得怎麼發生的，也不記得為什麼發生。我以為一切都沒問題。」他快速地比劃雙手示意，彷彿正將一塊四分之三吋的木夾板推入鋸床中。

亞當一直很喜歡烹飪和餐廳的工作，並且對美國廚藝學院十分好奇。他和潔西卡當時還住在麻州，一九九三年十一月，他們一起來到美國廚藝學院參觀，然後一起到聖安德魯餐廳（St. Andrew's Café）吃飯，這是學院開設的四間餐廳之一，致力推行健康料理。那雖不是學院最受歡迎的餐廳，但正好是亞當和潔西卡能在最後關頭訂到座位的一間。亞當覺得那是他在學院吃過最好吃的一餐。

三週之後，就在十一月三十日，他切斷了自己的手指。潔西卡某一次週末來拜訪海德帕克鎮時回憶道：「受傷的那天他對我說，只要他還能握刀、切蔬菜，就不會有問題。他們一替他注射完嗎啡之後，他就這樣說了。」

亞當糾正她：「是我離開木材行的時候才那麼說的。」

亞當接受了兩年的整形外科手術和物理治療。鋸床改變了亞當的職業生涯之際，他們已經結婚兩個月了，而復元之路讓他們倆都十分煎熬。對仰賴雙手工作的人而言，製作出成品總是能帶來最大的成就感，但這段時間，亞當必須學習度過那些什麼事也不能做的時光。於是他觀看探索頻道的烹飪節目。當他逐漸恢復，右手稍微可以用了，他開始為潔西卡下廚。後來，他每天都會為她做兩頓精心烹煮的料理。而到了他的右手很強壯，並且確信自己能夠使用法國廚師刀時，他向美國廚藝學院申請入學，並從一九九五年的十二月開始修習烹飪數學和美食概論課。

當時受的傷現在對他幾乎沒有任何影響，「只有果雕比較困難而已，」他是這麼說的，即便我猜想這是否可能是他看起來總是在生氣的原因。做完褐醬那晚，我們並沒有太多時間聊天。當時已經超過九點了，而眼下還有兩個半小時的車程等著他。我也很希望盡早回家。

❖ ❖ ❖

「這些是快速醬汁，」帕德斯主廚說著，而我們圍在他的周圍看他示範：「也就是衍生性醬汁，你可以在最後一小段時間內做完。」帕德斯主廚檢查了一下標準備料，它們整齊地擺在第三桌上的方形餐盆裡。「你也可以事先大量備好，但最後一小段時間內完成還是最好的。先製作褐醬或半釉汁，最後再做快速醬汁，就在你正在烹煮食材的鍋子裡完成：煎豬肋、豬排，或是一塊烤里肌肉。傳統上，羅勃醬就是用來搭配豬肉的。」

我們依照他的示範完成了褐醬，再用褐醬做了半釉汁，加入等份的小牛高湯和褐高湯，將小牛高湯收乾至三分之一，再以文火燉煮、撈去雜質，提煉出褐醬。我覺得味道不算太好，嘗起來就是「褐色」的味道而已。事實上，褐醬嘗起來就應如此。而半釉汁則像是更濃的褐醬。

帕德斯主廚灑入一些洋蔥丁，然後舉起一瓶白酒，說：「要加入酒，」他停下動作：「不能在火上倒酒。我們講過這一點。為什麼呢？」他將深炒鍋抬離爐火，但沒有馬上將酒倒入。「因為你不會想要火焰竄上來燒到酒瓶，把酒瓶炸飛，然後割傷你旁邊的人。這很恐怖的。以前有沒有人發生過這種事？我還真的看過一次。簡直是一場災難。第一，這不僅會嚇到所有人，還會造成同學**受傷**。第二，廚房**一切工作**都得暫停，因為大家的**標準備料**裡都被濺滿**碎玻璃**。要是在週六晚上的廚房裡，這就會嚴重耽誤進度。到時，餐廳就得免費贈送客人晚餐、送出一大堆飲料和酒來賠償。」他又頓了頓，仍然還沒有將酒倒入。「只要一個人不注意，就有可能造成整間餐廳損失幾千美元，或更多。」

保羅．特魯希洛發問：「那要怎麼避免？用塑膠瓶裝酒嗎？」

「**當然不是！**」帕德斯主廚回答：「要把鍋子從**爐火上移開**，才能倒入揮發性液體。」保羅頻頻點頭。帕德斯主廚先將鍋子移回爐火上，等到洋蔥加熱至滋滋作響，再將鍋子移開，然後倒入幾盎司的白酒。「煮至白酒揮發，但不是完全揮發掉，而是大約一半，若想調整，也可以稍微再減少，但至少要保留一些液體。」一旁的白色紙杯裡裝著四盎司的半釉汁，帕德斯主廚得擠壓紙杯並用力搖晃，才能將凝固的醬汁倒入鍋中。半釉汁很快地變稀並開始沸騰。「我們不會再濃縮它了，這是一種輕盈的醬汁，只能薄薄地覆蓋在湯匙上。它必須是液體，會流動，沒辦法讓你在鍋底劃出一條線。」

他將鍋子遞過來，好讓我們看見醬汁的濃稠度。然後他用木湯池在鍋底中間畫出一條線，線條立刻消失。

「這時候我們就要加入我們加工過的芥末了。我們有攪拌器嗎？」亞當遞給帕德斯主廚一支攪拌器。

就快完成了，只差一些奶油增添風味、質地，以及所謂的「口感」，儘管有些人會對這個詞退避三舍。

「加入奶油攪拌（Monté au beurre），」帕德斯主廚說：「將溫度提高一點，讓奶油能夠旋入其中。」當奶油在深褐色的醬汁中形成一個漂亮的漩渦狀時，帕德斯主廚的心神彷彿離開了K8教室，他說道：「我要用我加州家裡的比薩烤爐做一份煙燻里肌肉，加一點鹽和胡椒，慢慢地烘烤。」他晃了晃鍋子，好讓鹽和胡椒融入。「然後我會做一份和這非常相似的醬汁，但最後加入芥茉子醬。我會先做一份褐色豬肉高湯，收乾，再加入奶油塊攪勻，最後用芥茉子醬收尾。」教室裡悄然無聲，我們全都跟著他一起想像。

「現在的濃稠度很適當，」他一邊說，一邊將鍋子從爐火上移開。然後過濾醬汁，好將洋蔥丁分離出來，只需要它們的水份即可。「如果你希望醬汁看起來有種鄉村風味的話，你也可以選擇將洋蔥留在醬汁裡。我不覺得這樣有什麼問題。在頂級餐廳裡——昨晚有人提到紐約一家非常經典的法式餐廳卡拉維爾餐館（La Caravelle）——他們一定會將洋蔥丁過濾掉。在學院的埃斯科菲耶餐館，他們也一定會過濾。但在大樓對面的麥地奇餐館（Caterina）製作這種醬汁時——相較於經典法式料理，義式料理會比較具有鄉村風味——也許他們就不會過濾，而會將洋蔥留在裡面，製造出一點層次感和一些口味。」

他將深炒鍋遞過來，而我們手裡拿的小銀湯匙，像一架架迷你轟炸機一樣俯衝進鍋裡。

我只能說，在我嘴裡發生的一切簡直像一種啟示。不濃厚，也不黏稠，恰恰相反：非常輕盈。芥末的味道本該銳利而清晰，但酒讓它變得圓滑，而奶油使醬汁充滿宛如絲綢的光澤。這種醬汁一定和豬肉非常搭配，我想著。突然間，它再也不只是「褐色」味道而已。簡直像是魔法一般。

「這就是它的味道，」帕德斯主廚滿意地說：「你們知道它會如何與豬肉搭配嗎？它能夠襯托豬肉的美味。這是一種很棒的醬汁，有很棒的味道和層次，飽含深度。而它要成為好醬汁的首要條件，就是你必須準備一份很棒的半釉汁。如果我們沒有確實煮好褐醬，並且確實提煉出半釉汁，它就會變得又糊又難吃，嘗起來像在吃澱粉一樣。但我們今天沒有用到任何不好的材料，因為我們用**很棒的**褐醬做出**很棒的**半釉汁，製作的時候也非常用心。這就是為什麼我們從頭到尾都需要非常仔細。如果你做了一份糟糕的高湯，你就做不出好的西班牙醬汁。而沒有好的西班牙醬汁，就沒有好的半釉汁。沒有**好的**半釉汁，你最後就得不到好的**成品**。」

「好了，接下來——非常**簡單**，」他拿了一口乾淨的深炒鍋放在爐子上。「馬德拉醬。只需要準備一份好的半釉汁，加熱一下，然後再用……什麼來著，兩盎司的馬德拉酒？還是一盎司？對，這樣差不多。」

加入了葡萄酒的醬汁微微沸騰時，帕德斯主廚轉過來看著我們。「食譜上說不用煮至揮發。如果你的馬德拉酒品質很好，的確不需要。品質**不好**，也**不**需要。但如果你的馬德拉酒品質很糟糕，那為什麼不讓它揮發呢？」

亞當的聲音立刻傳來：「要讓品質不好的風味揮發掉。現在這份馬德拉酒品質確實糟糕。」

「**沒錯**，亞當。」

❖ ❖ ❖

那天，也就是第十一天，我經歷了另外一個啟示，一個超越羅勃醬的啟示，儘管帕德斯主廚的羅勃醬本身已經是一種很高境界的體驗，就像找到了一把通往神秘房間的鑰匙。一種嘗起來只有褐色口感的醬汁能在一分鐘之內變得如此美味，並在三十或四十秒內成為一道精緻佳餚，如果這是真的——當然是真的，我親眼看過、嘗過——那其他要學的又是什麼呢？我一方面感到興奮不已，另一方面，與之相對、相牴的是，我感到羞愧。我再也不可能像做出油糊基底醬汁的那天一樣洋洋得意了。如果我不知道如何做出羅勃醬——或許是現今仍在使用且歷史最悠久的醬汁——如果我不知道半釉汁的品質和作用方式，那是法式醬汁最重要的基底，那麼我就是真的什麼也不懂了。

5 暴風雪

有位朋友曾經對我描述過，像我們這種平凡人，被一名世界級的重量級拳擊手揍上一拳會是什麼感覺，他說：「就像天花板梁直接砸在你的頭頂上。」我相信這種形容最能精確描述那年冬天東北部暴雪的景況，就像不停地被揍了好幾拳。新年過後，沒幾天開始便颳風下雪了，而再幾週之後，接踵而來的就是一九九六年那場知名的暴風雪。東部沿海地區歷經浩劫之後，大約每三週就會有一次暴風雪。基礎技能課之前的第一段課程就是在大風雪中結束。而整整三週之後，也就是這階段課程的第十三天，我們又經歷了一場風雪。

我看著三月早晨的漫天雪景，考慮著究竟該不該去上課。在這種風雪之下，我那輛日產小轎車的噸位簡直輕得像個派模。最後，我決定提早一個小時出門，確保能準時到校。我帶著刀具組和肩背包，就這麼踏進一片白茫茫的大雪中。一個半小時之後我到達學院，但心中最擔心的卻不是今天的刀工練習，而是晚上能不能順利回家。趕去教室的路上，我於是先想了一個計畫。開始上課之後我們通常會先練習刀工，接著就只有針對明天要實作的醬汁進行演練，我可以翹掉這些演練。

大約在兩點十五分時，帕德斯主廚說：「開始吧。」我們有大約二十分鐘的時間將一顆洋蔥切末、另一顆洋蔥切片，接著將番茄去籽切碎，並剁好一束歐芹。時間本不該是問題，但我們還是手忙腳亂。幸好這次沒有人割傷自己，大家的表現都差不多。我的洋蔥末切得不錯，但有點太大了，而洋蔥片則切得有些不平均，兩顆各扣三分。接著主廚又在我的番茄碎中發現兩粒番茄籽，一顆籽扣一分。歐芹剁得很好，但是主廚認為我沒有把一整束都剁完。份量看上去確實有點少。最後，他將我的所有成品拿起來仔細檢查一番，並確定我有沒有浪費掉太多洋蔥。我準時完成了任務，切菜時手的位置也很正確，所以今天的平均分數是九十七點五分。帕德斯主廚也承認今天的驗收太簡單了。

在他確認完大家方形餐盆裡的洋蔥、番茄、歐芹的成品之後，他回到桌子後面站著，背打直，金屬鏡框後的眼睛瞪得大大的，面無表情。

「主廚，」我說。

「什麼事？」他問。

「外頭的風雪讓我很擔心，我得先走了。」

「請便，」他說。

他應該很清楚我接下來會說什麼，但從他的姿勢和面無表情的模樣，我懷疑他另有想法，卻什麼也沒說。於是我只好說：「明天見。」

而他也說：「明天見。」

接著我就離開了。我一路小跑步到車子旁，因為我知道從這裡到蒂沃利鎮的路上，雪只會隨著時間越堆越高。現在是下午時間，但天空佈滿厚厚的雲，冬天的天色本就朦朧，厚重的雪又讓馬路的能見度更低了。我在學院的停車場等紅燈，重新踩油門時卻一陣打滑，接著當我左轉到九號公路上，車尾又劃出比平時更大的弧度，但它很快就回到正軌，然後我便上路了。

一條筆直的單線車道貫穿海德帕克鎮，而車流正以大約二十五哩的時速穩定前進。在駛入史塔施堡鎮（Staatsburg）之前，九號公路就分流為雙線道，雙向都各有兩條車道。這段路通常很好超車，但今天，沒有人超車。道路一片白茫茫，甚至看不出輪胎的痕跡，所有人都在同一條車道上，於是雪便堆滿了超車道。我一直感覺車子似乎快要熄火了，因為它正不斷超出埋在雪下的路沿。現在車速降至二十哩以下，我只能緊緊抓住並稍微轉動方向盤，試圖將車子開回車道裡，後輪卻偏偏卡在路沿上，於是我稍微踩了油門，再重新轉了轉方向盤，這下卻又轉得太多了，導致車尾直接滑進超車道。我只好逆時針轉回來，車尾是打直了，車子卻開始不斷打滑，我繼續奮力轉動方向盤，但地面似乎沒有任何阻力，而我彷彿太空人一般地飄浮著。我深知自己正開在一條雙向四線道上，而此刻我的整部車就這麼滑進積雪的超車道、滑過低矮的紅磚分隔島，最後衝進對向車道。我急忙來回倒車，而對向來車居然也停了下來，這很危險，因為一部車停了，後面所有的車都得跟著停。最後，我終於回到正軌上，心懷感激地朝著蒂沃利鎮開去，想著自己是如此幸運，當我甩進對向車道時，對面正好沒有大量車流。

如果是年輕時，這樣的小意外一定會讓人感到很刺激。但為人父母時，這就不會是一種樂趣了。孩子會改變你的行為模式，讓你產生新的本能反應，其中之一就是自我保護。比方說，我有位朋友住在曼哈頓。他說自己一當了爸爸，就開始習慣走在人行道內側，離馬路越遠越好。當我在九號公路上打滑時，我想到的也不是自己，而是我的女兒，正因如此，我才能奮力開回原來的道路上。接著我又想到妻子唐娜，她要是知道發生這些事，肯定會非常生氣。我一點也不願意因為要做小牛褐高湯而受傷，甚至丟了性命。到家後，我擁抱了唐娜，告訴她我很高興能回到家，然後擁抱了我可愛的女兒，最後溫暖地窩在電腦前面整理筆記。

❖ ❖ ❖

隔天依舊下著雪，絲毫沒有停止的跡象。我穿過房間，看見外頭的哈德遜河面上積著一層白雪。透過玻璃窗上的冰晶望去，外面的景象宛如一幅藝術版畫。真不敢相信雪沒有停。

若在其他時候，我當然不會為天氣感到如此憤怒。但今天是基礎技能初階班的最後一堂課。

我想要記錄下課堂的一切，那是廚房實作，我想要參與。我已經錯過昨天的紙筆測驗，怎麼能連續兩天錯過基礎技能課呢？但現在雪下得比昨天下午還兇，昨天我的車還在九號公路上舞了一段芭蕾。在這種風雪下上路實在太莽撞了。

我抱著小小的盼望打電話到學院的總機。「有，今天有上課。」電話那頭的聲音對我說，語調似乎有一絲困惑。

中午十二點半時，雪仍下個不停。我打給帕德斯主廚。

他接了電話，語調非常平淡，有點悶悶不樂，聽起來很累的樣子。

「你好，主廚，我是邁可・魯曼。」

「你好，邁可。有什麼事？」

「這邊還在下雪，我想我可能沒辦法過去上課了。」

「你決定就好，」他溫和地說。

「我很抱歉，」我說。

「嘿，沒有關係，」他幾乎是輕聲細語地回答。

我停頓下來。我需要他知道我並不是隨便缺席。於是我又說：「很抱歉，我真的很想去上課。」

電話那頭一陣沉默。接著，他輕聲而疲倦地說道：「邁可，我不希望你對這件事感到不高興，」他謹慎地措詞：「我昨天就想跟你說了，也許我當時應該說的。我不希望你對這件事不高興。」

❖ ❖ ❖

我掛下電話後，不太確定究竟發生了什麼事，也不知道我為什麼有如此強烈的感受。我開始來回踱步。最後我坐下來，不想再去思索剛才的對話。

「我們對學生的訓練，有一部分是要將他們教導成為廚師——當他們能力足夠了，就會找到合適的工作。」帕德斯主廚語調平靜、平穩地說，不帶任何批判，僅僅陳述事實。

「廚師是一群連感恩節和耶誕節都要工作的人，那時其他人都在開派對，」他說：「或是回家和家人團聚。」

他繼續說下去：「但你和我們不同，」他對我說。那一刻，我不再以寫作者的角度思考，而是全心傾聽他說話。他的語調中似乎帶有一絲距離感。我其實一直都知道，當我在課堂上迫切想知道自己的荷蘭醬是否加了太多檸檬汁時，他會看著我，試圖搞懂我在想什麼。他會陷入沉思，只是盯著我瞧。他之前就對我說過，他會觀察我的模樣。雖然他沒有細說對我的觀感，但我能從他的眼神和他現在說的話裡得知，他認為我是一個知識分子、白領階級，認為我溫文儒雅，是一名**作家**。我也能感覺到，他有點嫉妒，又覺得我有點可笑。他是一個聰明、善於表達的人，但他一直都從事廚師工作，我們的領域很不同。儘管如此，我還是不喜歡他說「我們」——這是一個群體，但他指的是他自己和全班所有人，而並不包含我在內——更不喜歡他說我「與眾不同」，彷彿我是身穿綢緞禮服或牛津襯衫的傢伙。他繼續說下去，聽起來不那麼疲倦了，甚至也有點激動。

「我們不同，」他說：「我們會**出門**工作，這是我們之所以成為廚師的原因。」我安靜地聽他說話。「我們很**喜歡**工作。這就是為什麼學院從來不停課，我們也是這樣教導學生的。」

他說他知道我從事的是不同的職業，但並沒有要批判我，只是希望我能夠明白，他有他的工作，而我有我的。我說我明白了。然後我問他，如果我是其他同學，致電請假後缺席，會發生什麼事？他說如果我是其他同學，第十四堂課沒有出席，我就會被當掉。

這是一個不同於紙上的實際世界。餐點若沒有在六點鐘之前完成，就等於什麼也沒完成。你若沒有出現在廚房裡，就形同什麼事也沒有做。我們在學院學習到的內容，大多是關於食物的表現方式，有時候甚至不會解釋太多。有時候，**為什麼**一點也不重要。就像此刻，並不是我的理由不能被接受，而是理由毫無意義。最重要的就只是實際發生的事實。

❖ ❖ ❖

當我走進K8教室——所有人正如火如荼地進行實作——帕德斯主廚眉毛揚得老高，超出了他的鏡框，然後立刻大步朝我走來，一邊搖著頭。「我不希望你因為慚愧而出席，」他說。

我回答：「我知道。」我坦白告訴他，他說的話讓我感到生氣。接著我問：「我現在還可以加入實作嗎？」

「你本來應該在第二組，」他說：「他們已經開始半小時了。」

在這基礎技能初階班的第十四天，帕德斯主廚將全班分成兩組。第一組進行烹飪實作，第二組則負責清洗鍋子、整理廚房——如此一來，就不必再爭奪瓦斯爐空位，也不用在白醬燒焦時，因為找不到備用的空鍋而狂奔到水槽邊清洗。學院只是希望看到學生都學會如何製作法式清湯、如何完成穩定的乳化。一個半小時之後，兩組再交換。

黑板上，我的名字分在第二組。真好，我想著，他還是寫上了所有同學的名字。

我遲到了一個小時又四十五分鐘，但仍舊趕上了等一下的實作，而且還有半小時能補考昨天錯過的筆試。我先將刀具和包包放在工作檯底下，心跳還沒緩下來，然後便開始考試。我坐在K8和K9教室中間的走廊上，考卷上還忘了寫名字。我離開了位於二十五哩外蒂沃利鎮的溫暖房間來到這裡，不確定自己為何要來，也不明白自己為何如此憤怒。但，這個地方並不需要我在此刻去細究原因。我讀著考卷上的第一道題目：「請描述製作小牛褐高湯的步驟，並按照順序列出食材。」

我停頓下來，並思考著。「首先，你得在克里夫蘭租房，一家人東遷到遠在數百公里外的哈德遜河谷……」

❖　❖　❖

顯然，有些事已經與當時不同，但我現在沒有時間回想。眼下我還有二十五道問題要作答，偶爾還會被參觀學院的路人打斷，他們正集體移往大廳。廚藝學院每年接待大約二十萬名遊客：「這裡是技能課程的廚房，也就是學生在本學院初次參與實作的地方，各位的後方則是梅迪奇義式餐廳（Caterina de Medici）的廚房……。」寫完考卷之後，我立刻衝進廚房。

大衛和碧昂卡已經整頓好他們的工作檯，並且備妥標準備料，法式清湯也已燉煮，上頭是一層由絞肉、蛋白和調味蔬菜組合而成的堅固黏附筏。他們對我點頭示意，我便問他們還有沒有空間能讓我加入。我現在感到自己是個徹底的局外人，一點也不想打亂他們的實作，畢竟，我不是個真正的廚藝學院學生。大衛十分有自信，而且很熱情。「當然，」他說：「空間大得很。」

因為補考，我的整體進度有點落後，而且我本來根本沒有打算做這一切。我們要做的東西太多了：一夸脫的法式清湯、一夸脫的白醬、一份三顆蛋黃的荷蘭醬，以及一顆蛋黃的美乃滋，用了紙盒裡一盎司的巴氏殺菌蛋黃。這些都在課堂上做了好多次，已經背起來了。我走到層架前抓了三只碗，接著走到工作檯前拿起十盎司的新鮮肉材，畢竟帕德斯主廚那麼介意口味，現在沒時間節省材料了。接著我打了三顆蛋白，倒進肉裡，再加入一些調味蔬菜，然後仔細地測量番茄糊的份量，萬一份量太少，肉湯就會混濁。最後，將牛肉高湯倒入，稍微攪拌一下，開始加熱，慢慢地燉煮。一段時間之後湯就會滾了。等到確定黏附筏已經成形為一個完美厚實的肉色圓盤狀，我便開始製作白醬，先是用澄清奶油烹煮麵粉，煮至麵粉出現一股酥皮的香味，再倒入一點牛奶並調味，然後將它放在煎板上，底下墊一個鋁箔環，以免燒起來。但因為鋁箔不夠，我一共燒焦了三次，每次都把焦掉的麵團扔進乾淨的鍋子，然後端去給崔維斯，他正被困在水槽邊，想必一定有不少燒焦的鍋子。

「還好吧？」當我從他身邊經過時，崔維斯問我。

「有點茫然，」我說。

兩種乳劑都算是簡單，雖然美乃滋可能會比較花時間。美乃滋最麻煩的是必須大力攪拌，但因為我們用的是很舊的不鏽鋼碗，要是攪過頭了，整碗醬都會變成灰色的。我喜歡荷蘭醬，所以這一道我特別放慢腳步，多花一些時間加熱雞蛋，直到它們變得像美味的沙巴雍（sabayon）一樣黏稠。帕德斯主廚說，有些人會在平面煎板上加熱，甚至有次還看過有人用油炸器，但用雙層鍋還是最好的，只要別讓水沸騰就可以了。我先加了一些檸檬汁，接著攪拌溫熱的奶油。整碗醬汁超過八盎司，拿給帕德斯主廚檢查之前，我又重新加熱一下。

帕德斯主廚站在桌子後面看著我的醬汁。「顏色不錯，」他說：「看起來有點重，應該可以再更蓬鬆。」他說得對，我沒有反駁。接著他舀起一匙，又讓醬汁像條緞帶一般滑下來。「黏稠度很棒，」他嘗了一口，停頓了一下，然後點點頭。「很棒的荷蘭醬。」他瞇起眼睛看著我，說道：「只是有點不夠酸。你可以再加一點檸檬汁。」

「這禮拜每次我都加了太多檸檬汁，」我忍不住大喊。

他聳聳肩，說這只是個小問題。他還是因為不夠蓬鬆而扣了我幾分，這是在整個實作中我唯一被扣的分數，其他都很完美，尤其荷蘭醬是最好的，質地很棒。「這正是我想要教他們的，做出一個好的基底醬汁。」帕德斯主廚說。他說我的醬汁酸鹹平衡，呈現出「真正輕盈」的口感。我提前十五分鐘完成所有項目，滿分兩百分，而我得到一百九十九分。我的腦袋現在十分清醒，我高分通過考試。說我和他們不同？但我還是拿了這麼高的分數。

❖ ❖ ❖

然而現在我想到的是，我是不是有點做過頭了？超過了身為記者的界線？

我真的不知道。幾天之後，我在寫給朋友的一封電子郵件中提到這件事，而他的回覆讓我忍不住笑了起來：「我等不及想讀到你是怎麼扔下圍在暖爐旁的妻小，又在暴風雪中開了二十五哩的車跑去做一碗白醬的。」

和帕德斯主廚講完電話之後，我回想了一下通話內容，然後走到隔壁房間和唐娜聊聊。

「基本上他覺得你很軟弱，」她一針見血地說道。

我愣了一下才回答：「是啊，我想你說得對。」

「你很不開心，」她又說。

「算是吧，」我在房間裡來回踱步，焦躁不安。

唐娜冷眼看著我，彷彿只是在看某場網球比賽，然後說出了讓我更難過的話：「邁可，你並不是廚師，你是作家。」我沒有理會她的潛台詞：**這種天氣你別想出門**，只是回答：「我**知道**，我**知道**。」

這當然是個謊言。我根本不知道。事實上，直到那天和那場暴風雪，我這才完全明白，自從我換下牛仔褲和毛衣，穿上白色廚師夾克和千鳥格紋褲，然後推開隔間的門走出去，我心中的某一部分就改變了。

我想要成為一名廚師。我確實想。這就是為什麼當帕德斯主廚意有所指地暗示「我比你更堅強」時，我心中會燃起一把無名火。他直接將我劃分開來，絲毫沒有要隱藏。所以我**很生氣**，我要證明給他看。

另一個問題是，我是一名記者，我有責任講述以事實為根據的故事，這讓我憤怒之餘又很困惑。帕德斯主廚的一番言詞讓我不禁開始質疑自己的做法，讓我疑惑自己算不算是某種雙重冒牌貨。我不再只是個穿著學生制服的旁觀紀錄者，來這裡了解如何烹飪，現在，我還試圖投入其中。我不是來這裡看食譜的，更再也不是只想來這裡學習製作小牛高湯。我知道不是，我知道我要的不再只是如此。我需要知道怎樣才能成為一位專業的廚師。但若要做到這一點，我就不得不放棄身為一名可靠的記者所擁有的條件，那就是我的客觀性，和我誠實的寫作距離。然而，那天我清楚地意識到，我不可能光從遠處觀察就明白廚師的意義。帕德斯主廚認為我既沒有辦法真正學會烹飪，也沒有辦法真正寫出廚師的意義。他說我不可能明白，因為我並不是他們的一份子。真正的廚師無論如何都會出席。

而如果我不能明白、沒有達到目標、不夠堅強、**沒有出席**，那麼無論身為記者還是學生，我都是失敗的。

於是我向妻子保證，如果外頭實在太過危險，我還是會掉頭回家，接著，我便走入暴風雪中。那一天改變了我：我將成為一名廚師。我沒有經驗、也可能沒有時間，還可能為了如實報導而去修五花八門的課程，但無論如何，我都要證明我能成為一位廚師。

6 帕德斯的大廚之路

歷經實作考試的一番風波之後，我仍然不太確定自己當時為何會如此急切，於是我告訴帕德斯主廚說我想聊聊，最好能約在下星期之前，屆時他為期三週的新課程就要開始了。

第十四天實作之後沒有課後解說，廚房也已經打掃得乾乾淨淨，沒有人出一絲差錯，七點一到，全班就鳥獸散了。我們走出K8，我告訴帕德斯主廚我當時有多麼生氣，這引起了他的興趣。我說我不知道自己能否解釋清楚，也告訴他唐娜說的話。他聽完笑出聲來。「我想她說得對，」他回答：「我大概就是在說你軟弱。」

我們穿過學校餐廳，下樓走進郵件收發室，帕德斯主廚檢查了他的信箱，接著進入廚師更衣室，那是一間狹長、鋪著地毯的房間，裡面一共有七十六個細長的綠色置物櫃。我問他為什麼這麼說。

「哇，」主廚回答：「這讓我想起了很多事。」他開始解開廚師夾克的鈕扣，突然又停下動作。「有點像是在做心理諮商呢，一想到我就起雞皮疙瘩。」我以為他在開玩笑，但他的臉上卻沒有笑容。

「我想部分原因是出於一種自我保護的心態，」他把廚師夾克扔進洗衣籃裡：「好讓我不要去想起自己其實沒有正常生活，為了成為廚師而放棄許多東西。」我點點頭，而他停下了換衣服的動作，轉過來看著我，說：「我從**年輕時**就沒有時間過感恩節了。一直到**今年**為止，今年是我第一次過感恩節。而母親節呢？我也從來沒有花時間在那個日子**陪伴**我的**母親**，因為那是一年之中最忙的一天。我為了廚師這份工作失去好多，為此我很不快樂。」

他換上牛仔褲和一件綠色毛衣，並繫好鞋帶。他換衣服時我並沒有特別注意，但現在他的這身穿著卻讓我很驚訝。他看起來就像剛畢業的大學生，牛仔褲和針織上衣、短而整齊的棕色頭髮，和一副年輕的金屬鏡框眼鏡。直到這一刻我才發覺，原來制服給人的印象是如此鮮明。接著我說，廚師的生活就像是軍旅生活與流動嘉年華的綜合體。

帕德斯主廚一陣大笑，說這個比喻非常中肯，接著我們一起走入室外的冷空氣中。暴風雪已經過去，道路上已經撒了鹽巴融雪，看起來十分乾燥。

夜晚雖然寒冷，但空氣清爽。帕德斯主廚要我等他一下，因為他得將車子從雪堆裡挖出來。他昨晚睡在學院，以免風雪讓他滯留在日耳曼鎮（Germantown）。住在距離海德帕克鎮以南一個小時車程的蘇珊，則借住在恩晶的宿舍。

❖ ❖ ❖

我們約在萊茵貝克（Rhinebeck）的斯塔爾坎蒂娜酒吧（Starr Cantina）。萊茵貝克是海德帕克鎮與蒂沃利鎮之間一個愜意的小鎮，也是紐約客最愛的夏日踏青勝地，但在這個料峭的三月初春，少了大批遊客，小鎮顯得更加寬敞了。就連週五晚上，這間酒吧都毫不擁擠。隔壁桌的一對夫婦在帕德斯主廚坐下時喊道：「嗨，麥可！」他們是帕德斯主廚以前的學生，現在是冷盤廚師，主廚向他們介紹我。

這是我和帕德斯主廚第一次在課堂外說話。我知道他曾在紐奧良工作過。之前在課堂上製作標準備料時，我們第一桌有人切菜姿勢錯誤，導致他滔滔不絕說起自己當年在法國區某間飯店冷食廚房工作的經驗，他說他整天都在切菜。「我的坐骨神經差點被我毀了，」他告訴我們，那讓他整個人摔倒在地，為此還練習了好幾週太極拳，終於讓身體恢復正常。

我也知道他也曾經到法國旅行，嘗遍美食。「你們知道電影《阿瑪迪斯》（*Amadeus*）裡這麼有一段，」他突然說道，那時我們正在砧板上切著大蒜，他的回憶似乎是被蒜瓣的綠芽給激發的。「作曲家薩列里（Salieri）讚嘆說，上帝透過莫札特的音樂說話。那也正是我踏出侯布雄法式餐廳（Robuchon's）時的感覺。」他說，那些料理可以看出廚師對細節是如此注重，像是會特意除去生大蒜裡的綠芽，而那便是一家「優秀的餐廳」和一般「好餐廳」的差別。喬爾・侯布雄（Joël Robuchon）旗下的三星餐廳賈曼（Jamin），其中一位廚師以近乎機械一般的精確度而聞名。賈曼是帕德斯主廚當年心目中的聖地，讓他品嘗到了前所未有的美味料理。

我還知道他一直很喜歡北加州，在那裡，他可以親自摘採野菇，當地還有許多農夫市集。當年他在索諾瑪的一間餐廳工作，只要從餐廳大門走出去，過一條街，到市集裡採買一些常見的食材，就能順便招攬到用餐的客人。這些客人會被他的廚師制服吸引，圍上來問他該怎麼處理各種食材，他便會當場想出一些今日特餐，讓這些客人晚點來店裡就能嘗到。

我知道他努力工作，他有野心、有專注力、有想法，偶爾會吹噓。我知道他把《馬基》、《烹飪指南》和最新一期《美國新聞與世界報導》（*U.S. News & World Report*）都放在床邊桌上。我知道他很好勝——而他也的確有所成就。

我仍舊為了那天發生的事有些不安，在他的詢問下，我試著解釋我為什麼生氣。畢竟他問了，所以我便回答，但之後我仍然把焦點轉回他身上，我尤其好奇他言語間透露出的某種失落感。他先是說起前妻維琪。他正要從學院畢業時，維琪剛開始上第一階段課程，後來也成為廚師。他們的婚姻維持了十一年，至於結束婚姻的原因，他認為一部分是因為兩個人都工時長，又都是天生的完美主義者，工作時間因而更長了，最後導致溝通中斷。離婚大約半年之後，他愛上了一個比他大幾歲的女人，她還有個十歲的兒子，他們聊著各自的孩子，而她說覺得自己已經老了，「現在不結婚，就不用結了。」她是這麼說的。但當時他覺得自己的事業還不穩定。一段時間之後，當他準備好了，她卻說她等了太久、也已經太老了。又過了不久，他開始感到自己在廚師領域已經「到達極限」，再長的工作時間也不會讓他成為一位知名大廚、讓他的工作變得更有價值，也是那時，他開始覺得，要是再繼續煮下去，他會把自己耗盡。同一段時間，廚藝學院的灰石校區即將落成，校區座落於納帕谷一座十九世紀火山岩搭建的釀酒廠裡，擁有最先進的設施，專門用來讓專業廚師繼續進修。他發覺，這就是他想去的地方。於是他展開長期計畫，第一步就是向廚藝學院的海德帕克鎮校區投履歷。

當時他覺得，若不做出這個事業上的改變，他的心境會越來越苦澀。於是，他將行李裝上車，離開他愛的女人和她的兒子（他幾乎已經收他當養子），回到東岸。與前妻分開，與現在的愛人道別，就像許多廚師一樣，他所擁有的是一張長長的履歷表，工作經歷遍及東岸到南岸，再到西岸的無數間餐廳。廚師這種職業的流動率很高，但流動也帶來很多「副作用」。「我覺得很大一部分的自我仍然留在西岸，」他說。

我們喝著啤酒，而我又加點了一籃薯條，因為我沒吃晚餐。帕德斯主廚解釋著他為什麼踏入這一行，又是如何成為廚師的。廚師這條路沒有什麼特定的走法，不過帕德斯主廚的性格和經歷與許多其他廚師很類似。

麥可・帕德斯一九五七年出生於康乃狄克州的威利曼蒂克（Wilimantic），父母分別是小學老師和電信公司員工，接著在同樣位於康乃狄克州的斯托爾斯（Storrs）長大。我認識的大多數廚師，小時候家裡幾乎都會有位擅長烹飪的女性。在帕德斯主廚的故事中，這位女性便是他的祖母。根據帕德斯的描述，她是那種每逢耶誕節，就會親自烘焙一百四十打餅乾的老太太。「她**很清楚**自己烤了多少塊，」他說。她教導他食物的重要性。而他的祖父是一名公路草坪的修剪工人，下了班就回家照顧美麗的花圃，帕德斯主廚從他身上獲得許多關於新鮮蔬果的知識和樂趣。到了七〇年代中期，帕德斯和當時許多年輕人一樣，成為一名叛逆少年。「我十五歲的時候把自己打扮得像泰德・納金特（Ted Nugent）一樣，」他說。他說的是一位搖滾樂手，表演時總在超大音箱上跳來跳去，一頭棕色的捲髮像旗幟一般在腦後飄揚。後來，帕德斯找了一份打工，在一間養老院負責洗碗，收入正好用來支付他去滑雪的開銷，也是在那時，他發現自己在廚房裡混得不錯。

他很討厭上學，高中時，能翹課就盡量翹。十一年級時，他在康乃狄克大學分校預修了一些課程，設法累積足夠的學分達到畢業門檻。十二年級開學的那天，帕德斯打包好行李，站在原地看著他的校車經過，然後說：「嘿，老媽，我要去一趟波士頓。再見了。」

他說他是一路搭便車到波士頓的。之後，他在那裡租了一間租金每週十九美元的房間，還附一個電磁爐，接著，又在麻省總醫院找到一份清洗蒸氣鍋的工作。他覺得自己還是比較喜歡廚房。「但不是因為我喜歡吃東西，」他說：「是因為我喜歡混亂。」不久後，他的女朋友和一位朋友也來到波士頓。「他們的到來給了我很多力量，」他說。但最終，他們的生活卻變得越來越放縱不羈，而且十分「怪異」。步入二十歲時，他突然發現，清洗工對他來說不再是一份令人滿意的長期工作。這時他聽說了美國廚藝學院，查了學費，便向父母尋求幫助。父親之前已經替他預付了波士頓大學一年的學費，但帕德斯卻沒有去上課，所以父親斷然拒絕他的要求。但是，他父親繼續說，如果願意的話，帕德斯可以先回家住一段時間，利用這段時間存錢。於是，他便回到家鄉找了份工作。等他好不容易存夠了學費，學院卻期期額滿，為了入學，帕德斯不厭其煩地嘗試。

「我一直糾纏他們，」帕德斯回憶道：「我每個星期都打電話去：『我是麥可．帕德斯，請問還有名額嗎？』後來他們就記得我了。他們會說：『麥可，目前沒有名額。』」到了一九七九年的夏天，帕德斯當時二十二歲，學院終於打電話來，說下一期可以報名，請他在十月底前到海德帕克鎮的校區。帕德斯便賣掉家當，包含小時候收藏的珍貴郵票，然後搬到海德帕克鎮。那裡成為他的新家。

「我人生中第一次遇見一大群和我一樣的人，」他說：「他們就像我的兄弟姊妹，我們睜開眼睛就開始討論食物，一起去上課，一起**研究**食物。我們一起吃午餐，再繼續討論食物。晚上，我們一起喝啤酒，然後依然談論著**食物**。」

其實他並沒有特別沉迷於食物。八〇年初期他在學院上課時認識了一系列經典法式料理（那時學生不必在教室裡宰魚，也很少使用到新鮮的香料），他總是心想：**怎麼會有人吃這種東西？**「雖然如此，我還是很守規矩，」他說。接著他又承認，當時他依然偷偷覺得海滋客（Long John Silver's）連鎖速食很好吃。

後來，他到愛達荷州一個名叫太陽谷的度假勝地實習，那裡每週六會舉辦一場千人參與的大型自助餐會，每人只要二十五美元。負責自助餐的總廚辭職後，當時還是學生身分的帕德斯便接手他的工作。「我熱愛承擔責任，」他對我說。

在這個地方，他學會了組織能力。他的目標只有一個：每週六餵飽一千人。他要烤四、五十份肋排，還要洗淨並煮熟上千隻蝦子。「這就是標準美式風格，」他抱怨：「不把食物當一回事。不過那卻是能夠學習組織能力的方式。」他很喜歡有條不紊地做事。他總會先列出好幾頁的待辦事項，其他人都不會那樣做，也辦不到。每次週六自助餐結束之後，夜晚就是放鬆的時刻。他形容自己會「吞下好幾杯琴酒，然後泡在某個浴缸裡，和某個女服務生一起睡著」。

實習結束後他回到學院上課，並在一九八一年畢業，前往紐奧良波旁街的皇家索尼斯塔飯店（Royal Sonesta Hotel）擔任二廚，接著又擔任冷盤廚師。正是在這段期間的某天，他一次處理了一萬隻蝦子，數量多得足以塞滿一艘八呎長的小獨木舟，讓他的坐骨神經受到重傷。

他和前妻維琪則是在她畢業後結婚的。「紐奧良的生活太沉悶了，讓人成天只想喝酒，」當時他們都這麼想：「也許我們該搬去別的地方。」最後他們選了達拉斯，維琪在那裡的四季酒店

（Four Seasons）找到一份工作，也順利讓帕德斯進入四季酒店旗下鄉村俱樂部的廚房，「一樣是標準美式風格，」帕德斯回憶道。維琪比他早幾天啟程，一到達拉斯後就開始上班，不久後帕德斯也抵達四季酒店，找到房子之前，他們在那裡住了一小段時間。

第一晚，他們決定叫客房服務，而那可以說是帕德斯的職涯轉捩點。

「第一餐對我來說簡直驚為天人，」他說：「那是從大飯店餐廳送來的餐點，我意識到：『這才是料理！』太不可思議了。」這份餐點出自一位優秀的法國廚師之手，讓帕德斯對新潮烹調有了全新的理解，再也不是紙上談兵，而是一頓真正的美食。他完全不知道原來食物可以是這個樣子。那是八〇年代早期，新潮烹調**還很**「新潮」的年代，也很美味，那時帕德斯才二十四歲。「真的很酷。我會做**慕斯**，但我從來沒想過可以用**龍蝦**做慕斯，然後用甘藍菜葉包起來蒸熟，再搭配羅勒醬和奶油白醬。其實龍蝦和奶油本來就是經典組合，那道菜就是以這兩者來做變化。」他和維琪坐在床上盯著盤子，仔細地觀察、慢慢地拆解這份餐點，分析它的材料，想像它是如何做成的。「那真是太美了，」帕德斯告訴我：「我對自己說：『我知道其中每一種材料的做法，卻不知道可以這樣**搭配**在一起。』我從來沒有想過可以這樣**做**。」

那頓晚餐替他上了一課。

於是他去買了一些書，仔細地研究那些料理照片，認真閱讀食譜，想著：我能做些什麼？然後也展開自己的實驗。「我腦中的齒輪不停轉動著，」他說。上班時，他依舊烹煮著鄉村俱樂部的餐點，不過主廚也給了他一些發揮空間，讓他嘗試他和維琪每晚下班後討論的那些料理。維琪在四季酒店的廚房裡，天天負責將馬鈴薯雕成玫瑰花，雕得雙手抽筋，但她會觀察主廚在做些什麼，然後回來告訴帕德斯。於是，他為俱樂部的週日自助餐會提供的餐點，便不再是只有標準的煙燻鮭魚，而是溫熱的鮭魚慕斯捲，以菠菜和龍蝦肉充填，切成薄片，再淋上一層薄薄的奶油白醬。

但他知道這還不夠。他需要一位老師。他向同事打聽這城市裡哪位廚師最有特色。有人告訴他，一位名叫羅蘭・帕索（Roland Passot）的法國廚師剛開了間自己的餐廳。於是，帕德斯前去拜訪這位廚師，並希望能在那裡工作。但羅蘭・帕索說他付不起任何人的薪水，要帕德斯打消這個念頭。

帕德斯說：「我可以不領薪水。」

「你什麼時間可以上班？」

「我正職是從兩點工作到十點，其他時間都有空。」帕德斯回答。

「那你可以七點到嗎？」

「可以。」帕德斯說。

「一週幾天？」

「你需要幾天？」

「四天。」

帕德斯回答：「沒問題。」

帕德斯為帕索無償工作了十個月。帕索曾經待過一些法國知名餐廳的廚房，也跟隨過不少大廚。而讓帕德斯印象最深刻的是，當時他從帕索那裡學到的第一件事，就是做出完美的褐高湯。他當然在廚藝學院做過褐高湯，但學院教的東西適用於教室，烹煮的時間不夠長，也沒有足夠的時間熬煮出正確的味道和濃稠度。帕索的褐高湯熬得很久，一定要煮出美味的口感和濃湯般的質地，他才會拿來當成基底使用。帕索和他的夥伴都用法語溝通，但帕德斯也經常發問，努力學習道地法國廚師的手法，並將廚藝學院學到的技能運用在實作上。

帕德斯的第二個職涯轉捩點，則是出現在他下一份工作之後。他和維琪後來又搬到加州，而他開始在聖海倫娜的米拉蒙特餐館（Miramonte Restaurant）擔任廚師，他的主管是個名叫烏多的男人，曾經跟隨過保羅．包庫斯（Paul Bocuse）和米歇爾．蓋哈（Michel Guérard）兩位知名主廚。正是在這裡，帕德斯慢慢開始有所發揮。他還開始寫筆記，每天記錄他們為米拉蒙特餐館設計的特餐，例如，某一頁凌亂地寫著：鵪鶉鑲鴨肝，以鵪鶉肉湯烹煮，冷盤上菜，佐葡萄及醃漬櫻桃，以及清澈的肉湯凍。他的筆記通常還會搭配一張圖表，紀錄如何擺盤，像是醃漬櫻桃該放在哪一側，肉凍又該擺在哪裡。他至今依然保留著這本寫滿各式餐點的筆記本，並且經常會拿來參考。一九八五年，烏多關了這間餐廳，然後帶著他的員工去法國旅遊，但每個人必須支付自己的機票費用。帕德斯筆記本的最後一頁上，記錄著他在巴黎的喬爾・侯布雄賈曼餐館吃的十二道料理，每一道都如同一則啟示。

這本數百頁的筆記本就停在那一頁，彷彿那頓飯之後，他便總結了自己的學生和職涯所學，即將展開下一個新的篇章。

7 你明白我的意思嗎？

「蔬菜可別煮得半生不熟，廚藝學院是絕對不允許這種做法的，」帕德斯主廚一邊開始示範一邊說道。今天是上課的第十五天，也是基礎技能第二級的第一堂課。

我們假期通常有三天，大多安排在每段課程結束之後，除非課程中間正好有國定假日。我目前只上完一段為期十四天的課程，但這些日子發生了好多事，我很慶幸星期一能放假喘口氣。只不過，當假期一結束，我們就得開始學習蔬菜烹調，暫時告別那些複雜卻也迷人的法式清湯和羅勃醬。基礎技能第二級一開始，我們就要製作蜜漬胡蘿蔔、奶油玉米和墨西哥烤玉米，帕德斯主廚甚至還在我們的每日作業清單上又加上一夸脫的白醬，似乎是想徹底磨練我們一番。

上課的情況與之前也完全不同。帕德斯主廚重新分配組別，我分到第三桌，在教室最後面，製作食材時，再也聽不到他有感而發地聊起天鵝絨醬。我找到爐子旁邊的位置，這樣可以節省在教室裡奔走的時間。大夥兒也馬上就動起來。亞當和我一樣選在爐子附近就定位，現在正和我並肩工作。而我只不過離開去找砧板，恩晶就想偷偷霸占我的位子，我一回來馬上又把她擠開，所以現在她站在亞當的對面，沒辦法再占用我們的爐子。其實我們大部分的工作都需要團隊合作，我自認站在爐火旁應該會比恩晶更能提供大家幫助，畢竟恩晶和我們仍然有語言隔閡，甚至，隨著課程越來越難，她的理解能力似乎也越來越低。雖然這也有可能是她不再試圖假裝自己都聽得懂。但坦白說，我站在爐火旁真正的原因，是我想要拿下第一名。我承認自己想贏。我既然身處這場比賽裡，就沒有理由落於人後。

我的對面則是李歐納．莫蒙多（Leonard Mormondo），是個來自皇后區的年輕人，身材矮壯。他是工作狂，話不多，有一雙藍色眼睛和下垂的五官，看起來悶悶不樂。他曾經在住家前面的餐館、附近的麵包店和肉舖各工作過一年半的時間，我可以想像他剁肉的模樣，一手將半隻小牛舉到檯子上，毫不費力地拆解各個部位來販售。他的舉手投足、沉默寡言和短小精悍的效率，讓他看起來像是個**誠懇**且有**工作倫理**的廚師。偶爾他也會微微一笑，陰沉的表情一掃而空，那表示他真的很高興，但這種情況很少發生。

至於亞當，他依舊是那個成天氣鼓鼓的小組長，大家早已默認了他的帶領。恩晶勢必需要有人引導，而李歐納是出於無爭的性格，我則是想保持專業所以服從指揮。

「我知道大家以前工作過的地方，都喜歡將蔬菜煮出彈牙（al dente）的口感，我工作過的一些廚房也一樣，」帕德斯主廚站在他經常使用的爐子前繼續說道。他現在同時有兩門為期三週的課，也就是說，他現在為我們示範的內容，七個小時前他已經為K2教室的同學示範過了。「不過，也有很多人喜歡吃『煮熟』的蔬菜，」他進一步解釋，這表示既不能煮得太生，也不能熟得軟爛，而是煮出一種中庸的口感，沒有明顯的生脆，又能保持鮮豔的色澤和新鮮的味道。他說，烹煮時，溫度和切割的大小都至關重要。把蔬菜放進鍋裡的動作也是一大重點，可別一副要油炸它們一樣，一股腦地倒進去。這一切的目的都是要將蔬菜「煮熟」就好，不能煮得過久。「早點學會，往後會更輕鬆，」帕德斯主廚說：「要是你以後工作的地方想叫你煮出彈牙的口感，你也可以稍微提出質疑，而不是只說：『好的，我會照做，』畢竟那種口感，其實只是很多人菜根本沒煮熟的藉口，他們常會說：『**對啊**，蔬果**就該彈牙**，』沒錯，很多人這樣。」帕德斯主廚停頓了一下，目光掃視全班同學，「但那種東西叫做**生菜沙拉**！沒煮熟的就是**生菜沙拉**。」

❖ ❖ ❖

偶爾會有個陌生人來到我們這間造價三十三萬美元的教室視察。這人通常會先和帕德斯主廚說上幾句話，但當我們從工作檯上抬起頭來時，他就不見人影了。我們第一次看到他，是在帕德斯主廚示範美式什錦蔬菜湯時，他也穿著一身廚師服，夾克口袋上的綠色名牌寫著「烏韋・赫斯納」（Uwe Hestnar）。他個子很高，頭髮花白，身材結實，神態嚴肅。他會在廚房裡遊蕩，看著帕德斯主廚炒韭菜、洋蔥和胡蘿蔔，還會在蒸氣鍋旁停下腳步，盛起一碗小牛高湯，再將湯汁慢慢倒回鍋裡，若有所思地看著手裡的碗。然後又消失無蹤了。

這位赫斯納主廚已經在學院工作了二十餘年，現在是「組長」，學院都是這麼稱呼管理職的工作人員。整所學院共有八位組長，負責帶領一百二十位教師。赫斯納主廚要管理二十位老師，包含基礎技能課、概論課、美式餐廚、海鮮料理、東方料理以及熟食廚房。每位老師剛開始在學院工作時，都有長達三年的試用期。三年間，他們隨時都有可能被解雇，不需徵詢他們的同意，也不會告知他們原因。赫斯納主廚有一部分的工作，就是在這三年間定期評估每一位老師的能力。有一次，一位基礎技能課的老師向他抱怨學生煮出來的法式清湯都是混濁的，於是他便在課堂間到教室突襲檢查。他驚訝地發現，每名學生的鍋裡都在沸騰，但他不動聲色，慢條斯理地走到每個爐子前面，將爐火一一轉小。也有一次晚餐過後，他坐在教室後方，聆聽著帕德斯主廚的課後解說。帕德斯主廚講解著奶油濃湯，雖然沒有因為他的到來而改變教學風格或內容，但他也意識到，自己回答同學的問題時可能有點太冒險了。他說自己在煮洋蔥湯時，會加一兩滴雪莉醋來提味。說完後，赫斯納主廚便一語不發地離開了。

第十六天，我的索引卡上寫著雞高湯凍（glace de volaille）、標準備料、麵包碎、菠菜、豌豆、奶油炒青豆、荷蘭醬青花菜。正當我處理著豌豆和菠菜時，赫斯納主廚又出現了。而帕德斯主廚希望我們一次能準備好兩道菜給他檢查。我們用一些牛高湯炒豌豆和汆燙過的珍珠小洋蔥，最後再加入奶油麵糊增稠湯汁。菠菜是廚藝學院很常使用到的食材，我們正用澄清奶油炒菠菜和青蔥，以鹽和胡椒調味，食譜上還要我們加入少量肉豆蔻，為這道綠色蔬菜增添了一股適切而迷人的風味。完成之後，我將兩道菜分別裝入溫熱的盤子裡，然後走向帕德斯主廚的桌子，他原本一直在和赫斯納主廚說話，當我走到桌前時，他便停頓下來。

我向後退了一步，不過赫斯納主廚揮揮手，示意我前進。帕德斯主廚用叉子舀起一些豌豆品嘗，對我的調味表示讚賞。他又嘗了一粒小洋蔥。「還是有點脆，」他說。因為赫斯納主廚站在一旁，所以我沒有爭辯。接著，令我有些吃驚的是，赫斯納突然從餐具桶中拿起一支叉子，也嘗了我的豌豆和洋蔥。我突然十分不自在，而且也一瞬間沒了自信。當下我才忽然察覺，原來我遠比自己想像的更加傲慢，真後悔自己沒有在調味和完成烹調之後，再親自嘗一下豌豆和洋蔥的味道。如果口感完美，那就只是我運氣好罷了。畢竟我疏於全心投入製作過程。早知道赫斯納會這麼做，那我肯定會更加仔細。

「有點脆嗎？」我問他。

赫斯納主廚來自漢堡，說起話來還是帶著濃濃的德國腔。「他才是老師，」他頭也不抬地回答。他有一雙細長的眼睛，扁而寬的嘴唇，和一張方形的臉，臉上絲毫不見笑容。

我點點頭，覺得自己被斥責了。我不該跟他說話。

帕德斯主廚接著嘗了我的菠菜。「烹煮的時間剛剛好，味道也很棒。」他說。我就知道。我的菠菜煮得很棒，主要是因為，我自己很喜歡這樣料理菠菜。赫斯納主廚又拿起另一支叉子，也嘗了一口，但什麼也沒說。

赫斯納離開之後，帕德斯主廚向我提起赫斯納那句「他才是老師」的回應，他說：「我如果可以告訴你，你的洋蔥脆得像蘆筍一樣，他也會說一樣的話。」但他說赫斯納其實對我的蔬菜料理十分讚賞。這讓我覺得今天的烹調一切努力都沒有白費。帕德斯主廚自己也很高興，因為這表示他教得很好，尤其我根本不是個專業廚師，而是個外行人。

❖ ❖ ❖

我下一次看到赫斯納主廚，是在樓下的K2教室。那是一間狹長又陰暗的技能課廚房，帕德斯主廚早上會在那裡上課。這個班級本來是由勒胡主廚（Chef Le Roux）帶領的，他曾經在許多曼哈頓的大餐廳工作過，像是亭子餐館（Le Pavillon）、天鵝餐館（Le Cynge）和巴斯克海岸餐館（La Côte Basque）。我問帕德斯主廚能不能旁聽，觀察別的基礎技能班級，在沒有趕著製作標準備料的情況下，不受干擾地看看課堂間發生了哪些事。除此之外，我也想知道老師們一天上兩門一模一樣的課會是什麼感覺。我喜歡坐著觀察，偶爾還可以和帕德斯主廚說說話。和我的班級一樣，這班也有五位女同學，帕德斯主廚站在狹窄的廚房裡，低聲對我說：「有很多人，」他指的是男同學：「都還認為廚師是只屬於男人的工作。我可以向他們介紹一些了不起的女性廚師，絕對會讓他們**自嘆不如**。這是一種考驗耐力與技巧的工作，和性別無關。」

而且我還因為早起旁聽，再次獲得帕德斯主廚的讚賞。某天早上八點半，開始上課的一個半小時，帕德斯主廚正在品嘗大家做的魚絨醬，是魚高湯以油糊增稠的一種醬汁。同學們手裡捧著四夸脫的醬汁排著隊，讓他根據味道和口感評分。一大早就要吞下這麼多濃稠的魚高湯，這種事可不是天天都有。我看著他評分，而他也回頭看了我一眼，露出一個意味深長的笑容，然後說：「早起的鳥兒有蟲吃。」

這時，赫斯納主廚經過教室，順道進來確認上課狀況，帕德斯主廚介紹我們彼此認識。我告訴赫斯納我來這裡的原因，也問了他一些關於學校的問題。他於是解釋了一些烹飪教學的細節讓我能在書裡引用。我們倆並肩站在冷藏櫃前面，每個櫃子上都配有大大的顯示螢幕。「我們注重訓練和教育的平衡，」他說道。接著他稍微思索了一下，瞇起眼睛，伸出兩隻手掌在半空中併攏，拇指靠在一起，以此表示兩者平衡。

「兩者有什麼不同？」我問。

「訓練是我示範給你看，你再接著做，」他抬起眉毛，看著我。

「那教育呢？」我又問。

他想了想，說道：「教育是讓你自己思考答案。」

我原本以為他會要我自己思考出兩者的差異，不過他對我了然的點點頭，也給了我答案。

「我明白了，」我於是說，接著又補了一句：「畢竟烹飪過程中，各種原理也很重要吧？」帕德斯主廚總會向我們解釋**為什麼**，同學們也都很喜歡上基礎技能課，因為能學到烹飪過程的前因後果。

但赫斯納主廚沒有再回話。要不就是他沒打算再回答，要不就是，他的某個手勢和表情就等同於他的回答了。

我覺得這位老師十分有趣，有種耐人尋味的神秘特質，便說希望能再跟他多聊聊。他從口袋裡掏出一本小日曆和一支鉛筆，問我：「你的日曆呢？」

我的日曆掛在家裡牆上，可沒帶出門。他只好讓我看他的筆記本，然後一起選出一個空檔。他將日期註記下來後，面露懷疑地看著我，我猜他打從心裡不認為我屆時會記得準時出席。顯然，廚師們都會隨身攜帶一本小日曆。

之後赫斯納主廚便離開了。我向帕德斯主廚重述剛才的對話內容，而他也回饋給我一些他自己的想法：「訓練是我示範給你看，你再接著做。教育是我示範給你看，你接著做，然後我們再討論原理、檢討成果，讓你知道為什麼我做得比你好。」

我連續上了兩堂基礎技能第二級，一天下來雖然感覺很累，但也不至於到筋疲力盡的地步。當然，一天和連續三週不能相比，可以想見帕德斯主廚接下來會越來越疲倦。隨著要示範的項目越來越多，他開始用黃色便利貼羅列清單，並黏在切菜板的左上角，以防自己遺漏任何一個項目。廚師一天之所以可以工作十四、十五個小時以上，有很大一部分是因為這些工作大多是體力上的勞動，但在這樣的情況下，心理上的專注和頭腦的清晰也很難維持，更不用說帕德斯主廚下課後還要批改學生的作業。

❖　❖　❖

由於赫斯納主廚之前很懷疑我會準時，這天我便分秒不差地踏入他低調的個人辦公室。管理人員有自己的辦公間，其他老師則共用羅斯大樓四樓的空間，並用灰色的隔板隔開每個人的辦公桌。我不太確定赫斯納是否真的明白我來這裡的目的，於是便向他解釋自己想寫一本關於烹飪基礎的書。

他讚許地點點頭，說道：「烹飪的根本之道是亙古不變的。」

之前我向帕德斯主廚提起我和赫斯納的會面，帕德斯主廚說：「我很欣賞那傢伙，」說著，他面帶笑容地停頓，並且短促地笑了一聲。他說赫斯納博學多聞，總能引經據典。而我也確實能從他的隻字片語中，感受到一股獨特的魅力。他這第一句回應，所謂「烹飪的根本之道亙古不變」，似乎也引領我聯想到事物的根本原理，像是眼前的這杯水，始終都是一杯水，千古以來，水沸騰的物理變化從未改變過。烹飪從古到今也是如此，我們鑽研著世上事物的物理變化，並將這些知識應用到雞蛋、麵粉、骨頭和肉類上。

當我問起他的大廚之路，他抬起一隻手指搖了搖，說：「我是個廚師。」我之前也聽過這種說法。「大廚」（chef）這個稱呼是一體兩面的。在這時代，被稱之為「大廚」，通常等同於身為一位名人，也通常也離烹飪越來越遠。而在學院「大廚」則是一種職稱，赫斯納想讓我知道，他並不是我們所認為的「大廚」，他是一個「烹飪的人」，廚師是他的工作，是他的職稱，打從他十四歲開始，在德國漢堡的雷奇霍夫飯店（Hotel Reichshof）擔任接待員的那一刻起，便一直是如此。

雷奇霍夫飯店的廚房要求所有學徒都要從飯店門口的接待員做起。飯店主廚的規定，每個人必須擔任接待員滿兩年才可以進入廚房，因為他認為，學習烹飪之前，「首先要了解服務與招待客人的個中道理」，赫斯納回憶道。所以，從一九五〇年十月開始，一直到一九五二年十月，赫斯納都在飯店大廳搬運行李。他們相信，烹飪最重要的是懂得招待客人，其次才是食物，畢竟若招待不周，就沒有客人會上門了。如果一個人連當接待員都不願意，那絕對不是當廚師的料。「當時也只能接受，」赫斯納說：「其實也沒人強迫我。」說著，他聳聳肩：「不想做的話，就去當水電工吧。」

兩年後，赫斯納第一次踏進雷奇霍夫飯店堪稱宏偉的專業廚房，驚嘆於裡頭「如琴鍵一般」綿延不絕的工作檯、室內明亮的採光和巨大的廚具。「接著又有兩年的時間，我負責捧著一個餐盆，裡面裝著主廚的標準備料。」他回憶道。

赫斯納說這種學徒制度是歐洲傳統的廚師培訓方式，雖然有些國家已經越來越少這麼做，但至今仍然算是常見。這種模式是一對一的學習。我問他認為學徒制和正規烹飪教育哪種比較好，他說，一對一意味著你的訓練只來自於一個人，只有一種方式。

接著他說：「烹飪藝術很博大，如果一個人只學習一種方式……」

赫斯納經常像這樣，話只說到一半，便抬抬眉毛，聳聳肩，讓你自己下結論。他也認為，這種師徒制缺乏的就是理論。烹飪的各種原理。例如，赫斯納想不起來學習製作荷蘭醬的過程，這表示從來沒有人教過他。更有可能的是，有人叫他做一份荷蘭醬，而他透過觀察和發問完成了任務。但從來沒有人指導過他。就好像，我、亞當、格雷、班、艾莉卡和蘇珊都是從帕德斯主廚的課和馬基的書了解到，必須將油脂充分打散成極細的小顆粒，並透過蛋黃中的卵磷脂使之與水達成混合，形成一種結構穩定且美味的水包油型乳化液，正好與蘆筍口感很搭。

在這所學院，赫斯納說：「我們兩種方式併行。」他是指理論和訓練。他繼續說：「這其中是有共同標準的。」此時他又有些含糊不清了，他用貝多芬來比喻某些論點，我請他解釋得清楚一些。我想他的意思是，當人們演奏貝多芬的奏鳴曲時，對這首曲子的旋律都有著共同的標準，然而，在這個標準下，每位演奏者也會有各自的詮釋。有些人會將特定音符延長，有些人則會彈得較為澎湃，而演出的品質與藝術性便是取決於這些差異。烹飪也是如此，你會先學到一個標準方法，然後自行完善成果。他說，他可以做一千種荷蘭醬，每一種都不一樣。

「根據什麼而不同？」我問。

他的嘴角微微下垂，不耐地伸手在半空中一揮，彷彿要將眼前所見都揮出窗外，「根據我當天的心情而不同。」

我於是轉換到我最喜歡的主題：高湯。為什麼學院會教授兩種不同的高湯製作方式呢？一種是標準做法，另一種是自動澄清的方法。他之前已經解釋過，每位老師都有一定的教學自由，他們會自行討論出方法並解決問題。學院當然還是有一定的規矩，帕德斯主廚之前也提過。專業權威確立某一種特定方式為準則，並以這些準則進行教學。但是，同時教授兩種做法，難道不會自相矛盾，並有產生混淆的可能嗎？方法難道不應該統一嗎？我有那麼一點試著套他的話，他一定也感覺到了，因為他沒有回答我。

我又試著再問得更直接一些。「兩者之中哪一個比較好？」我問：「你比較傾向哪一種做法？為什麼？」

他沉默了好一陣子，答道：「這真是有趣。」

他笑了，我突然覺得他的表情看起來像一隻茫然的爬蟲類。在他寬闊而有稜角的臉上，他的眼睛瞇成一條線，嘴唇微微張開。而德國口音也讓他的語句更加模糊不清，但我漸漸習慣了他的說話方式，於是我等待著。終於，他說：「讓我們來看看埃斯科菲耶在『聖經』裡說了什麼。」

他快速瀏覽目錄，然後翻到白高湯那一頁，我的視線也跟著他的手指向下滑至書頁底部。「上面只寫骨頭和水。但並沒有說水該是冷的，還是熱的，」赫斯納說：「就這樣。」

他又停下來，查詢《赫氏專業餐飲辭典》（*Hering's Dictionary of Classical and Modern Cookery*），上面建議骨頭要先經過汆燙。而他的《美食全書》（*La Repertoire de la Cuisine*）影本則特別強調骨頭、蔬菜和鹽巴的使用。接著，他又從塞得滿滿的書架上拿出一本用橡皮筋捆在一起的書。那是物理學家沃夫岡・包立（Wolfgang Ernst Pauli）寫的德文書，赫斯納說這是一本「廚房學問之書」。他將書上的橡皮筋解開，一邊告訴我：「它是我的教科書。」然後他說，包立建議從冷水開始煮。

赫斯納闔上他的最後一本參考書，坐回椅子上，聳聳肩。

我心想，好吧，熬高湯有很多種方法，但他還是在迴避我的問題。「那加入番茄呢？」我再追問。

他說：「番茄、月桂葉——那是藝術。」

「我是指，用番茄使蛋白質變性，好在更短的時間內做出清澈的高湯，你覺得這麼做好嗎？」

他笑著回答：「那就是理論實踐。」

沒錯，就是這樣！我想，他明白我的問題。

這就是我們談話的模式，話題不斷分散。他有時會直截了當，有時又語焉不詳，還會不時岔開話題，或顧左右而言他。像是當我問起，有些料理已經過時，我們為什麼還要學呢？例如波蘭奶香花椰菜（cauliflower polonaise），做法是將麵包碎與雞蛋混合，撒在白花菜上，並放進烤箱烘烤。他卻回答我，他覺得可以用起司醬代替傳統方法。我只好重申，不管是波蘭風或起司醬，我的問題是「為什麼學校要教這些過時又不常用到的料理？」

他終於承認，白花菜的確是現在較少用的食材，「大家不想花這麼多錢買這麼少的材料。」他又說，那些有數十種食材的複雜料理，其實反而更為「簡單」，因為很容易就能掩蓋其中的一個小錯誤，相反地，如果一道料理中只有兩種材料，那麼廚師就沒有出錯的餘地了。因此，波蘭奶香或起司醬花椰菜對廚師來說，可說是一種真正的考驗。

這也讓他順勢提起烹飪書氾濫的現象，他對這種情況十分鄙視。「市面上充斥著烹飪書，」他語帶輕蔑地說。

「你不喜歡，」我說。

他說，每位廚師所需要知道的一切，都已經包含在五大經典中了：《烹飪指南》《拉乎斯美食百科》（*Larousse Gastronomique*）、《赫氏專業餐飲辭典》和《料理綱目集注》（*Le Repertoire de la Cuisine*）。我提醒他，這樣只有四本。「還有卡瑞蒙的書，」他說，然後又補充：「但沒人想看。」

停頓了很久之後，他終於又開口道：「是什麼讓烹飪藝術得以發揮？」

我不確定他是真的在問我，還是純粹在抒發腦中的想法，不過他畢竟拋出了問題。他抬起食指，在旋轉辦公椅上轉過身，拿起身後的一份文件，動作快得像是棒球打擊手瞬間擊球一樣。他翻看牛皮紙文件夾，抽出其中兩張紙，並回過身來遞給我。那兩張紙上，包含了大約一頁半左右的表格。他說，這才是大家唯一需要的東西，是烹飪藝術的根基：埃斯科菲耶、拉乎斯、卡瑞蒙，甚至是茱莉亞．柴爾德、《廚藝之樂》（*Joy of Cooking*）和美食頻道，這一切的根本，都濃縮在這一頁半之中了。「這兩張紙我可以賣五十美元，」他說：「但沒有人會買。」接著他自顧自地笑了起來。

我仔細地閱讀這兩張表格，上面列有二十六個項目和它們的比例。最上面一列的數字依序是一、二、四、六、八和十六，而每一個欄位中則寫著各種基礎餐點，像是肉凍、泡芙、沙巴雍、一般調味高湯等等。剛才他拋出了問題，而這張表格的內容就是他的答案：一夸脫的水、兩磅骨頭、四盎司調味蔬菜，等於高湯。「要做出一夸脫的高湯，就得用兩磅的骨頭，」他說：「如果你用了三磅的骨頭，做出來的還會是『高湯』嗎？」話到此，他聳聳肩膀，彷彿在問我：**你明白我的意思嗎？懂了嗎？**

我發覺這兩張紙上的內容是如此令人振奮。比如說荷蘭醬，這份表格上只列出六顆蛋黃和一磅的奶油，再無其他。我們在課堂上做過荷蘭醬，要用蘋果醋和胡椒粒做成濃縮湯汁並過濾後，將蛋黃倒入其中，再加入澄清奶油與檸檬汁攪拌，荷蘭醬這才完成。但在赫斯納的比例表格中，一切都簡化至最初的本質。除去蘋果醋、胡椒和檸檬，還是能做出荷蘭醬，但若少了蛋黃和奶油，便不是荷蘭醬了。這份比例表確實讓人讚嘆，彷彿一位詩人不斷凝鍊他的文字，直到他的思想成為一顆毫無雜質的鑽石。赫斯納除去了所有與烹飪無關的外在因素。

我問赫斯納主廚我能否保留這份表格，並感謝他今天撥空和我談話。當我走到他的門口時，突然感到自己已經與他建立了一種慎重的友誼，於是我重新問他：「我們討論到有兩種製作高湯的方式，你個人比較喜歡哪一種？」

他深吸一口氣。說真的，我並不知道他是否會回答。他似乎很不願意直接做出判斷或篤定一個問題的答案，但他很懂烹飪，他是位資深廚師，他的手藝遍及漢堡、賓州、華盛頓、聖保羅、里約熱內盧、蘇黎世、日內瓦、英國和加那利群島。最終，他用濃濃的德國口音說道：「根據我的經驗，要看只有一個小時，還是有一天的時間，」他臉上露出笑容：「你明白我的意思嗎？」

當然——準備高湯的時候，要考慮各種因素。

❖　❖　❖

「**艾莉卡**，怎麼回事？」我驚訝地大喊：「你塗**睫毛膏**嗎？」課堂還沒開始，不過同學都已經紛紛站在工作檯前。亞當站在我的旁邊磨著他的廚師刀，他總會花個幾分鐘細心打磨，然後極為謹慎地用拇指觸摸刀沿，整張臉貼近刀面瞧個仔細。恩晶也站在一旁，開始「購物」——她是這麼說的，但其實她是在挑選胡蘿蔔、歐芹和紅蔥，不只挑她需要的，也幫我們這一桌所有的人挑，我們已經很有默契地成了一個團隊。這時艾莉卡正好經過我們的桌旁，離我很近，而我注意到，她不尋常地化了妝。

「對啊，」她說：「還有眼線。」

「怎麼回事？」我問：「為什麼要化妝？」

「我覺得我長得不錯啊，」她回答：「你覺得呢？」她把臉轉向右邊，又轉向左邊。

亞當終於放下他的刀子，笑了起來，不可置信地說：「哪有人這樣要求**稱讚**的？」

「我是真的覺得我長得還不錯呀，」她對我們兩個說：「而且我希望……能比她們**搶眼**。」

她又往我這邊更靠近一點：「所以我就打扮了一下。」

純粹出於好奇，我又再問了她一次，為什麼會想要在油膩的廚房裡化妝？

突然間，她變得很防衛，也是在這時，我才發現原來艾莉卡很敏感。「恩晶也擦口紅，」她說。恩晶聽到自己的名字，便抬起頭來。確實，她像往常一樣塗了一層明亮但不顯眼的口紅。艾莉卡又補了一句：「看看她，粉嫩嫩的。」

亞當朝天花板翻了個白眼，學她說：「粉嫩嫩的。」

聽到自己被模仿的語調，艾莉卡深吸一口氣，抿著嘴唇露出笑容，接著又用手摀住嘴巴大笑出聲，笑得臉色脹紅，然後快步走開，回到她的工作檯。

我們越來越像一家人，而大家也十分接納我。一開始，我們的班長班鮮少直視我的眼睛。當我發問時，他會友善地回答，但也總是答得很簡短。現在，當我隨口問他週末過得如何，他可以滔滔不絕說個沒完。他說起上個週六下午，他在寒風中走進極富盛名的高譚燒烤吧（Gotham Bar and Grill），要求見主廚艾夫列．柏特利（Alfred Portale）一面。「他是我的偶像，」班告訴我。他很想去那裡校外實習，也寫了信給柏特利主廚，但遲遲沒有收到回音。餐廳員工告訴他主廚正在開會，他說他願意等。柏特利原本是珠寶設計師，現在是炙手可熱的知名主廚。終於，他走出來了，班努力掩飾自己的緊張。

「當時我心想著，老天啊，真不敢相信我正在跟他**說話**，」班回憶著當時的情景。

柏特利說他最近才雇用了一名廚藝學院的畢業生，目前沒有實習空缺，但如果班希望的話，週六晚上可以過去見習，也就是說，可以跟在主廚旁邊觀摩和練習一個晚上。班說他樂意至極。

偏偏才進到高譚的廚房半個小時，班就割傷了自己的手。「我削到自己的拇指沿，」班說：「流了很多血。我**太緊張**了。」他一邊說著，一邊開始剝珍珠洋蔥。「其實那裡做的菜單和我們這邊差不多，」他有點詫異地回想。最後他終於冷靜下來，恢復平時的水準，正職廚師便讓他負責煎鴨胸。

「不過我進了那間廚房，」班津津有味地回憶：「還煎了**鴨子**。」一旁的亞當似乎非常嫉妒：「真不敢相信他們會讓你負責。」

「那裡的菜單和我們這邊做的沒什麼不同，」班繼續說道：「除了醬汁以外，例如他們的馬德拉醬有點不一樣，其餘的都和我們大同小異。不過擺盤**令人讚嘆**。」他說起那裡的鮪魚義大利麵，他們會將義大利麵條巧妙地纏繞成管狀，中間墜有一束高高的迷迭香。「大概這麼高，」班比手劃腳地形容：「那真是一道很美的料理。」

❖ ❖ ❖

上課的第十八天，我們已經開始製作一道完整的料理了，而這道料理之後就會變成我們的晚餐。「如果你搞砸了，」帕德斯主廚說：「那就挨餓吧。」

我們從美國最常見但也最容易煮壞的蛋白質開始練習，那就是雞胸肉。

課堂一開始，帕德斯主廚便說：「**油煎**，就如同週末夜晚的狂歡。這是你們一直以來都想學好的技能，對吧？這也是成為二廚的跳板，厲害的人甚至能同時兼顧八到十口鍋子，讓爐火燃燒，讓食物滋滋作響。這是每個人**都想**負責的工作。」他停頓下來，這段開場白結束了。他手裡拿著勺子，轉向他的畫架。「油煎是一種快速烹煮的技術，這個手法無法製作出軟嫩的口感，所以你的食材必須本身是軟嫩的，比如說，**羊膝**不該拿來煎。油煎的過程很快，這也它如此有趣的原因，用少量的油高溫加熱，轉眼間就端上桌了。」

帕德斯主廚雖然講起課來依舊精力充沛，但也已經略顯疲態。他早上七點就到學校，經常需要超過十點才能離開，開車回家還要四十五分鐘。他用講課來結束一整天的實作，而在這一天裡，他嘗了三十六份褐醬、三十六匙烤馬鈴薯泥（duchess potatoes）、三十六匙波蘭風奶香花椰菜、還有三十六口蜜漬櫛瓜和美洲南瓜，並且，這總共一百八十份食物都要一一評分。

隔天，帕德斯主廚又分配了新的任務給我們：薯泥、蒸甘藍菜、蒸胡蘿蔔條和嫩煎雞胸肉佐濃縮高湯、葡萄酒和新鮮香草。每種都要做一份，並趁熱擺盤。這些東西我們幾乎都在家做過，但在這裡做起來竟然更容易。首先，送來的雞胸肉已經處理得很完美，去了骨，只留下一個翼關節，切得十分優雅。另外，我們擁有所有的烹飪設備，屋裡有暖氣，手邊有不鏽鋼煎鍋，還有用不完的澄清奶油、寬敞的烹調空間，和大量的時間。不僅沒有人遲到，還有許多人提早一個小時抵達。然而，最後卻只有一個人端出完美的成品。

煎雞胸肉時，我在鍋底放的奶油不夠多，還忘了確保肉的表面是乾燥的，帕德斯主廚不允許我們在上面撒上麵粉，結果我的雞胸肉就這麼黏在鍋底。我卯足全力想將雞肉拔起來，它卻牢牢地黏在鍋子上，甚至，那是我原本打算在擺盤時要朝上放的那一側。我設法掩蓋這個錯誤，把表面煎成金黃色，我覺得看起來還不錯。完成醬汁之後，我又在最後一刻撒上歐芹末、山蘿蔔葉和龍蒿，然後將雞胸肉放進盤子裡，端去給帕德斯主廚。

他說我的甘藍菜和薯泥都做得非常好。「看得出你很喜歡馬鈴薯泥，」他說，接著彎下腰仔細檢查我的雞胸肉。「看來你有點煎過頭了，你看，這裡的紋路都已經焦糖化——」他皺著眉頭用刀尖將雞肉掀起來。我也彎下來仔細看了看，看到他說的那些筋。我從未注意到雞肉有如此明顯的紋理，回想起來，剛才雞肉的確像是一段一段黏在鍋子上。接著，當我試圖解釋剛才的情況時，帕德斯主廚壓了壓雞胸肉，用來判斷烹煮時間——他沒有打算嘗嘗看。「也許是你的鍋子不夠熱，」他說：「煮得稍微久了一點。」他將肉切開來看，「肉質煮得有點粗糙，看到了吧？」

我有點慌了，但同意他說的話。我本來以為自己做得不錯。帕德斯主廚嘗了嘗我的醬汁，他很喜歡，接著他說了一些話，但我沒聽進去，因為我對我的雞胸肉感到很生氣。等到他拿起筆來寫分數時，我突然恢復鎮定，對他說：「等等，我的雞肉很多汁，真的煎過頭了嗎？」

他重新看了一眼。「的確，看起來是很多汁。」似乎是看在我的面子上，他終於嘗了一口雞胸肉。「很多汁，但肉質還是很粗糙。」

他的判斷是正確的，我也只能認份。畢竟，我們是來這裡追尋完美的，這個地方是完美的起點。我的雞肉黏在鍋子上，表面也煎得過久，肉質嘗起來比我預想的老得多。這份雞肉的確不完美，但這是我的晚餐，配上優雅的佐料，我還是吃得津津有味。雖不完美，但可以接受，甚至也稱得上還不錯。但是，依然不是完美的。

那天，最完美的成品出自艾莉卡之手。五點多一些，帕德斯主廚走近我，將我拉到一邊，用平靜的語調對我說話。艾莉卡剛剛端給他令人難以置信的成品。她一如往常地滿頭大汗、面露驚恐，兩頰脹得紅紅的。但是，她的料理一切都是如此完美。稍早開工前，帕德斯主廚就說過：「我不希望你們太有創意，不要任何花招，請專注於食物本身。」而艾莉卡的成品是如此完美且純粹，烹飪時間也拿捏得**恰到好處**。「我以為是格雷或亞當能做出這種成果，」主廚告訴我：「如果我沒有親眼看著她將盤子端過來給我，如果我對**班上**同學**不熟悉**，一定會說這是別人做的。她令我驚豔，我從來沒有預料到。」

艾莉卡曾經把要用來做荷蘭醬的蛋黃煮熟，也曾將清湯煮得混濁不堪，她曾經以冰冷的碗盛裝洋蔥湯，還曾讓油糊著火。但她正在進步。

❖ ❖ ❖

每天晚上六點半，大多數同學都會一起吃飯。我經常問其他人學到了些什麼、喜不喜歡這門課。我同桌的李歐納說：「我學到了一些**原理**。」幾乎每個同學也都這麼認為。李歐納繼續說，他現在能夠解決差錯、思索問題。例如，當他看到乳化醬汁的表面開始變得油膩，他立刻就知道原因，也知道需要添加更多的水。

班則說，他曾經在書上讀過像白醬這種奇妙的混合物，當時就感到十分好奇，現在竟然能自己動手做出來，他感到很高興。

亞當說他之前從來沒有製作過母醬，現在他不僅會做，也很喜歡這些醬汁。「**我會**用半釉汁，」他突然說，似乎在想像著自己開設的餐館。我問他對波蘭風奶香花椰菜有什麼看法，令我意外的是，他竟然也喜歡這道菜。「不過，我可能會做些變化，」他補充：「將花椰菜鋪平，然後烤得酥酥脆脆。」

艾莉卡也很喜歡波蘭風奶香花椰菜，她有點不好意思地說：「我很喜歡烤硬的雞蛋，」說著，她皺起眉頭：「有些人因此覺得我很蠢。」那種評價似乎傷到她了，但當我們坐在一起吃著麥年檸檬鱒（trout à la meuniére）佐蒸馬鈴薯、青豆和燉苦苣時，她似乎也不吝於分享這件事。

我問艾莉卡她目前學到了些什麼。

艾莉卡仔細思考著，而我們都安靜地等待。接著，她笑出聲來，說道：「一切都是新學到的。因為我本來對這一切**一無所知**。」

❖ ❖ ❖

關於亞當・薛柏，我們還能說什麼呢？我每天都和他並肩工作，我覺得他很有競爭力，因為他似乎是一個對食物全心全意感興趣的人。幾乎所有人都說，他們選擇這所學校是因為對未來的職涯與收入有保障。但亞當卻不談錢，他從來不曾有過高額收入，但他似乎覺得這無所謂。有一回，我們一起坐在丹尼凱劇場（Danny Kaye Theatre）的前幾排，觀看廚師為觀眾和兩架攝影機現場展示他的廚藝。第二十一天時，帕德斯主廚特意讓我們放假，去劇場見識邁可・羅蒙納科（Michael Lomonaco）大廚的手藝。這位大廚復興了紅極一時的「21俱樂部」餐館的菜單，並將之帶進供應美式食物的各家紐約餐館中。亞當手拿相機為校刊《烹飪之紙》（*La Papillote*）拍攝，他懶散地撐著左手，等待著。

我問他最終的目標是什麼，他說：「盡我所能成為最好的廚師。」這可不是美國小姐在選美台上的標準答案，他是真心的。而我早知道他會這麼說。於是，我問他如果不考量種種現實問題，他會想做些什麼？

「你是說如果我有一千萬美元的話？」

我點點頭。

「我要開一間餐廳、一家藝廊，還有一座劇場。」

我盯著他看，說道：「你真沒有生意頭腦。」

他回答：「我有說過我也是個藝術家。」

可能他真的曾經這麼說過，不過現在，他只是直白地陳述，有點防衛地聳了聳肩。他來這裡上課，是希望能達到烹飪藝術家的境界。

與許多其他廚師不同的是，羅蒙納科大廚的演出非常生動活潑，他清楚表達了在地食材和優質成份的重要性。演出結束之後，我說：「真的很棒。」

「應該吧，」而亞當只是這麼回答。

但對我來說，這場演出各方面都遠遠好過於「應該吧」這樣的評價，尤其讓我對日常課程中的實作有了一些新的觀點。光是看著他煎白魚，就已經十分具有教育意義。白魚生長於湖水中，適合搭配龍葵和蘆筍。羅蒙納科大廚先將魚片放入鍋中，一聽到鍋底發出細小的滋滋聲，他便迅速地將魚拿開。因為這表示他的鍋子還不夠熱。他檢查了一下火焰，又等了一會兒，才重新把魚放入鍋裡，這次，我們聽到一連串巨大的油煎聲，而這正是帕德斯主廚教導過的細節。

然而亞當似乎仍對羅蒙納科不感興趣。他的標準向來都是追求「完美」，在教室便是如此。有次我們兩人一組，一起製作烤雞和肉汁，每隻全雞都由兩位同學共同負責。製作到一半時，帕德斯主廚叫我們過去看第二段示範，我便先把雞從烤箱裡拿出來，因為我不想烤過頭，我認為差不多已經完成了。亞當發現之後大為光火，他覺得原本一切都在他的掌握之中，現在卻被我毀於一旦。接下來他整堂課都暴跳如雷，直到他自己做出令人滿意的肉汁——我們甚至沒討論過誰要負責，之後情緒才終於稍稍平息，雖然鍋裡有個燒焦的小黑點。現在，他正在劇場的位子上坐立難安，我要他冷靜點，如果羅蒙納科的表演到六點還沒結束，那我們沒趕回去也不能算是遲到。

「是嗎？」他懷疑地說。

亞當非常獨立，他不依賴任何人，也不希望任何人依賴他。他使用自己的設備，從不借用。有時恩晶會順手拿起烤箱把手上的夾具，如果亞當也正好需要用到，他就會直說：「恩晶，你不是有自己的夾子嗎？」這時，恩晶會先看看自己手裡的夾子，再回頭看看自己砧板上的那一支，然後說：「抱歉，亞當。」還有一次，亞當把他的燉羊腿放在平底鍋上加熱，一邊轉身過濾他的醬汁，並撈除雜質。當他再轉回來時，平底鍋上的羊腿已經開始冒煙，於是他伸手要去拿夾子，想將羊腿拿開，卻發現夾子不見了。恩晶正在不遠處，用夾子夾她的羊腿，心不在焉地看著醬汁從羊腿滴入她的鍋中。

「恩晶！」亞當咬牙切齒地大喊。恩晶轉過頭來盯著他看。

他四處尋找任何可用的工具，要讓冒著煙的羊腿先遠離高溫鍋底，好不容易他找到一支叉子，可以把羊腿先拽到溫度比較低的角落。然而，腿卻黏住了。他一邊試著撬開羊肉，口裡喃喃咒罵著，另一邊，剛才他小心翼翼地製作的醬汁卻快要煮乾了。幸好他趕在最後一刻加了水，這才挽回局面，然後，他用迅雷不及掩耳的速度將盤子端到帕德斯主廚的桌子前，還在最後一刻灑上香草醬，那時帕德斯主廚正好在檢查碧昂卡的成品。直到這時我才提醒他忘了在盤子上簽名，然後便聽到他挫折地大喊：「噢，可惡。」不知為什麼，我從中獲得了一些樂趣。帕德斯主廚說我的羊腿「非常好」，而隨著充滿層次的口感繼續在他的味蕾上打轉，他改變了評語：「太棒了。」至於亞當的評價就沒這麼好了，但帕德斯主廚也體諒他排隊的時間可能會讓羊肉降溫。

這是很棘手的一天。帕德斯主廚繼續強調風味必須層層打造，而味覺是他在基礎技能課程中最重視的要點之一。如果一道料理無法品嘗出適切的調味、完美的平衡，再多的工法又有什麼用呢？在這個製作羊腿的日子，我們還研究了酸、甜、鹹的融合。先準備好蜜漬甜菜、燉胡蘿蔔及澳洲青蘋果，並將醋、杜松子、丁香、月桂葉和肉桂加入調味。我一直很期待能使用杜松子，因為以前我從未使用過，這種材料聞起來就是杜松子酒的味道。我本來很想嘗嘗以杜松子調味的甘藍菜，看看會有什麼變化，卻完全沒有時間。更沒有時間仔細思索酸、甜、鹹的組合。帕德斯主廚的示範一直到三點四十五分才結束。而羊腿一旦下鍋，就需要一個半小時才能煎至香嫩。接著，我們還得製作調味醬汁和其他的佐菜，要清蒸洋薊心，還要製作奶油義大利寬麵。這一切需要詳加規劃，因為麵團每個階段都需要靜置一段時間。有些人在六點截止時間前簽上名字，即使他們並沒有真的完成。班雖是完成了，卻來不及簽名，因此不算準時，為此他非常懊惱。

截止時間過後，廚房也歸於寧靜，亞當走回工作檯，突然說：「對不起，恩晶。」

恩晶沒有正眼看他，只回了一聲：「嗯。」

「我不該對你發脾氣。」

「嗯。」

亞當有點挫折地望著我，說道：「她根本聽不懂我在**說什麼**。」

「聽得懂，」她接話：「我也很**抱歉**，亞當。」

❖ ❖ ❖

即便我和亞當暗中較勁，偶爾還是會對彼此很有共鳴。像是有一次，工作人員從儲藏室搬來一籃如甘藍菜一般大的茴香讓我們用來燉煮，我們就順勢聊起菜園。我對亞當說：「烹飪自己栽種的食物，想必是一種無與倫比的快樂。」這類話題，我無法和艾莉卡、李歐納或恩晶聊起。

亞當立刻點頭稱是，說道：「例如萵苣。大家都知道新鮮番茄的味道，無論是自己種的或是市場買的，都一樣新鮮。但剛從菜園摘採的萵苣就完全不同了，現摘是最棒的。如果能在摘採後的十分鐘之內端上桌，那真是人間美味。」

就連帕德斯主廚有時也能理解亞當的想法。某一次他正解說著馬鈴薯，提到澱粉與水的比例，又說到特選馬鈴薯與新鮮馬鈴薯的區別，新鮮馬鈴薯的含水量比較高，使它們的口感不同。他說，將剛從地下挖出來的新鮮馬鈴薯立即丟下鍋裡煮熟，那真是一種享受。「有人吃過嗎？亞當，我打賭你一定吃過。還有其他人嗎？」他問道：「只要稍微蒸一下，加一點奶油……就有美妙的風味。」我回頭看了看亞當，他正**感同身受**地點著頭。

有次亞當還在帕德斯主廚講解油炸的課堂上，幫忙老師向同學解說。他提到，柴油引擎可以用煤油和學校使用的富來梅（Fry-Max）食用油來驅動。

我開始覺得，亞當已經是一位廚師了，是一位優秀、獨特的廚師。並不僅是因為他積極進取或擁有雄心壯志，而是他的性格與心理素質成就了他。我將亞當說過的一些話記在筆記本中，其中便能看出一些端倪來。他說：「假如我那天過得很糟、**超級糟**，只要一踏進廚房，我就有了新的動力，一切都不同了。」

我們組別裡有個名叫麥特的年輕人，來自賓州中部的一個小小的煤炭之鄉。他在基礎技能課的第一天時對帕德斯主廚說，他不知道自己為什麼要來上課。麥特是個友善、強壯的傢伙，他總是全班最後一個完成工作。他的清湯黏附筏經常破裂，另外，他似乎總是花很多時間來乳化他的美乃滋，每次都卯足全力地攪拌。在基礎技能第二級進行到一半時，麥特突然再也沒有出現，大家竊竊私語，謠傳他要搬到夏威夷去了。隔天我打電話到他的宿舍，聽到另一頭的音樂震耳欲聾。對，他說，我要搬家了。

麥特在廚房裡感到很不自在。似乎他天生就不適合待在這裡。

然而亞當，顯然全世界最喜歡的棲身之處就是廚房裡。我不禁懷疑，是否有些人之所以成為優秀的廚師，並非是經過刻意的職涯**選擇**，而是因為他們天生就擁有成為廚師的特質。或許大多數人都是如此，他們只是實踐了原本就存在於天性之中的條件。

這漫長的一週就在羊腿之夜畫下句點。亞當沿著這條路走到瓦薩（Vassar），去聽嗎啡樂團（Morphine）的演出。班則和其他人去了某個加夫尼餐廳以外的地方喝酒了。至於我，我跳上車，在寒風刺骨的九號公路向蒂沃利鎮駛去，反思著自己的特質，和自己的選擇。

8 價值體系

基礎技能課程多半是關乎廚藝的基礎。帕德斯主廚告訴我們，蔬菜原本只是配料，現在成為一種平衡餐點營養、增添風味、豐富擺盤色彩的重要角色。「和醬汁的地位差不多，」他說：「是料理藍圖的一角，不再只是裝飾品，而是料理的一部分。」

我們之前曾用羊腿練習燉煮之道，並以雞肉訓練烘烤技術。

「烘和烤的差別在哪裡？」帕德斯主廚問我們：「兩者都是在烤箱裡完成，但，有何不同？」同學們此起彼落地回答各自心目中的答案。

亞當說：「本質上兩者是一樣的，但用在不同食材上，名稱不同。」

「本質上一樣，只是食材不同？」帕德斯主廚重複，並停下來思考。全班點頭如搗蒜，全都認為亞當給了正確答案。「不對，」帕德斯主廚最終說：「答案是沒有不同。這只是語義上的不同。」

亞當有點惱怒：「我以為你在說麵包和烤肉。」

「沒有不同，」帕德斯主廚接話：「我們**烤**麵包，也**烤**肉。」他停頓了一下，又繼續說下去：「那**火腿**呢？我們也**烤**火腿。所以其實跟哪一種食材無關。」

後來我們學到燉煮和煎炒時，大家也都想到了類似的問題。

「那燒烤呢？」帕德斯主廚靠在爐灶旁，而我們圍在他身邊。

「這也是我的疑問，」亞當說。

班則回答：「色澤和風味不同。」

「肉類燒烤之後，會產生不同的色澤、風味和香氣，」帕德斯主廚說：「這是因為其中的焦糖化反應，但**沒有辦法**封住肉汁。有些老師會說可以，我本來也一直都這麼想，我相信你們大多數人也都這樣認為。外皮酥脆，內裡多汁，聽起來很美味。但**其實不是這樣**。如果不相信我，就去讀《馬基》。」

我們還學了清燉（deep poaching）和水煮（shallow poaching）、還有調味高湯與濃縮醬汁的用法。我們又學了如何煮義大利麵。

「今天我們要在流程裡加入義大利麵。」這是第十九天，帕德斯主廚宣布道：「比例很重要。乾燥義大利麵要怎麼煮？要煮沸大量的水，對吧？水中還應該加點鹽巴，鹹度大約與調過味的法式清湯差不多。」這對我來說可是新知識，我從來沒有在煮義大利麵時嘗過沸水的味道。「我這裡有兩鍋麵，一鍋是經過適當調味的，而另一鍋，鹹得像大西洋的海水。水一定要維持適當的鹹味，只要味道適中，你就能嘗到味道鮮美的義大利麵。」帕德斯主廚說他在擔任主廚時，曾經耗心勞力教導手下的廚師烹煮義大利麵，而那簡直像是一場艱難又漫長的戰鬥。他曾經一次檢查一整排廚師煮好的義大利麵，嘴裡一邊批評道：「這鍋鹽太多、這鍋鹽太少，這也太多了、這加得不夠……」

那堂課之後，我偶爾還會在煮義大利麵的清水中加入一些香料，像是月桂葉或鼠尾草葉，然後再加點鹽。我們會用調味高湯燉鮭魚，最常見的調味高湯就是將醋或柑橘加入水中，使水帶有酸味，再倒入調味蔬菜熬煮。埃斯科菲耶將鹽水列為第六種調味高湯，還建議可以用鹽水烹煮鱸魚和烏魚。所以，何不試著使用各種不同的調味高湯煮義大利麵？何不在煮麵水中融入各種不同風味，達到畫龍點睛的效果呢？我本來從不在意煮麵水的味道，現在既然了解了它的重要性，便每次都會嘗個一兩匙以確保義大利麵的風味。

帕德斯主廚十分強調思維與方法，「烹飪是需要有觀點的。」而每當有人做了些蠢事，他就會說：「其中一種觀點，叫做**常識**。」

❖ ❖ ❖

但基礎技能課程中所體驗到的一切，遠比學習調味煮麵水或燉羊腿重要得多。這門課不只是關於技術、關於比例，也不僅僅只是傳授知識而已，而是在這段過程中，有某樣重要的東西會慢慢地融入你，並且這一部分會慢慢延伸到你的處世和思維方式中。我說不出那是什麼，也不確定是否真的有一個名稱能夠完整定義它，我只能描述出有關它的一小部分。

比如效率，也就是毫不浪費時間的行動。這種思維、意志，不僅影響你在廚房裡的行為，還會延伸到你廚房之外的生活。效率改變了我打包行李的方式，我減少了從衣櫥走到衣櫃再走到行李箱的次數，就像烹飪過程中，我學會了盡量減少去廁所或到儲藏室裡取用工具的次數。我再也不會因為丟三落四而連跑數趟五金行，也不會從臥室走到客廳，卻在半路停下來回頭去拿東西。要是我真的太健忘，我還會因此生氣。我學會以不同方式解決問題。例如。某天早上起床時，家裡停電了，沒有辦法開啟自動咖啡機，於是，我馬上取了一壺水，在後陽台的燒烤架上煮起咖啡。我很確定在上過基礎技能課程之前，我根本不會想到這種變通方式。以前確實曾經發生過這種情況，但當時我根本不會想到：「沒電了？那不如用煤炭來煮吧。」更絕對不會在早上七點腦袋就如此清晰。然而那天，我煮好的咖啡有股濃醇的碳焙味。有了行動的效率之後，人往往也會朝快速這個終極目標邁進。現在，我會試著把每件事情做得更快。當你在廚房和生活中工作得越快，能做到的事情就越多。這時，誰能做得又快又好，誰就贏了——無論贏過誰，或者贏了什麼，也可能你只是純粹想讓自己進步。

還有，因為已經懂得如何應用和操控，物理世界也變得更加容易應對。例如，我們能用水、熱能和鋼鐵表面完成許多事情。這讓我感受到一股前所未有的駕馭力量，當我能夠掌握冷、熱、乾、溼等物理狀態，我似乎對自己的內在、行為和思想也同樣有了敏銳的控制能力。

我每天在亞當旁邊工作，而在他這樣的掌控力之中，我還看見某種兇猛憤怒的能量。這種猛烈的怒火或許是他追求完美的必要條件。畢竟，你不可能一派輕鬆地就達到完美，必須毫不懈怠地追求，並且永不停歇，因為一旦停下腳步，或許就功虧一簣了。外在世界總是混亂的，因此創造和維繫秩序都需要能量。完美是一種最高層次的秩序，若在這條通向完美的道路上你並沒有猛烈地追尋，你就也不會花太多精力把手上的事情做好，也會越來越疲乏，因為這是一條艱困的道路，並且要歷經許多過程。我們都知道，完美的廚房工作，始於均勻地烘烤小牛骨、使調味蔬菜充分焦糖化和長時間燉煮——偶爾會有表面上煮出一層氣泡——直到小牛褐高湯達到完美的味道與稠度，直到油糊有了完美的色澤與風味，然後繼續慢慢熬煮，直到褐醬呈現完美的滑順口感，接著再小火慢熬，直到半釉汁呈現濃郁且沒有一絲雜質的完美狀態。這只是一連串完美的開端，而你不能放棄。想要成為一名好廚師，就不能半途而廢。就像開車一樣，一旦上路，你就不該隨意違停、心不在焉，或在到達目的地之前忘了轉彎，也不會因為太累或不喜歡，就隨意忽略交通號誌。

還有太多太多的例子能夠象徵這種無法訴諸言語的重要影響，但我相信大家或多或少都能感受到我試圖描述的東西，即便有些人不太理解，也可能不喜歡這種影響，例如麥特，他後來休學了。每門基礎技能課的風格都取決於老師的作風，而老師的性格也不可避免地影響了廚房裡的工作精神，然而想要在課堂上取得成功，就必須擁抱這門課帶給你的轉變。一旦你全然了解這種不可言喻的力量之後，它在你身上發揮的影響力自然不會只有兩點鐘上課時才產生作用，下了課之後就消失，而是會成為你腦海中永久的結構，並且最終，這些轉變會成為一種標準，甚至是更宏大的一種價值體系——成為一種倫理。

❖ ❖ ❖

「果然！」蘇珊一邊大喊一邊跺步走進廚房，她身上裹著厚厚的大衣，罩在廚師夾克外面。「果然，每段課程的尾聲都是一場冬季暴風雪！」這天雪下得很大，我也很早就出門，以免遲到。地面上的雪大約還會累積個十吋左右。空氣中飄著濕冷的雪，路面都結冰了。自一月以來，每一段課程都在風雪中劃下句點。四月有三天假期，而我們都已厭倦嚴寒的冬季。蘇珊以前在巴納德學院唸書，後來進入廣告業，似乎比其他同學更難以忍受寒冬和廚房工作。她有一頭黑色蓬鬆的捲髮，小小的臉蛋，眼睛又黑又大，彷彿赫希菲爾德（Al Hirschfeld）筆下的漫畫人物。她似乎是那種時常會出點小意外的人。例如現在，她的左手縫了四針，因為她在家時，一把刀子突然掉下來，刀尖朝下，直接刺入她拇指和食指之間的肉。當時她的丈夫正好不在，沒辦法開車送她去醫院，於是她只好叫了救護車。她還曾在課堂上割傷自己，不是那種貼個繃帶就能解決的小傷口，而是一道很深的傷，讓她不得不停下工作，坐下來，等待出血停止，還得將手舉在半空中，並將毛巾纏在受傷的手指上。

雖然這段課程即將結束，但像製作高湯這樣的日常廚房工作依舊每天持續進行。整所學校的課程都仰賴著基礎技能課製作的高湯，就連考試的日子，我們都還得製作高湯。這天，蘇珊在暴風雪中開了一個半小時的車之後才來到教室，接著她不知道為什麼將用來裝小牛骨的鍋子放進烤箱。課堂進行到一半，我們聽見一陣刺耳的尖叫，聲音大得讓所有人都停下手邊的工作。廚房工作確實很可能發生嚴重職災，因此大家都不會輕忽這種聲音。尖叫來自蘇珊，她被燙傷了。

「我不知道！」她憤怒地說：「有東西濺到我了！」她舉著沒有縫針的右手，快步衝向冷卻高湯用的水槽，用冷水沖洗。

帕德斯主廚此刻就像察覺蛛絲馬跡的私家偵探，蹲在敞開的烤箱前面。「我知道原因，」他說：「其中一塊骨頭爆炸了。蒸氣太多，所以就彈開了，你們看。」他指了指烤箱裡頭，果然，在烤箱深處，有一段白色的小牛骨關節。然而這個資訊似乎沒能安慰到蘇珊。由於燒傷十分嚴重，她去了一趟保健室，但很快就回來了，她的手掌和手腕都纏上紗布，裡頭塗上一層厚厚的藥膏。

當天晚些時候，製作流程都已經結束，蘇珊和艾莉卡將彼此的燙傷做了一番比較，還聊起各種藥膏。艾莉卡整隻左手臂都纏著紗布，罪魁禍首也是小牛骨，不過她才是受害者，那次出差錯的人是大衛．史考特。

「艾莉卡，」當時一看到她的紗布，我便問她：「發生了什麼事？」

「都是愚蠢的大衛害的，」她回答。

我從他們兩人那裡聽到稍有不同的故事版本，不過，無可辯駁的是，大衛當時正把小牛骨從一口高溫的鍋子中倒進另一口鍋子裡。這些骨頭和碎骨上都殘留著一些脂肪，因此鍋裡也有許多油脂。當時大衛負責倒置鍋子，而艾莉卡幫忙將二十磅的骨頭從鍋裡刮出來，有些骨頭還會黏在鍋底。偏偏，這二十磅的骨頭一次全掉了下來，滾燙的油濺到艾莉卡身上，在她手上留下一道長長的燙痕，這道傷疤會是永久性的。大衛說，他有警告艾莉卡要站遠一點，但艾莉卡認為都是大衛倒置鍋子時太過大意。從那之後，每次看到大衛，我都會學艾莉卡那樣喊他「愚蠢的大衛」，有一段時間全班同學也都這麼稱呼他。這時艾莉卡便會摀著嘴小小聲地傻笑，而大衛總是莞爾一笑，模樣十分無害，同時也替自己辯駁，說他真的有警告艾莉卡。

大家當然傾向相信他。畢竟，艾莉卡仍然不是一個精明幹練的人。而且，雖然她很可愛，嘴巴卻很壞。「我帶了一堆狗屁來，」她會這麼說，這是她的慣用詞彙。

但下一秒，她又會讓人不知如何招架。

「邁可，」有次剛開始上課，她便突然問我：「我是個討喜的人嗎？」

「當然了，艾莉卡。」我回答。

聽完我的答案，她馬上充滿懷疑地看著我。「這裡每個人都很討喜嗎？」

「呃，這個嘛……」

「我是不這麼認為。但我自認很討喜。」

我同意她的說法，然後她便轉身離開製作她的標準備料了。

❖　❖　❖

這個暴風雪的冬日裡，我們正試圖在五分鐘之內將兩顆洋蔥切末，再將另外兩顆洋蔥切片。這是刀法練習，聽起來似乎並不難，直到你發現，光是**剝**四顆洋蔥就要花上兩到三分鐘。因此，箇中竅門是，剝洋蔥**之前**先將洋蔥對切，然後剝掉洋蔥皮，不必太在意剝得整齊與否，接著開始切，除此之外別無他法。先全部切片，接著再瘋狂地切末，直到時間截止。

「這是一種嚴肅的速度訓練，」帕德斯主廚對我們說：「占期末考百分之十的分數。」接著他又說：「如果完成時你被辣得淚流滿面，那表示你的速度夠快。」

有人問他若為了求快而割傷自己該怎麼辦？可以先暫停去拿繃帶嗎？會扣分嗎？他回答：「請**不要**割傷自己。這是一種**刀法**，如果你割傷了，表示你**做得**不對。」

保羅真的割傷了，沒時間可以將刀工完成，而當帕德斯主廚大喊「時間到」，恩晶還在繼續剁，她轉頭看到亞當已經放下刀，接著再繼續剁，又看到我和李歐納也將刀子放下了。最終她看了大家一圈，才不情願地放棄，顯然她自己也很失望。艾莉卡完成了，而剛入學時連刀都不會拿的老盧也完成了。

帕德斯主廚尤其為盧感到驕傲。「他本來是**物流**作業員，」後來帕德斯主廚告訴我：「看看他現在的成品品質，他總是努力得滿頭大汗。」身為丈夫和三個孩子的父親，盧一直是如此努力，現在終於有了回報。帕德斯主廚對我說這些，部分是因為他深知盧是在他的帶領下獲得成果的，他感到自豪。我想，他不僅為盧感到驕傲，也對全班感到很滿意。六個星期前，他對這個班級並沒有抱著太大的期望。然而當基礎技能第二級結束時，他對我們說：「我在這裡訓練你們，然後你們再前往下一個廚房，就像餐飲業一樣。我培訓了某個人，這個人以後就到另外一家餐廳擔任副主廚。」說著，他停頓了一下：「你們一定能在概論課表現得很出色。我認為你們真的做得很好。」

❖ ❖ ❖

全班都很喜歡帕德斯主廚，除了艾莉卡。我永遠不明白為什麼。那天晚餐之後、筆試之前，帕德斯主廚將教師評鑑表發給大家，我們填完後這些表單會彌封起來，直到他交出大家的成績後才能打開。我們填寫時，他暫時離開教室。評鑑表是匿名的，廚藝學院的管理階層也不會知道填寫的人是誰。艾莉卡似乎迫不及待地想填寫。

當班幫忙回收大家的表單，她還發出不滿的抱怨聲。我問她寫了些什麼。

「我寫了很多壞話，」她說。

「為什麼？」

「他對我很壞。」

艾莉卡似乎認為帕德斯主廚對她比對別人都要嚴厲，認為他取笑她煮熟的蛋黃、燒焦的油糊，是個很差勁的老師。我不認為那是一種取笑，但艾莉卡深信如此。

「有一題問說『這位老師還有哪些能改進之處』，我真想寫『離開學校』，」她停頓了一下：「但那樣太過分了。」

李歐納聽了直搖頭，喃喃地說：「學校不會相信她說的話，看她課堂的表現就知道了。」李歐納認為帕德斯主廚是一位很棒的老師。

蘇珊覺得帕德斯主廚的課是她上過最棒的一門。每天上課前仍在漢堡王打工的崔維斯，則在他的評鑑表直接寫上他認為帕德斯主廚應該獲得升遷。

亞當更是瘋狂。大多數人都迫不及待想結束技能課程，甩開單調的每日標準備料和褐醬，趕快開始進入真正的烹飪課程，但亞當卻希望課程能夠延長。「我們只進行了一次油煎，」他說：「一次煎炒、一次水煮，根本不夠。」每日的評分也讓他覺得不滿，他認為評分制度太過模糊。

他非常喜歡帕德斯主廚的教學，但同時覺得帕德斯有些主觀，再者，依序為每道成品評分會造成標準不一。

班幫忙彌封好所有評鑑表之後，帕德斯主廚便回到教室發放考卷。我們答題之後便下課了，隔天再回來，就是基礎技能的最後一堂課。這天是烹飪實作，要做褐醬、白醬、抓飯和烤馬鈴薯泥。課堂的氣氛很愉快，艾莉卡和大衛還帶了相機。大衛要我幫忙拍他和帕德斯主廚的合照，「我要放在廚藝學院相簿中，」他開心地說。

老盧笑得合不攏嘴。「我真的覺得我有進步，」他說著。我能從他的眼神裡看見他的振奮。

艾莉卡手裡拿著相機，擁抱每位同學。她不自覺地咧嘴笑著，對我說：「我知道這樣很像高中生，但這是我們最後一天當同班同學！」

她說的是事實。這個班級將分成兩組，每一組會和其他技能班級的組別組成另一個班級。顯然這段過程中我們彼此之間有了重要的化學變化，不僅僅是發生在我身上，而這也是大家不想分開的原因。幾乎所有人都不願意面對這一刻。過去有些同學甚至直接向梅茲校長（Ferdinand Metz）和提姆．萊恩副校長請願，說他們的班級是多麼與眾不同，彼此之間已經有了一種獨特的連結，不該拆散。「大家都會這樣，」提姆．萊恩後來告訴我。然而，廚藝學院從未改變這條規則。

沒有人想加入新的團體，部分原因是在這個班級中的友誼已經鞏固，另一部分的原因是，你不知道新班級的同學是否夠好、速度夠快，是否能夠與他們合作。但這正是學院要重組班級的原因。讓同學四處交流、適應陌生人，這是廚師工作的本質。學習與陌生人共事也是廚藝教育的一部分。下一段課程的同班同學，將會一起共事到七月份去校外實習為止。

但我不會前往下一個班級。這個課程一共有二十一個月，包括四個半月的校外實習，直接進入學士學位的人則一共要讀四年。我的課程截止時間和基礎技能班的同學不同。但我希望不久之後能重新和他們會合，在他們實習之前。我還有許多課程要參加，要與許多不同的團體共事，但我想，無論是哪一個班級，都無法再像他們一樣讓我感到這種密不可分的凝聚力。在基礎技能課程中，大多數的同學都經歷了一些重大的轉變，彷彿在同一條船上一起度過危難一般。無論往後去了哪裡，都仍會有一種共同而永久的連結。

9 油糊之爭

我在基礎技能課完成的最後一項成品是褐醬。我是最後一個做完的，當我端著碗走向帕德斯主廚，並排在碧昂卡後頭，她正交出她的烤馬鈴薯泥，而她從一開始就注定失敗。她做的份量不夠，無法吸收足夠的蒸氣讓薯泥變得鬆軟。評分之後，她只是聳聳肩便離開教室。而我交出了最後一碗。帕德斯主廚舉起勺子嘗了嘗，認為我用褐色油糊做出一碗很棒的褐醬，他找不出任何差錯，唯獨味道苦了一點，他說。

「不過有時候你**想要**稍微苦一點，」他繼續說道，而我點頭稱是。苦味有時的確是一種能加以利用的風味。

魯迪·史密斯主廚走進廚房，驚訝地發現裡面已經空空如也，而帕德斯主廚說了聲抱歉，他讓大家提早下課了。史密斯主廚通常會利用這最後一天和他的新學生說說話，這些同學接下來即將修習他的熟食概論課，是學生第一門完整料理課程，也是大家第一次有機會為其他人做一道完整的餐點。大多數同學進入史密斯主廚的班級時都會很緊張，崔維斯第一天就被安排擔任副主廚，事後他說：「我嚇得屁滾尿流！」史密斯主廚的作風更是讓大家的恐慌雪上加霜。他從來不笑，你從來不會在他身上看見帕德斯主廚那種偶爾風趣淘氣的性格。我們之前每天都會看到他，當我們經過K9教室時，他會像位教官一樣指揮著我們前進，幫忙檢查我們炙烤、烘烤和煎炒的成果，他站得如軍人一般直挺，神情泰然自若，下巴微微往上抬，眼睛瞇成一條線，看起來幾乎像在睡覺，卻仍十分機敏，彷彿下一秒就可以朝你出擊，而他的鼻子，在我看來高貴得有些不協調。他年輕、身材高大挺拔，是個來自俄亥俄州玉米田的男孩。

帕德斯主廚介紹我們彼此認識，並告訴他我們在聊些什麼。我問他會用金色油糊還是褐色油糊製作褐醬。

帕德斯主廚告訴他我是個記者，他懷疑地盯著我。「我會依照學校的方針教導學生，」他說。

「我是指，就您個人而言，」我說。當你試圖將一位廚師的答案從標準規範帶向個人觀點時，這句話通常十分好用，大多數人也都會願意說出自己的價值觀。

「我很老派，只能這麼說。」

我們都知道答案了，雖然他不願直接承認。他喜歡褐色油糊。

❖ ❖ ❖

廚藝學院曾為此掀起一場爭論。我第一次聽說這件事，是帕德斯主廚告訴我的，他說起自己和其他幾位廚師的晚餐閒聊。老師們通常會坐在校友廳的第一座壁龕和學生分開用餐。基礎技能課的第二十三天，當我們班啃著自己燉的羊腿當晚餐時，帕德斯主廚、史密斯主廚和萊利主廚（Chef Reilly）三位同樣是廚藝學院畢業生的年輕老師，和一位資深的老師艾昆斯特主廚（Chef Almquist），圍成一桌討論褐醬。原來，老師們並不會開口閉口就聊起鵝肝醬或松露，反而是深究褐醬這種基本功的產物，還會談論各自使用的油糊。知道這點我還挺高興的。艾昆斯特主廚是整桌最年長的一位，他的腰圍足以證明他這輩子製作過多少褐醬。帕德斯主廚轉述了他說的話：「埃斯科菲耶的時代之後，就沒有人再用褐色油糊製作褐醬了！」這種專斷的論點在烹飪界其實很常見，而每當有這種爭論發生時，大家的情緒都會有點激動。

萊利主廚只有二十八歲，一九八八年畢業，曾經擔任莫斯科大都會飯店（Hotel Metropole）的副主廚，他在所帶領的基礎技能班級上，教學生用金色油糊製作褐醬。根據帕德斯主廚的轉述，萊利的論點是，深度焦糖化的調味蔬菜和番茄，以及色澤濃郁的高湯，可以製作出質地極佳、色澤豐富的褐醬。在我和史密斯主廚談話之後，萊利也正好經過帕德斯主廚的教室，而我問了他對這個問題的看法，他只是對我搖搖頭，沒有回答。褐色油糊很難做得好，需要花費大量時間和精力，這種油糊會在一瞬間從美妙的堅果味轉為苦味，所以耐心和技巧都是必要的。所以，何必用寶貴的時間製作褐色油糊，明明你可以使用金色油糊做出很棒的褐醬，何必冒著可能出現苦味的風險？金色油糊的擁護者多半是這麼認為的。

這其實是個合理的論點，帕德斯主廚也認同這個想法，並且很想嘗嘗看萊利主廚的褐醬。帕德斯主廚抱持著開放的想法，認為製作高湯的方法不只一種，製作褐醬的方法當然也不只一種。這也是廚藝教育的精髓。

沒想到，在褐色油糊晚餐話題過後兩天，事情就不同了。帕德斯主廚的桌上多了一部電腦，每間教室都有。而帕德斯主廚每天都要用這部電腦，點選他所需要的食材送到教室。他還收到一封電子郵件公告。基礎技能第二級的第二十五天，學校寄發了這樣一封信：

各位主廚，

根據本校的基礎技能指南、專業烹飪知識與《專業大廚》第六版，褐醬（即西班牙醬汁）「不可」以褐色油糊製作。

請勿教授學生此種不正確的方法。

信末，簽署的人是「烏韋．赫斯納」，並附註道，如有任何問題，可以見面與他討論。

帕德斯主廚大為憤怒，要我去翻翻我的課本。我的《專業大廚》是第五版。毫無疑問，一場爭論已經展開。在我的第五版課本中，「西班牙醬汁」（褐醬）的配方是以六盎司的淺棕油糊增稠五品脫的褐高湯。但在「做法」的第二步驟中卻寫著：「在調味蔬菜中加入褐色油糊，再慢慢與小牛高湯或煨肉湯混合。」這顯然是個明顯的錯誤。

當我向赫斯納主廚問起這件事，他又試圖用那種瑞蒙．卡佛（Raymond Carver）式的文學描述逃避我。我問他，為什麼不能用褐色油糊製作褐醬呢？他回答：「埃斯科菲耶曾經預言，油糊最終不會……」我繼續追根究柢，他便抬起手來，說：「哦，忘了褐色油糊吧！」

但我難以釋懷。從褐色與金色油糊之爭裡可以看出一些事物的根基，包含人們各自的觀點、學校對此的反應，還有老師們對赫斯納頒布這條油糊條令的看法。

「你可以要求我們教學時以金色油糊取代褐色油糊，」帕德斯主廚辯駁道：「但你不能說褐色油糊是錯的。」顯然這真的讓他很憤怒。

此時帕德斯主廚和史密斯主廚正延續著他們的晚餐話題，而他們前方的桌面上，我的褐醬正在不鏽鋼碗中冒著煙。帕德斯主廚試著為褐醬微微苦澀的風味在料理世界中找到立足之地。

史密斯主廚認為，褐醬完全不該有苦味，而且他認為沒人喜歡苦味。

帕德斯主廚遞了支湯匙給史密斯，說：「這是邁可做的褐醬，我覺得不錯。」

史密斯主廚嘗了嘗。他的眼睛使勁地瞇成一條線，幾乎快要闔上，看起來真像是想要將醬汁吐出來，或者想揍我一拳。最後他說：「應該再甜一點。」

❖ ❖ ❖

奇特的史密斯主廚讓我決定退一步，重新客觀評估我在這所學校遇到的所有人事物。首先是不尋常的格羅索先生，一位微體古生物學家，某天早上在客廳地板上醒來時頓悟了，決心成為一名廚師。食品衛生老師理查·維吉里（Richard Vergili），能讓同學們在大腸桿菌講座中笑得不能自已，有次他開玩笑說自己週末都會去大西洋城賭場賭一把，當我把這件事情告訴其他人，大家都語帶羨慕地說：「真的嗎？」食品識別課的老師傑伊·史丹（Jay Stein）過去在外燴公司工作，總會到超市買七種不同萵苣，然後衝回家裡放在餐桌上進行口味測試，他的牙齒看上去被磨得歪斜，我想這多少顯示出他是個生性緊張的人。還有一位肉品處理課的老師原本是職棒小聯盟的裁判，後來攻讀英語學位，之後又在社區劇場演出，他名叫利古力（Ligouri），現在以教導拆解肉品維生。在這群奇特的人物之中，帕德斯主廚可以說平凡得相形失色了。

亞當開始上魯迪·史密斯的熟食概論課之後，有次我問他對史密斯主廚的觀感。

「他很好，」亞當回答：「他是一位很聰明的廚師。」接著，亞當還向我透露，史密斯主廚曾經住在梯皮帳篷裡。

「你說什麼？」我感到不可置信。

魯迪·史密斯，一九八六年畢業於廚藝學院，一度在科羅拉多州斯諾馬斯村（Snowmass

Village）一家名為柯拉布尼克（Krabloonik）的餐廳擔任行政主廚。這間餐廳位於山上，從一條蜿蜒的單行道上山，餐廳就位在這條路的盡頭。某一天，史密斯主廚繼續往深山裡走，遠離任何一條水泥道路，他走了大概三十分鐘，然後停下來，搭了一座帳篷。他在這座帳篷裡住了三年。每個工作天，他都會從深山中走出來，走到水泥道路盡頭的餐廳工作。下班後，他會在瓶子裡裝滿水，然後回到山裡。

我後來問他為什麼不繼續住在帳篷裡。

「因為我去滑雪，」他說：「摔斷了我的腿，傷到兩處。那是我第四次滑雪。」

因為打了石膏，爬山變得十分困難，尤其是在阿斯本山（Aspen）的寒冬之中。我又問他，重返文明生活的感覺如何。

他斜眼看著我，語調不帶一絲幽默，說：「房租真的很貴。」

住在山裡時，他不必花到一毛錢。他的落腳之處十分遙遠，沒有人能打擾他。他在泥地上挖了一個洞，夏天用來當作冰箱。他還有一座電池供電的檯燈和音響。此外，他加入了一個市區的健身俱樂部會員，可以去那裡洗澡。史密斯主廚在廚藝學院的職涯目標是拿到大師主廚執照（Certified Master Chef）。當時，全美國只有四十九位廚師通過為期十天、整整一百四十個小時的考試。史密斯主廚認為那會是他職業生涯中的最高成就。我想，一個能在山上帳篷裡生活三年的人，一定擁有通過這種測試的毅力。

我真想知道在科羅拉多州山區的冬天是什麼樣子。那是個滑雪勝地，積雪的厚度是用呎而不是吋測量的。「想必很冷，」我說。而史密斯主廚又瞇起眼睛看著我。

「擁有一個好的睡袋是很重要的，」他說。

第二部

料理訓練

1 熟食概論

「我是魯迪·史密斯，是你們接下來三週的老師。接下來的課程很有趣。」

課堂第一天，根據史密斯主廚後來私下的形容，簡直是太挫折了。他開始上課的第一週就讓整間教室順暢地運作，到了第十四天，同學們已經可以獨立自主，然而隔天，一切都不同了——彷彿倒退了好幾大步，一切從頭來過。因為，有十八名新生加入。

「我們是要服務客人的，」他說：「如果遲到了，對客人很不公平。所以，在這門課程中，速度至關重要。之前的課程中，你們已經學過基礎技能，現在，你要學的是料理製作。這是一大轉變。」

「我希望你們能經常有所回應，」他繼續說：「我希望你們挑戰我，比如說：『嘿，老師，埃斯科菲耶說要這樣做，你卻說要那樣做，為什麼？』」

「每道端上桌的菜我都要嘗過，」他說：「一切都經由我把關。把我想像成一個漏斗。

「今天，是聽從指示的一天。在這一天，我還不想讓你們自行做決定。如果我要你拿一支兩盎司的湯勺，而你卻拿來一支四盎司的，我不接受。」

他站在桌子前，幾乎從沒離開過桌邊，而頭上那頂乾淨利落的廚師帽讓他看起來有七呎高。

「我不是來這裡教你們怎麼替湯調味，」他說：「我要你們自己動手做，做出一碗完美的湯品後，才拿來給我檢查。青豆煮好以後，再端來讓我嘗過。就算你走過來的時候我正好在和別人說話，你也要拿到我面前，那我就會知道你在做什麼。我說可以了，你就能端上桌去令客人驚豔。我希望你每天都能按照這種步調往下進行，一直到第十四天。這就是你們學習的方式。」

「我的背景很古典，但我的方法與時俱進，」第一天他這麼告訴所有人：「我很喜歡關注食物的概念。要保持好奇心，越是花心思，就能做得越好。要多觀察、要動手做、要聆聽，要全力以赴。如果你侷促不安，就做不出好料理。」

班和亞當都很喜歡史密斯主廚，用班的話來說，那是因為「他對食物很熱衷」。而令大家都鬆了一口氣的是，他的作風並非如海軍陸戰隊那般嚴厲，崔維斯原本的擔憂毫無根據。甚至，艾莉卡也漸漸喜歡上史密斯主廚，說從他身上學到很多。重新分班後的團隊似乎是一個好團隊。格雷、碧昂卡、保羅和崔維斯都留下來了，還有來自史坦頓島的蘿拉，崔維斯和她依舊形影不離。

「我可以跟你結婚，但我無法和你共事。」崔維斯對她說。

「哦，**崔維斯**。」蘿拉回答。

沒和我們同班的則是老盧、恩晶、李歐納、愚蠢的大衛、蘇珊和其他人，他們去了另一門概論課。有許多新面孔要適應，也要適應他們的性格和能力，但現在最主要需面對的是新的老師、新的廚房和新的教室規矩。每位老師性格迥異，而他們的作風會影響這間廚房的工作方式，如果你不遵守，可能會導致扣分。像是，有些廚師喜歡大量使用鹽，有的不希望你加黑胡椒或大蒜。有的希望你在嫩煎肉品之前先調味，例如史密斯，而有的則認為應該先拍乾肉品表面的水份，並且不要調味，例如帕德斯主廚。有些老師不希望你自作主張，有的則鼓勵實驗精神和獨立自主。

史密斯主廚的課堂要求工作清單要寫得很詳細，裡面必須包含一系列清晰的動作指令和預定時間。如果你要負責的是燉煮，清單上要寫著「兩點四十五分，翻動、綁線、調味、燒烤肉品」，接著「三點三十分，置於烤箱中烘烤」。有的人也可能會寫上「三點整，確認標準備料」，因為備料必須在三點十五分完成，如果你什麼都交不出來，那就是你的問題了。你要是沒有如期交出，就等同於什麼也沒做，沒有任何藉口，沒有任何理由。而如果你負責製作澱粉類食物，你的卡片上則應該寫著：「四點五十分，開始製作抓飯」。所有人的卡片上會有一行一模一樣的文字：「六點零五分，出餐」。有時候工作清單會很長，雖然史密斯主廚並不會特地檢查你的清單，但要是你被他撞見手忙腳亂，他便會要你交出清單來給他看。他通常會直接指出清單中的缺點、錯誤或遺漏，讓你再次慌了陣腳。

史密斯主廚還希望你列一張工作檯的設置清單，如果你負責煎炒，他會希望你在上課前先規劃好你的小牛肉要擺在哪裡、內鍋又要放在哪個角落、裡頭可以先裝入哪些餐具，他要你先想好每樣東西該怎麼擺，從鹽和胡椒到澄清奶油，再到你的蘑菇切片，還有你的蘑菇醬，和你製作醬汁時，你的小牛肉要放在哪一個架子上。

此外，還得在三乘五的小卡上寫下你一整天需要的所有食譜。第一天的湯品是花椰菜濃湯和雞肉湯。炙烤檯會負責製剁羊肉，史密斯主廚想要法式羊排，會佐以紅酒迷迭香奶油、義大利米型麵、燉蔬菜和炒菠菜。煎炒檯則要準備蘑菇醬小牛肉排，搭配檸檬杏仁抓飯、青豆和燉蔬菜。所有人都要為菜單負責，並且都要能夠回答關於各個工作檯的各種問題，大家都要知道每道料理的做法、配方和由來，不能看小抄。

史密斯主廚的廚房裡，每名學生胸前的口袋裡都鼓鼓地裝著好幾張索引卡、一支筆和一支電子溫度計。第一天，史密斯主廚在烘烤檯邊花了十分鐘解釋如何使用溫度計。

「務必非常精確，」他說，然後問大家是否已經將溫度計校準了，還要大家隨時記得重新檢查準確度，並解釋這支金屬棒哪一處可以顯示溫度。當烘烤檯準備好腰脊肉時，他說：「請試著找出肉品最低溫的部位，這個部位在整塊肉最厚實之處的中心點。」他小心翼翼地將溫度計放進肉裡。「要怎麼知道你已經把溫度計放到中心點了呢？」他等待著，繼續說：「如果再往下推，溫度就會**上升**。」

史密斯主廚經常在廚房裡遊走，為大家示範去莖花椰菜該怎麼製作（順著花莖自然的紋理剝開，剝至正好可以放入湯匙的大小），有時品嘗大家的油醋或醬汁，時而確認熟度，並大喊著：「四點二十分！馬鈴薯下鍋了沒有？」

「下鍋了，主廚！」

「烤肉放進烤箱了嗎？」

「放了，主廚！」

第一天的料理十分簡單明瞭，大家事前都很緊張，所以有些準備過度了。史密斯主廚會在熟食檯之間走動，並教導大家如何陳設，他堅持一切都要非常完美。「我是一個極簡主義者，」他說，他不想要任何無關緊要的東西擺在檯子上，即使是一粒多出來的鹽巴都不行。

「讓我們來談談煎炒檯的設置，」史密斯主廚說：「請擺一個方形餐盆，裡面裝滿冰塊。還要一只焙烤盤，以及麵粉、鹽和胡椒，還有一些勺子。」他轉向指著爐灶，又說：「這裡要擺雙層蒸鍋，也要準備澄清奶油，醬汁放在這裡，還有白酒和高湯，再各擺一支兩盎司的湯勺。」小牛肉要搗碎，再揉成三塊。為什麼呢？「這樣一來，你才能直接拿起來處理，」他說：「你每天晚上可能要準備兩百五十份餐點，點單源源不絕，你必須一拿起來就開始製作，然後咻地一下立刻出餐！」

那是在餐廳裡的情況。在這間教室裡，十八位同學只要負責準備八十份餐點，其中煎炒檯負責十六份。很多人嘲笑廚藝學院的教室體驗，說這絕對不是真實餐廳的情形。的確如此，如果這是一間真正的餐廳廚房，只會有三分之一的人力。不過另一方面，餐廳並不會每天變換菜單上的項目，更不會每天都要從零做起，也不必連胡椒都得自己磨製。在史密斯主廚的課堂上，你要自己將胡椒粒打碎，然後用廚師刀切成顆粒，切至你想要的細緻度。在這裡，一切都要自己做。

史密斯主廚還會巡過長長的爐灶，從炙烤檯走到烘烤檯，那裡陳設著玻璃門的對流烘箱。這門課不僅要學習如何設置工作檯，主廚也想讓學生了解菜單上的肉品種類和各自的烹調方法，學生必須有能力釐清各自所需的標準備料，並自行備妥這些食材，更要能夠在任何一間廚房裡獨立完成這些事。從一次烹製一盤食物，到一次烹製十六盤食物，這之間的轉換需要更深層度的專注執行。史密斯主廚說，如果在這裡沒有學會所有這些知識和技能，未來就無法在新的廚房中完成新的任務。

到了五點半，我們已經準備好看史密斯主廚示範了。他再次巡經我們的工作檯，每個檯子上都先擺上一只盤子。他從炙烤檯開始，示範燒烤時的擺放方式，讓端上桌的肉品上呈現出完美的交叉格線。他解釋道，要透過觸摸來判斷肉品的熟度，接著要切片來確認你的判斷。「這是一間教室，在這裡，你可以切片來確認你的完成度，」他說：「要好好利用在教室的機會。」為了確保沒有人誤解他的意思，他重申，在餐廳廚房裡不可以切片。接下來，他又示範了擺盤，然後移動到下一個工作檯。

在我們的基礎技能第二級上課期間，上菜方式就已經有些變化。技能初級課和其他班級會坐在校友廳裡等候，由服務生來點餐，已經不再像之前那樣，要站在K9教室外面排隊候餐。這表示，現在「客人」不會再走進你的廚房，而是熟食概論課的學生關起門來烹製大家的晚餐，然後將餐點裝進保溫箱裡，送到校友廳去。雖然這對其他人來說是一種更有秩序、更精緻的用餐體驗，但史密斯主廚不喜歡這個調整，認為這讓我們的壓力消失了，我們不會看到「客人」的臉。雖然如此，他還是試著敦促我們的工作速度，吩咐副主廚何時要開始製作哪些餐點，而副主廚站在保溫箱旁邊，另一邊是專門用來保溫蔬菜和澱粉的蒸氣桌，他會對我們大喊：「兩份煎肉！兩份烤肉！兩份燒烤！」或是：「兩份前菜！兩份燉菜！」

每個工作檯也要大聲回應：「兩份煎肉！兩份燉菜！」而在此起彼落的呼喊聲中，史密斯主廚會不斷檢查每一道已經完成的餐點，把做得太差的退回去。此外，他希望大家一直保持安靜。

❖ ❖ ❖

第一週過後，廚房便有了自己的步調。每天下午一點四十五分，全班就會進入準備狀態，如果在到達教室之前先做好心理準備，就能更快進入狀況。而兩點一到，大家就會將椅子排好，放在巨大的不鏽鋼桌周圍，課堂便開始了。

蘿拉今天負責湯品檯，要製作玉米巧達湯。史密斯主廚指示道：「跟我們說說你的巧達湯吧。」

「你們想**知道**些什麼呢？」蘿拉親切地開場：「什麼是巧達湯？該怎麼做呢？」

「這是一種很濃稠的湯，」她開始解釋，試圖找出一個精準的描述方式。

史密斯主廚瞇起眼睛，說：「聽起來很像在描述某種泥狀食物。」

「主要的成份有增稠的效果？」她又嘗試另一種說法。

「我不會這麼說，」史密斯主廚停頓了一下，又繼續說道：「畢竟它分為紅色巧達湯和白色巧達湯，有奶油作為基底，也有肉湯作為基底。」他停在這裡，接著又說：「拜託，廚藝基礎課應該教過。你們都應該學過。」

班答道：「巧達湯應該充滿主食材的風味。」

「嗯，**對**，這眾所皆知。但你說的沒錯，」史密斯主廚笑出聲，一邊搖搖頭。「那豬肉呢？」

「經典做法中會有豬肉，」有個聲音回答。

「經典巧達湯裡總是有豬肉，」史密斯主廚接著解釋，通常是使用醃豬肉。「豬肉中會填滿不同的配料，幾乎要變成燉肉了。」他轉向黑板，在上頭寫上Chaudière。「有人知道這是什麼嗎？」

「簡易版的巧達湯嗎？」班又回答。

史密斯主廚再次笑出聲。接著他解釋，這個法文字是指一種烹煮的器具，通常是用來在大火上煮濃湯的大鍋子，但有時也指「只有一道菜的餐點」。接著，他便開始解說今天要製作的巧達湯，要使用培根、油糊、馬鈴薯和牛奶與奶油的混合物。

接著我們又討論了今天的另一道湯品「韭菜雞湯」（cock-a-leekie），這是一種蘇格蘭特色湯，顧名思義，內有雞肉和韭菜，並以大麥增稠。之後，史密斯主廚說：「烤豬肉、肉汁醬，誰知道怎麼做？」接著，又繼續解說到如何炙烤的手法烹調腰脊肉，並佐以香料醬汁。「收乾時加入香草莖，最後再灑上切碎的香草葉，」史密斯主廚對梅莉莎（Melissa）說。她來自另一個基礎技能班。

「可以一次做所有的份數嗎？」她問。

「當然可以，」史密斯主廚回答，又補充道：「但別融化奶油。」

「那要等到五點半再開始做醬汁嗎？」

「現在就做。」

格雷今天負責燉煮檯，他問史密斯主廚今天需要用到多少水。

「要看燉鍋的大小，」主廚回答。

「那我可以把調味蔬菜分開炒嗎？」他又問。

「既然你要自己洗你的鍋子，那當然可以，」史密斯主廚說：「但在餐廳裡，我可不會這麼做。還有其他問題嗎？好，接下來是澱粉組！」

碧昂卡和崔維斯要一起製作薯餅、網狀馬鈴薯片和香米抓飯。這組一切都十分簡單明瞭。

史密斯主廚接著問煎炒檯要如何節省製作醬汁的時間。

幾個聲音大聲喊道：「少用奶油。」

「不，要用**重乳脂鮮奶油**（crème double）來節省時間，」史密斯主廚說道，並在黑板上寫下來。「或者，如果你跟我一樣也來自俄亥俄州，你會稱它是雙倍鮮奶油（double cream），」他也在黑板上寫下這個名稱。「如果你一個晚上要出兩百份餐，一個人要負責十二個爐子，你根本沒有空花個整整十分鐘濃縮一份醬汁。用重乳脂鮮奶油就可以輕鬆辦到，」說著，他打了個響指。

「用重乳脂鮮奶油不會很快腐敗嗎？」

「能保存得更好，」史密斯主廚說：「更多的脂肪、更少的水。接下來，前菜組！」

班問道：「我要烤多少辣椒？」他和亞當一起負責蔬食前菜，想到可以製作墨西哥薄餅披薩的主意，也就是在玉米粉製的圓餅上鋪上山羊乳酪、烤大蒜、迷迭香和黑橄欖，再綴上烤紅色、黃色甜椒和墨西哥波布拉諾（Poblano）辣椒，最上層再鋪上起司與曬乾番茄烤醬。

「你們要做十六份嗎？要用波布拉諾辣椒？」

「黃色、紅色甜椒和波布拉諾辣椒。」

「每份用三顆彩椒。」

為前菜組解答完之後，他們也動工了，廚房開始發出嘈雜的聲響。

❖ ❖ ❖

艾莉卡在蔬菜檯，這是一個工作量很大的組別，要為每一份餐點製作所有的蔬菜配菜。雖然她在基礎技能課中學過如何處理蘆筍，但還是呼喚了史密斯主廚。「我想確定我做的沒錯，」她是這麼說的。史密斯主廚一語不發地抓起蘆筍的兩端，將它們彎在一起，蘆筍便應聲斷成了兩節。艾莉卡說：「好吧，原來這麼簡單。」

史密斯主廚來到炙烤檯，向梅莉莎解說如何處理腰脊肉。「有些傳統餐廳的牛排一客要價一千兩百九十五美元，佐上一些蔬菜、烤馬鈴薯，搭配一片核桃派當甜點，再附上一杯咖啡，這些要留著，」他指著從腰脊肉上切下來的一塊肉排，末端有著肥美的軟骨。「還有些高檔餐廳，同樣的牛排一客要價兩千兩百五十美元，那這些就不該留下來。」梅莉莎照他的話做。這些切除的部位接下來會送到格雷的燉煮檯，格雷會物盡其用地將這些部位加入他的燉牛肉中。

史密斯主廚又走回艾莉卡的工作檯，並示範烤甜菜要怎麼處理。但當他試著削下一片時，整顆甜菜便在他手裡碎開了。他瞪著手裡的削皮刀，大聲問道：「這把是誰的刀？」

「我的，」艾莉卡低著頭說。

「去磨利一點，」史密斯主廚催促：「下次沒磨好刀不准來上課。」說完他便走開了。

艾莉卡拿回刀子，漫不經心地甩了甩。接著，令人沮喪的是，她從工具包裡拿出一塊磨刀石，花了好一陣子慢慢地磨刀，想磨得更銳利一點，但這時間她本該備妥食材。看來她還是沒能掌握工作效率。

另一邊，碧昂卡的馬鈴薯煮過頭了，她拿給史密斯主廚看，而他看一眼便知，於是搖了搖頭，說道：「現在，麻煩所有人都停下手邊的工作，花個幾分鐘來重新削三顆馬鈴薯，好嗎？找出手邊最大顆的削，削得好一點。」所有人都照他的話做。

史密斯再次停在艾莉卡的工作檯前，她手裡正拿著一顆馬鈴薯。他拿起她的削刀，削過馬鈴薯皮，然後摸了摸刀刃，又用手指摸摸馬鈴薯，接著再重複一樣的動作，最後，終於將刀子放在她的砧板上，並說：「明天，我希望這把刀是鋒利的。現在還不夠銳利，你看這裡切得多粗糙。」他把剛削過的馬鈴薯遞給艾莉卡。「應該像玻璃一般光滑。」

史密斯說完，又離開了，同時抬頭看了一眼時鐘，時間是五點七分。「八分鐘以後，一切都要到位，」說著，他踱步走到蒸氣桌旁。

副主廚已經將桌子推到該擺放的位置，並插上電源，取出方形餐盆。他應聲喊道：「現在是五點十五分，一切到位！」

「太慢了！」史密斯主廚在一旁催促：「所有人就定位！」

一直到六點三分，廚房終於安靜下來，每個人都準備開始烹調，並且很快進入狀況了。

「兩份炙烤！」

「正在準備炙烤！」

「兩份煎炒！」

「正在準備煎炒！」

「兩份烘烤！」

「正在準備烘烤！」

史密斯主廚嘗了嘗蔬菜，因為蔬菜都已經煮好或重新加熱過，所以他需要檢查熟度和調味。他也揪出擺盤的錯誤，出錯的一律退件。其他時候，他則像個海軍陸戰隊軍官一樣站在副主廚旁邊，神情冷冽，瞇著眼睛，眼中布滿血絲。

❖ ❖ ❖

出餐之後，全班有半個小時的時間可以吃晚餐，接著在講課之前回到廚房打掃。講課通常開始於當天的工作和成品評估。「最後的結果不錯，過程卻不盡如人意，」史密斯主廚說道：「我不認為這是很糟糕的一天。餐點**看起來**棒極了，但一些犯錯的類型令人失望，這些東西本該是你們一開始就學過的方法。整體氣氛也不對，大家不夠積極。雖然不至於消極，卻也沒有足夠的積極與專注。」

接著，他開始解說細節，從香料醬汁講起：「你們的醬汁有點濃稠，呈糊狀。這表示雜質除得不夠乾淨。」梅莉莎試著插話替自己辯解，但史密斯沒有給她機會，提高聲音繼續說道：「從高湯開始，就沒有做好。如果高湯做得很完美，你就能做出完美的醬汁。若是做得普普通通，也就只能做出中等的醬汁。撈除雜質是製作褐醬的關鍵。」他停頓了一下：「大家都知道葡萄酒的香味留在口中是什麼感覺吧？品嘗醬汁時，我們其實不希望味道留下。醬汁的香氣應該像是在你嘴裡跳舞一般。」然而，即便今天史密斯主廚試著幫我們加入一些白米醋來提味，我們的香料醬汁依然沒有在口中翩翩起舞。

「烹飪基礎知識就是一切，」他說：「其他都是旁枝末節。這些基礎將引領你走過整個廚藝生涯，教你如何烤肉、如何烹煮蔬菜至合適的熟度，那是一切的根基。」

在海德帕克鎮與蒂沃利鎮之間的9G公路上，矗立著一棟白色房子，外觀看起來像是戰後殖民或牧場風格，房子的後方有一座獨立車庫，車道上通常停著一兩輛車。房子旁邊的草坪上有一座大帳篷，每次我開車去學院或回家路上，目光都會不自覺地被它吸引。那座帳篷似乎是由某種亮藍色的合成材料搭成，我猜大約有十二呎高，可以舒適地容納一個人，而帳棚入口放著一把摺疊金屬製椅。我經過這個地方時，總會想起史密斯主廚，猜想這會不會是他現在的住處，在二月寒冷的夜晚，他是否會帶著他的電燈、音響、水壺和非常好的睡袋，好好度過一個晚上。

❖ ❖ ❖

帶領海鮮料理課的，是一名真正的「狂人」。

他的名字叫做柯基・克拉克（Corky Clark），參加過越戰，身上有著美國海軍的刺青，每個人都會忍不住多看個兩眼。他其實只有四十九歲，看起來卻比實際年齡老了十歲。他於一九七一年畢業於廚藝學院。「當時我們不會問這麼多問題，」克拉克主廚回憶起廚藝學院最早設立於康乃狄克州紐哈芬的校區，「當時他們要我們煮什麼，我們就煮什麼。」他已經在這裡任教十三年，其中八年都負責海鮮廚房，久得連他自己都不敢想像。他身上總帶有一股冬青菸草味，而他說話時，下唇的頂端總能看見一團焦黑色的痕跡。他的頭髮花白，剪得很短，戴著一頂伸縮廚師帽，罩在他高高的額頭上，裡頭還覆蓋著另外一頂帽子，可能是為了保暖。他一天大多數的時間都待在廚房後面的海鮮屠宰室裡，那裡的溫度大約是攝氏七度。克拉克主廚的嗓音沙啞，興致高昂時——通常是每天早上七點到十一點半之間——他的聲音就會高八度，有時候聽起來像是尖叫。他很少停下來，總在廚房裡奔走，從燒烤檯走到油炸檯，接著又到燉煮檯，有時抓一把烤杏仁放進嘴裡，又衝回電話旁邊，再走到電腦前。身為一位廚房導師，他的主要職責有兩個方向：一是教導學生如何識別、採購、屠宰和烹煮魚類，二是，無所不用其極地讓學生經歷最難熬的一週。

基礎技能課一共二十八天，而概論課有十四天，接下來的三段課程都只有七天。每隔七天，我們就得換到一間新的廚房、面對一位新的導師，這些老師會在全新的烹飪框架之內提出新的要求，包含美式料理、東方料理、熟食冷肉、早餐料理和午餐料理，除了熟食冷肉之外，其他都是料理實作課程，意即，要負責烹煮學院每天供應的四千份餐點。這可不是什麼驚人的數字。舉例來說，大西洋城的川普泰姬瑪哈賭場（Trump Taj Mahal Casino Resort）一共有一千兩百個房間，每天需要供應多達兩萬份餐點。但現在，我們每七天就要換一間廚房，所有餐點都是頂級的或越精緻越好。柯基．克拉克的第一堂海鮮課要製作炙烤劍魚佐鯷魚奶油、煎鱒魚佐烤杏仁，以及燉鮭魚佐荷蘭醬。大多數的當地學校都會和外燴公司簽約，提供學生餐點。但在這所學校，烹煮全校師生的餐點也是教學的一部分。

在克拉克主廚的課堂中，需要製作的餐點份數比較少，大約四十份而已，因為有一半的時間大家都在學習如何處理全魚。如果你是當天要負責殺魚的同學，你大概得負責處理二十條待煎的白魚，還有二十五磅的青魚。你最好穿上保暖褲，因為屠宰室的溫度通常低於攝氏七度，而冰庫溫度大約保持在零度左右。每個月，都會有總價值高達四萬美元的魚貨送進這間廚房，這裡就像校內其他廚房的海鮮供應商。

然而，一如在其他課堂，教室氣氛與料理內容取決於導師的性格，而克拉克主廚的基本調性就是：製造恐慌。他似乎很喜歡這麼做。教室一大早六點半就開放了，克拉克主廚的助理則會在六點鐘就抵達教室。一共有四名助理，過去都曾經任職於其他餐廳，現在負責協助海鮮教室，他們同樣是畢業於廚藝學院的學生，想要多在學校待六個月。克拉克主廚會在七點鐘抵達，但你若打算在他到教室之前就先準備好進入狀況，最好六點半就先到。這會讓你有大約四十五分鐘的時間準備標準備料，如果你的餐點需要花比較多的時間完成，例如說你負責湯品，並且需要製作巧達湯所需的天鵝絨醬，最好在克拉克主廚開始解說之前就先動手準備。而你最好也有心理準備，因為他到九點鐘之前都會一直講個沒完，到時候距離出餐就只剩兩小時了。

「如果某一件事情你需要花一個半小時完成，那麼他就只會給你一個小時，」克拉克主廚的某名學生這麼形容道：「他會刻意讓你陷入困境，但也會在一旁幫助你。」他喜歡難題。

在課堂中，同學們的神情總是會越來越不安。當克拉克主廚東拉西扯、高談闊論和不斷拋出問題時，大家會緊張地盯著時鐘看。他的提問有時候很實際，有時的又太過哲學。

「可以降低標準嗎？」他不斷重複這個問題，然後等待著回應，「妥協如同說謊，會越來越容易。你做出的每一個妥協，都會成為你往後的標準。」

「為什麼炸魚都要佐檸檬？」過了一陣子，他又問。

有人回答：「減少油膩感嗎？」

克拉克主廚笑著搖頭，發出厭惡的笑聲。總是有人這麼回答，大概會是坐在最後一排的某個人，而會這麼回答的人總是像隻**呆頭鵝**。他又搖搖頭，繼續笑道：「炸魚，這東西**本來就該是**油的！」高高瘦瘦的克拉克主廚像隻老鼠般又叫又跳。「炸魚還**搭配**了充滿脂肪的醬汁！一瓣小小的檸檬切片是不可能會減少油膩感的！我們就是**喜歡**油膩！」

隨後他安靜了好一陣子，再度開口：「品質如同一趟旅途，但並非終點。我過去認為這種想法很老套，但越想越覺得有理。你永遠不夠好，你知道的永遠不夠多，你的速度永遠不夠快。」

他在教室裡來回踱步，雙臂交叉抱在胸前，走好一陣子之後，他停在不鏽鋼桌子旁。接著，他突然問大家薄魚片的定義，沒有人回答，甚至沒有任何人試著回答。就連他自己也沒有進一步解釋，只是沉默地搖搖頭。「那海鮮濃湯的特色是什麼？」回應他的是一片死寂，教室裡，一雙雙早晨七點渙散的眼神盯著他看。「你們別再折磨我了！」他大叫。

「你們必須知道這些，」他說：「你們必須變得更聰明。約翰．多爾蒂（John Doherty）為什麼二十八歲就能當上華爾道夫酒店（Waldorf）的行政主廚？」

有幾個聲音怯生生地回答：「因為他很努力工作？」

「哦，」克拉克主廚的聲音壓低了一些：「每個人都很努力**工作**。但你必須變得更靈敏、你必須隨時做好萬全準備、你必須知道每件事情的答案。你們可以像我一樣，透過重複練習來進步，或像約翰．多爾蒂，天賦異稟。」

這段訓誡的內容，對克拉克主廚來說，可以一路延伸到鯖毒素、鰨魚或大西洋鮭和養殖水產的主題上。講課結束之後，全班都要聚集到屠宰室，他會再繼續說明一些細節，這裡有看得到、摸得著的實作工具和真正的魚，最後才會進行示範，例如，宰殺一尾身形扁而圓的魚種。大家會不斷回頭看時鐘，而他會繼續丟出好幾道難題，並在終於下課時輕蔑、厭惡地搖搖頭。「今天的**課堂**非常**混亂**，」他總會這麼說：「簡直是一團糟。」

其實他並不是什麼刻薄的人。他以前的一名學生告訴我，某堂課的同學把他要負責的雞肉派做得一塌糊塗，不僅沒有準時完成，完成之後，這位同學甚至都不知道自己犯了嚴重的錯誤，還膽大包天地跑去問克拉克主廚應該把雞肉派送去哪裡保溫。當時，克拉克回答：「我不知道，也許你應該把它們黏在你的屁股上，這樣就好。」在我聽來，這非常刻薄，雖然廚房的壓力確實常會讓人口不擇言。但他的內心並不刻薄，他只是個純粹的「狂人」，並且天生就是個廚師。大多數時候，你甚至很難分辨他究竟是在笑還是在尖叫。

❖ ❖ ❖

在三天的假期之後，我來聽克拉克主廚的第一堂課，他不認識我。我總是穿著整齊地出現，手裡拿著刀具袋，一副隨時準備上工的模樣，之前他沒有被告知我會旁聽他的課幾天。整個早上他完全沒發現我的存在。最後，他終於發現我在教室裡，早上已經過完一半了，全班正如火如荼地工作著，我在寒冷而死寂的屠宰教室裡走向他，對他發問，他終於停下來，歪著頭、瞇著眼睛看我。他忽略我的問題，什麼也沒說，專心地研究我。

「你的基礎技能課老師是誰？」他問。

「帕德斯主廚，」我答道。

他若有所思地摸了摸下巴，說：「我好像聽說過你。」他朝我揮了揮手指。「我知道你是誰，」說著，他瞇起眼睛看我，說得好像我們很久之前就見過面，但當時對我沒什麼好印象。「我記得你。」

我等待著。

接著，他用低沉而些微沙啞的聲音說：「那是學期末，當時有一場暴風雪。」

他只說了這麼一句，然後輕輕點頭。

「對，」我接話，而他只是一直斜著眼、歪著頭看我。我只好又說：「但我還是去上課了。」

他再次點點頭，輕聲說道：「我知道。」

接著，他用一種不算太有禮貌的方式盯著我看了很長很長一段時間，最後滔滔不絕地告訴我，我不可能只用幾天的時間就理解他的教學內容，我應該參與完整的七天課程。「就算你花了整整兩年的時間，也不可能完全掌握魚類料理烹調之道。」他說。

克拉克主廚也冒著風雪來上課，而且，他也住在蒂沃利鎮，就在我家不遠的轉角處。一九九六年暴風雪來襲時，華盛頓到波士頓的整個東海岸都停止運作，但他一樣來到學校。

「**為什麼？**」我問。其實我不必這麼問，我早已經知道答案，但我想看看他的反應，並且聽到他的答案。顯然他對我的問題感到不可置信。

「為什麼？」他說道：「我不知道！但我就是這麼做了。」一九九六年的暴風雪災太過嚴重，那是廚藝學院第一次因為天氣而停課。當克拉克主廚和其他十幾位老師到達校門口時，他們簡直不敢相信沒有上課。他說：「好吧，可惡。我要回家了。」然後就跳上車，原路再開回蒂沃利鎮。

❖ ❖ ❖

這些都是料理實作課程，所有人的料理技術都是由此開始。從概論課程到晨間備餐室（包含早餐和午餐烹調），學生們運作著每間廚房，並供應餐點給全校師生、工作人員和來此進修的專業人士。在第一個七天課程中，學生們先是穿梭於海鮮廚房，接著，在第八天時移動到與羅斯大樓相隔一條走道的進修推廣大樓，加入美洲料理廚房。他們會繼續在那裡上七天的課，每天研究不同的地方美食。有一天是墨西哥灣地區的食物，例如煎石斑魚排，搭配芒果和酪梨莎莎醬、黑豆培根飯（hoppin' John）和烤青蔥。接著還有西南各州的特色食物，像是玉米餅雞肉湯（corn tortilla soup）、墨西哥烤牛肉佐莎莎醬、來母（lime）奶油、豆薯沙拉和烤番薯等等。

在美國本土巡遊了七天之後，他們趕回羅斯大樓，經過K8教室，經過史密斯主廚的廚房，到達東方料理教室。在來自四川成都的程雪莉（Shirley Cheng，音譯）的帶領下，他們將遊覽亞洲美食，一天是中國料理、一天是越南料理、一天是泰式料理。

學生們在程主廚的廚房裡學到的是正確的炒菜技巧和亞洲食材。在製作基本的蘑菇燉雞時，香料袋的內容物和基礎技能課程的完全不同，不再是裝著百里香、黑胡椒、歐芹和月桂葉，而是橘皮、肉桂、四川胡椒和八角。在基礎技能和熟食概論課中，胡蘿蔔切絲的方式是先削皮，切成厚厚的長條狀再堆起來，切成一絲一絲，這是一種非常耗時的切法，並且會留下很多切痕。但程主廚沒有切成任何長條狀，她只是把胡蘿蔔斜放在砧板上，開始削絲，一下子就完成許多切好的胡蘿蔔絲。這種切法會讓胡蘿蔔絲長度不均，因此不能作為史密斯主廚的雞湯材料，但如果你想快速切絲，並且不要留下太多不能使用的部分，這就是一種新的方法。

那天做的雞湯必須先用大蒜、生薑和青蔥爆香，這是一種「亞洲標準備料」，許多亞洲料理都是如此打底。接著，將水和雞骨頭倒入鍋內。在程主廚的廚房裡，湯品從不會煮至微微冒泡，而是大火燉煮，並且經常撈除雜質。她說這能更快速地做出更濃郁、更醇厚的高湯。

這裡的每一道料理都反映出亞洲料理的基本烹飪技術和食物概念。大多數的同學永遠不會進入亞洲廚房，除非他們能理解亞洲語言。所以，這門課可能是他們學習亞洲技術的唯一機會。

在這間教室，你必須全神貫注。一個閃神，你就可能錯過程主廚的去骨示範。她能在十四秒鐘之內，用切肉刀為雞去骨。她說，關鍵是知道關節的位置。但更令人印象深刻的是，她能用不到三分鐘的時間煮熟一隻雞。正如帕德斯主廚說的，這實在是太驚人了。

離開程主廚的教室之後，學生們移動到樓下的教室，上為期七天的熟食冷肉課，學習香腸和法式醬糜的基本磨製與製作，還有醃製和燻製的技術，這些成品會運送到全校的其他廚房裡。而又過了七天之後，他們匆匆來到樓上的晨間備餐室。

這些課程都是短跑衝刺，讓同學們精疲力竭。我經常遇到基礎技能課的同學在這些廚房之間穿梭，彷彿看著一幀又一幀的縮時攝影畫面，而他們各個臉色蒼白、面容憔悴。我看到大衛和老盧，當時在上美洲料理課，他們正等著備餐室的大門打開。葛里菲斯主廚的美洲料理課以有趣的食物和龐大的工作量聞名。幾天前，拉里・福爾吉奧（Larry Forgione）大廚回到母校，在丹尼凱劇場示範烹飪，並宣傳他的廚藝新書，便來到教室裡和同學們聊聊。但大衛說他那天太累了，前一晚熬夜寫美國西北部在地美食的報告。「食物、食物、食物，」他說：「每天都只能想著這些。」他看起來頭昏腦脹。

老盧早上六點半，一如往常地把孩子送到岳父岳母家裡，然後到ＩＢＭ上七點到十一點的班，他今天很緊張。今天他要負責蔬菜檯，是最困難的組別之一，因為工作量非常大。他要準備羽衣甘藍、大頭菜還有許多堅硬的綠色植物——真的是一大堆，他說。而他完全不知道該怎麼做，也不知道該怎麼煮。還有櫛瓜，課本上說可以用烤的，但前一晚，主廚叫他要切絲。

「可以用炒的，」艾莉卡也在等著吃午餐，她說道：「我們沒有烤製任何蔬菜。」艾莉卡現在已經修完美式料理，現在在上海鮮料理課。之前修概論課時，亞當再度在分組時被選為組長，我向她問起亞當的近況，她皺起眉頭回答：「他有點好鬥。」

後來我在中庭遇到亞當，他看起來有點恍惚和心不在焉，似乎好幾天沒睡覺了。

「我累壞了，」他承認：「只想趕快離開這裡。」

他仍舊每個週末通車回布魯克林，這個星期六，他要到盧泰西亞餐廳（Lutèce）觀摩，安德烈・索特納（André Soltner）大廚曾經在那裡待過很長一段時間，亞當希望能到那裡校外實習。原本他的首選是萊斯皮納斯餐廳（Lespinasse），不過被拒絕了。他對學校的課程安排有些不滿，覺得在美式料理與海鮮料理課程之後，進度就變得有些鬆散。目前他在上的是熟食冷肉課程（Charcuterie），這甚至不是一門廚房實作課。「應該循序漸進，」他說：「校外實習之前，都應該待在廚房裡。」

蘿拉看起來也筋疲力盡，甚至臉色蠟黃，好像快要累癱在地板上。「我倒是有個問題，」但她這麼說道：「你有想好鴨子要怎麼做了嗎？」

「應該有吧，會用醃製的，」他告訴她：「一份優質的鴨肉，完全浸在鹽水中。」亞當接著又描述了他想製作的醬汁，打算把黑醋栗和開心果加進去，可以增添顏色。

看來亞當已經做好準備了，蘿拉明顯鬆了一口氣。她把手放在胸前，說：「我要上車了，累死我了。」

我問起艾莉卡。

「她很好，」亞當告訴我：「她錄取了很不錯的校外實習單位，翠里斯餐廳（Trellis）。」

蘿拉說她和崔維斯現在一起住在京斯頓，感情十分穩定。亞當、她和我又聊了一陣子，我和亞當討論了油封鴨，還試著推敲出是否可能用澄清鴨油代替奶油製作酥皮。蘿拉在一旁眼神呆滯地聽著，大家看起來都累了，每天接收這麼大量的資訊，確實很疲乏。即便是一輩子都在學習與練習烹飪，也不見得就會成為大師，更不用說我們要在短時間內一次修習這麼多課程了，學校和老師其實也都很清楚這一點。現在，除了亞當之外，似乎所有人對食物的熱誠都開始消退。

午餐烹調與烤焦的歐蘿蔔

2

在廚藝學院，負責製作餐點的教室稱為備餐室。學校有兩間備餐室，分別在樓上和樓下。樓上的那間，位在羅斯大樓主樓的正中央，遠離主廊道，就在餐廳外面。這是一間供應量龐大的廚房，每天早餐和午餐時間，負責供應一共大約四百到五百份的餐點。中午十二點四十五分時，備餐室的大門就會打開，身穿白色廚師夾克、格紋長褲和黑色鞋子的學生，排著長長的隊伍，一路延伸到接待中心，而副主廚會站在門口，手裡拿著一塊筆記夾板，記錄下點菜的內容，同時大喊：「一份簡餐、一份熟食、兩份……不，三份義大利麵！一份義大利麵！再一份義大利麵！」沒有人會負責指揮製作，因為這是午餐時間，出餐數量龐大而且**快速**，在四十五分鐘後、備餐室關上大門之前，要出兩百到兩百五十份餐點，大部分的餐點在二十分鐘之內就會送上來。

今天早些時候，我把筆記本暫時放在一部不鏽鋼推車上，去負責處理兩磅的荷蘭豆，然後又協助了麵食類的擺盤工作，芝麻油拌麵，灑上香菜和黑芝麻，底下襯著炒青菜：辣椒絲、胡蘿蔔、香菇、韭菜、荸薺、芹菜和竹筍，用蔥薑蒜爆香，加入醬油、雞高湯和白醋，上面再放上經過醃泡的烤蝦，用竹籤串成「陰陽」的符號。詹姆斯面對著爐子，努力炒著十人份的菜和烤蝦，凱西和我負責擺盤，點單源源不絕地湧入，而主廚凱薩琳・薛佛（Katherine Shepard）跳進來用一條濕餐巾擦拭我們的餐盤，並將完成的餐點推到不鏽鋼檯上，學生前仆後繼地取走完成的餐點。我們的餐點既美味又耐看。麵條是前一天煮好的，但其他的配菜都是當天早上才準備好，並且下鍋。半小時之內，我們就出了五十份餐點，在一片嘈雜聲中，「麵食暫時沒有了」和「八十六份麵食」此起彼落地響起，直到最後，副主廚將麵食從菜單上擦掉，而我們開始清理工作檯。

整個過程中，我們只停下來一次。薛佛主廚看見一個穿著便服的女人手裡拿著盤子走回來，五官皺在一起。身形矮小圓潤的薛佛主廚不停向她道歉，轉身走回廚房，把盤子端到與臉齊高，並從馬鈴薯沙拉裡取出一根頭髮。這可不是什麼好事。她將頭髮舉至燈光下，髮絲呈現淡紅色。「最糟的是，這看起來很像**我的**頭髮，」她對我們說：「我是這裡唯一一個有紅色長髮的人。」接著，她用充滿抱歉的語氣又說：「而且，我也跟著你們**一起工作**。」

十五分鐘後，備餐室的大門終於在出了兩百多份餐點之後關上。同學們做了魯賓三明治搭配馬鈴薯沙拉、希臘沙拉口袋餅、美式肉餅佐辣味番茄醬、蒜味馬鈴薯泥、青豆和胡蘿蔔，還有起司水果盤和陰陽烤蝦。備餐室的學生也拿起自己點的員工餐，吃飽之後兩點鐘回到教室打掃，並準備好明天的菜單──尼斯三明治（pan bagnat）搭配義大利麵沙拉、主廚沙拉搭配麵包條、炸牛排搭配辣味洋蔥奶油醬，還有炒蔬菜配蒜味鮮蝦玉米粥，一道中東口味的餐點，最後是義大利豆湯麵（pasta fagioli）搭配義式烤麵包（bruschetta）。

❖ ❖ ❖

「有些人，」薛佛主廚說道：「包含一些業界人士，會覺得負責早餐和午餐的廚師，都是一些還沒有能力製作晚餐料理的人。」

「對一名廚師來說，快速思考午餐是至關重要的，」她繼續說下去：「要有能力快速製作出大量餐點，沒有任何緩衝時間想著『來做個前菜吧，來做一道湯吧』。人流進進出出，大家都希望點餐後的十分鐘之內可以飽餐一頓。這就是為什麼有的人會認為『做午餐有失我的身分』，或是『真正的廚師不會那樣烹飪』，但我不知道這是不是真的。因為我認為，廚師必須有能力在那樣的環境下做出那樣的餐點。」

我們在用餐區裡圍在一張小圓桌旁坐著，餐廳裡基本上已經空了，服務完全校師生之後，大家都有時間飽餐一頓。薛佛主廚脫下帽子，讓她又直又亮的長髮垂下來。她戴著金色細框眼鏡，有一對藍色的眼睛，襯著她的紅髮。她帶了半個三明治當午餐。「我一直在節食，」她解釋道。

我在她的班級待了幾天，盡可能地跟著一起工作，並和同學們談話。這群人各自迥異，而且都非常特別。例如戴維（David），他曾經在以色列的集體農場擔任廚師，克莉絲塔（Krista）只有二十九歲，之前是人權工作者，畢業於華盛頓大學人類學系，她說自己總是忍不住開始想事情，並且想著若現在不即時將她對烹飪的熱情付諸實踐，就永遠沒有機會了。她學生時期都在餐廳打工，而來到這裡是因為她想學習完成、扎實的基礎知識。傑森（Jason）說在人生顛峰時期，他曾經是全美排名第十一的鏈球選手。還有二十四歲的達倫・森柏（Darren Sample），過去四年在密西根號潛艇上擔任廚師，那是一艘三叉戟潛艇。他每天工作十六個小時，要負責餵飽一百五十人，一天吃四餐。在潛艇上工作，噪音是一大忌諱，要是他掉了一口鍋子，可能會迫使這艘潛艇必須改變航道，下潛到另一個新的深度。從他的眼神可以看出，他很有膽量。他是個好廚師，也是位合格的魚雷發射員。在水底生活了四年，現在的他熱愛各式各樣陸上的天氣，只要你能說得出來的，他全都喜歡。像是前天晚上，下了一場濕冷的大暴雨，他卻利用這個機會去外頭慢跑。

他當年還在海軍服役時，就曾經被送來學院接受兩週的廚藝訓練。雖然海軍並不在意烹飪教育，但達倫學到很多。課程結束後，達倫踏出廚藝學院的大門，內心知道自己一定還會再回來。「所以我就來了，」他回憶道：「而每次我問其他同學為什麼來到這裡，大家也都有各自的答案。」

薛佛主廚知道這是一個堅強的組別。還有許多其他組別會來一起工作，有時候一組會有十個人，大多數時候則是七到八人而已，但要完成的餐點份數是一樣多的。小組工作很有趣，她說：「這些人要不就是很團結，要不就是很討厭彼此。」她的學生似乎都很喜歡她和她的廚房，不過並非總是如此。多年來，有許多主廚和學生把補給廚房視為西伯利亞。

堤莫西・羅傑斯（Timothy Rodgers）是廚藝學院一九八一年的畢業生，現在在校內的各式廚房擔任領班，也包含早餐和午餐的備餐室。他說：「我正在慢慢推動，想把『備餐』的概念轉換成『早餐烹調』與『午餐烹調』。」他也認為午餐烹調不該受到輕視，並想知道，為什麼餐點的等級竟是根據烹調的速度來決定的?明明午餐是最熱門的用餐時間之一。根據全美餐飲業協會（National Restaurant Association）的統計，美國一整年度晚餐的銷售量是一百五十億份，遠遠少於午餐的兩百六十億份。這可是一大筆生意。「如果我可以寫一本書，那我想寫一本關於湯、三明治和沙拉的書。」他說。接著他又回憶道，直到最近幾年之前，備餐室都是學校裡的「失落國度」，通常只會有一些快要退休的老師負責，或者是一些被學校認為有點太過「空泛」的老師。但是後來，現任麥地奇義式餐廳（Catarina de Medici）廚房導師的詹姆斯・瑪拉多（James Maraldo）來到備餐室，建議了一些羅傑斯當時認為是「非典型」的午餐餐點。羅傑斯本想打斷他，但看到瑪拉多正在製作的料理時，他反而覺得很有意思，並且也意識到，備餐室的廚師需要有更多發揮的空間。

瑪拉多的料理明顯有著義大利風味。不久後，尚—盧克・基弗（Jean-Luc Kieffer）也被找來，在菜單中融入了法國元素。薛佛主廚原本在萊茵貝克（Rhinebeck）的貝克曼阿姆斯旅館（Beekman Arms）擔任行政主廚，她的料理充滿紐約本土風味。接著，曾在帕妮絲之家餐館（Chez Panisse）擔任廚師的夏娃·費達（Eve Felder）也加入了，帶來加州風味，強調新鮮、獨特的家常美食。突然間，備餐室便成了一個充滿驚喜的烹飪場所。

羅傑斯說，午餐烹調之所以不同於其他烹調形式，部分原因是因為僅能使用普通食材，畢竟你不可能將午餐定價得像晚餐一樣昂貴。此外，午餐烹調必須短時間內大份量的出餐，這種形式比較接近宴會烹飪，需要思考和組織，才能確定何時要開始製作，並且要製作多少，「有很多方法，有些很縝密，有些很隨興，」羅傑斯說道。由於這些差異，他補充道：「你學會如何以不同的方式思考。」

備餐室不僅製作出一些學校裡最有趣的餐點，這些餐點還似乎與之前所有的教學內容都相反。不再是嫩煎小牛肉佐蘑菇醬和炒菠菜，而是美國小酒館裡的餐點，包含各式各樣跨文化的食材和烹調方式。學生來到這裡，在第一堂課的菜單上會看到香草佛卡夏麵包搭配托斯卡尼香腸、混合蔬菜佐巴薩米克醋，還有辣味蔬菜搭配墨西哥起司餡餅和青檸香菜飯。薛佛主廚說，學生來到這間教室，會想著：「終於！這是我能做來賣的食物。」

然而，經典菜餚也沒有被忽視。尼斯沙拉（salad niçoise）即便是一道老菜，但仍然廣受歡迎。而在這間廚房裡的第七天，便是製作這道餐點以滿足菜單中要有主菜式沙拉（composed salad）的要求。每天都必須有一份主菜式沙拉，包含一份主食材、綠色蔬菜、醬料和配菜，有時會是水牛城辣雞翅沙拉，搭配小茴香淋醬拌通心粉。除此之外，也總會要製作快餐，大多時候是三明治。第四堂課時，我們則做了起司漢堡，裡面夾著酪梨、番茄、紅洋蔥和香草蛋黃，搭配炸育空黃金馬鈴薯條。第七天的餐點一直都很受學院師生的歡迎。懂得做好三明治是非常重要的。

魯賓三明治就是一個例子，這是一種傳統烤起司三明治。「這種三明治大家都會做，原本也沒有什麼特別的做法，」薛佛主廚說：「但有一天，我們收到學校的一份備忘錄，寫著：『為了不要製作出濕軟的三明治，以下提供正確的做法——』現在，課程指南中的魯賓三明治製作流程圖，就是校長和其他老師一起製訂出來的。確保三明治不會濕潤軟爛的關鍵就在於，要把起司放在正確的位置，如此一來，起司就會把麵包封住，讓肉片和德國酸菜不會接觸到麵包體。若沒有這些流程圖，你們覺得又有幾個人能做得出真正完美的魯賓三明治呢？」說到此，她聳聳肩：「這些圖表存在的原因，就是為了製作出品質更好的餐點。」

廚藝學院的總匯三明治也是一個例子。

「這是一定要學會的，因為在三明治的戰場上，」薛佛主廚說道：「你不能不知道如何做出美味的總匯三明治。」

我問她學院的總匯三明治和一般外面販售的有什麼不同。

她說：「我不確定是不是學校高層曾經說過『我們要製作自己專屬的三明治』之類的。」學院總匯三明治使用了火雞和火腿的組合，僅此而已，但薛佛主廚把話題帶回製作技術的層面。「總匯三明治的教學非常重要，要讓學生知道如何製作、如何評估重量，三明治的頂部不能重於底部，如此一來，對切時才不會整個散開。而這正是我們為什麼要把輕的食材放上層，像是生菜、番茄和培根等等。」

「學院的總匯三明治聽起來很簡單，其實不然，」薛佛主廚開始滔滔不絕地解說起總匯三明治：「它的做工十分複雜，要烤火雞、要去骨、要切片。火腿也要切片。食譜上雖然寫著只需要兩盎司的火雞肉和兩盎司的火腿，但不對，火雞肉總是不夠，所以，比例應該是一盎司半的火雞肉，加上兩盎司半的火腿。食譜還寫說，要將火腿切得如紙片一般薄，這裡就是正確的了，因為火腿要一層疊著一層，而不是對折。另外，要提前分配好所有肉片的份量，把肉先擺好，然後開始製作美乃滋醬。」至於搭配三明治的，通常是油炸根莖類蔬菜。「這也是一門功夫。無論是誰要負責，都得花一個上午的時間，才能處理完全部的材料，並扔進油炸鍋裡。我們會用一個大盆子裝所有的炸物，至少會有六十份以上。如果你沒吃過我們的油炸根莖蔬菜，你一定會覺得很新鮮，就算你本來很討厭甜菜，也會因此而改觀。」

薛佛主廚走向白板，畫出總匯三明治的製作流程圖：吐司、美乃滋、肉片，吐司、美乃滋、生菜、番茄與培根，美乃滋、吐司。要製作六十份的話，每一層都各需要六十片吐司，一共三層。薛佛主廚說，每次她負責午餐備餐時，她都很痛恨總匯三明治，因為它會占據所有的工作空間。有時你還會需要準備其他類型的三明治，但你的工作檯上卻堆滿了總匯三明治的食材。材料的數量和體積讓這種餐點成為一大挑戰。就連要拼裝這六十份三明治的時候，都需要用到兩百四十根牙籤。

「拼裝也是個關鍵，」說到這裡，她警告大家：「可以說是最重要的環節。牙籤必須貫穿每一層。如果沒有穿過去，對切時食材就會被刀面帶著走，三明治就會散開。甚至還可能切斷牙籤，要是客人吞下去，那就完了。總匯三明治的學問是非常、非常重要的。」

❖ ❖ ❖

午間備餐課程從早上九點半開始，在東翼四樓的一間教室裡，靠近茱莉亞·希爾的烹飪數學教室，還有傑伊·史丹的食品識別課教室。身穿白色廚師夾克的學生會魚貫走進教室坐下，打開筆記本。薛佛主廚接著開始解說每一個工作檯的工作項目，包含快餐、麵食、蔬菜、主菜式沙拉和熱食，詢問每一個工作檯的工作狀況，並回答大家的疑問，然後開始說明菜單。

大多數的日子是毫無喘息時間的。解說大約會在十點十五分結束，接著，在主廚進行製作示範之前，你有兩個小時的時間可以準備好材料。到了第七天，已經沒有解說課程了，所以我們有足夠的時間慢慢備料。薛佛主廚看起來卻很緊張。「這樣不行，給你們的時間太多，」她說。但對我們來說，「有時間」可是廚房工作裡十分少見的一樁好事。她說，每次當大家鬆懈下來，她就得整個上午的時間四處「救火」。像是，負責製作巧巴達的提姆，在測量麵粉量時，就忘了在磅秤上放置砝碼以抵銷容器的重量，結果攪拌機做出來的麵團看起來像是一團蛋糕糊。薛佛主廚要他加入更多麵粉，並站在旁邊監督他，直到他做出正確的稠度。接著，她又發現提姆忘了加入香草和卡拉馬塔橄欖。「哦！對。」他翻了個白眼，連忙把遺漏的食材倒進去，但橄欖的水份卻又破壞了麵團的黏稠度，只好再加進更多麵粉。

下一段課程之後，提姆就要回到他位在明尼蘇達州的家，並到一間鄉村俱樂部進行校外實習，還要幫朋友開一家餐廳。他說自己等不及要離開學校了，所以很難集中注意力。

這就是「時間太多」時會發生的事。尼斯沙拉的黑胡椒淋醬一直沒做好，總匯三明治的美乃滋也太稀。詹姆斯負責油炸根莖類蔬菜，發現油炸需要耗費的時間太久了，居然在炸好之前就先撈起來，好讓所有蔬菜都能在時間內下鍋炸過。至於我，後來回頭看起來，我當時在一旁做了件很沒有建設性的事：一語不發。我看著成桶的蔬菜等著油炸，於是默默拿起它們，開始切菜。芋頭、地瓜、歐蘿蔔、胡蘿蔔、馬鈴薯和甜菜，總共二十六磅。這些蔬菜經過適當地油炸之後，會變成一堆美麗的紅色、橙色和金黃色蔬菜條。但詹姆斯卻用一個桶子來裝這些濕漉漉的澱粉植物。我雖然在這個工作檯幫忙，但其實不是這個班級的成員之一，而我也不想逾越界線。

於是我繼續幫忙準備三明治，隨著出餐時間將至，大家的步調都開始加快，我們還有很多三明治要做。正如薛佛主廚所說，切成四份的確是個棘手的步驟。現在，詹姆斯幾乎完成了所有油炸，用他剛才的方式。眼看著出餐時間越來越近，我也越來越清楚地意識到，除非有人出面做點什麼，否則我們等一下就會把濕漉漉的、未熟的炸蔬菜全部端上桌了。最後，大約在出餐前五分鐘，就在薛佛主廚和前鏈球選手傑森一起重新乳化了尼斯沙拉的淋醬汁後，我問薛佛主廚這樣的炸蔬菜能不能使用。她搖搖頭，一部分是在告訴我們「不能」，另一部分是感到不可置信。她瞥了一眼時鐘。

我說：「我們可以一邊出餐一邊重新炸過，應該會很快。」

「看來也沒別的選擇。」她回答。

備餐室的大門打開，薛佛主廚開始重新油炸那些濕漉漉的蔬菜。熟食檯的人手全都各自忙碌著，其中兩人正在拼裝，一人負責安裝牙籤，另一人對切，我將他們趕到出餐檯，因為出餐檯跟廚房的長度相當，空間很大，同時，副主廚已經開始大喊「一份快餐！再一份快餐！還要一份快餐！」眼前混亂的情景讓我忍不住想起克拉克主廚旋風一般的做事步調。我戴上乳膠手套，幫忙將薛佛主廚重新下鍋的蔬菜拿來擺盤，再放上酸黃瓜和橄欖。詹姆斯剛剛用過的炸鍋現在已經變得太熱，以至於蔬菜一放入鍋內，還來不及打撈起來便燒焦了，薛佛主廚也無能為力。降低油溫需要時間，我也只能繼續盡快將燒焦的蔬菜放進盤子裡，而當我一將已完成的餐點放在出餐檯上，盤子便馬上被取走。似乎今天所有人都想吃總匯三明治。

廚房的電話響起，薛佛主廚被叫走。我接手油炸鍋，現在溫度已經變得比較低了。提姆做完了他的香草橄欖巧巴達，過來幫忙我一起處理這些蔬菜。

「**這是什麼？**」一個聲音從出餐檯傳來。出聲的是勒布朗主廚（Chef LeBlanc）。他曾經在麗池飯店和紐約的麥斯威爾佳品酒館（Maxwell's Plum）擔任行政主廚，現在是晚間熟食冷肉課程的導師。他有一張圓臉，深色頭髮和眼睛，還蓄著鬍子。現在，他正靠在餐檯上，手裡拿著一根非常硬而且焦黑的炸蔬菜條給我和提姆看。「這是什麼？」他又問了一次。

提姆仔細地看著夾在勒布朗主廚手指上的蔬菜條。「我認為，」他說著，停頓了一下：「這是一根歐蘿蔔條。」

「這**曾經是**一根歐蘿蔔條，」勒布朗主廚拔高聲音：「但它燒焦了！」說完，他端起自己的總匯三明治、橄欖和燒焦的蔬菜條離開了。

❖ ❖ ❖

由於今天是最後一堂課了，全班要將教室整理好，讓下一批新生使用。幫忙打理是很重要的，因為新同學即將走進一間對他們而言是全新的廚房，用兩個半小時為兩百五十人準備午餐。打掃完之後，全班移動到隔壁的伯恩展示教室，這裡是學校大樓中最大的一間示範廚房。當年薛佛主廚高中畢業之後，就來到廚藝學院，也曾經是坐在這間示範教室裡的同學之一。一九七二年，廚藝學院從康乃狄克州紐哈芬搬到這裡來，而當年輕的凱薩琳．薛佛剛入學之際，這裡都還沒裝潢完全，電線還懸掛在天花板上。她在這裡上課的第一天，就幫忙組裝廚房。當時，學生們會坐著六個小時，看著薩克主廚（Chef Czack）或韋笙堡主廚（Chef Weissemberg）進行烹調示範，他們兩人都是一九五八年的畢業生，至今還在學校任教。隔天，學生們再繼續看另一位主廚示範，一邊發問、作筆記，但從來不會試吃，除非是加入了味精，就會要求他們嘗嘗看，在那個年代，味精是很常用的調味劑。當時學院的教學方式是邊看邊學，有必要時才拿起工具。

接下來，薛佛主廚一天要上兩門課，先是帶著她目前的班級移動到早上三點半開始的晨間備餐廚房，接再帶領午間備餐廚房的新班級。

晨間備餐廚房有百分之八十是在烹調雞蛋，她非常喜歡這個項目。亞當很喜歡上薛佛主廚的早餐課，他告訴我：「她簡直是愛蛋成癡。」

薛佛主廚在這兩個班級的教學目標是相似的，她鼓勵和尊重這些烹飪形式，並且教授這些烹調形式的食材和做法。雖然早餐和午餐烹調並不相同，但她還是試著幫學生發展出大廚房所需的速度和靈敏度。「每份餐點的雞蛋都只能煮一分半鐘，」她問：「你覺得你會花多久時間？你又有多少時間能做完全部的事情呢？但歐姆蛋就是要花一分半到兩分鐘製作，沒什麼好說。如果你沒辦法用這種速度做事，那就表示你不夠好。」

畢業那天，她的兩名學生選擇在校長餐廳製作歐姆蛋給校長和他的客人品嘗。這些客人通常是畢業演講者和一些食品產業的人士。「梅茲校長會站在你的面前，」薛佛主廚告訴我：「他喜歡向別人炫耀自己的學生。但能為釀酒師羅伯・蒙岱維（Robert Mondavi）做飯，也是一件激動人心的事。」

薛佛主廚發了一張考卷，考題包含：列出一種主菜式沙拉的食材、列出準備綠色沙拉蔬菜的步驟、定義三種蔬食主義的形式。接著，同學會在明天早上三點半來到早餐備餐室。薛佛主廚警告沒有住校的同學，清晨出發時，要小心九號公路上突然冒出來的醉漢和小鹿。

❖ ❖ ❖

我不斷想起勒布朗主廚和燒焦的歐蘿蔔，於是告訴薛佛主廚她去接電話時發生了什麼事。她聽了又生氣又難過，問我要不要一起重新幫他做一份恰當的午餐。我答應了。之後，我將重新炸好的一小份蔬菜放在襯著紙巾的碗裡，然後大步走進用餐區。勒布朗主廚正在和萊利主廚一起吃飯，背對著我。

「勒布朗主廚？」我出聲，同時遞出手裡的碗。

他回過頭看著那些蔬菜條，臉上是一種驚訝、輕蔑和惱怒的複雜表情。他說了聲「謝謝」，然後拿走碗。我回到教室裡去。

這小小的表態絲毫沒有對我造成影響，畢竟，這本來就是勒布朗主廚一開始就該拿到的炸蔬菜。他將燒焦的蔬菜條舉到我們眼前的那一幕在我腦中揮之不去。而燒焦的原因也別無其他，是一連串錯誤的決定造成的：詹姆斯急著完成所有炸物，而我第一時間看見他的差錯卻選擇什麼也不說，接著，薛佛主廚將蔬菜重新放進過熱的油鍋，而最後，我決定戴上手套把這些燒焦的蔬菜放進擺著總匯三明治的盤子裡。一系列的錯誤判斷，促成了一根燒焦的歐蘿蔔。

我想，勒布朗主廚和燒焦的歐蘿蔔不斷在我腦中徘徊，並不是因為我自己內心太過敏感，而是因為，這件事反映了美國廚藝學院的根本，也是這所學校為學生帶來的改變。與當今許多教育機構不同的是，這個地方不僅僅是教授知識和技術，還傳達價值判斷。這裡教導了一套幾乎可以說是信仰的價值體系，是如此美好地具體、實際與直接。正因如此，一根燒焦的歐蘿蔔才會如同人類困境一般地將我困在其中。

我很清楚自己將很多份燒焦的炸蔬菜端上桌，如果有人端這種東西給我，我會把它們留在盤子裡，這是肯定的。但我為什麼會給他們這些明顯不能吃的食物呢？這不該是個道德問題嗎？這是錯的，我很清楚，但我還是這麼做了。而這不就是一名二流廚師才會做出的決定嗎？

❖ ❖ ❖

隔天我回到備餐室，薛佛主廚正在上她的第二堂課。她三點就到學校上早餐課，現在正在為午餐課收尾。

「我還是一直在想著炸蔬菜的事，」我對她說。

她馬上點點頭，說她也仍為這件事生自己的氣。「如果這種事發生在餐廳裡，」她說道：「那些蔬菜絕對不會端出去。」

「那當時你為什麼允許呢？」我問。

我想藉此釐清我自己的問題。每當我回想昨天的情況，事情的樣貌都是如此：一開始節奏比較慢，後來慢慢加快，突然間，你不知道為什麼自己開始手忙腳亂，腦中所能想的只剩下盡快出餐、不斷出餐，完全沒有時間**思考**其他事情，一旦停下來，你就完了，所以只能不斷**行動**。然後，你便端出燒焦的食物給客人。

我繼續追問薛佛主廚：「為什麼你會允許那些燒焦的蔬菜端上桌？」

終於，她回答了，並且顯然深深感到困擾。「因為我不想**輸**。」

3 梅茲校長

我已經在學院待了三個月，但仍未見過管理這個地方的費迪南・梅茲先生。剛開始，這似乎有點奇怪。我以記者的身分前來，被授權可以廣泛接觸這所營運成本高達六千五百萬美元的大型教育機構，也是一所足以撼動整個餐飲業的教學殿堂，更是這位梅茲付出心血的地方。但他卻沒有與我見面。而我也選擇先不和他見面，首要原因是，在我還沒有完全認識這所學校之前，我的提問不會有太大的意義，再者，是因為我想在正式見面之前先認識他多一些。

我想先知道一些細節、軼事、人們對這個人的評價、人們在大廳中與他打照面時的舉止、人們提起他時的反應，還有我和他擦肩而過時的想法，這些不斷累積的小資訊，開始慢慢構成美國廚藝學院校長的輪廓。

比方說，他是一位名副其實的成功人士。這點從一開始就在我腦中成形了。當我第一天來到學校見到副校長提姆·萊恩時，梅茲先生打電話來，我想他那時人在西岸。萊恩暫時離開去接電話，他友好地笑著，大聲猜測梅茲先生是一邊健身一邊打電話。

梅茲先生總是穿著入時而有品味，不會穿得像個上班族。他身形高䠷、體格勻稱而健壯。金色的頭髮梳得整齊，從不凌亂，並且蓄著整齊的鬍子。他的眼睛細而長，顴骨高而稜角分明，臉頰線條分明。每當他出現，總會吸引我的目光，令我目不轉睛，彷彿他是一位大名人，或某種危險人物。雖然全校師生一年可能只會見到梅茲本尊五、六次，但只要有人一提起關於他的話題，他的形象便會在人們的腦海中揮之不去，簡直可以說，他的精神無處不在。

如果有主廚在談話中提起他的名字，我也會想去深究他們的想法。其中一位老師簡單地說，梅茲先生就是個完美人物，沒有什麼其他可講的。

在關於他的歷史與瑣碎細節中，有幾個事實是我知道的：他二十歲之前都住在德國慕尼黑，因此保留了明顯的德國口音。我還知道，他在一九六二年抵達美國不久之後，就在曼哈頓著名的亨子餐館工作，後來在廣場飯店（Plaza Hotel）擔任宴會廚師，並在一九八〇年辭去亨氏食品公司（Heinz）食品研發部門的資深經理職務，來到廚藝學院擔任校長。

❖ ❖ ❖

每個月一次，畢業前的週四，學校會在餐廳小教堂擺設西式高級自助餐，這是一種正式的自助晚餐形式，餐點內容包含競賽等級的肉凍拼盤、法式肉派（pâté en croute）、肉捲（roulade）、法式醬糜和來自冷食廚房的煙鮭魚，和許多糕點課製作的精美蛋糕、糖果和花色小蛋糕（petit four）。熟食概論、海鮮料理和東方料理課程也都會各自提供食物。餐廳會暫時不開放，直到梅茲先生帶著畢業演講者和客人來參觀這些成品。梅茲先生經常停下腳步，詢問學生關於食物的問題。

熟食概論課的第十二天，魯迪・史密斯主廚對正在為自助餐準備鮭魚的炙烤檯同學說道：「我敢打賭，梅茲先生會問你，要如何分辨鮭魚是否有在烹製之前先抹上鹽？」史密斯主廚解釋，鹽份有助於將蛋白質的濃度帶至魚肉表面，而蛋白質是會焦糖化的物質。如果鮭魚肉經過完美焦糖化，表面有一層燒烤鐵網的紋路，而又沒有燒焦的話，就表示在燒烤之前有抹上鹽巴。「梅茲先生希望你能令他印象深刻，」史密斯主廚說：「他也希望你能驚豔他的客人。」

「梅茲先生喜歡白醬燉小牛肉，」史密斯主廚繼續說，轉向蘿拉，她將負責這道料理。他總會吃這道菜，這和法式白酒燉肉（fricassee）有點類似，班前幾天正好做過這道料理，但兩者還是有一些差異。白醬燉小牛肉的做法極為精緻，大塊小牛肉先經過汆燙，除去雜質，醬汁也要過濾，最後才能做出一道輕盈、優雅的菜餚。對小細節的關注會為成果帶來巨大的影響。梅茲先生要吃的燉肉，就是這種高度細緻的版本。「理解兩者差異和起源非常重要，」史密斯主廚對蘿拉說。

這個班級第一次負責自助餐菜色，因此史密斯主廚開始解說規則：「梅茲先生和客人最先開始用餐。還有，務必清楚所有菜色。回答問題時要很有自信，和他分享你所知道的一切。只有一件事情你不該做，別想蒙混過關。就算你只是試圖搪塞他，他也會知道。」

「這個人非常好勝，」史密斯主廚總結：「他就是這樣烹飪的，他是位非常好的廚師。」

蘿拉顯然非常緊張，她問道：「那我們該怎麼稱呼他？」

「就叫他梅茲先生，」史密斯主廚面不改色地回答：「他是個男子漢，是個好廚師，但他的起步和你們都一樣。」

❖ ❖ ❖

薛佛主廚也回憶起有一天梅茲先生在一次定期參觀的途中，正好路過她的廚房。她當時帶領的是熟食概論課。「那時我們做了鹹派，」她回想著：「梅茲先生停下來和我的學生討論菜單，想知道我們的鹹派是怎麼製作的。」他們說，薛佛主廚要他們把起司末灑在派皮裡。梅茲先生說：「是嗎？她為什麼要這樣做？」學生們毫無頭緒。「當時我們還沒進行到講課，所以他們都不知道原因，」薛佛主廚說道：「於是，他告訴學生：『因為這樣底部才會酥脆。將起司鋪在派皮底部，雞蛋麵糊就不會滲透得太快。』」

她也清楚記得校長曾經打了一通「不甚愉快」的電話給她，「他說了些我不想聽的話。」

身為備餐室廚師，她負責帶領一批替班廚師，為校長準備晨間點心。「他口味清淡得很，」薛佛主廚說：「非常簡單。胡蘿蔔、大頭菜、蕪菁甘藍和芹菜棒。如此而已。」這是一個十分簡單的任務，一些口感爽脆的蔬果而已。然而有一次，她的廚房工作量很大，又只有十名學生。替班廚師正要準備梅茲先生的生菜沙拉。蔬菜已經擺了幾天了，薛佛主廚問他們這些蔬菜還能不能用，他們說沒問題。於是，他們便處理好、擺盤，再用保鮮膜蓋上。薛佛主廚檢查了一下，但不太仔細，那些保鮮膜底下的蔬菜看起來確實不錯，但她不知道實際上已經有些老而乾燥了。大家忙碌起來，就暫時遺忘了這道沙拉。而在沙拉送到梅茲先生手裡之前，就這麼在室溫下擺了幾個小時。

過沒多久，備餐室的電話響起，是梅茲先生。他問薛佛主廚送了什麼來給他。她道歉，找了一些理由，雖然她所有藉口都是徒勞。沙拉壞了，而她卻送到梅茲先生的手裡，這是不爭的事實。她回想當時梅茲先生對她說：「如果你沒有時間，你可以告訴我。我們來做其他安排。」她知道他說的是真的。但她也知道，你不能拒絕梅茲先生的要求。對她來說，那就是一種失敗。

❖ ❖ ❖

這些故事讓我很快就被這位先生給迷住了，他愛吃極為精緻的白醬燉小牛肉，還吃生大頭菜當早餐，而且他能夠影響這裡的人。除了畢業典禮，其他人多半不會遇到他，現在東西兩岸各有一個校區，就連畢業典禮都不見得能看見他的身影。但是，所有人都想取悅他，所有人都想令他留下深刻的印象。我曾經和一位年輕、堅強又驕傲的同學一起在校園中散步，我們在大廳與梅茲先生擦肩而過，那位同學的眼睛立刻瞪得大大的，轉過來看著我，沒有發出聲音，但用嘴型對我說：「**那是梅茲校長**。」

梅茲先生設立了學校運作的標準，而所謂的標準，即是完美。備餐室裡能取得新鮮的大頭菜、蕪菁甘藍、胡蘿蔔、芹菜，沒有理由端上一盤不新鮮的沙拉。他的語調溫和而堅定，這讓他的話一直深深留在薛佛主廚的腦海中。「如果你沒有時間，你可以告訴我。我們來做其他安排。」**你明白我的意思嗎？如果你無法做到完美，那麼我們可以找其他人來做**。

沒有任何一種不完美是可以被接受的。可以將燒焦的炸蔬菜條端給梅茲校長嗎？不可能。因此，你也永遠不該端一盤燒焦的炸蔬菜給**任何人**。這就是烹飪和服務的倫理，在廚藝學院，這幾乎是一種信仰。最終，我逐漸明白，原來這種完美的來源、想將一切做到最好的初衷、對未完成任務感到憤怒，還有看著美好的成果感到深刻地滿足，無論是在帕德斯主廚的基礎技能廚房，或者是薛佛主廚的備餐室——這一切，全都是來自費迪南．梅茲。

第三部

食物管理者

冷食廚房

1

之前在基礎技能課時，帕德斯主廚就曾經對我說：「夏娃．費達是食物**女神**。」費達主廚現在是冷食廚房的導師，這也是廚藝學院第一年的最後一門課。而我的運氣好，又再度和基礎技能課的老同學重聚，亞當、艾莉卡、蘿拉和崔維斯、安靜的碧昂卡、班、保羅和格雷，我們一起看著這位女神下廚。

在大家前往校外實習之前，她的班級是最後一門課，現在所有人都巴不得盡快逃離海德帕克鎮。這令人暈眩的疲乏感從熟食概論課就開始了，一直到冷食廚房之前，壓力只會加劇，絲毫不減，大家似乎都在數日子，盼望著課程來到盡頭。

類似的情緒在學校蔓延開來，這段課程上完之後，就會迎來十七天的休假，在此期間，學院會關閉，進行清潔與修整。全校師生和員工都是在接二連三的暴風雪中展開這一學期，而會在慵懶炎熱的七月結束這半年的課程，彷彿終於抵達一場漫長馬拉松的終點線，然後即將沉浸在天堂般的休息之中。

除了帕德斯主廚。

我手裡捧著裝有魷魚沙拉的午餐托盤，正準備走出校友廳的路上，巧遇了帕德斯主廚，而他停下腳步來告訴我一個消息。

「你猜我暑假要做什麼？」他幾乎是嘻皮笑臉地說。

「做什麼？」我問。

「我要教課，**基礎技能課**。」

「基礎技能？」

「對，在**巴西**。」他說。

廚藝學院在巴西聖保羅的一間飯店設有證書課程，課程內容有許多和這裡一模一樣。主要的差別在於，學生會在同一間廚房裡，由導師輪流到教室來上課。帕德斯主廚先過去教授基礎技能，接著再換魯迪・史密斯前往帶領熟食概論課。帕德斯主廚是個停不下來的人，他跑去見鮑伯・布里格斯（Bob Briggs）主廚，問他何時才能到海外工作？而布里格斯問他：「那你暑假有空嗎？」

當其他人都跑去釣魚、鬼混、替花園除草或在家煮煮南瓜、玉米和新鮮馬鈴薯時，帕德斯主廚還要繼續小火慢燉牛骨、試吃一碗又一碗的褐醬，並製作法式清湯的黏附筏。

全班都在期待暑假養精蓄銳的時光。眼前的冷食廚房不是一間提供每日膳食的生產廚房，而是專門預先準備好備品的地方。因此，這裡的主要工作是「準備」，沒有截止時間的忙亂，這大概是度過假期前最後三週最好的課程了。

傳統上，冷食廚房負責處理冷盤、開胃菜、一些甜點和裝飾品，例如冰雕。而現今，冷食廚房，有時也稱為食品儲藏室，在法文中，pantry或可譯為食物保管者或保護者，大致上的工作內容是一樣的，除了製作冷盤開胃菜，也會製作沙拉和冷三明治。我們的冷食廚房則將側重於開胃小點（canapés）、開胃展示菜（plated appetizers），最後則是冷食自助餐，嘗試以競賽級的規格製作，並在星期四畢業典禮前，在西式高級自助餐會上提供給梅茲校長和賓客品嘗。

孰料，費達主廚在課堂的第一天對我們說：「調味鑲肉（forcemeat），是這門課的精髓。」

調味鑲肉通常指的是將生或熟的肉品磨碎或切碎。這個詞源自法文的「填」（farcir）和「填充物」（farce），對我來說這兩個字眼並不是那麼悅耳，還有些粗野。然而，調味鑲肉這個術語有時聽起來十分精緻。比如說，在科學或分子的討論層面中，經典的調味鑲肉通常包含肉、脂肪和水的乳化液，是一種複雜的膠狀物質。有時，這個術語也讓人頭昏腦脹，各式各樣乳化液型態的名稱令人眼花撩亂，有的甚至聽起來冠冕堂皇：肉凍（galantine）、肉捲（ballottine）、鵝肝醬、慕斯林（mousseline）、慕斯（mousses）、肉丸（quenelle）、醬糜，這些全都是調味鑲肉！即便是香腸或美國人最愛的熱狗，都比調味鑲肉簡單明瞭多了，這可不是胡扯。

但基本上，所有這些調味鑲肉的製作過程，都是磨製、烘、烤和燉煮。

費達主廚非常看重調味鑲肉，她認為這是一種肉類的「救星」。

事實上，調味鑲肉為即將過期的剩肉提供一個重生機會，而這正是冷食廚房的靈魂——保護食物。

費達主廚說，世界上第一位冷食廚師就是山頂洞人。美國原住民也是冷食廚師，他們會用鹽巴將魚包裹起來保存。

製作油封鴨時，將鴨腿煮熟，然後浸入鴨油中儲存，這本身也是一種冷食技術。冷食廚房比任何其他廚房都更加依賴調味品和香料，因為食物通常是冷盤上菜，需要不同的風味替代熱食飄散的香氣。這種技術在中世紀曾經風靡一時，因為當時香料是富裕的象徵。將冷肉放入模具中，通常會製作成肉凍，聽到這個詞時，大多數人會先想到「午餐肉」（spam），因此，肉凍通常要做得十分美觀，視覺與味覺都令人垂涎欲滴。

「你必須能夠**看見**味道，」費達主廚說：「看著別人品嘗時，要覺得『天啊，看起來真好吃，看看那胡蘿蔔，切得真美。看看那法式醬糜，看看那法式肉派，看看裡頭的配料！』一定要讓客人們由衷發出讚嘆，並且想要品嘗，要在視覺上讓客人感覺受到邀請。在冷食廚房裡，我們會做更多的裝飾、更多的調味，我們的刀工必須十足精湛，如此一來，味覺才能夠視覺化。梅茲校長經過冷食廚房時，還會走進來壓壓看這些肉類，看看是否足夠多汁。」

「對我來說，最令人興奮的事情之一，」她繼續說道：「就是教會你們如何利用剩菜，不需要食譜。例如說，如果我們昨晚還剩下一隻鴨子，我會教你們如何將原本只能做成兩人或四人份的材料，利用調味鑲肉的做法，製作出十六份或二十份餐點。」

「大夥兒？」她說。費達主廚來自南卡羅來納的查爾斯頓。他們經常使用這句話當開場白，大概就像作者用輸入鍵開始新段落一樣自然。「大夥兒，你們覺得要如何在沒有食譜的狀況下製作調味鑲肉呢？」

當然是比例。她說，只要掌握比例和正確技巧，你就能大展身手。要清楚需要用到多少肉、多少脂肪、多少水，掌握這些比例，你就成功了。通常，典型的乳化液會用到四份肉品、四份脂肪和三份冰。而除了研磨機本身以外，所有東西都必須是冰的，如果混合物超過大約攝氏四．五度，蛋白質便無法適當結合，會做出破碎的調味鑲肉。這種乳化液以它的比例來**命名**，就叫做「五比四比三」調味鑲肉。一般廣為人知的「五比四比三」調味鑲肉有德國蒜腸、法蘭克福腸和其他層次豐富的香腸。

❖ ❖ ❖

費達主廚年約四十出頭，身形苗條，蓄著一頭棕色波浪短髮，短得幾乎能全部蓋在她的帽子裡。她的膚色是廚師熟悉的烘烤小麥色。她有一雙黑色的眼睛，眼頭細長，眼尾寬闊，像兩滴淚珠朝內指向她高挺的鼻子，而當她談論食物時，雙眼會閃閃發光，整個人的姿態都振奮了起來。

費達主廚是一位自學成才的廚師。從早年在內布拉斯加州奧馬哈（Omaha）的艾格普雷斯咖啡館（Cafe Eggspress）擔任餐廳經理，一路做到維莫茲餐廳（V. Mertz）的行政主廚。她竭盡所能地閱讀，並開始關注《廚藝雜誌》（*Cooks*）上的一個專欄，由林賽·謝爾（Lindsey Shere）撰寫，而她是慢食教母愛莉絲·華特斯開設帕妮絲之家餐館的合夥人兼糕點師。在專欄中，她充滿說服力地闡述廚師與農夫合作的重要性，而費達主廚被她的文字迷住了，她下定決心要去帕妮絲之家餐館工作。懷抱著這一絲期待，她進入廚藝學院就讀。她一直將目標鎖定在帕妮絲之家這間柏克萊的指標餐廳，彷彿她的一座燈塔。終於，她錄取了那裡的校外實習，並在一九八八年畢業之後，重新回去工作，一待就是七年，直到她過去的老師邀請她返回母校參與教師徵選。

在這上課的第一天，費達主廚便滔滔不絕地談了五個小時的調味鑲肉，幾乎沒有停下來，接著就飛往威斯康辛州，去為公立學校的廚房上課，教授基礎烹飪技術，那是廚藝學院和美國農業部的合作計畫，為了提升全國中小學的午餐品質。因此冷食廚房的第二天，是一位不同的老師上課。

代課老師名叫馬克·愛因沃斯（Mark Ainsworth），本來負責上午的冷食廚房課，現在一天要上兩門課，直到費達主廚從威斯康辛飛回來。

我不知道究竟是因為一天兩堂課的壓力，還是廚房實在太冷了，又或者在維京群島待了太久（在托爾托拉〔Torolla〕的機場飯店擔任行政主廚），愛因沃斯主廚異常地沉著、冷靜、**老練**。他三十七歲，身材高大，有一頭毛躁的棕色頭髮，之前待過伯納丁海鮮餐館（La Bernardin），那裡想必是個高壓的工作場所。他還在約克鎮號快航郵輪（Yorktown Clipper）上擔任廚師，待在一間狹窄的廚房裡，幾乎沒有儲物空間，而且當你做菜時，所有的材料、工具和重力都會跟著波浪搖擺，我想那一定令人神經緊繃。所以他遇事肯定波瀾不驚。有時候，他會揚起眉毛，有時候他會微笑點頭，僅此而已。

然而近乎冷漠的語氣，不知道為什麼也讓他成為一位很棒的說書人，他透過許多故事闡述訊息。那時我們努力準備雞尾酒會的開胃小點，愛因沃斯主廚突然喊道：「示範！」

他準備示範醃鮭魚，醃製和煙燻兩種方法。他講解了養殖鮭魚與阿拉斯加野生鮭魚，順勢說起他的朋友以捕撈野生鮭魚維生，而他靠著燻製鮭魚賺了一筆錢，接著，他的朋友又想出一種燻製鮭魚脂肪的方法，用原本會扔掉的部位又發了一筆小財，他還提到海獅能從四分之一哩外就看見他朋友網中的鮭魚種類，諸如此類地說了好一陣子。最後他提到，花園大道咖啡館（Park Avenue Cafe）的明星主廚大衛・柏克（David Burke）發明了五香燻鮭。「那其實只是種宣傳手法，」愛因沃斯主廚說：「你們都知道怎麼製作五香燻肉（pastrami）。會用到哪些調味料？」同學們大聲說出在熟食冷肉課學到的答案，而愛因沃斯主廚說：「對，很簡單。大衛・柏克用一樣的方法燻製鮭魚，稱它為『五香燻鮭』，藉此大撈一票。」

「鹽和糖的關係很重要，」他繼續說道：「調味料、月桂葉、丁香、多香果，這些都不重要。如果你想吃西南方口味，就加些西南方特有的香料。」接著我們又一次聽到，比例至關重要。醃製鮭魚需要花上一天，並且要用到兩磅的鹽和一磅的糖。至於燻製，就不需要這麼多鹽了。「為什麼？」他問道：「因為燻製需要花上三天。」

每一件事他都有個好故事能講。亞當．薛柏最近去盧泰西亞餐廳觀摩，那裡現在是由依百克．穆勒（Eberhard Muller）大廚帶領。愛因沃斯主廚停下來聽亞當描述他在廚房觀摩一晚的經驗。他們沒有讓亞當做太多事，但他在一旁專注地看和品嘗。「從那間廚房送出去的食物都是**完美的**，」亞當回憶道：「一切都非常完美。我嘗了每一道要端上桌的料理，找不出任何需要改進的地方。穆勒大廚的龍蝦高湯實在太美味了，是我嘗過最棒的龍蝦湯。」

愛因沃斯主廚點點頭，他說穆勒大廚有著驚人的味覺能力。他曾經在伯納丁海鮮餐館和穆勒共事過。有次，那裡的廚師做了龍蝦高湯，卻沒能做好，口感沒有到位。有人於是在裡頭加了一點雞湯。「龍蝦湯大概有十加侖那麼多，」愛因沃斯主廚回憶道：「我們只加了一湯匙的雞湯，而穆勒嘗了一口之後馬上就大吼：『**是誰在龍蝦湯裡加了雞湯底**』？」

烹飪界似乎頗為封閉，身為圈外人能聽到這樣的趣聞令人感到十分滿足。

我們在冷食廚房裡學到不少食物的小竅門。新鮮的醃泡莫札瑞拉起司球，通常又稱為水牛莫札瑞拉起司（在義大利，有些莫札瑞拉起司是用水牛凝乳製作的），現在在熟食店裡隨處可見，每磅大約只要十塊錢，這是一種便宜的起司，只要加熱至大約攝氏七十度，就會融化鹽水。如果你能忍受這種溫度，可以用手或勺子在水中攪拌這種凝乳，攪至太妃糖一般的黏糊狀，然後在它冷卻之前用來做任何你想做的東西。例如，你可以將這些凝乳重塑為一顆大球，以油和香草浸泡。或者，將它捲成一長條，用保鮮膜包起來，一段一段剝開來，每段一吋長，做成博康奇尼（bocconcini）。又或者，可以像費達主廚喜歡的那樣，莫札瑞拉起司小球，搭配烤紅色甜椒和紅酒巴薩米克醋。你還可以在砧板鋪上一張烤紙，將黏稠的凝乳起司塗在紙上，再塗上一層香蒜醬，捲起來，再切片，做成莫札瑞拉香蒜捲。全班分為四組，愛因沃斯主廚要我們這桌做這道小點給雞尾酒新生招待會，不過，另外一半凝乳起司上頭則是刷上迷人的油醋醬：在紅酒與橄欖油的基底上，我們又加入了四份烤紅色甜椒、一瓣烤蒜頭和兩顆墨西哥契波透（chipotle）辣椒。

這每磅兩塊錢的起司和鹽水是創新的泉源。只要看見熟食店的櫃台裡販售著這類延伸小點，愛因沃斯主廚便會充滿智慧地點點頭說：「這是敲詐。」

我們在第二天或第三天時開始取骨邊肉製作調味鑲肉，愛因沃斯主廚順道提起，有時候可以從裡頭開始刨肉，讓雞的外觀保留完整，然後再將食材塞入雞身裡、送入烤箱烘烤，看起來會像隻完整的烤全雞，這麼做很有趣。可以做給老媽吃，他說。「我們就是這樣處理鵪鶉的，」他繼續說下去：「有些人可能看過我們這裡的歐洲鵪鶉，就是這樣處理。然後我們也會刨一隻雞，再把鵪鶉塞進母雞身裡，雞再放進山雞身裡，再把山雞塞進鴨身裡，最後才送進烤箱。」有時，他會在最前面的鵪鶉身裡加入松露鵝肝醬。他說話時，一旁的亞當笑著頻頻點頭，他很少這樣。接著，愛因沃斯主廚又講了一個來自古羅馬遙遠年代不為人知的傳說，是關於這種「延續」觀念的實踐，他說那個時代的廚師將松露鵝肝醬塞入鵪鶉、塞入雞身、再塞入鴨身之後，可不會就此打住，古羅馬人會將被塞滿的鴨身再塞進去骨的大隻公雞裡，再將公雞塞入乳豬裡，再一路繼續填塞下去，直到塞進一頭牛裡去，接著他們會烤上好幾個小時，再烤好幾個小時，等到終於烤好了，羅馬人會分食最裡頭的松露，其他的東西全部扔掉。

說了這麼多，愛因沃斯主廚的主要哲學是要懂得分配任務、懂得停下來思考，還有不要綁手綁腳。「他們就快要去校外實習了，」他告訴我：「他們必須有能力回答自己的問題。」

第二學期實作

2

第二學期實作是廚藝學院學生前往校外實習之前的期末考之一，考試時間大多落在冷食廚房的第一週間。每次會有六名學生考試，早上七點抵達郵件收發室外頭的實作教室。學校事先會將一共六份的菜單印出來，每個人都會在考試前拿到一份，此外也會張貼在公告欄上，考試項目往往包含一份湯品、一份主菜（肉品和醬汁）、兩份蔬菜和一份澱粉。考試之前還要先答題，例如會被問到濃湯通常會用到哪種母醬，或者，牛絞肉和雞蛋白中的蛋白質是哪一類？

菜單的內容都十分基本。主菜可能是烤雞搭配醬汁、嫩肩雞肉佐香料醬汁或燉鮭魚搭配荷蘭醬，都是基礎技能第二級做過的。湯品則都來自基礎技能初級班的內容，畢竟這是一場基礎烹飪法的考試，要測試你是否熟悉煎炒、水煮、清燉、慢燉、烘烤和炙烤，這些技能永遠用得到。兩小時十五分鐘之後，湯品就要先端上桌，接著，再過十五分鐘之後，主餐就得上菜。你需要的所有材料都會放在托盤上或冰箱裡，時間也正好夠你準備一套兩人份的全餐，只要你中途不要犯任何錯誤。

但考試還是令人緊張。只要你上菜遲了，就無法通過考試。如果你的食物令人難以下嚥，比如誤判了烤雞的熟透度，或者腿肉帶血，那麼你也無法通過，還得再支付一次考試費用。除此之外，你還要在一間陌生的廚房，為眼前陌生的考官做飯。面對這樣的考試，焦慮當然隨之而來。

早上七點整，我和李歐納·莫蒙多一起去考試。之前基礎技能課時，他常站在我對面工作，總是繃著一張臉、刻苦耐勞的模樣，站在他旁邊的則是恩晶，今天她也來參加考試，還有個子高大、為人敦厚溫暖的老盧也是。恩晶一看我出現在廚房裡，便說：「就像回到基礎技能課，真開心。」的確如此，而且所有的考試內容都是基礎技能課練習過的。唯一的困難是，你事先不知道自己會分配到哪一份菜單，所以必須熟悉全部六份菜單的內容，不確定性很大。一如許多其他同學，恩晶將所有菜單的食譜寫在三乘五的卡片上，並放在胸前的口袋裡。但我沒有這樣做，我只是帶來幾張技能課堂上寫過的筆記小卡，確保自己每樣材料都準備足夠，例如要用來烹煮鮭魚的調味高湯。剩下的，就依靠學過的技巧了。雖然有點緊張，但我希望待會一切都能步上軌道。

費達主廚的建議聽起來是最好的。「只是頓晚餐而已，」她第一天就這麼告訴我們：「而你們是在做自己喜歡的事情。」

考官亞當·貝勒夫（Adam Balough）主廚是個面容滄桑的男人，有著寬闊的鼻子、金紅色的頭髮，戴著厚厚的眼鏡，說起話來，是濃濃的匈牙利口音。年輕時，他曾在布達佩斯的卡爾帕蒂亞餐館（Karpatia Restaurant）當學徒，並且已經在廚藝學院待了三十三年了。「我有很多綽號，」他粗聲笑著對我說：「但從來沒人叫過我『爛廚師』。」

他幾乎沒有認真打量我們所有人。我們在教室集合，圍在一張長方形的小桌旁，桌上放著他的文件、一個銀製容器和一只銀色的碗，裡頭裝著六個黃色小紙捲。他拿起碗來，遞至老盧眼前。老盧拿起其中一捲，慢慢展開。「淺水低溫水煮，」老盧深吸一口氣，說道。他情緒有點激動，但我無法分辨究竟是擔心、愉快還是鬆了一口氣。他要負責製作的是花椰菜奶油濃湯、抓飯、青花菜和胡蘿蔔，還有水煮比目魚片。接著我們和主廚一起參觀廚房，他也大致解釋了一些規範。「烤箱保持在攝氏一百八十度左右。」「自己的鍋具要自己清洗。」「主菜出餐時間不可以延遲。」

「主廚，請問有試吃用的湯匙嗎？」老盧發問。

「有，」貝勒夫主廚答道，並一股腦兒地將湯匙全放在桌上。

教室裡的六座工作檯全都寫上編號。一共有兩個火爐和一處小壁龕，幾乎沒有能放桌椅的地方。貝勒夫主廚要我們填寫個人資料表格，包含寫上我們的基礎技能導師——「這樣我才知道要把你們送回去哪裡重新磨練，」他咕噥著。接著，他試圖讓我們放鬆。「想像成這是在為你們的母親做飯。如果你媽媽願意吃這些餐點，那我也願意，」他停頓了一下，似乎再重新思考這個說詞。「也許媽媽為了給你們面子，無論如何都會吃，」他笑了起來：「但我們會坐下來，說出我們的評價，也有可能我們會不太喜歡你的餐點。不過大部分同學看到自己的分數時，通常不會太失望。」

接著，考試就開始了。我們五個人先離開，留下老盧和他的水煮烹調奮鬥。我們因此多出了一些時間可以再臨時抱佛腳一下，也知道不必再擔心老盧已經在進行的淺水低溫水煮項目了。

❖ ❖ ❖

十點一到，我回到忙亂的廚房裡，抽到的黃色紙條上寫著：「燉煮，牛肉或羊腿、白花菜、荷蘭豆、馬鈴薯泥及洋蔥湯。」老盧比較晚一些才動工，所以，當我坐下來考筆試時，他才剛端出做好的湯品。順利完成筆試之後，我便起身開始做菜。我抽到的是比較簡單的考題，如果抽到清蒸，還得製作荷蘭醬、調味高湯和法式清湯，那可就頭痛了。

燉煮的要領是要先煎烤肉品，並將調味蔬菜炒至焦糖化，整個製作的時間可能長達一個半小時。我在這間小廚房的其中一頭煎烤肉品，又跑到另一頭開始準備調味蔬菜，並將洋蔥切片好用來煮湯。湯品要耗費的時間更長，畢竟漂亮的焦糖化是這碗湯的關鍵。蔬菜和澱粉類則不需要想太多。我會在文火煮湯時——我想多花些時間煮出洋蔥的美妙味道——善用時間為蔬菜料理加上一些驚喜，同時也開始燉煮羊腿。洋蔥湯起鍋之前，馬鈴薯便可做好。此時，主廚還來到一旁給我一些提示。「馬鈴薯泥不必做得太複雜，」他說，並要我將蔬菜料理也保持單純即可。湯品的配菜是一片簡單的烤麵包，抹上融化的帕馬森與格呂耶爾起司。

就在此時，老盧犯了個嚴重的錯誤。淺水低溫水煮的方法本來十分簡單：將甜紅蔥放入深炒鍋中，加些高湯與一點白酒，以小火慢煮，接著將魚片放入煮液（cuisson），底下襯著紅蔥，上頭覆蓋一層烘焙油紙，送入烤箱中加熱個幾分鐘。濃縮而稠化的煮液，最後將會收乾成醬汁。

就是在這道手續中，老盧犯了錯。當時他正在處理醬汁，魚片撈起來放在一個架子上。他的醬汁雖已經過濃縮，卻還是稀得像水一樣，上菜時間迫在眉睫，老盧於是有點慌了，將火開大，不一會兒，醬汁就完全煮乾了。原來，剛才他忘了加入奶油麵糊好讓煮液稠化。

之後貝勒夫主廚為老盧評分，只給了他八十三分。「他把醬汁都煮乾了，」貝勒夫主廚事後告訴我：「端上來的魚沒有任何醬汁，是一條乾巴巴的魚。其實我本來可以當掉他的，但其他的餐點他都做得不錯。」說著，貝勒夫主廚聳聳肩。「其他主廚可能會對他說：『你做壞了。』他們可能一點都不在意。」貝勒夫主廚很少當掉學生。他說，有的人出了狀況就手忙腳亂，最後徹底放棄，或者晚了半個小時才端上主菜，只有兩種情況他才會當人。有一次，某個學生煮法式清湯時黏附筏散開，之後他就徹底放棄了。

至於我的情況，一切都在掌握之中。連恩和恩晶也進到廚房了，我在他們兩人旁邊的爐子十分有效率地工作著。恩晶正專注地製作要淋在烤雞上的肉汁，就連一陣大火突然從爐子上竄起，她也面不改色。她經常擋住我和連恩的去路，或者占用我還需要使用的爐子，卻完全沒有自覺。這一切都將我帶回基礎技能課的舊時光。

我的湯品依照計畫在十二點十五分時完成，已經做好一段時間了。但我卻把麵包遺忘在烤箱裡，現在已經烤成一片焦黑，幸好我有留下足夠的起司，能盡快再重新烤一片。我將洋蔥湯端上桌之後，回過頭用奶油和鹽加熱蔬菜，同時將燉得近乎完美而柔嫩的羊腿從爐子上拿起來，一邊過濾及加熱醬汁。夾起羊腿時，我注意到醬汁的表面分離出一層薄薄的油脂。然後，我羊腿放入盤中，淋上一湯匙的醬汁。貝勒夫主廚也在這時候踱步來到我的身後觀望。

「讓我看看，」他說，一邊將我裝著醬汁的鍋子拉過去：「你得撈除油脂。」

他說得彷彿我是個傻瓜，令我忽然間亂了陣腳，竟拿湯匙開始攪拌醬汁。

「現在你把油脂全部攪回醬汁裡了，」他大聲說。我停下來，手足無措地望著他。

「算了，」他似乎也放棄了：「繼續吧。」

我低頭看著我的羊腿，上頭已經有一層泛著亮橘色油光的醬汁，我已經淋上去了。最終，我只好繼續完成擺盤，端上桌給主廚試吃和評分。

他認為我的湯煮過頭了，燉的時間太長，洋蔥焦糖化過度，有些已經燒焦了，使得湯品帶有一絲苦味，而且我的洋蔥切得不均勻。但主要的問題還是太濃稠了。我辯駁說，我想煮的正是這種濃稠的洋蔥湯。

「沒有人會想喝到這種湯，」他回答。

「在七月中旬這樣悶熱的廚房裡，確實沒有，」我繼續反駁：「但想像一下，若是在一個寒風刺骨的冬夜，而你飢腸轆轆呢？」貝勒夫主廚一點也不買帳，他喜歡清淡的口味，還說，我不該將烤麵包皮切除，法式料理一般都會留下麵包皮。

不過，我的蔬菜煮得很好，羊腿也是，雖然煮得有點乾，起鍋後我應該將它蓋起來，而不是暴露在鐵架上。至於我的醬汁，除了油膩之外，也煮得太過濃稠，我是用褐醬來增稠的，或許當初應該加些小牛高湯進去。馬鈴薯也做得很好。「非常**令人驚豔**，」主廚說著，替我打了分數。

我拿下九一．七的高分，雖然我認為自己比貝勒夫主廚評價得再好上一些，但依然為其中的許多錯誤感到沮喪。我的餐點其實相當不錯，足以令人飽餐一頓，但遠遠不到完美的地步，過程中，我放棄了許多細節。

而基礎技能課的老同學們大部分也都表現得比我好。不同時間考試的格雷．林區，當天也和我一樣抽到燉煮，還得到滿分。貝勒夫主廚說，他從未吃過比這更棒的燉羊腿了。同樣抽到燉煮的班也拿到九十九分，「我的醬汁做得超──棒，」他自豪地說：「貝勒夫主廚嘗了我的羊腿之後，發出滿足的讚嘆。」他十分嫉妒格雷拿到滿分，說格雷像個「工匠」，這個暱稱後來竟然就這麼傳開了。

學期最後一天，我回到廚房詢問貝勒夫主廚剩下其他人的表現如何。「大家都很出色，」他告訴我：「今天有兩個人拿了高分，昨天則有三個。」他讚許地點點頭：「他們知道所有問題的答案，刀工也非常精湛。」

而我所有拿下高分的基礎技能課同學，全都跑回來感謝當時教導他們的人，也就是帕德斯主廚。而帕德斯主廚告訴我，他搞不好很快就要升官了。

亞當拿了九十九分，他抽到的是嫩煎雞肉佐香料醬汁，還要製作櫛瓜、胡蘿蔔、義大利麵和豌豆湯。我向他問起製作過程，他滔滔不絕地將當天的情景形容得像一場傳奇體育賽事。

「如果我當時端上桌的是另一片雞肉，我應該會拿到滿分，」亞當說自己當時其中一片雞肉有些煎過頭了。「其他一切都很完美，我簡直不敢相信。我本來沒料到會這麼理想的，而我也不知道為什麼會那麼順利。我事先就知道他不喜歡在豌豆湯裡加培根，因為他不喜歡五彩繽紛的湯品，也不喜歡重口味，他希望料理保留最初的本質，豌豆湯就是豌豆湯。所以我捨棄培根，改用培根的油脂烹煮芹菜，還煮了紅蔥和大蒜。煮好後我把培根肉拿掉，剩下的油脂再用來浸一下麵包丁。最後關頭，我又將培根放進香料袋裡。我本來完全沒有想過這個辦法，甚至不知道自己為什麼會在最後一刻想起，但這讓我煮出了近乎完美的口味。之後，我又用雞高湯煮馬鈴薯，也沒有加入豌豆和火腿。而且我還保留一些雞高湯來稀釋我的豌豆湯，效果太棒了。還有，我將胡蘿蔔刷上一層雞醬和奶油，並和汆燙過的櫛瓜一起放入奶油之中重新加熱，口感簡直令人震驚。」

我又問他對貝勒夫主廚的觀感如何。

「我覺得他腦袋很清楚，」亞當說：「有些人認為不該由他來評分、他的分數都給得太高了、他對口味根本沒有概念……簡直一派胡言。他雖然很寬容，但他是對的。我嘗過梅莉莎做的湯，她說貝勒夫主廚認為她的湯太重口味了，她完全不明白為什麼。但我認為貝勒夫主廚是對的。你知道把青花菜煮成灰綠色會出現什麼味道吧？而且還會變得軟爛爛的。其實食物就是這麼一回事，我完全明白貝勒夫主廚的觀點。」

維克多的法式清湯，一如往常地燒焦了，就像他在基礎技能課時發生的情況。艾莉卡抽到的是嫩煎，拿到九十一分。「我還挺高興的，」她笑著對我說，謙虛地聳聳肩，眼睛瞟向別處，不一會兒又用她那雙湛藍的眼睛炯炯有神地望向我：「我做了豌豆湯，你知道我有多愛那道湯。」

3 迷人的魔法

接下來的週一，費達主廚回來了。兩位老師在我心目中各有千秋。愛因沃斯主廚的特質，就像那種週末會和你一起在城裡閒逛的大哥哥。「鴨脂肪是很好的脂肪之一，因為很好吃，」他在狹長的廚房裡踱步時，這麼說道：「而最棒的，就是鵝肝的脂肪。」有人問及要用高湯製作肉凍應該加多少調味蔬菜，他回答：「要是你到校外實習時還在問這種問題，所有人都會嘲笑你。你應該知道答案。」

至於費達主廚，她的迷人之處是另外一種風格。「烹飪就像**魔法**，烹飪就像**煉金術**。」她說著，雙眼閃閃發光。就連她示範製作肉凍時，都會令人看得入迷。

「假設昨天的晚餐是龍蝦法式清湯，搭配野生蘑菇肉丸，」她信手捻來，舉了個例子，彷彿一位魔術師變出一隻拍打著翅膀的鴿子。「我們還剩下一夸脫的清湯和一隻龍蝦。我們可以選擇把這些剩餘的食材留著當員工餐點，或全部扔掉，也可以發揮創意做出一些相關的餐點。其中，最快速的就是把清湯做成肉凍。

「而既然還有一隻龍蝦，那我們就來做龍蝦凍。我們要把龍蝦煮熟，切成大丁，加入一點青蔥和水田芥，一些汆燙過的山蘿蔔丁，然後再一些細香蔥，也要稍加汆燙。接著，就來製作龍蝦凍了，我們先調味過了，將口味調得比較重，因為到時是冷盤食用。先將龍蝦肉、山蘿蔔與細香蔥混合，放入冷製模中，做成一個三角形。就這樣，原本要扔掉的材料現在成了龍蝦凍，可以切成十六到二十份。每盤放上兩片，搭配一些綠色蔬菜、一點加入龍蝦高湯的濃縮美乃滋，就可以端上桌了。如果你有剩餘的法式清湯，這就是一個快速又能幫你的餐廳獲利的好方法，非常實用。」

我聽得簡直想起身鼓掌。

❖ ❖ ❖

第八天要製作前菜，而我們這一桌，包含碧昂卡和另外兩位來自不同基礎技能班的同學，還被分配要製作以下的餐點：

雞凍佐蔓越橘醬，野生菰與野生胡桃冷飯搭配烤核桃油醋醬，以及波特酒漿漬甜梨

龍蝦沙拉，內有羊萵苣、青豆、洋薊心、番茄與松露，並淋上松露油醋醬

蔬菜沙拉，淋上橄欖油、檸檬汁，並灑上帕馬森起司與黑胡椒

完成後，這些將是非常美麗的餐點，是會出現在美食雜誌上的那一種。全班六個組別中，每一組都有各自的菜單，而至少其中的一盤會送進基礎技能課的廚房裡做觀摩，那裡的新生正手忙腳亂地製作著白醬、天鵝絨醬，還有濃得像燕麥粥一樣的巧達湯，無數的鍋子被煮得焦黑，而這些美麗的冷盤出現在那樣的教室裡，彷彿海市蜃樓一般虛幻。

除了西式自助餐中必備的法式肉派，肉凍也是一種令人興味盎然的食物，十分值得一談，特別是拿來當成調味鑲肉的例子。愛因沃斯主廚大力擁護法式肉派，認為能夠製作這種經典的冷盤，代表你知道如何利用麵團，也知道如何製作調味鑲肉和肉凍，並且也能將這些基礎知識運用在許多其他層面。肉凍是一種典型的家禽類調味鑲肉，浸在凝膠狀的高湯中。

「大夥兒？」費達主廚招呼我們集合觀看示範，「先把這個記下來：製作肉凍要先準備一層肉皮。」她面前的砧板上鋪著一片完整沒有斷裂的雞皮，就連雞腿皮都十分完整，但雞腳已經移除，並且有疙瘩的那一面朝下。她先刮除雞皮上的脂肪，再將雞皮切成正方形。如果以適中的溫度將雞皮烤至酥脆，並用來撒在沙拉蔬菜與嫩煎雞肝上，那麼這會是一道非常美味的佐料。接著她修剪雞腿皮，將皮放在一片保鮮膜上先捲起來，然後繼續進行製作肉凍的準備過程。

我們的調味鑲肉的做法是先將一段長長的雞皮平放，上面鋪上醃泡的雞肉、上肩肉以及肥豬肉，上面放兩塊雞胸肉，接著再覆蓋一層混入櫻桃乾和開心果的鑲肉，最後以雞皮將這些肉品緊緊捲起，形成一根長約九吋、直徑約三吋的圓柱體。然後，要用粗棉布及捆肉繩固定這根圓柱體。費達主廚先將繩子綁在圓柱體的兩端，再以更多條繩子捆住三個支撐點，「像條小小的腹帶，男士們，你們都知道腹帶是什麼吧？收起你們的小腹用的。」

「不是每個人都需要，主廚。」班用嚴肅的口氣回答。

之後，半成品的肉凍要放入攝氏七十七度的雞湯中，煮至內部溫度為七十一度為止。可以用昨夜剩餘的高湯煮，起鍋後除去粗棉布，並刷上一層釉汁，再將它放在成堆的開心果碎片上捲一捲，就可以準備切片了。每一片外皮上都鑲著綠色的開心果顆粒，裡頭包覆著一塊多汁的白色雞胸肉，周圍點綴著鮮紅色的櫻桃與翠綠色的開心果。最後，再淋上明亮的蔓越橘醬，搭配冷飯與蜜漬甜梨。

這顯然並不是一道可以自己在家用剩菜剩湯製作的簡易家常菜，而是一道迷人且經典的料理。「這是一種非常基本的肉凍，」費達主廚說：「我希望你們能先學習其中的技巧，一旦掌握了技巧，其他的變化就容易多了。」

練習了兩天的雞凍之後，接下來的龍蝦沙拉簡直易如反掌，至少我一開始是這麼想的，直到我發現材料裡少了羊萵苣。羊萵苣是一種淺綠色的小葉菜，長在蒼白而扭曲的葉莖末端，味道新鮮精緻，無論視覺或味覺都與龍蝦非常相配。沒有羊萵苣，就無法做出完美的龍蝦沙拉。

我跑去找亞當，他是這門課的膳務員。他說他有預定羊萵苣，卻始終不見貨到，我們檢查電腦上的訂購單，卻顯示食材已經送到。於是我跑了一趟儲藏室，儲藏室的人員完全沒頭緒，但保證一定會盡快拿來給我們。我再跑回教室，向費達主廚說明這個問題，她也動身前往儲藏室。她和儲藏室的工作人員很熟，這也是為什麼她總是能拿到原種番茄、新鮮的沙丁魚和非常昂貴的鯷魚，從義大利遠渡重洋而來，包裹在鹽巴裡。

她回來之後，面色微慍地告訴我：「梅茲先生把我們的羊萵苣拿走了。」

學院採購的羊萵苣是附近的農場水栽種植的，用塑膠袋裝好，放在堅固的棕色箱子裡運來，這些植物生長得很密集，運送時可以保持完好無損。這是一種美麗的植物，而且產量非常豐富，但是隨著暑假接近，儲藏室最近已經減少易腐壞的食材訂購量。費達主廚又打了通電話之後，指示我：「要請你去海鮮廚房對面的營運室一趟。」她的語調十分平靜，「去那裡找朵拉，採八束新鮮的羊萵苣回來，小心不要折到。」她還要我帶著一個方形餐盆，裡頭墊上一層浸濕的紙巾，並重複要我盡量小心摘採，這樣其他人就不會發現數量有少了。

我以為她已經和朵拉事先打過招呼，朵拉專門負責梅茲先生的訂單。但我卻忽略了她語調中的警告。我走到營運室，遇見一個深色頭髮、穿著套裝的女人，我經常在走廊上看見她。她有可能是拉美裔，雖然我並不知道她來自哪裡，不過她總讓我想起在電影《香箋淚》（*The Letter*）

中，恐嚇女主角貝蒂・戴維斯（Betty Davis）那位怪異的馬來西亞遺孀。也許她私下像德蕾莎修女一樣慷慨善良，尤其當她出現在備餐室裡來拿梅茲先生的蕪菁甘藍時，她看起來總是那麼友善。我對她說，我要找朵拉。

「你要找朵拉？」她說：「我就是。」

我向她自我介紹，說是費達主廚請我過來的，主廚說可以找朵拉幫忙。我原以為她會回答：「喔，對，我在等你過來。」但她卻搖搖頭說：「我們只有這些。」她指著食材手推車上的一個盒子，「我們從儲藏室訂購了兩磅，而這就是儲藏室拿給我們的。」盒子上的確寫著「兩磅」。朵拉把食材從盒子裡取出來，那是兩個裝著羊萵苣的塑膠袋，她將袋子放在梅茲先生用來當紙鎮的磅秤上。每個袋子的重量是十盎司，換算下來，也就是還少了十二盎司。她再次搖搖頭說：「梅茲先生是不可能亂拿食材的。」

我問她能不能取走八束這些漂亮的萵苣——非常小心，不要讓人注意到。

她說不可以。然後叫我在原地等她打通電話。

一名助理走來，開始確認手推車上所有的食材。

「我能不能拿走一點點就好？」我又問助理：「你真的需要用到**這麼多**嗎？」

助理說，是的。

「那我們能不能打電話問梅茲先生他是否真的需要用到這麼多？」

助理抬起頭來，對我笑著說：「好啊，請便，打電話給他吧。」這顯然是一種挑釁。

「他會在家嗎？」我問：「他應該還在辦公室吧。」

我當然感覺得到，直接打電話到梅茲先生的辦公室問他打算用多少羊萵苣，這可不是什麼好主意。但無論如何，我還是想試試看，而且方形餐盆裡的紙巾已經快乾掉了。

「他今天晚上就會用到這些嗎？」我問。

「他會帶走。」

「帶去哪裡？」

「我相信是會回去他在賓州的家。」有道理，明天之後我們就會放四天的假。我繼續專注在眼前的任務上。

「現在是夏天，」我說：「羊萵苣正值盛產。他賓州的家附近一定也有農場能買到新鮮的羊萵苣。」

助理搖搖頭，接著說：「他當然可以在任何地方買到。」

她對我笑了笑，繼續搖頭說：「但我想他這輩子可能沒去過任何雜貨店。」說完她別過頭笑了起來，似乎對自己說過的話感到不可置信。她竟然在說梅茲校長的壞話！我想這無疑是身為美國廚藝學院校長的一大特權，有一間食物儲藏室任他使用，換作是我也不會自己走去雜貨店裡採購。

「我只需要小小的八束而已，再少一點也行。」

她更用力地搖頭。我感覺得到她開始對我十分不耐煩，但我還是盲目地繼續施壓。「不如我們明天用快遞送一些羊萵苣過去給他？」

她完全不當一回事。這時朵拉回來，說儲藏室裡也完全沒有羊萵苣了。

「我只需要一點點就好，六點鐘要拿到。」

「我們要在四點鐘之前拿到，就是現在，」她們把箱子放回手推車上，而我被請出辦公室，手裡拿著仍舊空蕩蕩的方形餐盆。

我決定到其他廚房碰碰運氣。備餐室的基夫主廚也有一盒羊萵苣，他猶豫地看著自己的盒子，說：「這些我都會用到，明天要當作五十份餐點的佐菜。」說著，他嘆了一口氣，拔起一束，又一束，再一束，將手指放在第四束上頭，思索了好一陣子，說：「我只能給你這些了。」我真想對他說：「你真是太好了！」但最後我只是說了聲謝謝。

當我回到廚房向費達主廚解釋剛才的經過，她無奈地翻翻眼睛，似乎在想著：「如果梅茲先生知道我們需要那些植物，他肯定會給我們一些的。」但她只是嘆了口氣，最後決定我們只製作四份龍蝦沙拉，而不是八份。

我明白她為什麼喜歡用羊萵苣來做這道菜。擺盤時，她要我們保留蝦尾，切成厚厚的切片，拼成完整的形狀，並用羊萵苣覆蓋，彷彿龍蝦還活生生的包圍在水草之中。這是一道非常美麗的擺盤，尤其是黑松露片撒在最上方，與橙色的龍蝦形成鮮明的對比。我從來沒有剝過松露，於是問費達主廚該怎麼做，她聽到我們以前總是用罐裝的松露時，皺了皺鼻子，說：「新鮮的松露大約八百美元一磅，可以將松露存放在白米裡。白米能讓松露的香氣更加明顯。米裡還可以再放入兩顆雞蛋，然後整個冰進冰箱。雞蛋會吸收松露的香氣，它們會呼吸。接下來你可以做的，就是溫柔地將雞蛋炒熟，輕輕地炒，炒熟之後放在盤子中央，用來搭配白吐司和香檳。這是非常浪漫的跨年雙人晚餐。」說完她的浪漫松露故事之後，她就離開了。

❖ ❖ ❖

冷食廚房、品酒課或實作課的同學被分配在小教堂的「舞台」上用餐，甚至還有一些性格比較外向的學生和剛入學的新生也會加入。舞台其實就是教堂聖壇一塊較高的平台，而這個區域的供餐廚房是經典宴會烹飪班，他們會準備經典的歐洲菜餚，負責服務的則是來自餐桌服務課程的同學。用餐的人一坐下，他們就會用銀色夾子將新鮮的麵包捲放在你的盤子上，並且會在晚餐後在杯子裡斟滿咖啡。我們穿著制服，六點半時坐上舞台吃晚餐，菜色可能是，一份什錦沙拉（冷飯搭配牡蠣），接著是野味法式清湯，然後是燉小牛膝及新鮮麵條。

有許多學生不會去吃舞台晚餐，因為吃完一頓要花太多時間（沒有剩餘的時間在上課前多抽幾口菸），或者因為他們平常已經吃了太多高級料理。亞當從來不會錯過舞台晚餐的機會，我也一樣，所以我們兩人會一起用餐。我們通常會邊吃邊聊食物，並且這也是我唯一有機會和基礎技能課老同學聊起近況的時刻。

一盤清燉真鱸端上桌之後，亞當和蘇珊聊起他們的校外實習。亞當說他前一晚打電話給猴子酒吧（Monkey Bar）的約翰・申克（John Schenk），得知自己錄取了。而蘇珊曾經在格雷莫西小酒館（Gramercy Tavern）觀摩，也得到她最想要的校外實習職位。

「我去了四間餐廳觀摩，」亞當對她說：「盧泰西亞餐廳，他們沒錄取我，還有馬奇酒館（Match）、歐錫那餐館（Oceana）和猴子酒吧。盧泰西亞餐廳竟然沒錄取我。」

「為什麼？」我問。

「不知道，我打給穆勒大廚，」亞當開始模仿穆勒的德國口音：「我們目前沒有職缺。」

「你覺得歐錫那餐館如何？」蘇珊問。

「我還挺喜歡的。我喜歡瑞克，還有雷德，他是晚班的副主廚。」

蘇珊認為歐錫那餐館的廚房太陽剛了。亞當說，也許吧，但盧泰西亞餐廳更嚴重。「在盧泰西亞，」他說：「魚料理廚師試著同時處理二十份餐點時燙傷了。所有人都圍過來，但副主廚卻說：『燙傷時請你安靜一點。如果你對燙傷毫無心理準備，那你根本不該成為一名廚師。』」亞當笑著搖搖頭：「他誰也不是，只是個副主廚，都還沒當上主廚呢，他明明只會站在那裡催促出餐，什麼也沒做。」

有天晚上，我坐在恩晶旁邊，她正把淡菜和干貝從脆烤奶油扇貝（coquilles St. Jacques）裡挑出來，不願吃裡頭的醬汁。「我好想念韓國菜，」她哀傷地說，這裡的食物太多奶油了。對於冷食廚房課程，她說：「宴會料理不是我們的文化。這對我來說是個新知。」恩晶的簽證無法在美國工作，因此也無法進行校外實習，所以在冷食廚房之後，她會接著開始上烘焙課程。隔年春天她回到韓國之後，她希望能一邊攻讀碩士，一邊到高級飯店的廚房工作，然後她希望能開始教書。

「我也是，」艾莉卡附和：「我也想教書。」

艾莉卡即將南下到馬歇爾・德索尼爾（Marcel Desaulniers）的翠里斯餐館工作，餐館位在維吉尼亞州的威廉斯堡（Williamsburg）。

當我們吃完清燉真鱸，而服務生收走了餐盤，亞當開始聊起攝影的話題。他經常把相機帶到課堂上，拍下已完成的餐點。他說他不是為了雜誌或烹飪書而拍攝，只是純粹想進行藝術創作。

「我認為攝影和食物有許多共同點，」他說。

「像是什麼？」我問。

「對比，」他不假思索地回答：「還有層次、光影和情感。」

「食物能有什麼情感？」我又問。

「食物有各式各樣的情感，」他說。

「那我們吃的清蒸真鱸有什麼情感?」

亞當笑著搖搖頭。我們盤子裡的真鱸煮得太老,醬汁則是淡然無味。

一名同桌的陌生同學一直在旁聆聽我們的談話,他說:「真鱸可能厭惡吃牠的人。」

亞當沒有接續這個話題,只是說道:「我喜歡拍攝人們吃飯的模樣。」接著他說自己參加晚餐聚會時,總會帶著即可拍,當人們把食物送進嘴裡時,他就會按下快門。「但大家不太喜歡我這麼做,」他承認。他家裡有一個信封,塞滿了拍攝過的底片,但他卻沒有將任何一張照片洗出來。顯然,對他而言更重要的是「拍攝」這個具有顛覆性的行為。

❖ ❖ ❖

費達主廚第一天上課時,便用一種十分優雅的方式自我介紹。她先說自己的名字和來歷,接著提起她的老師愛莉絲・華特斯,並解釋了華特斯的食物理念,認為廚師要與鄰近的農場密切合作。她還告訴我們她前一天的行程。她去了一座有機農場摘草莓,接著又到豌豆農場採豌豆,之後再前往養鴨場,買了一隻當天現宰的鴨。回到家,她到後花圃中剪了一些葡萄葉、萵苣和香草,驚豔於哈德遜河谷的豐收,最後,她邀請六個人一起來她的餐桌共進晚餐。「這就是食物的真諦,」她說:「食物緊繫人群和土地,並且對地球付出真正的關懷。」

艾莉卡似乎聽得入迷,她從未聽過這些理論,過往也從未思考過食物的情感與哲學層次,即便帕德斯主廚、史密斯主廚和其他幾位導師或多或少曾經在課堂上提過這些概念，但顯然費達主廚談及的某些內容讓艾莉卡終於能夠理解其中的想法。

「冷食廚房十分耗時，」費達主廚說：「任何烹飪，都是**耗時**的。我不在乎你們有多熱愛大火快煮，或是快速出餐的工作型態，如果不懂得花時間關注細節，你永遠無法成為一位好廚師。」

有時我會覺得費達主廚像仙子一樣虛無飄渺，但某次，我們約在她的辦公隔間進行採訪，我看見她氣喘吁吁地爬了四層樓的樓梯，顯然是個和我們一樣活生生的一般人，她手裡提著一個皺巴巴的棕色紙袋，裡頭滿是她家附近農場現挖的新鮮馬鈴薯，上面還覆蓋著溼答答的泥土。我也曾經和她約在校外見面，希望能更全面地了解她，因為我認為她可能對「如何成為一名好廚師」有著不同於尋常的想法。掌握比例當然是最基本的條件，比例的觀念必須深深植入你的腦海。還有技術、身體技能以及手藝，再加上對食物變化的理解和長年累積的經驗。但我相信還有更多要素，我希望費達主廚能說出一番不同於其他人的觀點。

夏娃．費達在南卡羅來納查爾斯頓的「低地地區」（Low country）長大，一家人都熱愛食物與烹飪。她從小便認定自己想走的是烹飪這條路，但父母堅持要她讀完大學。她從查爾斯頓學院心理學系畢業之後，發現自己依然渴望著烹飪。「我一直很喜歡烹飪，」她解釋：「但你知道，我是個南方**淑女**，在美國南方，烹飪只是件家務事。」因此，她在始終沒有得到父母支持的情況下努力自學，最終，憑藉堅定的決心，在帕妮絲之家餐館找到屬於她的一席之地。

「我在那裡學到好多，」她說道，開始解釋起當時極具開創性的「廚師與農夫」觀念。「最主要的一點是，我們必須好好經營與農夫的關係。帕妮絲之家餐館會直接向一位名叫保羅・強森（Paul Johnson）的漁民買魚。保羅年輕時也在帕妮絲之家工作過，從那時起的二十年來，餐館就一直向他訂購魚貨，是愛莉絲幫助他站穩腳跟的。我們還會向亞克麵包坊（Acme Bakery）的史蒂芬・蘇利文（Steven Sullivan）採購麵包，他以前也在餐館工作過，現在他的麵包店生意很好，每天還為餐館提供兩批麵包。所以，我明白了保持這些友好關係的重要性，有了這些密切合作的關係，你就可以建立屬於你餐廳的人群，無論是對內或是對外經營。進而，你也可以從本質去思考：食物**應該如何呈現**？

「食物**應該如何呈現**？它最本質的味道是什麼？剛起步的廚師，尤其是在學校課堂裡的學生們，大家都想不斷往食物裡頭加入越來越多的材料，想要煙燻、想要嘗試各種烹製手法，但事實上，眼前的這些馬鈴薯，你只需要加上一些雪莉醋和烤大蒜就很美味了，而且是**非常美味**。我認為，剛起步的廚師要做的是，盡可能地品嘗與了解食物初始的面貌，不要將個人好勝的自尊強加於食物之上，而是要真正貼近食物，**了解**這些食物所需要的是什麼，思考自己是否有技術和味覺去符合食物的需要。我總是告訴大家要『嘗嘗看』，不一定需要食譜，而是要用味蕾品嘗。」

「品嘗，」她繼續說下去：「這就是學生最需要學習的，我想教學生拓展味蕾，讓大家知道，當你購買橄欖油時，不是只購買某一個品牌的產品，而是品嘗了十種不同的油之後，最後**選出**一種你需要的橄欖油，一定要品鑑。又或者，也許你內心不喜歡鵝肝醬或魚子醬，這是一種**後天的品味**，但身為一名廚師，你還是必須有能力分辨食物的優劣。也或許你不喜歡甜菜，但千萬別把它拒於門外，如此一來，你也將自己拒於廚師之門外了。」

那是一個和煦的七月中午，我們坐在聖安德魯餐廳的陽台座位。服務生克雷格．愛德華（Craig Edwards）問我們是否要先喝點什麼。克雷格對我說，他很欣賞費達主廚，認為她有著「美好的氣質」。當克雷格端上兩杯氣泡水時，費達主廚用她美妙的南方淑女口音說道：「我很榮幸。」而這讓克雷格眉開眼笑。

我開始專注和她討論冷食廚房的主題，在這門課程裡，有哪些是關於烹飪教育的基礎？

「其中之一當然是教導學生配方，」她說：「如此一來，他們就能根據基本比例而非食譜工作，也能根據基本配方判斷食物的優劣。我對比例的重要性深信不疑。一旦掌握這些基礎，你就無所不能。唯有當你知道一杯麵粉和一顆雞蛋能做成義大利麵條、一杯油脂和一顆蛋黃能做出美乃滋，唯有當這些基礎在腦中根深蒂固，你才不會被食譜綁住。現在的食譜上有太多做法，有些或許是對的，也可能是錯的，因為寫出這些食譜的人，不一定真的具備這些技術。好比一杯簡單的糖漿，你可以拿一杯水果，加入半杯糖，靜置一夜之後，果汁便會釋放出來，接著進行燉煮，煮至水果變軟，便可以將果肉取出，繼續濃縮剩餘的果汁，直到達到你想要的濃稠度為止。我說這些的意思是，在這些製作過程中，你還可以自由選擇你要製作的是蜜漬水果還是果醬，只要你知道其中的專業技巧，就能自由自在地做任何你想做的東西。」

顯然，對食物的熱情是維繫於從不間斷的好奇心。比方說，費達主廚是那種不光是紙上談兵的人。為了了解鵝肝醬，她會飛到法國的多爾多涅（Dordogne），在某座養鵝場待上好幾天，觀察餵食到宰殺的整個過程。

她解釋道：「身為廚師一定要充滿好奇。我需要知道如何醃製帕瑪火腿（prosciutto），如何用豬腹肉製作醃培根（pancetta），這樣我才能掌握烹調的根本之道。我會想知道這些南法人在做什麼，是怎麼做出巴約訥火腿（Jambon de Bayonne）的？這些我都會想知道，而且我會自己找到答案。現在我知道餵食鵝隻製作鵝肝醬的過程，知道如何屠宰鵪鶉，知道宰殺和清洗乳鴿的過程，也知道如何處理一隻全豬、如何處理一頭全羊。這些過程並不讓我感到害怕，因為這就是與食物有關的工作。」

我又問費達主廚，她認為好廚藝究竟仰賴的是天生才華，還是後天學習。「這是個重要卻難解的問題，」她說：「這問題也帶給我不少麻煩。我相信烹飪是一門手藝，是一門可以傳授的手藝和技能。我不認為這是一種『藝術』。我相信，如果你有積極的態度、動力和專注力，並且著眼於你的目標，就能訓練成一名廚師。你必須充滿熱誠，因為這是一門艱苦的工作，尤其對你的身體來說，這非常累人，這是很實際的問題。」

我想，廚師工作的困難某種程度上也助長了廚房裡的陽剛味。據我的觀察，廚房工作存在某種「瘋狂」。我向她解釋，我使用這個字眼是非常正面的意涵，是充滿衝勁與能量的。

「我並不喜歡在全部只有女人的環境中工作，」她說：「但我也不喜歡待在都是男人的廚房裡。每個人各有不同，對周遭的觀點也完全不同，所以，若是能和諧地共事，那是最美妙的了。男性和女性分別能有各自的貢獻，那樣才是好事！如果整間廚房都是男人，很可能會像群山羊一樣，成天互相較量，每隻羊都試圖登上頂峰，把其他的羊踹到山下！」

說完，她大笑起來。

「我想了一遍自己景仰的廚師，他們很瘋狂嗎？或許是挺瘋狂的，似乎都有點走火入魔。如果你對食物充滿熱誠，那麼，食物就不會僅僅是你的生活和工作，而是你的天職，也許這就是一種瘋狂，」她若有所思地笑了笑：「是啊，真的有點走火入魔。」

❖ ❖ ❖

我們會在七月四日休息一個週末，就在上完冰雕課之後，我們用十字鎬、鑿子和鏈鋸把冰雕拆解開來，丟到後面的垃圾桶裡。週末過後，我們馬上回到學校，一連三天為高級自助餐做準備。費達主廚的自助餐理念結合了高度風格化的主菜拼盤，和隨興古怪的小菜拼盤。例如其中一組的主菜拼盤要準備法式里脊肉派、火雞慕斯林與法式煙燻豬肉派，以及鵝肝與小牛胸腺醬糜，小菜拼盤則是燒烤蔬菜佐葡萄葉莎莎醬，與香草麵餅搭配烤紅椒堅果醬（romescu sauce），這是一種很棒的西班牙風味醬汁，以烘烤番茄與墨西哥波布拉諾辣椒製成。是創意與隨興、經典與現代的組合。

我們這桌的任務則是法式鮭魚慕斯林派（每一桌都要做一種法式肉派）、番紅花慕斯林和干貝醬糜以及檸檬鮭魚醬糜。小菜拼盤則有包裹著瑞可達與帕馬森起司的義大利餃，淋上櫻桃番茄油醋與五香燻鮭魚。每桌都要寫下並彙整自己要製作的所有食譜，這算是評分的一部分。整頓高級自助餐則有一共七十五份食譜要製作。

前一天，費達主廚就要求所有人要把自己打理得乾淨整齊而且專業。「你們代表了廚藝學院，梅茲校長會帶著畢業致詞人來參訪，」她說，並且提醒我們，明天的廚師夾克必須「潔白無瑕」，尤其艾莉卡必須買一件新夾克。「還有，不要穿圍裙、不能戴手套，也不能掛隨身巾。」她帶我們走一遍從廚房到校友廳的路線，並指出托盤可能會打翻的地方，特別是一些突然打開的門或有人經過的轉角。

「你們必須親嘗百味，」她繼續說道：「如果你以前從來沒有吃過新鮮的沙丁魚，就去吃吃看。」她在紐約的一位廚師好友告訴她哪裡可以取得新鮮沙丁魚，於是她便要儲藏室去訂購，並即興創作出一道葡萄葉包燒烤沙丁魚的小菜拼盤。亞當負責燒烤海鮮，他後來說這道菜實在很惱人，因為沙丁魚頭會一直垂下來。「梅茲校長會問你們問題，」費達主廚又說：「像是，慕斯林怎麼做？慕斯林和慕斯有何不同？製作慕斯林要用什麼樣的溫度？如果他在你面前停下腳步，務必保持鎮定，並且回答他的問題，千萬不能驚慌。當然你一定會驚慌，但請收拾好情緒，好好回答。他是一個很好的人，而且為這所學校感到驕傲。」費達主廚坐在一張高腳椅上，她的個子很高，頭上又戴著高高的帽子，雙腳放在椅腿中間的橫桿上，看起來像隻盤踞在樹枝上的柴郡貓，正興高采烈地訴說著自己對食物的熱情。「明天就是大日子了，是製作高級自助餐的時刻，校長會來訪，還有《美食雜誌》（*Gourmet*）的記者來旁觀我們工作。我們也要品鑑鵝肝醬，搭配佐料來嘗嘗看，會非常美味，一點點佐料只是用來平衡鵝肝醬的油脂。」

《美食雜誌》的一位攝影師兼藝術總監正準備寫一篇關於美國廚藝學院五十週年的文章，他來這裡用華麗且令人眼花撩亂的手法拍了一些肉派和醬糜的照片，將我們的製作過程拍得煞有其事。到了傍晚六點，我們端著費達主廚檢查過的餐盤走入校友廳，裡頭有其中兩列長長的桌子正等待著我們的食物。除了我們的冷盤外，還有以鏡面盛裝的美麗糕點。兩側的桌子上放的則是熟食、海鮮與東方料理。門口拉了一條紅龍，在梅茲先生抵達之前，所有人都不能進來。梅茲先生再過幾個月就要到法蘭克福擔任廚藝競賽的評審，在那之前，他會來這裡確認餐點、問問題、指出我們的錯誤並讚美我們一番，其實他每三週就會做一次這些事，但他的到來似乎也讓這一切變得正式許多。

「非常好、非常好，」他看著我們的餐點，輕聲說道。他的目光停在其中一道料理上，盯著看了好一陣子，又移動到下一道菜。他問班．格羅斯曼說：「你要去哪裡校外實習？」

班回答：「格雷諾耶餐廳（La Grenouille）。」梅茲校長在他的拼盤中抓到一個錯誤，其中一片肉派的方向擺反了。他檢查完冷盤和糕點、熟食和東方料理之後，校友廳的大門終於敞開，學生和教職員端著盤子魚貫而入，我們則要向他們介紹餐點。

不到一個小時，所有人都用餐完畢之後，我們便端著美麗的餐盤回到廚房，有許多盤子裡的餐點都完好如初，但也只能扔進回收桶，接著我們打掃廚房。隔天，我們清點廚房用品、徹底清洗乾淨，也將冰箱清空，然後寫完期末考題，便一個接著一個離開教室。艾莉卡比我更早寫完考卷。我望著她，回想起燒焦的油糊和煮熟的雞蛋。她正慢慢成為一位好廚師。她身後的門關上後，又隔著窗往教室裡望了最後一眼，透過小小的窗框只能看見她的頭，她向我揮手道別。

這個班級將各奔東西，直到一月的風雪再次來襲，才會再次重聚。

望著這座從未停歇的校園，一股奇特的感受席捲而來。它的確是一所學校，有著學期的節奏，學生也在其中穩定地成長。在天仍未暗且溫暖的晚間，我在寬闊的停車場走向我的車，突然發覺自己十分懷念基礎技能課，並想起現在人在巴西聖保羅的帕德斯主廚，他的聲音在我腦海中依舊清晰——**這是你接下來六週要上課的廚房，務必保持整潔。注意我手指的動作，這樣才不會割傷自己、不必去保健室、不必去醫院，因為我們還有很多事要做！**——我也發覺自己似乎渴望著某種儀式來向這一切暫時道別。然而這個行業很少如此，學院也從來不曾停歇，只有簡單地收拾餐桌、清理廚房，所有人都是獨自收拾行囊離開校園的。

我還想起費達主廚對全班說過的話，或許也是種期許，要我們盡所能地關注我們的地球，思索除草劑是否影響了我們的水源，看看農穫能否供應我們食物，關注我們往大海裡扔進了什麼廢棄物。哈德遜河谷曾經擁有豐饒的土地，這是她用來警惕我們的真實案例。奇異電氣公司的化學廢料扼殺了土壤，當土地上再次長出新生命之際，大量有毒的多氯聯苯仍然汙染著河底。「關心地球，」她說：「因為這是我們生活的**基礎**。」她是對的，如果我們破壞了地球，我們也將吞下腐敗的食物。

校外實習

4

亞當・薛柏在冷食廚房之後放了一個長假，接著七月中旬時，便前往位在曼哈頓五十四街的猴子酒吧開始擔任午餐二廚。亞當擔心午餐烹調不如晚餐來得有趣——再一次，午餐烹調在人們心目中像個沒人疼的可憐繼子一般。然而，大約一個星期之後，亞當竟然對妻子潔西卡說：「我熱愛我的工作。」對此，潔西卡十分吃驚，「我從沒聽過亞當用『愛』來形容過任何事物。」她說。

「真是瘋了，」亞當後來對我說：「非常瘋狂。今天，從十二點十五分到兩點，我們大概出了一百三十份餐，所有人都**忙慘**、**累慘**了，簡直難以相信。」亞當是星期二上工的，到了星期五，他就已經能獨自一人負責一個工作檯。他真的很愛那份工作，也很欽佩他們的約翰・申克主廚，不過，依然總是有人隨意拿走他正在使用的工具，就像恩晶以前那樣。「燒烤檯的東尼每次都非要拿走我的夾子不可。烤箱門把上明明掛著六支夾子，但他總是要亂拿別人的，拿了之後又隨手亂放。他從油炸鍋裡夾出一堆薯條，放下夾子之後灑點鹽，之後就把夾在留在原位，逕自走回他的工作檯，接著又去別的地方再拿一把。我老是沒夾子可用。」

❖　❖　❖

每天早上，亞當會穿著一身牛仔褲和休閒上衣，肩上掛著工具包，手裡端著一杯咖啡杯，七點四十五分從布魯克林的家搭乘F線地鐵到達猴子酒吧，然後走至洞穴般的地下室。這天，我跟著他下樓，他從洗衣房裡抓起一件廚師夾克和褲子，也遞給我一套一模一樣的衣服，我們便在這座窄長而陰暗的更衣室裡換衣服，置物櫃上還布滿塗鴉。他從黑色工具袋裡拿出一把主廚刀、一把小的中式菜刀和一支母匙，然後關上置物櫃門，走向他的工作檯。他第一件事便是打開所有烤箱，並拿一口內鍋裝他的工具。一開始，他要我幫忙切芹菜，自己則去找冰庫的鑰匙和整間廚房裡唯一一支十二盎司的湯勺——「正好是一碗湯的份量，」他解釋。

我問申克主廚能否在旁觀摩亞當工作幾天，他笑著回答：「當然，我不介意。」亞當也不介意，因為我可以幫他準備標準備料。

「備料的份量實在太多了，」亞當對我說：「非常、非常多。沒完沒了的切啊、煮的，每天都在做這些事。我得將胡椒切碎、青蔥切末，還要處理五稈玉米和一大堆青豆，接著再油炸韭菜絲，然後做大概十五磅的馬鈴薯泥。我要做十八份薯餅、準備湯品要用的蘆筍、煎半鍋秀珍菇，還要裝滿所有的油瓶和高湯瓶、做好我要負責的醬汁、加熱湯品，也要事先準備好湯品要用的馬鈴薯和肉類、幫主廚挑選百里香。還得幫主廚切蔥，順便做一堆雜七雜八的事，像是把四根芹菜根洗乾淨、切片再油炸一下，做成鱈魚餐搭配的炸芹菜。」

現在，亞當開始製作薯餅，用昨晚的薯泥和兩顆烤過的馬鈴薯，加入一大把切碎的鼠尾草、牛油和鮮奶油，再用麵粉混合。他將混合物捏成棒球大小，再將每一粒圓球壓扁至大約一吋的厚度，最後放在電煎板上。大約十一點，他會用牛油和橄欖油烤雞胸肉，而薯餅正是用來搭配烤雞的。

三十一歲的早班副主廚維尼爾．費羅多（Vinnie Flauto）來自大西洋城。他比亞當晚一個小時抵達廚房，而且心情似乎不太好。「我受夠了這一切，」他說：「我要做這麼多醬料，卻無酒可喝。這明明是一間餐館，卻不讓我們喝酒。」外場的女服務生後來給了他兩瓶酒，而他將這些飲料全裝進一只大水壺。

整體而言，廚房裡沒人在聊天，只偶爾說上幾句話。正如亞當所說的，每天都被備料淹沒。我不太確定為什麼，但很驚訝這裡與廚藝學院的廚房竟是如此相像。百分之九十的時間都在備料，耗時一整個早上，直到出餐前，亞當的工作檯上就已經準備了蓬鬆潔白的烤馬鈴薯、烘烤過的聖女番茄、青豆、燉豆子、玉米、甜椒，以及烤胡蘿蔔，還有一個塑膠桶裝滿烤胡蘿蔔、煮過的瑞士甜菜、韭菜絲。一邊的桶子裡則裝著泡過水且捲起的小毛巾，用來擦拭盤子。地上還有更多的桶子，裝了蒔蘿、細香蔥、迷迭香、蘆筍和胡蘿蔔丁。桌上的碗裡則裝有馬鈴薯泥和一塊用蠟紙包裝的牛油。至於牛排醬、雞醬、烤鮭魚烤醬、羊肉汁，也全都裝好放在裝了水的方型餐盆中。

「我昨天遇到蘇珊，」我告訴亞當，一邊幫忙他將甜椒切丁，這些甜椒會成為燉蔬菜的一部分，用來當作羊肉的配菜。我是刻意經過格雷莫西小酒館和她打招呼的，想看看她在那裡過得如何。

「蘇珊．史貝勒西嗎？」亞當問，語帶興奮。

「對啊。」

「你有跟著她一起工作嗎？」

「沒有。」

「有坐下來吃飯嗎？」

「沒有。」

「真可惜，」亞當說。

蘇珊負責甜點檯，換好衣服後，她首先要做的就是要將水蜜桃焦糖化，好做成反轉水蜜桃塔。她又做了糖煮黑莓和藍莓，將莓果浸入糖和百里香之中，還做了脆花生和燕麥磅蛋糕。蘇珊說，糕點師克勞蒂亞希望所有的原料都是新鮮的，所以每天她都要從頭開始製作。蘇珊帶我參觀了廚房、冰庫和她的工作檯。她躲到一邊的矮櫃後頭，拿一只白色的濃縮咖啡杯給我看，裡頭裝著含有白脫鮮乳、鮮奶油和糖的凝膠狀混合物，她說這是一種傳統義大利鄉村風甜點，叫做奶凍（panna cotta）。「詹姆斯．卡維爾（James Carville）今天來這裡吃了一個，是**我**做的，」她充滿成就感地說道。

「這是我的人生，」她說，並為此感到很滿足。「我一個人做這些，」她又說：「就像帕德斯主廚說的。你要自己一個人做很多事，但有很多空間。」她非常依賴《馬基》來弄清楚她加入的所有糖份會發生哪些變化。

班．格羅斯曼則在格雷諾耶餐廳負責開胃小點。剛開始的幾天，他都在做醬糜和慕斯。「和我們在冷食廚房學的那些一模一樣，」他似乎很驚訝：「相同的比例，其他做法也都一樣。我們做了酸豆鵝肝醬糜，還有白花菜慕斯，再做成肉丸，搭配孜然油和羅勒油。做得還不錯，不過孜然的味道有點太重了。但這整個過程中，我真的覺得『哇，我會做，我真的會做！這道菜我也會，沒問題！』全都和我們在學校學到的一模一樣。」

❖ ❖ ❖

猴子酒吧的約翰．申克主廚不到十二點前就到了。申克曾被《美食與美酒》雜誌（*Food &*

Wine）評為一九九五年十大最佳新人廚師之一，他曾在巴黎**登台示範**，也曾跟隨艾夫列・柏特利大廚在高譚燒烤吧工作了四年，而在進入猴子酒吧之前，他曾在其他兩家知名餐廳擔任行政主廚，後來又到小柑橘餐館（Clementine）擔任主廚。今年四十一歲的他已經幹了二十年的廚師，一刻不曾停歇，就算是生意清淡的時刻也一樣。他個子高大，蓄著一頭黑色短髮，工作時會包著一條大頭巾（亞當的習慣也是如此）。我私下問了他對亞當的看法。「我本來沒有打算錄取他的，」申克告訴我：「但不知怎麼地我還是讓他來工作了，他排班的時間都很剛好。」申克搖搖頭。「結果他真的走出了一條自己的路。他受過很多訓練，而且有想法。這是件好事。」

「他有想法，」我重複道。

申克說：「只能說，這行業裡並非每個人都像愛因斯坦一樣。」

我又問他為什麼要雇用實習生（他沒受過正規的烹飪教育），他說，這算是筆划算的交易。有點像是廉價勞工，當你需要這些人時，他們就會出現，他們能在任何地方工作，而且全都會說英語。實習生的薪水通常是每小時七美元左右，有的人可以拿到十二美元，但也有的人一毛錢都沒有。

我又問早班副主廚維尼爾對亞當的看法，他說他剛開始就像申克主廚一樣有所顧慮，但接著，他大力讚揚亞當表現得有多棒。

約翰・申克是一位親力親為的行政主廚，而這讓亞當非常欽佩。「他一整天**都在**這裡，」亞當說：「他每天十二點鐘到，十二點半上工，開始做午餐。兩點半到三點半之間，他會休息大概一個小時，接著又回到廚房，親自盤點、整理訂單，接著在五點半開工，開始做晚餐。晚餐後，他會開始準備第二天的備料清單，完成之後才回家。」

今天也是如此。十二點二十五分，亞當開始煮蘆筍湯，將馬鈴薯、蘆筍和韭菜放入碗中，不久後，申克主廚就站在維尼爾和亞當中間，開始喊單並親自下廚。午餐的節奏很快，「就像自由落體一樣」，申克如此形容。十二點四十分，訂單源源不絕地湧入，轉眼間，申克的工作檯前的架子上便已經釘著兩排長長的白色訂單。

「兩份特餐，」申克喊道，在烤箱前來回穿梭，一邊加速烹調的速度。「一份湯，螃蟹可以下鍋了，鮪魚拿起來。動作快！一份雞肉，義大利餃下鍋，雞排下鍋、特餐材料下鍋、魷魚下鍋。」大夥兒在廚房裡奔走，然後扛著巨大的托盤上樓。

某一次出餐的空檔，他稍微整理了一下思緒，一邊試圖釐清哪幾單已經喊過、哪些食材已經下鍋，好一陣子之後，他從一大片白色點單中抬起頭來，打趣地說：「不如我們把所有的菜都下鍋煮了，省得麻煩，如何？」接著又認份地挽起袖子幹活。而在他身邊的亞當，速度已經快得如同畫面中的一團殘影。

「一份雙人餐，」申克繼續喊：「三份雞肉下鍋。」亞當立刻準備好雞肉，將它們全部放在烤盤上，飛快地塞進烤箱。「拿一份雞肉來，還要四條鱸魚和一條鮪魚，」申克又喊。

好不容易一切都完成了，亞當看起來卻非常失望，「才剛進入狀態，事情就做完了。」昨天他一直待到晚上六點半才離開，幫忙準備晚餐的備料，處理牡蠣、雙孢蘑菇、雞油菌菇、羊肚蕈和香菇，還有西班牙香腸，他一整天在廚房待了將近十一個小時。今天他一樣會待到很晚，繼續烤更多的菇類。他熱愛這些工作時光，熱愛這樣節奏快速又消耗體力的廚房工作，但他也很期待一月時回到學院上課，畢竟還有許多要學習之處。

與此同時，崔維斯則在堪薩斯城的鴨子酒吧（Duck Club）做晚班，他以前就待過堪薩斯城，曾經在那裡為堪薩斯城酋長美式足球隊（Kansas City Chiefs）的明星馬庫斯・艾倫（Marcus Allen）、史提夫・波諾（Steve Bono）等人做飯。蘿拉則在彩虹廳（Rainbow Room）找到一份工作，他們分隔兩地的時間一眨眼便會過去，五個月後重聚，想必依然如膠似漆。至於學院，它依舊周而復始地運作著，每三週就有七十二名學生畢業、七十二名新生踏入大門，還有七十二名舊生結束校外實習回到校園。艾莉卡完成實習工作後，想必也會更長大一些，廚藝更上一層樓，當她再度進入炙熱的學校廚房時，不僅已經是一名合格的學生，也會因為她的熟練與速度而成為一位理想的廚房夥伴。

至於她的老朋友大衛則找到了一份最有趣的校外實習，他在名廚米歇爾・理查（Michel Richard）開設的香茅餐館（Citronelle）工作。餐館位在喬治城，主廚名叫拉比・達魯什（Larbi Darouche），曾經與法國名廚尚—路易・帕拉丁（Jean-Louis Palladin）在水門飯店（Watergate

Hotel）的尚—路易餐廳共事過。實習期間，大衛面臨一個重要的時刻。第一天他著手進行備料工作時，達魯什主廚便詢問他是否願意幫忙籌辦一場八十人的宴會。這夢寐以求的機會大衛自然是不可能拒絕，即便這會讓他無法繼續留在香茅餐館。結果，大衛發現自己加入的是一間豪華的華盛頓俱樂部行列。就連達魯什的老友尚—路易．帕拉丁都前來幫忙，甚至連香茅餐館的老闆米歇爾．理查（Michel Richard）本人也到了。因此，在實習的第一天，我們基礎技能班的老同學大衛．史考特，就站在兩位傳奇名廚中間開始做起菜來了。他甚至還把馬鈴薯泥灑在理查的鞋子上呢。

第四部

二年級

1 酵母的致死溫度

開學第一天，我上午六點前就到學校了，在二號烘焙房外的走廊上閒逛了一陣子，看著睡眼惺忪的學生陸續走入大廳，這是他們從校外實習回來的第一天。除了一對情侶與同學重逢時非常興奮，幾個人聒噪地聊個不停，大廳基本上是十分安靜的。理查．科佩奇（Richard Coppedge）主廚邁步走進他的烘焙房，並順手鎖上身後的門。一群同學低聲地議論著來者的身分和自己即將加入的班級，所有人平均分到甜點與烘焙兩個課程中。六點整一到，科佩奇主廚便探頭說道：「開始吧。」

科佩奇主廚，一位高高瘦瘦的黑人男性，正在烤著麵包。根據帕德斯主廚的說法，科佩奇為烘焙課程激盪出全新的面貌，這門課多年來原本一直停滯在硬式麵包沉悶的漩渦中。每當我來到一門新課程，我總會參考帕德斯主廚主廚的評價。「我挺喜歡他的，」當我問起科佩奇時，帕德斯主廚是這麼回答的，「有些人對他有點感冒，不過**每個人**都很尊重他。」最後，他簡單地總結：「他是一位麵包大師。」

而馬庫斯．法賓格（Marcus Färbinger）——前馬戲餐館（Le Cirque）的甜點主廚，現在擔任廚藝學院的課程與教學部主管——告訴我，當科佩奇主廚向學生和老師示範麵包製作時，他的熱誠炙熱到足以超過麵包出爐的溫度。

我們魚貫而入，而科佩奇主廚站在門口，在我們踏入教室時仔細檢查著我們的穿著。「你得穿全黑的鞋子，」他對其中一名同學說，那人穿著鑲有白邊的黑鞋帆布鞋，「穿好後再回來上課。」

「我沒有全黑的，」學生說。

科佩奇主廚搖搖頭，「明天之前去買一雙。」他還要所有留著鬢角的同學去修頭髮，而指甲太長的也得回去剪好。「因為你的手會一直在麵團裡面，」他說。

等所有人都踏進教室之後，他又說道：「明天，所有人都必須穿戴整齊。這些不是我規定的，而是學校的規矩，所以不要向我抱怨。我得遵守，你們也得遵守。要是讓我來作決定，我會留鬍子、穿短褲烤麵包，但規矩就是規矩。」

「歡迎你們從校外實習歸來，」科佩奇主廚說，接著停頓了一下：「我們要替全校製作午餐麵包。如你們所知，這座校園全年無休，始終如一。那麼，趕快翻到第三十三頁，我們來準備材料吧。」

開場白只有這麼短暫的時間。有些學生昨晚就回到海德帕克鎮校區。有些人則將完成一共十八週的校外實習，還有些人的實習時間更長，要賺足第二學期的學費才會回來。像是喬許，他已經工作十八個月了，另一個名叫傑瑞的同學則去了阿拉巴馬州的伯明罕，在《烹飪之光》雜誌（*Cooking Light*）的測試廚房工作，他希望七個月後畢業時能進入媒體業。還有一位名叫羅素的同學在格雷莫西小酒館做事，《紐約時報》的美食評論家露絲・賴希爾（Ruth Reichl）光顧並點評餐廳的那天，他正好有上班，而他做的三道菜被送到賴希爾的桌子上，與她同桌的每位客人都各點了一份品嘗套餐（tasting menu）。「那真是令人興奮！」羅斯說。那天，他們終於一睹這位美食評論家的廬山真面目。其實早在不久之前，格雷莫西酒館旗下綠苑酒廊（Tavern on the Green）的主廚派翠克・克拉克（Patrick Clark）才剛被賴希爾修理了一番，所以當她前往格雷莫西小酒館時，派翠克特地將她的照片寄給他們看，並附上一些描述，讓同事知道這個女人能對他們和全紐約的餐廳做些什麼。或許有點誇張，不過他們把克拉克主廚的來信釘在廚房公布欄上，「像一張通緝令，」羅斯這麼形容。他也在聯合廣場咖啡館（Union Square Café）的廚房裡看見一模一樣的信。羅斯認為，上菜給賴希爾其實和上菜給其他客人並沒有太大的不同，只是每份餐點端出去前，你都要親自嘗過兩次才行。最後，賴希爾評給格雷莫西小酒館和他們的主廚湯姆・柯里奇歐（Tom Colicchio）三顆星的評價，一切也都沒有太大的不同，只不過他們每晚都客滿罷了。

班上還有位同學名叫安東尼，他曾在哈德遜河俱樂部（Hudson River Club）實習，跟著沃爾迪・馬魯夫（Waldy Malouf）大廚一起工作，現在，每當科佩奇主廚下達一個指令，他就會習慣性地大聲回答：「是，主廚！」因為之前馬魯夫大廚曾經威脅他，如果不這麼回答，就會將他解雇。至於史蒂夫則在克里夫蘭外圍的一家餐館實習，他認為回到學校是一種「必要之惡」。

傑森・但丁則在達拉斯的一間飯店實習，整整五個月都在煮澱粉食物，他很高興終於回到學校。但丁來自路易斯安那州的西門羅（West Monroe），說起話來有獨特的口音，將他的故鄉讀作西悶羅，油讀成悠，在讀成哉。今天，科佩奇主廚都還來不及正式開始講課，他就率先發問：「主廚，我有問題！今天煮的東西我們自己能吃到嗎？」

「我們不是要煮，是要**烘焙**，」這是科佩奇主廚給但丁唯一的答案。

我們首先來到傾斜式攪拌器前面，這部機器能處理兩百磅的麵團。我們首先要處理低油脂麵團，每天由一個小組輪流負責處理。早上六點，這個小組要將三十六磅的水倒入巨大的荷巴特牌（Hobart）攪拌器中，接著加入十八盎司的新鮮酵母，然後倒入四十五磅的高筋麵粉、九磅的有機小麥粉，和一磅以上的鹽，這些材料最後將能製作出九十二磅多的麵團。科佩奇主廚希望麵團維持在攝氏二十一至二十四度左右的常溫，這可以透過一開始的水溫調節，而他光憑感受房間的溫度，就能判斷出當天的水溫應該是多少。

第一份低油脂麵團攪拌完成之後，科佩奇主廚說：「我知道你們已經很習慣烹飪。烹飪講究的是瘋狂的速度，但烘焙不然。烘焙講究嚴謹，烘焙講究紀律。」

❖ ❖ ❖

同學們立刻注意到廚房和烘焙房的差異。這間烘焙房位於羅斯大樓對面的進修推廣大樓，是一間寬敞、安靜、涼爽的教室，有五排木製長型工作檯，沒有任何瓦斯爐，只有烤箱。原材料則都放在裝有滾輪的大桶內，上面標示著「白裸麥」「黑裸麥」「粗裸麥」「亞瑟王牌中筋麵粉」「百分之九十有機」「漂白中筋麵粉」「石磨全麥」「麥麩」「一級清麵粉」「蛋糕粉」「奶粉」「杜蘭小麥粉」和「粗磨全穀裸麥」。

在這間烘焙房裡，會升起一股廚房裡不曾有過的放鬆感。烘焙房的準備工作是將所有的原料混合在一起，不需要打破、撕開或切開任何東西。廚房的一切都關乎效率，要跑得更快、切得更快，好讓步調加速，但在這間教室，麵粉和酵母主導了一切，我們必須接受這一點。在美國這個盛產小麥的國度裡，麵包中的每種原料份量都是相對於麵粉來計算（法國則是相對於水），無論我們要做多少低油脂麵團，所有的初始配方都一模一樣：百分之百的麵粉、百分之六十的水、百分之三的新鮮酵母，和百分之二的鹽。這即是所謂的「烘焙比例」（Baker's Percentage）。

烘焙房裡的主要工具則是根據它們對酵母發揮的作用來命名。例如，冰箱不再是一種冷卻櫃或冷藏室，而是凍藏箱，低溫會讓酵母的活性下降。麵團一般要放在「最終發酵箱」（proof box）讓麵團膨脹，這個名字的起源是因為烘培師「最終要證明」酵母具有活性，能夠在麵團中繁殖，並生成二氧化碳。

烘焙房中一切的關鍵是：酵母必須是活的，然後我們才能依據它發揮的作用完成其他任務。「麵團可是不等人的，」科佩奇主廚這麼說：「在我們展開烘焙程序之前，麵團都是活生生的，不像牛排一樣沒有主見。麵團有自己的步調。」

同學三到四人分成一組，每組要負責不同種類的麵團。雖然我們都要依照食譜製作，也有標準的發酵和烘焙時間，但科佩奇主廚說：「我更希望你們都能觀察麵團，聆聽它的想法、端詳它的變化，看看會發生那些事。」

科佩奇主廚自己就能憑著麵團在攪拌機裡發出的聲音判斷它混合得好不好。他切了一大塊低油脂麵團，並開始用修長的手指將麵團整頓成一個正方形。他告訴我們，拉伸麵團時，如果能拉至極為薄透而又不致斷開，那就表示我們做出了很好的麵團。

「麵團在你們的手裡，」他說：「不像炒菜是在鍋裡，或者透過刀具來切割，而是在你的手中。麵團是活的，你依靠它，它也依賴你。」

「好浪漫，」但丁說。

科佩奇主廚回答：「我老婆就是因為這樣才跟我結婚的。」

❖ ❖ ❖

由於活生生的酵母太過搶眼，我們有可能因此而忽略其他與之無關的成份：麩質。此時我們就會需要翻開偉大的《馬基》，讀讀其中幾頁極富想像力的說明。麵粉中包含許多成份：澱粉、酶、糖、脂質，都是一些平凡的物質。「唯一的例外是蛋白質，」馬基寫道：「當蛋白質與水混合時，會形成我們稱之為『麩質』的非凡物質。」他將麩質這種不溶於水的物質描述為「咀嚼生麵團幾分鐘後，留下的口香糖狀殘渣」，沒有這種物質，就無法做成麵包。麩質是一種蛋白質複合物，堅固而靈活，可以不斷膨脹而不破裂，因此便能保留住酵母所生成的氣體。麵團越是柔軟，麩質能保留的氣體就越多，而氣體越多，麵團的體積就越大，質地也越好。

無論你是在《馬基》或任何其他研究麵包科學的書籍中讀到相關資訊，這些化學作用的過程看起來都相當複雜。隨著麩質的形成，酵母會消耗碳水化合物，並釋放二氧化碳和乙醇，而澱粉會在攝氏六十度時產生糊化作用，蛋白質則在約攝氏七十度時凝固。這些可都不是我們以為的那麼簡單。

對科佩奇主廚而言，麵包是一種既繁複又精簡的物理系統，他的生活與麵包密不可分。前陣子休假時，他就前往愛達荷州的博伊西（Boise），去拜訪他的前學生兼好友蓋瑞・艾伯特（Gary Ebert）開的奇波麵包坊（Zeppole Bakery），並和他一起烤麵包。到了休息時間，就繼續談論如何烤麵包。他們討論的是歐式麵包，科佩奇主廚說，這種麵包占全美麵包銷量的百分之五。美國坊間販售的麵包大多是白麵包，預先切片，並用彩色塑膠袋包裝好，堆放在超市的貨架上。歐式麵包近年大受歡迎，但是，正如科佩奇主廚說的：「成本很高，要賣很多麵包才能賺到一點錢。」

四十歲的科佩奇主廚高中畢業後，便前往強生威爾斯大學接受烹飪教育，接著在東岸的餐廳擔任麵包與甜點廚師一段時間之後，又回學校任教。他目前在廚藝學院待了四年，烘焙年資則有十五年之久。他說自己有時會有股衝動想搬到愛達荷州和好友一起經營麵包店，但他知道現在自己不僅是一名烘焙師，也是一位老師，更何況，「我很喜歡這裡的烤箱，」科佩奇主廚說。廚藝學院在他的麵包教室裡安裝了一具高級的壁式烤箱，深度有兩公尺，一共三層耐火水泥，兩層是瓦斯加熱，一層是電熱式的，三層都有蒸氣注入，並由電腦控制。蒸氣對麵包皮來說非常重要，而科佩奇主廚從來沒有擁有過如此高級的烤箱。「有了這個，你可以把我永遠留在這裡。」他說。

身為一位麵包烘焙老師，科佩奇主廚的教學重點只有兩個：混合麵團和發酵。「我在教室的另一端都能聽出麵團比例是否正確，」他說。

混合必須借助巨大的荷巴特牌攪拌機之力。科佩奇主廚說，過去製作麵包時不會在原料中添加鹽巴，烘焙師大力揉麵時流下汗水，麵團才因而帶有鹹味。混合原料也並非易事。酵母在水中溶解後，必須先均勻攪拌，接著加入麵粉，水立刻開始與之結合。然後麩質開始形成，而酵母也開始消耗麵粉中的碳水化合物。最後要加入鹽巴，以緩和酵母作用的速度。天氣涼爽乾燥時，可以先從冷水開始，多花些時間緩慢減半麵團，慢慢地生成麩質。攪拌麵團的動作產生的熱能會讓麵團加溫，達到酵母最活躍的溫度。如果當天的天氣又濕又熱，你就得多花些心思來看顧麵團了。科佩奇主廚說，不要只是照本宣科地混合原料，要「觀察、感受和聆聽」麵團的各種反應，因為麵團是活的，而且會一直活著，直到酵母沒有養分來源，或者溫度達到攝氏五十八度以上。這個溫度被稱為釀酒酵母的「致死溫度」。

科佩奇主廚說，發酵使麵包烘焙成為一門科學與藝術。而根據馬基的說法，發酵的觀念始於「偶然混入空氣中的酵母菌」，可能可以追溯到西元前四千年的古埃及。現在，天然發酵已經不是一種偶然，而是烘焙師選擇的一種做法，並將之稱為「酸麵」。這種「酸」並不是指一種口味（不過歷史上，酸種麵包一直與酸味葡萄酒一樣受歡迎），而是一種發酵麵種。先將可能已經帶有酵母菌的等量麵粉混合好，加入水促進發酵，在室溫下，這些酵母就會利用麵粉的養分繁殖，接著如果你繼續加入更多麵粉和水，酵母菌便會繼續生長，盡情享用其中的碳水化合物，並開始釋放氣體，產生乳酸和醋酸。馬基說，美國的酸麵起源於加州，當時的金礦工人無法取得酵母菌，只好利用剩餘的麵團開始新的一輪發酵過程。據說舊金山的空氣會讓麵團產生不同於海德帕克鎮的味道，現在，說起舊金山之名，便會聯想到酸種麵包。這種發酵方式的擁護者認為，用酸種麵團作為發酵劑，會讓麵包有著與葡萄酒一樣豐富的細微差異，取決於麵團來自哪裡，以及發酵了多久。比起直接加入酵母菌所製作出的大量麵包，好的酸麵團能製作出更深沉也更複雜的風味。

我採訪科佩奇主廚時，想要更加了解他的工作精神、烘焙精神，和其中與眾不同之處。過程中，他一度說他的精神就是「讓微生物群發揮作用……」，不過卻沒有繼續詳談。而後，他又說酸麵是一種「巔峰」，我想他指的是製作麵包的巔峰，不過他又輕描淡寫地帶過。每當我想知道他的熱情來源，他便開始語焉不詳，發酵想必是一種不可言喻的概念。他以前會用朋友養的狗來命名每一個發酵麵種，後來他不再這麼做了，但他還記得他最老的一個麵種可以追溯到一九八五年二月八日。之後有次他正在上最後一段課程，一名學生不小心把他帶去的整個麵種都放入其中一個麵團中，科佩奇主廚只好打電話給太太。他們那時在斯坦斯堡（Staatsburg）租了一棟二十八英畝的房子，他許久之前把麵種的備份放在穀倉裡，已經好幾年沒有動過它了。他的太太去倉庫拿了這罐備份，開車到校門口與他會合。罐子裡的液體已經升高到頂部，但科佩奇主廚將液體倒出，發現麵種仍然可以使用，酵母正在沉睡，但仍是活的，接下來可以用等量的裸麥和小麥麵粉繼續培養它。

科佩奇主廚說，失去一份麵種和失去一株上等的赤霞珠葡萄樹並不一樣，最重要的是當你需要時，手邊要有麵種可以運用。不過他也確實相信，隨著時間的推移，麵種中的酸性物質會變得越來越精煉，就像葡萄酒和起司一樣，而他很慶幸他那份十一歲的麵種還能繼續活下去。

「如果可以一直用酸種來做麵包，我肯定會這麼做，」他對全班說：「我不會使用任何烘焙用酵母。但就我們現在的時間和上課天數來說，很難用天然發酵的方法製作。事實上，大多數的手工烘焙師也面臨這個問題，大多數人都認為天然發酵的麵包會有不同的風味。但我們為什麼還要做天然發酵的麵包？因為那是一種完整的循環，不那麼精緻，卻是一種完全食物。」

❖ ❖ ❖

等到攪拌機將麵團完全混合好之後，通常會裝入白色塑膠桶裡發酵，或者會將這個巨大膨脹中的麵團用保鮮膜包好，靜置在其中一座木製工作檯上。接著，我們會將麵團對折，好讓氣體釋放出來，並均勻分配酵母所能獲得的養分。接下來就要秤重麵團，將之平均分成科佩奇主廚要求的重量。最後讓麵團靜置一段時間，直到我們要開始塑型為止。

無論是要為學院的埃斯科菲耶餐館製作長棍麵包，或是為學校的快步熟食餐館（Walk-In）製作潛艇堡麵包，塑型都是一項必備技能。塑形基本上就是將麵團折疊起來，用手掌根部將折口封住，接著再對折，用手掌根部敲打，讓封口黏合，不斷重複，直到將麵團折成細長的管狀，成為麵包的內部構造。科佩奇主廚在接下來的課堂中示範了各式各樣的麵包形狀。第一天他做了「巧巴達」，義大利文的「拖鞋」麵包。將大約一磅的麵團不斷拉長，直到麵團變成一個又長又平坦的橢圓狀。麵團最後一次發酵後，用手指觸碰會慢慢回彈，不會凹陷，就可以刷上橄欖油、撒上猶太鹽，然後扔進烤箱裡了。

這間教室裡雖然有一部專門用來擀長棍麵包的機器，但我們通常還是會手工揉麵。科佩奇主廚能做出十分漂亮的長棍麵包。他先將麵團製作成管狀，底部會有一條完美筆直的接合線，他便會沿著這條線的兩側開始按壓麵團，使之不斷橫向延展，接著再繼續對折，讓麵團密合。他會伸展雙手優雅地來回滾動麵團，手法看起來既有力又細膩。第一堂課時，他一共製作了三根長棍麵包，三根看起來幾乎一模一樣。只要自己試著動手做，就會明白他的技法有多麼超群。之後我問他是不是很喜歡製作長棍麵包，他盯著我，圓形眼鏡後的一雙眼睛瞪得大大的，然後嚴肅地點點頭。「我總是試著做得更完美，」他說。

❖ ❖ ❖

這間教室裡沒有任何急迫感。科佩奇主廚慢條斯理地檢查每一個麵團，或走到烤箱前檢查溫度。他也經常只是坐著，像靜置的麵團一樣在原地休息。然而，正如我們所知，沉靜的麵團是個假象，在那團平靜而蒼白的、麵粉與水的球狀混合物中，活躍的酵母正在運作。烘焙課的緩慢節奏也只是個假象，等待麵團發酵的時間裡，同學大多輕鬆地坐在椅子上或相互閒聊，但其實，如同科佩奇主廚所言，這間教室要製作足以供應整間學校的麵包量，一天大約兩百至三百個。每天，四間學校餐廳的服務生都會來這裡領取麵包。從埃斯科菲耶餐館來的同學穿著綠色圍裙，會帶走長棍麵包，而在快步熟食餐館工作的同學則會來取走潛艇堡麵包，至於備餐室的同學，則會來拿任何其他當天能夠取得的東西。

由於我們完全無法控制酵母的作用，急迫性便以另一種形式呈現出來，而且急迫與否也是由酵母決定的，你只能自己觀察，然後與之同進退。在一般的廚房裡，若想避免出錯，你可以提高效率或多加思考。但在烘焙房裡，效率並不重要。你當然還是可以很有效率，但在那之前，你必須先等待酵母，耐心看著它，根據它的變化來做事。在一般廚房裡，出錯通常會發生在上菜之前或上菜過程中，但在烘焙房，隨時都有可能出錯。

第三堂課時，但丁和我被分配要製作潛艇堡麵團。我們使用硬式麵包的麵團來製作，加入鹽和糖調味，並以蛋白和植物油軟化它。這也可以用來製作佛卡夏和巧巴達，就看你如何塑型。

但不知道為什麼，我們搞錯了麵粉的比例。但丁和我呆呆地看著八十夸脫的混合物攪拌著，而科佩奇主廚在教室的另一頭告訴我們，水要再加多一點。我們先是爭辯說比例都正確，接著才慢慢開始加入水。原料和水不斷攪拌、混合，等到科佩奇主廚走過來指出我們哪裡搞砸時，我們已經加了四磅的水。原料完全混合好之後，我們便將麵團搬到工作檯上進行發酵。當天的空氣溫暖而潮濕，十五分鐘過後，科佩奇主廚經過我們身邊，注意到麵團的尺寸不太對勁，便將手放在麵團上面。

「超速了，」他說：「麵團大概有三十一度，發酵得太快了。」他將一支大的電子溫度計置入麵團中，上頭顯示著三十度。「我測量的甚至不是麵團的中心點。」他說麵團「發燒」了，並解釋說這是因為過度攪拌造成的。我們必須重新評估麵團發酵和膨脹的程度，再判斷麵團最終送入烤箱的時間——有很多麵包要烤，但烤箱空間有限。

如果有人搞砸了麵團，科佩奇主廚就只能告訴美豐盛餐館和聖安德魯餐廳麵包還沒準備好。屆時，服務生也只能在麵包終於出爐之後，捧著仍在冒煙的箱子，滿頭大汗地趕回餐館，而客人早已經陸續入座。

但丁從過熱的麵團上捏了一小塊下來，用雙手搓揉著。主廚懷疑地看著他。「我想要把它再搓熱一點，看看是什麼感覺，」但丁說：「我現在很緊張。」

「烘培師從來不緊張，」科佩奇主廚回答：「廚師才會手忙腳亂。」

❖ ❖ ❖

潛艇堡麵包和硬式麵包都只是家常麵包，經過調味的麵團才是最令人垂涎的，而科佩奇主廚就像位畫家，在他的風味調色盤上選出適當的調味料，然後將他畫布般的低油脂麵團化為色香味俱佳的麵包。有時候，他只是簡單地在低油脂麵團中加入一些烤大蒜，刷上橄欖油，並灑上一些粗鹽。也有時候，他會加入卡拉馬塔橄欖和核桃，做出鹹甜交融而濕潤的紫色麵團。

午餐結束並清理好廚房之後，我們來到走廊盡頭的另一間教室集合，科佩奇主廚則會分配作業給我們。例如，第三組要用二號低油脂麵團製作油炸辣味麵包。「我們要加入松子、葡萄乾和碎紅椒，」他說：「麵包會有點硬、有點燙，而且有點老，也有點甜。但我想你們會喜歡的。」一酸麵團則會加入巧克力和櫻桃，做成一個又大又圓的金色麵包，布滿曬乾的櫻桃與融化的巧克力。「如果被別人知道我們正在做這種美味的麵包，」科佩奇主廚警告：「你們自己就一個也吃不到了。」

烘焙技能課最大的好處就是，我們做的麵包真的很好吃。非常好吃，是那種「此生吃過最美味」的等級，而且還可以帶一條回家繼續吃。每當我們做出一種新的麵包，所有人就會圍成一圈開始分食，一邊咀嚼，一邊頻頻點頭，有的人會說：「簡直是太好吃了。」如此出神入化的麵包，背後的工法極為複雜，看似遙不可及，卻是出自我們之手。

我們做了裸麥麵包，將麵團放進有帆布內襯的發酵藤籃（banneton）裡靜置一夜，這是因為裸麥麵粉缺乏小麥粉中的蛋白質成份，並且因為較軟，因此需要支撐。加入粗磨全穀裸麥粉麵團也需要放入籐籃中發酵。沒有靜置的話，尖銳的穀物會破壞麩質結構。根據科佩奇主廚的說法，麩質結構和錯綜複雜的肌腱很像。

我們還做了全麥麵包，大約用了七份麵粉和一份煮熟的馬鈴薯，裡面點綴著新鮮切碎的蒔蘿。而美味的葵花子麵包則以奶粉、糖、葵花油、蜂蜜和全蛋調味，葵花子的外殼烤至酥脆的金黃色。我們也用傳統麵團做了各種不同的麵包，像是軟餐包、布里歐（brioche）和酥皮。我們混合原料、揉捏麵團、靜置發酵，然後加入麥芽調味的水製作貝果，烤出耐嚼的完美口感。

我們製作舊金山風格的雜糧酸種麵團，混合了水、麵粉和白脫鮮乳，也呼應了科佩奇主廚接下來突發奇想的靈感——「第四組，請你們製作蘋果酸種，將蘋果酒加入最終發酵的酸種麵團中，接著再加入一些蘋果，不要加入任何酵母，任何商用酵母都不要加。」

❖ ❖ ❖

「天氣越來越潮濕了，」這天開始上課時，科佩奇主廚這麼說道：「我們必須處理一下這個問題。天氣變濕時，麵團就會給我們好看。」他總是說一些讓我不太明白的句子。其實他可以再說得更清楚一些，他可以解釋溫度和水份會對麵團造成什麼影響，會讓發酵速度加快到什麼地步，但不知道為什麼，光是解釋並不足夠。

至少對我來說是不夠的。烹飪和烘焙之間的差異如此深刻、如此鮮明，我對此毫無準備，以至於這間教室的工作始終令我困惑。我一點也不明白，也無法明白。這似乎不存在於我的天性裡。我充滿熱情地開始烤麵包，但每一天我都變得越來越疲倦、越來越哀怨、越來越力不從心，這是一個我無能為力的事實，這就是我的身體狀態，好像我患上某種嚴重的疾病。每一天，我的腦袋都越來越不清楚，肩膀越來越低垂，動作也變慢了，我在越來越朦朧的迷霧中，掙扎著探求我所需要的答案。第四堂課上，科佩奇主廚看著我。我在打噴嚏，淚眼汪汪的，甚至還晃晃腦袋好讓視線更清楚。他溫和地說：「你對麵粉過敏。」

「對**麵粉**過敏？」我問。

「有些人會這樣，」他說。

原來如此，過敏襲擊了我，就像那年冬天的風雪襲擊了哈德遜河谷一樣。更何況，我們製作的不是一磅的麵團或餅皮，而是要扛著一袋五十磅重的麵粉倒入傾斜式攪拌器中。每回倒下麵粉，我的頭和肩膀便會幾乎消失在一片白茫茫的粉末之中，而我會開始不停地打噴嚏，更不用說科佩奇主廚搖晃著裝著紅色辣椒片的塑膠罐，將大量辣椒倒入荷巴特牌攪拌機正在製作的低油脂麵團中。我只好前去保健室拿抗組織胺藥物。「我是科佩奇主廚班上的學生，」我說。

「**科佩奇**主廚，」護士雀躍地回答。

她們的確**神魂顛倒**，這就是麵包的魅力。我有點傷心地明白，我對女人可沒有這種吸引力，因為我不是位烘焙師。

就像製作所有料理的過程，思想與精神是密切關聯的。我已經發覺自己能成為一名廚師，也由衷地明白烹飪的意義。根據我所學，廚師烹飪並不是為了滿足慾望，而是偶然應和了早已存在他們身上的天性。我相信烘焙師也是如此，而他們兩者並不相同。我深信世界上有些人庸庸碌碌地度日，無論是坐在辦公室裡或下田農耕，但他們並不快樂，因為他們從未嘗試在廚房工作。也一定有另一些人過著沉悶的日子，因為他們生來本該成為為一位烘焙師。

我想因為我是名廚師，或者更確切地說，我的本性中有個廚師（我並不想狂妄地自認已經成為廚師了），我無法徹底地理解烘焙。烘焙是知識與經驗的領域——烹飪也有自己的知識與經驗領域，我無法完全融入，只能從旁觀察，即便我和大家一樣烤著麵包、揉捏手中的麵團，判斷它是否混合得夠好、是否已經形成必要的麩質結構。我將工作檯上殘留的麵團刮淨，將滾燙的熱水倒入巨大的荷巴特牌傾斜式攪拌器中，蓋上保鮮膜，好讓蒸氣能除去殘留的麵團，接著再清洗乾淨，我用手掌根部將長棍麵包的麵團壓緊，接著以剛柔並濟的力道讓麵團延展，懷抱著希望，試圖達到科佩奇主廚的境界。我用刀子和手指按壓麵團，刷上油、撒上鹽，然後將麵團放入烤箱，看著麵包忽然**膨脹**起來——稱之為「烘焙脹力」（oven spring），是酵母在死亡之前的高溫下變得異常活躍。而後我靜待出爐的麵包冷卻，吃下它，並用沾了醋與水的拖把清潔烤箱。但我仍然不是一位烘焙師，我永遠無法理解麵包的本質，以及烘焙師的本質。

我只能透過直覺感受科佩奇主廚的催促，從他的語氣中找到這種急迫，而不是從表情和動作就能感受出來，這種敦促會讓我集中注意力，並以此學習。科佩奇主廚總會大步走向他的桌子，不疾不徐，有時會忽然停下腳步，雙眼盯著前方。接著，又會重新跨出步伐，一邊喊道：「今天要用冰水。百分之二十五的水是冰塊。」一個熱天的午後，他還要一名同學將一大碗冰塊直接倒進一桶麵團中，好讓麵團保持涼爽。

科佩奇主廚還帶了一些書給同學讀——課堂間的確有很多時間能讀書。他似乎很喜歡最近剛出版的一本新書《南希・希爾文的拉布雷亞烘焙坊麵包》（*Nancy Silverton's Breads of La Brea Bakery*），「這本書的理論是最好的，」他說。但他也隱隱約約對理論有些嗤之以鼻。

我們埋首讀書時，他會在一旁坐著，一邊說：「你們一定要去感受麵包，不能說『我按照配方做，但失敗了』。要去了解麵包，和一位烘焙師交流至少三到六個月。」

我記得帕德斯主廚說過，烘焙和烹飪的區別只存在於語義上。但在這間教室裡，我意識到這是兩種完全不同的過程，就像東方與西方哲學有著天壤之別一般。烘焙時，有太多東西是不可見的，空氣中的水份、酵母的作用和麵粉的組成。你絕不會聽到一位廚師抱怨廚房太過潮濕，而如果清湯混濁了，你只需要做一碗新的，加入更多酸類和蛋白質，問題便解決了。但烘焙一旦出了差錯，想要修補是十分困難的。烘焙時壓力都是不可見的，是隱晦的，在麵包皮底下，並且這股壓力會一直存在，直到你達到酵母的致死溫度為止。如果壓力變得可見，就表示一切已經太遲了。即便麵團比例正確，你也做得很好，但只要其中有某些東西失去平衡，你手裡的東西就會是一團災難，無法讓你進一步混合、發酵、秤重、靜置、塑型、檢查和烘烤。這一切的壓力都藏在表面之下，在烘焙房和麵包裡，而製作麵包的箇中之道即是去創造並維繫這股壓力。

❖ ❖ ❖

我的朋友傑森・但丁，這位來自西「悶」羅的夥伴，當我忙著打噴嚏、揉著淚汪汪的眼睛時，他在整個烘焙過程中一直扮演著非常有力的角色。我們重新製作裸麥酸麵時，他看著我說：「我真的很喜歡這發酵的鬼東西。」他喜歡所有發酵的東西。十幾歲時，他就和一位朋友自己釀酒（但他們沒有拿來喝，因為擔心喝了致命）。他還在學校宿舍裡讓甘藍菜發酵，製作成德國酸菜。他說烘焙課是他最喜歡的課程，甚至一整個星期，他都想說服主廚讓我們做墨西哥契波透辣椒麵包。終於在第六堂課時，主廚大概是受到疲勞轟炸，態度軟化，向儲藏室訂了四罐契波透辣椒醬、十二個波布拉諾辣椒和七顆蒜頭，並要我們著手製作。

我們將波布拉諾辣椒和大蒜放上烤爐，一邊討論著實際上要做的麵包。但丁不太確定地建議要用酸麵製作。我提醒他，之前做過的油炸辣味麵包是用低油脂麵團做的，加了松子、紅辣椒片和葡萄乾，我們應該比照辦理。科佩奇主廚踱步走來，停下來側聽我們無知的談話。「波布拉諾辣椒和契波透辣椒，」他說：「這是西南方的口味，對吧？」

「那我想加一點玉米，」但丁茫然地說。

科佩奇主廚點點頭，回答：「我會加一些濕潤的玉米粉，像麥片粥那樣。」

「你是說……」但丁瞇起眼睛。

「那我就公布答案了，」主廚回答。

「不，等等！」但丁大叫，好像剛被判出局。

「那我就公布答案了，」主廚繼續說道：「用百分之二十五的玉米粉，加入等量的水下去煮，煮成像燕麥粥一樣。」他彎身過來看我們的課本，打開低油脂麵團那一頁，指著上頭最小的麵團份量「十磅」。「一點五倍的量，」說完，他又踱步離開了。

於是我們開始煮玉米粉，並且將波布拉諾辣椒剝開、去籽並切碎，但丁也將契波透辣椒從罐子裡取出來切末。「看起來真像乾掉的糞便，**真的**。」他說。他保留了醬汁，在攪拌麵團時加進去，還舔了舔罐子內部才丟掉。

一旦做好基本的低油脂麵團，並充分了解你所需的麵團質地，可以將麵團延展至幾乎半透明的狀態，麩質的結構清晰可見，那麼你就可以隨興使用任何材料調味。科佩奇主廚基本上是個純粹主義者，但並不排斥調味麵包，只要調味料不要掩蓋過麵包本身的發酵風味即可。他說，像紐約市的麵包市場非常競爭，手工烘焙師就必須用某些方法讓他們的麵包具有鑑別度。在美國，你無法用一般的長棍麵包彰顯自己的特色，就算你的長棍麵包做得再精緻也一樣。

我們的墨西哥辣椒麵包確實很特殊。我們加入了適量的契波透辣椒和醬汁，辣味十足，而烘烤過的波布拉諾辣椒的風味充斥在玉米粉均勻混入的麵團中，我們也在麵團外灑了一些玉米粉，賦予麵包質樸的顆粒感。

但丁去吃午餐的時候，我和科佩奇主廚留下來完成最後一塊麵包。主廚檢查了一下已經出爐的部分，我們把它們做成巧巴達和佛卡夏的形狀。他覺得做得有些太扁了，也有些過度發酵，除此之外，他還說聞起來太鹹了，但丁剛才的確說他不小心加了太多鹽巴。但科佩奇主廚似乎還是很欣賞這些麵包。「我喜歡你們的成品。」他說：「我可能會把一部分送到美豐盛餐館試試，如果他們喜歡的話……」語罷，他聳聳肩膀。

當我告訴但丁科佩奇主廚準備把我們的麵包送進學院最高檔的餐廳時，但丁一邊歡呼一邊跟我擊掌。

❖ ❖ ❖

科佩奇主廚會視每個小組完成麵包的時間，讓大家輪流去吃午餐。這表示大家會陸陸續續出入教室，但主廚總是這麼安排，如此一來，他總能在烘焙房裡享受十五到二十分鐘的獨處時光。有時候，他會在座位上吃點東西，有時候，他只是靠在桌旁，雙手抱胸，凝視著烤箱裡烤得恰到好處的麵包。

烘焙房是一個獨特的場域。四周一片雪白，讓整個房間看起來十分柔和，幾乎像是夢境裡的場景。這裡的一切是如此和緩、沉著、冷靜。麵粉輕柔地倒入攪拌機，可頌麵包輕柔地膨脹起來，一旁的麵團靜悄悄地休息。而科佩奇主廚是一位烘焙師，從他的步伐、他的思考方式和他訴說的故事裡可以清楚看出這一點。

他手邊總是備著一兩份酸麵團，他會加入德國酸菜和大塊的紅洋蔥。這種口味是學院經常製作的特色麵包，因為梅茲先生很喜歡吃。科佩奇主廚告訴我，梅茲先生大約從三年前開始對此著迷。某天，校長秘書請科佩奇主廚到羅斯大樓二樓的校長辦公室。科佩奇主廚一踏入辦公室，秘書便遞給他一片來自舊金山某間餐廳的酸麵包，並說，梅茲先生想知道他能不能做出這種麵包。從那之後，校長每天都會吃大約半條德國酸菜洋蔥酸麵包。「他喜歡非常酸的麵團，」科佩奇主廚說，接著又補充道：「這也是因為我能做得出來。」他這番話說得既謙遜又驕傲，某種程度反映了烘焙師經常有的兩種樣貌。

能用這種態度談起校長的大概也只有烘焙師了。科佩奇主廚還說，他是一位烘焙師，而梅茲先生是位廚師，他們可以說是兩種完全不同的物種。

❖ ❖ ❖

烘焙課結束之後，接下來就是糕點課程了，那會是一間更為冷靜的廚房。甚至，大部分的工作都是在冰冷的花崗岩工作檯上完成的。在這門課程中，學生將學習如何製作香草醬和甘納許（ganache），還有如何進行巧克力調溫（temper）、溶解吉利丁片，如何製作林茲蛋糕、翻糖玫瑰和卡士達醬。他們要學習如何將烘焙油紙裁切並捲成一個緊密的圓錐體，好用來裝飾他們的花色小蛋糕，他們每晚都在紙板上先進行練習。而在為期六週的烘焙課和糕點課之後，他們會將廚師袍掛起來，連續上六週的紙本課程，仔細研讀酒單與菜單。

對同學們來說，離開廚房這麼長的時間感覺很奇怪。不過對一些想要取得學士學位的同學而言，他們要離開廚房、專心上紙本課程的時間有整整兩年那麼久。

我正好有機會旁聽幾堂學士學位課程，享受羅斯大樓西翼三樓拋光的硬木地板和鋪著地毯的隔音教室。學士學位課程的同學都穿著休閒服，但還是比起一般的大學生更加整潔。修完初級學位的準學士，接下來若支付兩萬五千美元的費用，可以再繼續進修七個月的課程，並前往加入六週的餐酒之旅。這段學程設計開始於一九九四年八月，最多可以招收兩百五十名學生，但始終沒有達到學院期望的招生人數。一九九六學年度結束時，學程總共招收了兩百二十五名學生，並有一〇六名畢業生。不過人數逐年增加，也有越來越多新生一開始就打算在這裡待上四年。

學士學位課程的重點是餐點服務，不像其他學校普遍更著重於餐旅管理。除了像是「會計與預算管理」和「餐飲市場行銷」等課程，還有第二外語、英語寫作和其他一般的文科課程。坐在美國廚藝學院教室裡，聽著日本以經濟強國之姿崛起的複雜課程，想必令人迷失方向。克里斯南杜·雷（Krishnendu Ray）是亞洲文化課的講師，經驗十分老道，有時會在講述關於他家鄉印度的課程中，雄辯地大談宗教對女性生育能力的控制與男性對生育能力的嫉妒，接著又將焦點拉回西方對印度社會的刻板印象。聆聽這樣的課程，會感到當年瘋狂的海鮮課程和燒焦的甜菜根恍如隔世。

副學士學位的同學通過菜單與設施規劃、葡萄酒與烈酒管理以及餐飲法律課程之後，就要再次穿上白色的廚師服，展開國際烹飪、進階烹飪技巧與經典宴會烹飪課程，接著再修習最後一堂技能課程，然後來到整個課程規劃的最後一門課：在學校開設的餐廳工作。在這裡，同學們可以盡情地發揮實力，因為這些是真正對外營業的餐廳，訂位用餐經常要等待超過兩個星期才有座位。

❖ ❖ ❖

在這些餐廳裡工作，可以衡量短短一年半的學院教育所能成就你之處。四間餐廳都經常受到報章雜誌評比，也屢獲好評，並經常在餐廳裡展示它們贏得的獎項和口碑。然而，最特別的並非它們身為頂尖餐館的事實，而是它們每七天就換一批員工。每隔七天，餐館中的所有同仁都會離職，並迎來十八名左右的新服務生和新廚師，而他們將在此展開新工作的第一天。

2 聖安德魯餐廳

明亮而溫暖的天氣使得聖安德魯餐廳的前置會議得以在陽台舉行，大夥兒圍著玻璃圓桌而立，頭頂上罩著綠白相間的陽傘。克雷格．愛德華茲（Craig Edwards），一個身材高䠷、舉止優雅的男人，正露出無瑕的笑容，黑色眉毛調皮地揚起，他在餐飲服務導師菲利普．帕皮諾（Philip Papineau）的帶領下，即將完成畢業生培訓計畫的最後階段。與他交接的新人們則換上綠色圍裙，魚貫地前來集合，他們剛上完餐飲服務概論，並且在校友餐廳練習了七天，等待其他同學完成課程。克雷格歡迎每一位同學，並大致介紹了服裝規定、回家作業和一般的時間安排。我剛上完糕點課，是人群中唯一穿著白色廚師夾克的，不過大家對陌生突兀之人早已司空見慣，同學們經常插班補課，或者因為生病、被當等原因落後而加入新的班級。

「你們即將要服務的就是人，一般人，」克雷格說，這與我們曾經在學院做過的任何事都不一樣。「鞋子很重要，」他繼續說：「你可以穿工作靴，但別沾到食物。平常去學校時可以穿著廚師夾克，讓圍裙保持乾淨。工作時穿一件短袖上衣就可以了，天氣越來越熱了，上衣可以吸汗。懂了嗎？」他要當天的外場領班穿得保守一些，而負責酒吧的同學則可以穿著一般的服裝。當然，褲子必須是黑色的，無論是學院發的聚酯纖維材質，或者你自己的任何一條黑色褲子，只要不是棉布材質即可，因為棉布下水後會褪色，除非用乾洗的方式清潔。簽到表放在休息室，用來當作出勤紀錄。第一天六點半抵達，第二天到第七天則從七點四十五分開始。陳設工作會進行到八點半，十點半解說結束，大家一起用餐，十一點二十分進行最後檢查，接著十一點半時，聖安德魯餐廳就開始營業了。第一天上工之前，我們就必須預習他發下來的餐點簡稱。

「可以抽菸，」他說：「但是請在自己的休息時間抽，而且要去後門抽。這裡會有客人經過。」他指了指入口大門。這倒是一個重要資訊，畢竟在學院裡，不抽菸的學生算是少數，多半會被投以吃驚的眼光。「抽菸之後，請記得洗手，再噴一下口氣芳香劑，帕皮諾老師很在乎這一點。要是被他聞到煙味，他自有辦法要你處理一下。」

克雷格再次露出如同牙膏廣告般的無瑕笑容，自從半年前畢業之後，他每隔七天就重複一次這段話。

❖ ❖ ❖

準備到聖安德魯餐廳進行校內實習之前，我特地帶著妻子和女兒一起來這裡吃午餐，除了嘗嘗這裡的食物，也以匿名顧客的身分感受一下這個地方。聖安德魯餐廳是唯一一座校內的獨立建築（「食品營養中心」才是這棟建築的正式名稱），穿著制服的學生會成群結隊地在好天氣裡聚集在角落談天或在飯後抽根菸。走入前廳之後，會看見一張接待大桌，上面擺著由領班負責的訂位清單和一疊菜單。桌子旁則有一面大窗，可以直接看見廚房的景象，學生們正在裡頭炒菜、烤肉，主廚或副主廚則用麥克風點單。

當天來接待我們的正是菲利普．帕皮諾，一個高大時髦的男人，古銅色的皮膚十分光滑，態度正式而從容。沒問題，他說著，重複回答我訂位時提出的疑問，十一個月大的孩子絕對不是問題。他將我們領入座位，外場領班學生則在餐廳的另一頭招呼其他客人。

聖安德魯餐廳就像一間寬敞的日光室，人們可以舒適地坐在襯著皮墊的木椅上玩橋牌。溫暖的天氣裡，通往陽台的法式雙開門向外敞開，而陽台與庭院之間隔著一道低矮的磚牆。與大門相對的是大面落地窗，讓充足的陽光灑在色澤飽滿的藍色地毯和晶亮的銀製餐具上。吧檯緊依著開放式廚房，面對著房間另一頭以橡木裝點的大壁爐。

繼斯文的帕皮諾先生接待之後，服務我們的是個粗獷的男人。他先是歡迎我們到聖安德魯用餐，慢條斯理地對我們點點頭，彷彿要對我們推銷這間我們早已經選擇的餐廳。接著他問我們要不要喝些什麼，我們說想點一瓶酒，稍後再來點餐。他再次點點頭，手裡穩穩地握著一支筆，放在他的點菜板上。我在這段空檔裡悄悄地掃視了一下，注意到他的嘴唇微張，露出寬闊的牙齒。他繼續點著頭，眼睛直盯著我，手裡的筆一直放在板子上，就在我正想說「我們先看一下菜單，謝謝」時，他揚起眉毛，對我微微一笑，又再次緩緩地點頭，接著，終於踏著如同摔角選手一般笨重的步伐，緩緩離開我們的桌旁，前去站在另一名服務生身旁，雙手背在身後。

帶著十一個月大的孩子一起吃飯時，一坐下你就必須將除了桌巾以外的所有桌上物品全都擺放到遠處，同時，這個孩子會不斷將身體往前傾，即便伸手可及之處已經什麼也沒有，她還是會熱切地試圖抓握那遠在天邊的餐具，而你則必須像樹根一般將她固定住，以免她摔下來。我們一安頓下來，另一名服務生馬上端著一小盤科佩奇主廚製作的美味麵包來了，說這是特別為小朋友準備的（我們的麵包不久之後也送上，裝在籃子裡，並附上一盤風味十足的橄欖油和白腰豆抹醬）。唐娜吃驚地說：「你一定也有小孩。」服務生說他沒有，不過他的同學也是為人父母，才會建議幫我們準備小孩能吃的麵包。我們真的很感激。

我意識到，這就是餐桌服務課程的縮影，有的人木訥而笨拙，有的人優雅且專注。客人會在這裡獲得比以往更多的關注，而服務生的人數也比一般兩倍大的餐廳更多，並且他們會熱切地不斷前來關心客人。有些同學以前做過外場服務，言行舉止顯得十分自適，不過大多數人都不曾有過這些經驗，對他們來說這是全新的。這裡的每一名服務生都是付了學費來工作的，還要接受老師的評分，因此，就算是最不自在的同學，比方說我們那位粗獷尷尬的點餐員，也會極盡所能地回答客人的每一個問題，並且機靈地滿足客人的所有要求。沒有任何一家外面的餐館能像學院附設的餐廳這般令我感到舒適自在，即使是非常正式的埃斯科菲耶也讓我十分放鬆。就連我們粗獷尷尬的服務生，經過一連串笨拙而吃力的服務之後，又在用餐結束後遞給我們錯誤的帳單，我也沒有因此感到反感。

我想，正是因為他們特地為我女兒準備了麵包，這個下午的氣氛便就此定調（我覺得應該特別記錄一下，在端上來的三種麵包中，女兒竟選擇了德國酸菜洋蔥酸麵包。這種麵包當然非常酸，但我們覺得這也算是小孩探索的過程，因此沒有過度擔憂）。我們踏進這間餐廳大約不到兩分鐘之際，便已經有四名服務生注意到我們，而我後來才從令人印象深刻的帕皮諾先生那裡得知，這是來自服務生既刻意也下意識的反應。

❖ ❖ ❖

我六點半抵達餐廳，繫上領結，綁好綠色圍裙。我已經很習慣踏進忙碌的廚房裡，不過現在踏入的是一間寧靜的房間，甚至還鋪著地毯，播放著輕鬆的爵士音樂。帕皮諾老師注意到我的圍裙綁錯了，我用廚房圍裙綁法，不過服務生的圍裙必須將結打在圍裙之下，打結處不能外露。接著，克雷格要我將公事包放在樓下的置物櫃中，這裡不能擺放任何形式的書包或公事包，因為到處都是貴重的銀器。

我不認識這裡的任何一位同學，但從一開始就令我印象深刻的是，他們看起來比我之前認識的同學都老。其實，他們似乎也並不是真的年紀比較大，而是十分成熟，就連十九歲的曼寧·謝弗（Manning Shaffer）也是，這種自信老練想必是學院教育與五個月校外實習的成果。

不過，這老成的模樣也可能是工作導致的。我不斷詫異地發現有好幾位廚師的年齡並不是五十六歲，而是三十九歲。他們看起來並非憔悴，而是老練、見多識廣、經驗豐富。

我們小組裡實際年齡最大的是約翰·馬歇爾（John Marshall），三十七歲。他職涯大部分的時間都是從事外場工作。他的妻子也是職業婦女，在他來到廚藝學院就讀之前，夫妻兩人的總收入大約九萬美元。但他們放棄了原本的工作來到這裡，約翰還不得不賣掉他的帆船以支付學費，現在，他除了上課，還得做另一份夜班全職工作。他住在派恩普萊恩斯（Pine Plains），距離學院東北方大約四十五分鐘的車程。晚上，他在馬許麥克獵場（Mashomack Shooting Preserve）擔任廚師，據他的說法，那裡是有錢人練習打獵的地方，還會烤肉、配點小酒。他第一天來不及在早上六點半趕到。

此刻，桌子被推到兩旁，椅子則排成兩列，帕皮諾老師站在壁爐前，開始了我們的第一天。

「我是帕皮諾。你們已經認識克雷格了。漢澤斯基主廚（Chef Hanyzeski）這個星期都會在廚房裡，而德桑提斯主廚（Chef De Santis）則是下週回來，屆時你們將輪流進入廚房。馬丁是你們的領班，至於丹則是實習領班。」這是每一個班級來到這裡時的例行介紹，他會紀錄出缺勤，並像其他導師一樣，要有學習困難的同學私下去和他聊聊。接著他向我們解說了日常工作和時間安排。

「每個人都要隨身攜帶筆、點菜單、刮屑片和開瓶器，」他說：「我知道這很基本也很囉唆，但我不希望有任何人聽不懂。**所有人……每天……**都**必須**攜帶**這四件**工具。」有時他斥責某些同學，他會說：「這不是針對你，我並沒有了解你到能對你品頭論足的地步。」

至於服裝規範這件事，似乎已經沒有必要再多加著墨，但帕皮諾仍舊對此提出他的餐飲服務觀點：「我們的穿著務必依照規定。我認為學校派發圍裙是對的，因為制服能夠代表你。客人只會看到你們的外在，他們並不**需要**深入了解**真正的**你。」

不久後，帕皮諾老師便分配任務給我們，讓我們各自清潔餐具器皿。所有人都在圍裙的外面罩上一件廚師夾克，只有陶德・薩瓊（Todd Sargent）穿上一件西裝，繫了領帶，並將他的長髮紮成馬尾。

我負責設置桌子，擺上刀叉、麵包盤和奶油盤、抹刀和餐巾。我在這間一共六十五桌的餐廳裡，將桌上的鹽罐和胡椒罐全擦了一遍，接著又清潔放在冷藏室裡的花瓶，裡頭插著新鮮花束，之後每張桌子上都會放一只花瓶。其他同學則負責清點吧檯、設置咖啡機，還有五、六位同學坐在一張大圓桌旁擦拭銀製餐具。帕皮諾老師教我如何攤開桌巾，盡可能不要留下觸摸過的痕跡，並且讓摺痕朝向正確的方向，也就是第一桌的位置。幾天之後，我們馬上就要學到在服務過程中更換桌巾的聰明技巧，更換過程中甚至不會露出黑色的桌面。我問帕皮諾老師他認為這個班級如何。

「素質很平均，」他說，同時給了我一個自信和沒問題式的表情，一隻手在半空中揮舞。「我每七天就見到一批新的人。相信我，你們會有一個非常好的開始。」

清潔餐具的工作完成之後，我們重新坐下來，開始進行菜單簡稱的小測驗，例如蕈菇火腿起司義大利米型麵就直接簡稱為「米麵」，至於地中海風味烤牛肉佛卡夏三明治佐蒜泥蛋黃醬則簡稱為「地中海」，看著這些餐點名稱，我終於開始有了一種外場服務**客人**的真實感。

❖ ❖ ❖

「點餐經常是同學們最大的問題，」帕皮諾老師說。點餐可說是濃縮了餐桌服務的一切要素——時機、技巧、自制、優雅的舉止、清晰的思維和明確的口條，並且，還能夠掌握人性、推銷技術和招呼之道。在接下來的七天裡，我們將細細摸索專業餐飲服務的「能力」，這是學院經常用到的詞彙。然而，由於這是第一天，而且客人很快就要到了，眼下帕皮諾老師最著重的就是我們對菜單的理解。他從葡萄酒開始，簡單地介紹了每一種酒。「廚房盡量減少高油脂食物，而油脂又會影響酒的口感，所以，酒單可能會比較不好理解。」他介紹了許多不同的開胃酒，包含啤酒。

「啤酒的型態現在越來越像葡萄酒了，」他說：「如果你們以後想要自己開店，可以把你的啤酒單做得像葡萄酒單一樣複雜，或者幾乎一樣複雜。啤酒的種類越來越多，也很能生財，是個持續成長中的領域。」

他接著開始介紹餐點。沒有什麼太辣的料理。湯品都需要搭配一支湯勺，全都放在餐具檯的抽屜裡，所有的餐具則必須比餐點更早到達餐桌上。除非客人特別要求，否則「地中海」三明治的烤牛肉都是三分熟，鮭魚則是五分熟。雞肉和蝦的主菜盤都會搭配義大利扁麵佐辣味番紅花醬，也需要提供一支湯匙。燒烤牛里脊肉端上桌時要保持在一個特定的溫度。諸如此類。他解釋完所有的餐點之後，又介紹了咖啡，接著再說明廚房的程序，包含什麼時候會將哪些菜色下鍋，什麼時候可以取菜。他滔滔不絕但有條不紊地講解完整個點餐程序。這些指示既廣泛又具體，外場服務生必須負責點餐，傳菜員則負責送餐和清潔桌面，要刮除散落在桌上的鹽粒和胡椒粒，接著才端上甜點。咖啡托盤必須在四點之前設置好，「細節都要顧到，各位。」只要重新陳設第二十桌到第四十桌即可，而且絕對不能讓黑色桌面露出來。他警告我們，馬虎的餐桌會降低食物的層次。客人的目光總會聚焦在失誤上，像是椅子上有麵包屑、晶亮的銀製餐具上有汙點。「唯有你們將一切都做對了，」帕皮諾老師瞇起眼睛：「**他們才什麼都不會注意到**。」

帕皮諾老師知道他是在對著一群學生廚師說話，所以他希望我們在餐桌服務時，能發揮食物擺盤時的熱情和精確。「運用你的常識，」他指示道：「運用你的信心，忘了所有你以前學習過的外場技能，如果你以前有其他經驗的話。」

「接待的時候務必奉上軟性飲料單，」他說：「問問他們是否想喝點什麼。不要對客人說『**嗨**』，不要說『**大夥兒好嗎**』，也**不要**介紹自己的名字。」另外，當看到客人用餐完畢準備結帳時，「也不要對他們說『**買單**』。為什麼呢？沒有為什麼。」

有問題就直接發問，他或克雷格會直接指示，就算是午餐時間客人滿座也一樣。他提醒我們，要把這裡當成一間教室。

「客人不是來這裡挑戰你的，」帕皮諾老師總結：「他們只是來享受用餐氛圍。」

帕皮諾老師在這一個半小時之內說了很多，我的同學有的人忙著做筆記，有的人只是安靜聆聽。他們怎麼有辦法一下子吸收那麼多東西？我試著把一切都寫下來，但幾乎追不上，大量資訊如同無情的海浪席捲而來。時間一下子就過了，帕皮諾老師說：「好了，吃飯時間到。」他先提醒我們稍後十一點二十分要進行最後檢查，接著帶我們進廚房拿上一個班級為我們準備的千層麵。

第一天我被指派為傳菜員，因此不必和客人互動。來自威斯康辛州的男孩布萊德利・安德森（Bradley Anderson），自稱小名是夏奇，今年才二十二歲，則擔任外場服務生。他之前就在美豐盛餐館當外場，美豐盛餐館經常除了實習同學之外，還額外招募支薪的服務生。他很喜歡外場工作，也不是新手了。正因為夏奇十分熟練，也因為帕皮諾老師在這第一天限制了訂位數量，讓每張桌子都有兩名服務生，這一天過得十分平靜。我大部分時間都站在角落，雙手放在背後，墊了墊腳又重新站好，並等著我上菜的客人用餐完畢，前去清理和重新陳設桌面。一切本該非常輕鬆的。

❖ ❖ ❖

當我問克雷格為何選擇在聖安德魯餐廳接受畢業生培訓，他回答：「因為帕皮諾老師。他**很厲害**。」

在我心目中，菲利普・帕皮諾很像那種會出現在五〇年代紐約市的單身男子，獨自一人住在狹窄而昏暗的公寓裡。夜裡，他會穿著短袖上衣和休閒長褲一個人坐著看報紙，右手邊的盤子上擺著半個三明治，也許還有一杯溫水。有時傍晚時分，鄰居會看見他關上公寓的門，用鑰匙鎖好，並穿戴整齊，大步走入紐約市的夜幕之中。

不是我要為眼前的人幻想出一些不實際的故事，而是帕皮諾老師的黑色眼睛、古銅色皮膚和寬闊肩膀，讓他彷彿好萊塢黃金年代老電影裡走出來的男主角。他的面容狹長，黑色的頭髮短而整齊，鬍子十分茂密，但修得很整齊，下巴和上唇富有光澤。他的舉止則優雅得像個舞者。或許他私下又是另一種模樣，但他此刻看來是如此時髦優雅，以至於人們會自行想像他的各種故事。

事實上，他是一位專業的服務生，十八歲時第一次為客人點餐。他非常熱愛餐桌服務，也是一位專家，並且就像每一位傑出的老師一樣，他能夠直接向學生傳達他對這門專業的熱誠。

他在解說餐桌清潔時特別提醒我們，收走空盤時，所有銀製餐具也要一併收走。他只要一想到客人從盤子裡將殘留著菜渣的刀叉放在桌巾上，就感到不寒而慄。「有誰吃飯時曾經把髒餐具放回桌上的？」帕皮諾老師一邊問一邊舉起自己的手。「**拜——託**，」他用低沉而平穩的聲音說道：「快點承認，大家都這麼做過。」他等待所有人紛紛舉起手來，接著又問：「為什麼？」

陶德．薩瓊回答：「我們以為不會有新的餐具。」

「沒錯！」帕皮諾老師大聲說：「我們都被不好的服務給馴服了，這簡直變成一種謀生技巧，『收好你的刀子，**老兄**，你等一下**一定**用得上』。」但事實上，我們要經常更換餐具給客人，在傳菜員重新陳設好桌面之前，所有的餐點都不能端上桌。

一個有關咖啡的問題，會接連牽引出咖啡服務的數個層面。我之前為一位客人倒了咖啡，但咖啡濺到杯子的邊緣，還灑在盤子上，在盤子的凹陷處形成一灘小水窪。於是我問帕皮諾老師，能不能更換一組杯盤，這麼做是對的嗎？

帕皮諾老師告訴我取咖啡時動作應該再更快：「你要伸手去拿時，**正是**你該拿走時。」而這又讓帕皮諾老師想要再提醒我，「一個有關咖啡壺的常識，」他說：「短嘴的咖啡壺比較容易漏。我們店裡的是長嘴的，比較不容易漏。但一樣不能裝得太滿，只要太滿就會**跳**出來。」一旦開始思考咖啡，他似乎就永遠無法停下來。「不要端溫的咖啡給客人，」他繼續說：「沒有什麼比溫咖啡更糟糕了。客人會想喝冰咖啡、熱咖啡，但不會想喝介於兩者之間的咖啡。有些人喜歡……」他停頓下來，稍稍墊起腳尖，抬起下巴：「**很燙的**咖啡，尤其是老年人。我也**不知道**為什麼，可能是因為假牙的關係。如果是這樣，**杯子**最好也是熱的。只要他們用嘴唇感覺到溫度……」他一邊說著，從一旁的桌上拿起一只杯子，放在下唇，「他們就會**認為**裡面的**咖啡**也是熱的。」這種情況下，湯碗也要像杯子一樣熱。當然，提到了咖啡，就會接著提到茶。「你們誰喜歡喝茶？」

二十三歲的米米·安契夫（Mimi Anchev）來自海德帕克鎮南邊的西徹斯特郡（Westchester County），有點遲疑地舉起手。

帕皮諾老師看了她一眼，身子往前傾，然後說：「哦，看來你是個很講究的人。」接著他對全班說：「茶飲服務非常複雜，」而隨之而來的，當然就是一連串關於茶的解說。

「小孩和長者，」他解釋：「往往非常需要照顧，也非常自我中心。」一定要先關注小孩，他提示。「只要小朋友高興了，接下來**誰也會高興**？」他停頓了一下：「這不是什麼太困難的概念。畢竟有人因此而賺了大錢，猜猜是誰？」他又停頓了一下，然後說：「**麥當勞**。」

我慢慢開始了解帕皮諾老師。「我很喜歡用手勢來交流，」他經常這麼說。與其說他是一位餐桌服務老師，不如說他是一位社會學與行為學的教授。

想成為像他這樣的人，肯定要非常優秀，因為他總是知道客人想要什麼——像是要一杯水、準備好要點餐、想要調整店裡的溫度，他會滿足他們的所有需求。「要做到如此，」帕皮諾老師以嚴肅而低沉的嗓音說道，但音量不變：「就是要在客人**知道**自己的**需求之前**，比他們先觀察出來。只要服務周到，客人就會願意花更多的錢。」

為什麼？因為只要客人認為餐點很快會送上來，就會願意點更多道菜，而他們還會付你百分之一到百分之二的小費，這是你所能期望的合理數字。「有時你會拿到很多小費，有時候又會少得可憐，」帕皮諾老師經驗老到地說道：「大部分人也都會拿到介於兩者之間的數字。這是沒辦法改變的，你只能努力讓自己盡可能地收到多一些。」

接著，帕皮諾老師又強調了服務的效率。「如果你動作太慢，」他說：「你的服務將永遠處於劣勢。」

他似乎覺得再怎麼強調都仍不夠。「他們對時間根本沒概念，」他說：「尤其是那些『奧客』。」他問誰的手錶上有秒針，然後說：「計時一分鐘，」接下來，劇場便揭開序幕了。他先是等待著，似乎在聽著什麼聲音，但四下無聲。一段時間之後，他開口了，音量比平常更低，他說：「我們能**喝點什麼**嗎？」語帶不滿，但仍有耐心。接著他又繼續等待，左顧右盼一番。一分鐘過去，他稍微提高音量，說道：「我們只是想喝點飲料。」接著再等了一分鐘，他低聲對著身旁假想的約會對象說：「我們換一間店吧？」接著，又過了一分鐘之後，他用怒不可抑的語氣大聲說道：「我們已經在這裡待了十分鐘了，連杯飲料都沒有！」

他從火冒三丈的客人形象中回復到平常的模樣，揚起眉毛，歪著頭對我們說：「**我說的對嗎？一分鐘是不是很長？**」那些做過外場的同學點頭如搗蒜。接著他又說：「你們不可能告訴客人：『抱歉，先生，其實只過了**一**分鐘』。」時機、效率這些都至關重要，「這些都是重點。」他說。

帕皮諾經常說，今天的服務太糟糕了。他並不會太過要求正式，但他要求專業，並希望大家都態度優雅從容。「我想我可以接受技術上的錯誤，」他說：「但我無法忍受粗魯、輕率的舉止。」我真希望哪天能和帕皮諾老師一起用餐，聽他逐步分析那間餐廳的服務。「這是形象問題，」帕皮諾老師說：「絕對不能**粗魯**，要圓滑。這是形象，記得**一定要圓滑**。」

他從身旁的桌上拿起一條餐巾，動作利落地從摺疊處將它展開。「我喜歡表演，」他說：「但我不太熱衷幫客人圍上餐巾。如果有人**要求**你這麼做，務必幫**整桌的客人**都圍上，不能只有一個人有。」帕皮諾老師稱得上是優秀的演員，很擅長模仿客人的言行舉止。「如果客人起身去洗手間呢？」他說著，把餐巾舉到半空中，下巴抬高，接著手一拉，餐巾的三分之一落在盤子上，三分之一蓋在桌面上，而剩餘的三分之一則垂在桌緣。帕皮諾揚起眉毛望向他的觀眾，並點點頭，說道：「像這樣。」他捏起餐巾的邊緣，對折了兩次，接著說：「我不太喜歡碰別人的餐巾，但一定要幫他摺好，」接著他將餐巾放在盤子旁邊，又放在椅子的扶手上，表示兩者皆可。「就這樣而已，」他回過身來面對同學：「**不必**試著再把餐巾摺回雞的形狀。」

當然，餐桌上還有不少**禁忌**。帕皮諾老師將雙手插在口袋裡，不斷墊起腳跟又站好，誇張地環顧著四周。「如果有人像這樣毛毛躁躁，」他說：「就表示，他**還沒——準備好**。」

「另外，服務期間不准吃東西、抽菸或喝酒，」他繼續說：「全都不准。也不准在餐廳裡**跑來跑去**，客人會以為失火了。客人看到服務生滿場奔走時，往往會覺得很緊張。」最後也最重要的是，他說：「不准大笑。一旦你大笑，大家會想知道，你在**嘲笑誰**？」全班都笑出聲來。「其實你們都**知道**的，有**很多人**可以嘲笑。」帕皮諾老師說。

對帕皮諾老師而言，餐桌服務是一項絕妙的技藝。他說：「直到你能全然隱身於你所服務的環境，而又身處於環境之中，才是達到真正完美的境界。」

帕皮諾老師的講解不全然是一門社會學示範，也是學院的一門正式課程。他身旁有一座大畫架，上頭擺了一張畫版，而畫板上的表格和我們的點餐本一模一樣：頂端有四個餐點欄位，左邊則有七列座位號碼。他將畫架轉過去面對自己，並讓四位同學在桌前就座，開始示範正確的點餐方法。「烤牛里脊肉」，他說著，用筆寫了下來。而他透過這段完美演出所要強調的是，務必大聲重複客人點的菜，確保自己有跟上客人的需求。「請問要幾分熟？」他一邊重複，一邊記：「三分熟。」當他點完餐，將所有菜單都收回來之後，他把畫架轉回來，讓我們看看桌邊溝通的資訊最後會如何呈現在我們的點餐本上。

一如前面的每個環節，帕皮諾老師的言行總是包含一些重大的意義。他站在我們前方的舞台上，動作就像是舞台劇演員一般。當他走向桌邊時，他不僅僅只是走路而已，而是輕盈地踏著腳步，雙腳最先到達目的地，然後是腰和肩膀，最後才是頭——這是速度和敏捷的象徵。就位之後，他便化身為伍德豪斯（P.G. Wodehouse）筆下的吉福斯管家，用他充滿自信的男中音說：

「您好，歡迎蒞臨聖安德魯餐廳。」

一個人若舉手投足優雅，那必是源自自身的性格。真正的優雅其實難以辨識，因為優雅往往是極為低調的。而帕皮諾老師之所有能成為如此迷人的餐桌服務導師，正是因為他能適度展示自己的優雅。他向我們展示餐桌服務的運作法則，如同一位魔術師，向他的學徒們示範他的魔幻戲法。

❖ ❖ ❖

上課的第二天是我第一次擔任外場服務生。擁有一頭近乎雪白金髮的夏奇則負責擔任我的傳菜員，分別服務六人座的第四十一桌，和四人座的第四十二桌。帕皮諾老師帶給我許多啟發，我簡直等不及正式服務客人，非常渴望能付諸實踐。

在陳設的過程中，我順便來到接待處查看訂位表，發現四十二桌的客人姓薩克，這想必正是理查·薩克（Richard Czack）了。他是學院一九五八年的畢業生，也是學院資深副校長提姆·萊恩的執行助理。我們未曾正式謀面，但我很欣賞他，因為據我所知，他的職業生涯有一部分是在我的家鄉度過的，他是一位鄉村俱樂部廚師，也是霍夫外燴公司（Hough Caterers）的行政主廚。霍夫外燴公司隸屬於歷史悠久的霍夫烘焙公司（Hough Bakeries）旗下，而霍夫烘焙則是克里夫蘭地區專營麵粉與糕點的企業巨頭。薩克看起來不太像廚師——頭頂微禿、戴著眼鏡、身材瘦小。我不確定他的年齡，但他看起來有些衰老。至於他的聲音帶著鼻音，聽起來有些模糊。相較於廚師，他看起來更像一名會計職員。但事實上，薩克主廚擁有大師主廚執照，我很高興能為他和他的貴賓服務，包含福爾吉奧先生和夫人，也就是名廚拉里．福爾吉奧的父母，以及不具名的第四位客人。這想必會很有趣。

薩克主廚和福爾吉奧夫婦準時抵達，並被帶至第四十二桌，就在目前沒在使用的壁爐正前方。第四位客人沒有出現，不過薩克主廚告訴當天的外場領班吉恩．休伊（Gene Huey），桌上的餐具先不要收掉。接下來，我就像一匹出閘的賽馬，旋風似地抵達桌旁，就站在福爾吉奧夫人的右手邊，向三位客人打招呼，並問他們是否想先喝點什麼。

福爾吉奧夫婦快速瀏覽飲料單，夫人想喝點不含酒精的飲料，便點了一杯無酒精「海風」。福爾吉奧先生說他不知道「海風」是什麼，薩克主廚於是看著我說：「請問『海風』裡面有什麼？」

薩克主廚當然是幫福爾吉奧詢問的，而不是因為自己好奇，我也不認為他是故意要在客人面前考我，藉此炫耀學院的教育成果。但他語氣中還是有某些東西讓我忍不住瞇起眼睛，彷彿我正絞盡腦汁努力解決眼前棘手的問題。我早就知道「海風」是什麼，之前的測驗也出現過，但我還是表現出這道問題很困難的樣子。接著，我以一種完成艱巨任務的自豪與自信說道：「我們的『海風』是三比一的柳橙汁和蔓越莓汁。」

如果我沒記錯，薩克主廚後來回應了一些內容，但我當時完全沒有聽進去，彷彿我的耳朵哪裡不對勁，我只是在一旁沉浸於成就感，頻頻點頭微笑。薩克主廚大概是說：「你描述的是『馬德拉斯』，『海風』是蔓越莓汁和葡萄柚汁。」我想他確實沒有對我說：「你答錯了，老兄，」也沒有試圖警告我要為犯下的錯負責，若有的話，想必能一舉穿透我當時自我沉浸的迷霧。我是如此健忘，以至於很久之後才意識到這個錯誤，一直到我正要在書中重述當天發生的事情時，才像黏起碎花瓶一般拼湊事發經過。

福爾吉奧夫人或許想喝柳橙汁，也可能喜歡葡萄柚汁，總之她說聽起來還不錯，而我也十分直覺地寫在點餐本上。薩克主廚和福爾吉奧先生則一起點了一瓶氣泡水。我離開桌旁前往吧台，而克雷格幫我做了一杯海風。

當我在一旁等待時，帕皮諾老師輕巧地來到我身邊，環視了店內一圈，說道：「你就負責服務他們三位，待會梅茲先生入座時，我們會另外幫他服務。」

「梅茲先生？」我問。

帕皮諾老師點點頭，又翩然離去。

我想，正因為我早已經完全融入學院學生的角色，才會被帕皮諾老師的訊息徹底嚇住了。

「**梅茲**先生，」我喃喃重複。

正午過後不久，六人座的那桌客人就到了，只來了四位，而一位年長的紳士坐下後便說，他們還有下一個行程，因此一點十五分前要離開，無論當時餐點吃完了沒有。我向他們保證餐點會及時出完，並問他們是否想喝點什麼。

之後不久，克雷格告訴我：「梅茲先生來了。」

從「海風」之後的事我就記不太清楚了，當時我完全失去時間感和其他判斷能力，客人的面孔、客人對我說話的聲音都糊成一團，彷彿這段餐桌服務過程中，感官知覺與萬有引力定律全都失去了規則。克雷格似乎也覺得不該一開始就告訴我這件事，因為此時我已經完全失去鎮定，我說：「**梅茲!?**我該怎麼辦？」

克雷格看著我，似乎想從我那如同一團糨糊的腦袋裡看出些什麼端倪來，最後他說：「問他要不要喝點什麼。」

當時他的確這麼說了，而他說的是對的，於是我便匆匆忙忙離開了。

梅茲先生身穿入時的西裝外套搭配深色長褲，傾身坐在桌前，顯然很高興能和福爾吉奧先生談話。我走近，筆放在點餐本上，並等待著。我不確定自己有沒有說話，但總之梅茲先生最終發現我的存在，他面帶微笑地轉向我，眼睛一如往常地瞇起，說道：「不用了，謝謝，」然後又回到他與福爾吉奧先生的談話中。沒記錯的話，我用飛快的速度彈離桌旁，像個美式足球踢球員準備在比賽最後幾秒鐘踢進致勝的一球那樣。

顯然我的腦袋故障了，但它也沒有完全棄我於不顧。後來，我低頭看了一眼自己的點餐本，發現竟然在上頭寫下「不用了，謝謝」。就當作是一個小小的紀念品吧，這是他對我說的第一句話。

這天剩下的時間並沒有變得更加順利，即便我的傳菜員夏奇十分幹練，好幾次將我們從災難中拯救出來。我們使用了一種稱之為「松鼠」的電腦點餐系統，只要按按螢幕，就能將客人點的菜傳送給廚房同事。但不知道為什麼，薩克點的開胃菜卻沒有傳送過去，因此上菜也遲了。每當我走近桌子，薩克就對我皺眉。我設法準確地記下他們的主菜，而本來只要我把餐點都輸進電腦，一切就會沒問題了，偏偏我沒有馬上做，因為半途中我被四十一桌的客人攔劫——「我只是想提醒你一下，我們一點十五分就要**離開**」。這桌還有兩位客人沒到，其他四人則先行點餐，其中一位女客人點了冰花草茶。

這正是讓我停滯不前的原因。我們有熱的花草茶，還有冰的蜜桃水果茶。我對她解釋，我們只有水果冰茶。而這位女客人——果然不是省油的燈，畢竟她是個「愛喝茶的人」，她說，如果我們提供熱花草茶，想必也能做成冰的，不是嗎？我於是回答，這的確可以幫您安排。畢竟顧客至上。當我走到吧檯向克雷格解釋這一切時，他瞪著我，好像我是個討厭鬼。克雷格通常是個開朗的人。就在此時，我驚恐地想起，我還沒有輸入薩克主廚那一桌的餐點。經過這次的耽擱，現在夏奇知道要在一旁幫我密切關注局勢了。最後，他接手處理薩克主廚一桌的甜點，並端上咖啡，因為要求一堆的六人桌特別需要我的關注。現在，他們四人正在享用主菜，而兩位剛到的客人正要吃開胃菜。

當我端著一只裝著花草茶的茶壺和一只裝滿冰塊的杯子走向六人桌時，喝茶的女人似乎很意外。

「這樣做就對了，」她說。

我備感欣慰的同時也注意到一個問題，剛才在吧檯就發現了。茶包似乎浸泡得不夠，水仍是透明的，但克雷格說這樣沒有問題，要我把它端上桌。我摸了摸茶壺，茶壺是冷的。克雷格在壺裡加了冷水，這就是為什麼茶包沒有釋放出香氣。這是不對的，我告訴克雷格。他又說沒問題，端走吧。我只好照著他的話做，即使我知道這是錯的。畢竟，我已經在這杯茶上花了太多時間，薩克主廚正在另一頭瞪著我看。當我看見喝茶的女人將清澈的自來水倒進她的杯子裡，斜眼瞧著杯中之物，並拿起來品嘗時，我的腳趾蜷起來，胃也隱隱作痛，忍不住想起備餐室燒焦的歐蘿蔔那段慘痛的經驗。

就像薩克主廚一桌的所有餐點一樣，甜點也遲了，他們的咖啡也喝得差不多了，所以我只好硬著頭皮再端著咖啡壺走過去。剛才拒絕續杯的薩克主廚，皺眉看著我再次靠近它們，但由於餐點等得太久，他於是說：「再幫我加一些吧。」

我當下真的以為這是他對我的另一次測試，於是我只是站在原地盯著他，而他回瞪著我。也許在毫不自知的情況下，我正傻楞楞地點著頭，咧嘴而笑，還露出一排牙齒。好不容易，我終於意識到薩克主廚要再喝一杯咖啡，於是大夢初醒地回過神來。

一點十五分時一到，六人座的老先生和他的太太快步朝門口走去，因為他們還有下一個行程，已經直接放棄甜點。而我在大約半分鐘之後，手裡拿著皮製帳單夾，在他們身後拔腿狂奔，因為他們的信用卡簽帳單沒有簽名。

等到送走這棘手的六人桌和他們分開支付的三份帳單之後，我就可以專心地服務薩克主廚，但也只剩下「還有其他需要嗎？」這句話可說了。我將帳單夾放在桌上，薩克沒有要加點任何東西，只需在信用卡單上簽名。我將雙手放在背後，並站到角落的位置。此時薩克主廚拿出他的錢包，我能感覺到他正在瞪著我。我看向他，而當我的目光落在他身上時，他輕蔑地把一張鈔票扔在桌面上，我得向他致謝，或者應該說，他的表情似乎暗示這一點。我於是點點頭。當福爾吉奧夫婦和薩克主廚準備離開時，夏奇從我身邊經過，說道：「你看到薩克主廚桌子上的二十塊了嗎？」每份菜單都寫明，帳單均會加收百分之十二的服務費，作為廚藝學院的獎學金基金，因此「毋須支付額外的小費」。這裡客人給的小費通常很少，甚至不會給。另外，合作的外場服務生和傳菜員會平分小費，因此夏奇對我們桌子上的二十塊鈔票感到十分驚喜。

顯然，餐桌服務比我最初設想的更深遠。據我所知，當天外場還有一堆麻煩。當我得知自己就算笨手笨腳，也已經做得比別人好時，我感到既謙卑又欣慰。二十七歲的馬克・扎諾夫斯基（Mark Zanowski）曾是英語老師，他說他的手肘不斷地打到客人的頭。我還看到保羅・安吉利斯（Paul Angelis）為一對連主餐都還沒有點的夫婦送上甜點。而來自臺灣的留學生康辰華（音譯）則把一杯水潑到一位女士的大腿上。這都是烹飪教育的一部分過程。

在餐飲服務的領域裡，廚師和服務生彷彿像是一對爭執不斷的夫妻，雙方都不理解或不願理解對方工作中的特定壓力。但曾經接受學院教育的廚師，未來在工作上將會受益於這些嚴格的服務訓練——當然也會受益於其他訓練。未來，當他們將完成的餐點放上檯子時，如果服務生遲遲沒有過來取餐，他們也會明白原因。這些訓練增加了他們的同理心。

餐桌服務課程也是學院一項實際的安排。學院若要開設餐廳，勢必要有員工。而既然校園裡有這麼多即將成為廚師的學生，自然沒有理由要付薪水給外人來當服務生，這是一項經過衡量的選擇，不過，這些安排的最終目的依然是為了確保學生能理解外場工作，並習慣與客人互動。

在帕皮諾老師的指導下，這樣的學習也成為一種優勢。正是在這間餐廳裡，學生們意識到良好的服務對一間餐館來說有多重要，而這也是最重要的體悟。正如帕皮諾老師所說的，國內有成千上百間餐館餐點並不怎麼樣，服務卻很優質，而若是一間餐廳的服務草率、粗魯或不稱職，便很難生存下來。服務就是販賣權力。「學會為客人帶來愉快的體驗，這樣服務才能賺錢，」他告訴我們。因此，學生花了三十五天，一共七週，相當於整整兩門半的課程時間來學習餐桌服務。

我問帕皮諾老師能否在下班後聊一聊，在他稍微放鬆時，即便他一直是如此有禮和從容。在這間店裡，他看上去總是那麼自在，就連他的服裝也沒有一絲褶皺，他毫不費力地在店裡穿梭，沒有任何一絲倉促。我發現到他似乎很喜歡這項工作，他說他覺得自己非常幸運和榮幸能待在這裡，接著左顧右盼了一下，咧嘴一笑，並低聲對我說：「我就像一隻在泥巴裡打滾的豬一樣快樂。」

他這麼說的時候我著實嚇了一跳，聽到這位溫文儒雅的紳士如此措辭實在不和諧。但這也讓我意識到，他是一位多麼卓越的「推銷員」，他一絲不苟的完美儀態並不是他私下的模樣，而只是職場所需——這才是最重要的。

偶爾，當他在解說中開始表演某個場景時，演技精湛得令我覺得他很危險。他如此擅長掌控場面，以至於客人完全不會意識到其實是**他**控制了整個局面，而這是因為，菲利普·帕皮諾有能力讓客人誤以為一切都在他們自己的掌控之中。這可說是遊戲的一部分，但也讓我不禁感覺到，雖然我十分欽佩他卓越的技能，但這份工作中也有一絲邪惡的虛偽。然而這也是必須的，在謙卑地向「奧客」求取認可或原諒之時，至少也要尋求一些平衡。

結束了一天的服務之後，帕皮諾老師和我離開餐廳，來到一間他和其他餐桌服務老師共用的小辦公室，就位在餐廳樓面，靠近置物櫃和兩間營養學教室（每天服務結束後，廚房工作人員和服務生會聚在一起，進行一個半小時的講座，和蛋白質、碳水化合物及脂肪的實驗）。

「我教授實際方法，並試圖改變他們對餐桌服務的觀點，」帕皮諾老師說著，不經意地向後靠在椅子上，脫下夾克。那時我突然發覺，他的一舉一動無論在何時都十分引人注目。

事實上，即便帕皮諾老師聲稱他只是在從事教學，但他所做的遠不止於此。他的工作有數個面向，彼此相互交融、混合、重疊，並互相模仿，因此你永遠不知道他正在做什麼，或者什麼時候要做哪些事——因為這一切其實都是同一件事。他既是附設餐館的經理，也是學院的導師。他是一位以身作則的老師，他服務過程中的言行舉止和價值觀都會受到學生的觀察與吸收。他也是克雷格的指導老師。而其中一個領域的優秀表現也會滋養所有其他領域，他越是一位好經理，就越是一位好老師，而他越是一位好老師，就越能令學生學到更多。在他身上，學校和商業、教育和工作之間的界限並不存在。每一面都是一種整體的表達，每一面也都能相互成就。

他說聖安德魯餐廳是一間教室，但服務過程並不是練習，真正的客人會來這裡吃飯，而且會付很多錢。此時，學生距離畢業還有四段課程，也該是時候讓大家了解那些即將品嘗他們手藝的客人，更是時候該了解自己了。這便是帕皮諾老師教學的中心思想之一。

「在短短的幾天裡，」他說著，懶洋洋地坐在椅子上，雙手放在腦後，「他們會認識自己並找到自信。一旦有自信，學生就能學得更多、更快。」

但他說，在餐桌服務的學習過程中，最大的收穫仍舊是「了解自我」。

「大家會學到同理、真誠和堅強，進而去帶領別人，」他說：「我們需要成為榜樣。」他問道，若不懂得反思，如何能成為同理、真誠和堅強的人？因此要時時反思自我和別人對你行為的反應。「了解自我」是服務生最重要的準則。在廚藝學院，學生要學習「柏拉圖式的烹飪」和「蘇格拉底式的餐桌服務」。

❖ ❖ ❖

菲利普·帕皮諾一九五四年出生於麻州的伍斯特（Worcester），從小父母就將餐廳視為休閒場所。「我一直很喜歡這項休閒活動，」他說：「我從小是上餐館長大的。我們家並不富有，家裡有六個人，四個小孩和我的父母。但每個週六晚上，我們還是都會去餐館吃飯。」學生時期，他是個很害怕上台演講的孩子，一站上講台，膝蓋就打顫得嘎嘎作響，拿著書本的手也直發抖。他第一次為客人服務是在哥哥和嫂嫂合開的餐廳裡。他的嫂嫂在一旁監督他的處女秀，並說他話說得太快了，沒人聽得懂他說的半個字——「回去桌旁，重來一次」。這就是他的第一堂餐桌服務課，而他對此一直心存感激。

帕皮諾一九七七年畢業於伍斯特州立大學，並持續擔任服務生。他在波啟普夕有一些朋友，於是便搬到那裡，並在一間叫百寶箱（Treasure Chest）的正規法國高檔餐廳找了一份擔任服務員的工作。

「我父母一直等著我有一天會去做些正式的工作，」他回憶道：「但對我來說，那**就是**正式工作。」

他的認真終於得到回報。當百寶箱餐館的經理離職後，帕皮諾便接手了他的工作。當年，這間餐館可是ＩＢＭ副總裁的最愛，也讓他們賺了不少錢。「那些收入太不可思議了，」帕皮諾老師充滿懷舊之情地回憶道。

一九八四年，他離開百寶箱餐館，到另一家餐廳工作，最後申請了廚藝學院的工作。他覺得自己不夠好，因為另一名競爭對手曾經在歐洲各地工作過，相較之下，他這個只在美國本地擔任外場領班的人又算什麼呢？「但我**很想**來這裡工作，」他咬牙切齒地說。

他學過法式服務。如果你只懂得美式的服務方式，你就只會這些。但如果你懂法式服務，基本上其他的服務方式你也都辦得到。他對法式服務的退潮感到十分惋惜。

我告訴他我在學院的法國餐廳埃斯科菲耶餐館吃得很盡興，有位年輕的女服務生為我準備了我此生嘗過最美味的凱撒沙拉（她還告訴我，那是她第一次服務客人），他們還用美麗的銅鍋盛裝小菜。這種服務其實早已過時，然而正因這樣的服務方式在這個時代如此罕見，我更加覺得這非但不乏味，反而令人興奮。

「我超愛那些，」帕皮諾老師熱切地說：「非常**熱愛**。」他說，法式服務就是一切做到自然而然的奪目且精采，同時又低調、謙遜、細膩、優雅而完美，說著，他的雙眼閃閃發光。但他也不希望我誤解他。「我喜歡表演，」他承認。就像他形容的，他尤其喜歡「華麗登場」的時候。但「低調」才是關鍵，他熱愛其中的「戲劇性」。

一如帕德斯主廚，他也指出這份工作的缺點：「你無法過耶誕節，不能慶祝母親節。我總是只能說：『媽，我母親節過後再去看你。』」然而，耶誕節還是最艱難的一天。其他的日子對他而言都還算能接受，但是耶誕節那天，人人都在團圓，你便會真正感受到餐飲工作者和其他人之間的鴻溝。

另外，雖然對正式的法式服務過時而感到遺憾，但他也注意到，隨著杯子和茶盤慢慢重新出現，正式的法式服務或許也會捲土重來。「而這些學生，」他說著，從椅子上站了起來，「將會是承先啟後的人，這些學生將有機會改變整個服務業。」

❖ ❖ ❖

到第四天，一切似乎都步上軌道了。我們在十一點二十分集合，而帕皮諾老師檢查每個人是否都帶了刮屑片、點餐本、開瓶器和一隻筆，接著簡單介紹當天的特色餐點以及甜點。然後，他看著手錶說：「現在是十一點半。我們正式營業了，讓我們好好度過星期五吧。」

幾天過後，餐桌服務已經變得像與朋友交談一般自然。為客人服務、回答他們的問題也十分有趣。經常也有客人會想知道我們為什麼在這裡工作、都做些什麼、未來要去哪裡工作——正如帕皮諾老師所說，他們是來這裡「一探究竟」的。

一直到最後，帕皮諾老師的解說都是如此引人入勝，即便是最簡單的問題，也會令他展開人性思索，並思考人類的群體行為。我最後問他的一個問題是，要如何區分各種職責的優先順序，他毫不猶豫地給出一個在廚房和餐廳同樣適用的答案：「先做能最快完成的工作。先接兩位客人，再接四位客人，即便四位更早到場也一樣，因為四個人會需要更長的時間，而六位則又需要花更多精力。就是這樣。」

3 聖安德魯餐廳的廚房

我一早六點過後便抵達了，並將公事包放在置物櫃裡，然後走向廚房。昨天，我們圍在組長吉恩．休伊身邊，聽他簡短說明今天的工作。吉恩來自內布拉斯加州奧馬哈（Omaha），有華人血統。「務必在六點十五分抵達，」他說：「不是要恐嚇你們，但只要晚一分鐘，就算是遲到。主廚非常嚴格，如果十五分時你還在廁所，那就是遲到，如果你還在樓下，也是遲到。六點十五分一定要出現在廚房裡，身穿標準制服，並掛著兩條隨身巾。每個人會有一個置物櫃，可以把刀具放在那裡，工具袋也是。還有要記得，主廚習慣使用的度量單位是『公克』，每盎司大約等於三十公克。最後，一定要熟讀講義。」

做外場時我便已熟悉了廚房的佈局，但那陣子每次跨進廚房時，我都感覺自己像個外來人，無論是洗手或到飲水機旁邊喝水，我倉促的肢體動作總像在傳達著「抱歉」「不好意思」。現在我穿回白色的廚師夾克，和我的同學一起占據了這個地方。這種「占有慾」部分源自於看見自己的名字列在班級名單上。主廚榮．德桑堤斯（Ron De Santis）讓我負責同仁伙食的烹調工作，這算是廚房裡最低的職等，要為你的同事做飯，經常不得不將剩菜和快壞掉的蔬菜放在一起使用。如果你煮得太難吃，同事還會抱怨，但其實也沒什麼關係。我就是廚房裡的一份子，只不過像隻地鼠。

即便如此，我依然很興奮，也做好了準備，因為我有工作要做——約翰．馬歇爾、保羅．安吉利斯和我三人，要為服務生、老師、廚房同事和兩名洗碗員做一共五十份食物。

此時，麥克風的聲音傳來：「麻煩大家到前面集合好嗎？」我將刀具組放在狹長廚房後面的一個立架上，和夥伴們一起快步走往前面。開放式廚房的時鐘上顯示著六點十三分。我們來到德桑堤斯主廚面前。主廚的個子不算太高，大概是一七七到一八〇公分之間，但身形勻稱結實，穿著乾淨整齊的廚師服，看上去相貌英俊、五官端正。他開始點名，除了曼寧和米米之外其他人都有到，不過沒人知道他們去哪裡了，而當主廚點完最後一個人名時，時鐘分秒不差地顯示了六點十五分。

一如往常，主廚先帶領我們參觀廚房，從出餐檯開始。我們背對著窗戶和吧檯，還有此刻十分安靜的用餐區（只有克雷格和帕皮諾老師在那裡，為即將到來的十八名新服務生做準備），並面向廚房內部，甜點檯在我們的右手邊，再旁邊則是冷食檯，負責準備三明治和沙拉，然後是湯品、蔬菜、煎炒和麵食的工作檯，以逆時針方向排列。這間廚房建於一九八九年，專門設計來烹飪和服務，意思是，它始終是一間廚房，就像學院許多其他廚房教室一樣，也不會因為原本的隔局而受限。從我們的位置看過去，Y字形的出餐檯將分割出烹調區。主廚會站在Y字形的中央，一邊點單，一邊催促，而任何一個工作檯完成的餐點都會匯聚到中央來。這是一種極為高效的設計，服務生站在同一處就能取得每個爐子送來的不同餐點和許多不同的材料。

「你們的工作檯已經準備好了，」德桑堤斯主廚說：「你們需要的東西也都準備好了。明天你們就要自己備妥工作檯。」

「早上九點，」他繼續說道：「把你們的食物放在保溫箱的或冰箱裡，這個檯子會很燙。」他用手掌搓著擦得晶亮的不鏽鋼出餐櫃，「千萬不要把生的蔬菜放在這上面。」這正是進入一間新廚房必須學習的重要小細節，每間廚房都有各自的小規矩，每位廚師也有自己吹毛求疵之處。你也必須學會這些東西，更必須在短時間內了解廚師的脾氣。一般來說，廚師和廚房是同一回事。德桑堤斯主廚算是一個容易摸透的人，因為他不會談天說地，也不會滔滔不絕，或太過鉅細靡遺，相反地，他總會下達指令，有時直接，有時間接，但一定會非常清楚明確。

「那是製冰機，」我們繞著廚房走，他說道：「要拿冰塊之前，**必須**先跟我確認。我們必須確保這些冰塊已經可以使用，但你會驚訝於我們其實很少用到冰塊。這裡最重要的是洗手槽，要**排隊**使用。而這裡是垃圾站，沒有比較好的名稱……看看，現在已經出問題了。」藍色的回收箱不見了，顯然之前有人情急之下將它推到灰色垃圾箱和黃色回收垃圾箱旁邊。「不能換位子，這樣你們才會知道它們**就在**那裡。」接著，我們經過乾燥儲物櫃來到冰箱旁邊。「只能使用左邊的冰箱，」他說：「不能用右邊，右邊放的是下午的標準備料。如果被我抓到你偷用，我就會把你當掉。我**再說一次**，被我抓到，你就會被當……另外，保鮮膜在那裡。看到沒？」他指著擺在水槽旁的一大捲保鮮膜。「它**只能**放在那裡，這關乎效率。還有，跟我一起工作時，你要負責秤重、測量和抓份量，沒得選擇。兩個原因，第一，這關乎料理的品質和一致性。第二，我們有制定好的營養比例。否則，我們做出來的就是個笑話。」燒烤檯後面的牆上有一塊板子，上面釘著各式各樣的表格，有一週的訂位和包場清單，還有學生的名單。「我們每半小時就掃一次地，」德桑堤斯主廚說：「掃完地要去點名表上簽個名以示負責，這方法很有效，讓這裡總是保持**乾淨整潔**。」

他的話已經直接向我們透露出他的許多行事作風：迅速、效率、物品不能移動、整潔等等。這位主廚顯然有點傑克．尼克遜（Jack Nicholson）的味道，他以一種近乎耳語的方式說著「**乾淨整潔**」，有點戲劇化，也有些瘋狂。起初我以為他是個愛笑的人，但當我看到他在盛怒之餘依舊面帶微笑，我這才發現原來那只是他的唇形。他總是咧著嘴，牙關緊咬，當你靠近他時，這種神情會讓你不由自主變得小心翼翼。

「現在是六點二十四分，」他說：「六點五十五分是我們最後訂購食材的時間，所以務必檢查你的標準備料，千萬不能假設一切都已經到位、都是新鮮或可以拿來用的，大家都要為自己負責。十點十五分會開始擺放員工餐，十點半就可以去吃。」

德桑堤斯主廚告訴我們，他認為員工餐檯是整個廚房中最重要的工作檯，因為這裡出來的餐點將會決定員工一整天的工作情緒和士氣。他還說，他共事過的一位主廚，曾經要員工餐檯用清湯剩下來的黏附筏做成義大利肉醬麵，讓吃過的同仁一整天都精神不振。

不過，我不太相信這個故事。我想他之所以會這麼說，是因為他知道一直以來許多員工餐檯的廚師都覺得有點沒面子。員工餐不可或缺，其實我們只需要知道這一點就好。今天的員工餐有一部分是之前的同學先準備好的，他們現在正坐在外場椅子上聽帕皮諾老師講解第一天的餐桌服務。所以，現在我們有足夠的時間準備其他餐點，而且也只要決定一件事——主廚要我們用胡蘿蔔搭配烤牛肉和馬鈴薯泥，約翰立刻建議把胡蘿蔔切絲，用奶油加上蘋果丁和葛縷子炒一炒，主廚聽完點點頭便離開了。每個人在七點開始正式講課之前，都有幾分鐘的時間檢查自己的備料並熟悉一下各自的工作檯，而這間內外場都是新員工的餐館，則即將在五小時之內開始營業。

❖ ❖ ❖

第一天的講課只是簡單地概述這門課程，包括課堂規定、服裝要求，這些內容大多在之前的課程中就聽過了。德桑堤斯主廚似乎很想吸引我們的注意，即使我們昏昏欲睡。

「技能，有三個關鍵，」德桑堤斯主廚低頭看著教室前方的課綱說道。我們在樓下一間狹長的教室裡集合，教室的兩側各有數排白色桌子，中間隔著一條走道，走道最前方還有一張桌子、一個講臺、一塊黑板和一部投影機。「標準備料、基礎和服務。所謂的『基礎』，指的是你在烹調過程中必須做到的一切，直到食材經過調味並放在盤子上，這就是基礎。如果食譜上寫著『大蒜末』，那絕對不是要你將大蒜切成一塊一塊，而是要你切得非常、非常、**非常**細！」

這個人很擅長拔高音量。而當他輕聲說話時，聲音又會變成一種輕盈且怪異的耳語。

「我真的相信服裝規定，」他說，一邊繼續描述評分標準：「我認為學校規範得很好，因為象徵是很重要的，而服裝確實是一種象徵。我們當然**可以**穿其他衣服，但我們不會這樣做。只要違反其中一項規定，就會影響百分之七十的分數，所以很有可能你一整天的分數就因此不及格了。要是違反兩項規定，當天的分數就是零分，而這也表示你得重修這門課。我對此非常嚴格，所以請務必配合。像我這樣，」說著，他拉了拉自己的領巾，將它整齊地塞好。「我穿得很整齊，你也可以照做。

「在接下來的七天裡，你說話必須保持專業。我不會容忍任何歧視或言語攻擊，要是被我聽到，我會當場開除你，也會盡我所能讓你離開這所校園，**永遠！**外面還有太多狗屁倒灶的事情等著你，」他停頓了一下：「專業精神是一件你買不到的東西，更不是下個訂單就取得的。」他搓著拇指和其他手指。「這不是一個**物件**，不像刀子會**割傷**你，你也無法**獲得**它！它是你努力的方向。

「十點半一到，就要先離開廚房。我們這個行業很多人是工作狂，不願跨出廚房一步。你不一定要去吃員工餐，但必須先離開廚房。這種規定的重點是，不要在用餐時間工作。

「十一點十五分時，我們要完全就定位，不管我們心理準備好了沒有都一樣。我們身處開放式廚房，總會有人往裡張望。這些客人已經準備好入場和**入座**了，」他瞇起眼睛，眼神中帶有一絲邪惡。他說：「我們必須看起來容光煥發。

「如果還沒有人對你們這麼說過，那就讓我來說一聲：歡迎你們到這裡來。這會是你在學院最美好的一段時光，而且步調**真的**很快。接下來也很快就要畢業了，這項工作會讓你更加獨立，你要負擔很多責任、做很多決定。如果你需要有人示範給你看，**告訴**我，如果你需要更清楚的資訊，告訴我。如果你需要一些見解，告訴我。如果你需要建議，告訴我。」他也提供了他的辦公室和家中電話號碼，說同學有需要可以隨時打給他。「如果要在特殊時間聯絡我，最好是緊急情況，先謝謝你們了。

「今天結束之後不用開會。萬一今天狀況不好，哪個工作檯出狀況我們**心知肚明**就好。

「如果你發現自己犯了某個錯誤，**不要**把食物丟掉，也許可以再煮久一點，或者可以調味，但就是不要扔掉它，丟掉是不對的。外行人才會把東西丟掉重新做。各位，當你們離開這所學校之後，你們就是真正的專業人士了，明白嗎？食材成本是一大重點。但是，」他又補充道：「萬一有東西燒焦了，請不要帶著它來找我，我幫不了你。黑的、脆的、**焦的**，這比錯誤**還要嚴重**。」

他又繼續解說了上菜指令。「點單」算是一種提前通知。「下鍋，」他說：「就表示開始**烹煮**，或者開始組裝食材。跑單員最後會說的是『取餐』。那麼請問，擺盤的最佳時機是什麼？」

幾位同學答道：「離取餐時間越近越好。」德桑堤斯主廚反問：「為什麼？」接著又自己回答：「因為這會讓這盤菜看起來像是——**剛煮好的！**亮晶晶、熱騰騰……」他低語：「看起來**多汁美味**。如果太早擺盤會是什麼樣子呢？看起來會像微波食物，**已經擺很久了！**」

我一看就知道他也是個很有表演天份的人，早上七點鐘的課對我來說一點也不枯燥。

❖ ❖ ❖

到了八點半，米米和曼寧仍然沒有出現。他們本來被安排在燒烤檯，而餐廳將在三小時後開始營業，約翰和我正討論著員工餐的胡蘿蔔，此時主廚走過來，說道：「約翰，你和保羅今天負責燒烤，」接著又對我說：「辰華和布萊恩會跟你一起做員工餐。」

辰華在廚房裡看起來很高興。上星期餐桌服務結束那天，我問他過得如何，他說：「沒有打破盤子、沒有把水潑到客人身上，很棒的一天。」他很精通食物術語，但對英語會話比較不熟悉，而他來自史泰登島的同學傑佛瑞·拉斯穆森（Geoffrey Rassmussen）會從旁協助。後來當布萊恩前往上海找工作時，事先問了辰華華人對美國人是否友善，辰華竟能用英語說出：「友善啊，他們會用鳳眼瞪你們這些洋鬼子。」—都是傑佛瑞教壞他的。傑佛瑞今年二十二歲，本來一路打美式足球打進大學，後來受傷了，職業生涯便就此結束。他燙了一頭金紅色的捲髮，每到餐桌服務的離峰時間，他便會在角落裡用走台步一般的姿勢閒晃。他說他擔任模特兒時的藝名叫「泰勒」，從此我們便常用這個名字叫他。

這個早晨寧靜而忙碌。吃完員工餐之後，我就要準備隔天的員工餐（明天的菜單是：蜂蜜芥末烤豬里肌肉，搭配迷迭香大蒜馬鈴薯、青花菜和胡蘿蔔拌蔬菜醬及新鮮香草），並機動協助其他人。大部分工作檯都會一路忙到打掃時間，忙得連眨眼的時間都沒有，更不用說思考正在準備的食物了。只有負責員工餐的我有時間在廚房裡閒逛一番。

我對這裡的食物很好奇。學院投資的聖安德魯餐廳在一九八四年開業，是全美首批嘗試在標準餐廳菜單中解決營養和健康問題的餐廳之一。這並非一家主打健康料理的餐廳，而是要提供客人美味的食物：鮭魚、牛排、豬肉、義大利麵，或像是秋葵濃湯那樣濃郁的湯品，還有滋味豐富的甜品，但同時改變料理方式，讓這些食物變得更健康一些。這些概念很簡單，大多數的美國人現在很熟悉：降低熱量、膽固醇，少鹽、少糖和減少蛋白質，並增加富含醣類的食物和均衡的新鮮食材。通常向這些元素妥協會降低享受，但是廚藝學院的廚師們想出一些既聰明又成功的解決辦法。他們用玉米澱粉增稠的蔬菜高湯取代製作油醋醬和美乃滋所需三分之二的油脂，還將優格和瑞可達起司煮至**極為**滑順的泥狀，用來代替「冰淇淋」中的奶油和牛奶，卻依然能做出濃郁絲滑的口感。而擺放在香腸披薩上的香腸，則用卡羅來納白米取代豬肉脂肪。這些改動的重點並不是要消除所有美味的脂肪，而是盡量多使用高湯和蔬菜泥，讓脂肪變得更少一些（例如，烤鮭魚會搭配烤番茄醬和烤波布拉諾辣椒醬）。

吃完員工餐後，所有人很快回到廚房。第一天，德桑堤斯主廚必須在四十分鐘內示範完菜單上所有的餐點——四種披薩、九種開胃菜和八種主菜，他要從一個工作檯移動到另一個，並在過程中詳細解釋每一道菜。這相當於每種餐點只能花不到兩分鐘，所以主廚不得不加快速度。

香煎豬肉薄排搭配西西里燉茄子和義式玉米糕是非常受歡迎的一道菜，我上星期送出很多份，還有番紅花醬煎雞肉與蝦。要在煎炒檯負責製作這幾道菜的同學，是前英文老師馬克．扎諾夫斯基和史考特．斯特恩（Scott Stearns）。史考特個子非常高大，也只有二十二歲，來自新罕布夏州的漢諾威（Hanover）。第一天他把我錯喊為「雷蒙」，從此之後他一直這麼叫我。我溜到這排負責蔬菜、麵食和煎炒的工作檯觀摩主廚示範，他先將兩塊已經拍打成約四分之一吋厚的豬里肌肉放入一口非常熱、非常乾的煎鍋裡，並問一旁的馬克為什麼要這樣做。

「因為肉裡面有脂肪？」馬克回話。

「沒錯，只要鍋子夠熱，就不會有問題。」

豬肉其實已黏在鍋底，但主廚刮一刮，將肉從鍋內拉了起來翻面，煎過的那面已經完全變成褐色。煎豬肉時，他一邊開始準備雞肉和蝦子，並在另一口鍋裡開始煎雞肉。當雞肉表面煎出顏色時，他說：「給我四盎司的肉湯，」湯裝在一根四盎司湯勺裡，主廚將肉湯直接倒入鍋內，鍋裡立刻開始冒泡，「蓋起來，燉一下。」接著，他又回到豬肉上：「當你看到豬肉的水份和一些血液跑出來時，就是差不多三分熟了。這是目測食物狀態的方法。」他讓豬肉煮至五分熟。

蔬菜檯將由辰華和布萊恩．蓋格負責，剛才示範過了。他們炒了菠菜，用蔥和茴香酒調味，還做了用來搭配煎豬肉的玉米糕和燉茄子。主廚將這些蔬菜拿來與豬肉一起做簡單的擺盤，放在出餐檯上，然後轉向雞肉：「已經燉了三到四分鐘，燉得很確實、很慢、很溫和。」在另一口鍋裡，他放入一些義大利扁麵和一點蔬菜肉湯，並讓它們快速加熱。「不能太乾，好嗎？一定要看得到水。」最後幾分鐘，他在燉雞肉中加入兩尾蝦，又重新蓋上鍋子。他將已經熟透並蘸滿濃縮蔬菜肉湯的義大利麵裝進一只碗裡（通常在廚房烹煮至這個階段的同時，外場服務生便會在點這道菜的客人桌上放一根湯匙），接著將雞胸肉放在義大利麵上，再將兩尾捲曲的粉紅色蝦子放在雞肉上方，淋上番紅花肉湯，最後用歐芹葉裝飾。這道料理便完成了。

接下來是麵食檯，負責的同學是吉恩和傑佛瑞（也就是「泰勒」），他們要準備開胃菜和兩道主食，分別是義大利米型麵佐羊肚蕈、帕馬火腿與帕馬森起司，以及義大利扁麵佐番茄、刺山柑漿果與卡拉馬塔橄欖，還有馬鈴薯餃佐香菇、烘乾番茄與羅勒香蒜醬。這個工作檯的材料都是事先準備好的，一眨眼即能完成所有餐點。

再接著，主廚移動到約翰和保羅負責的燒烤檯。時鐘上顯示著十一點四十分，主廚的步調比之前更快了。他首先將義式烤麵包會用到的秀珍菇下鍋，此時開朗的馬丁對著麥克風喊道：「一份鮭魚，七分熟。」任何人透過麥克風說話，聲音都會變得低沉而嚴肅，彷彿《舊約聖經》裡上帝降臨，但遠在後方的披薩檯卻非常需要它。第一天的第一道菜總會令我心裡一驚，約翰也震驚地望著馬丁，又回頭看了看主廚，然後轉身複誦道：「一份鮭魚，七分熟！」

「先用一點油將鍋子加熱，才能煎得好，」主廚說：「也能增添一些風味。」他伸手拿裝著秀珍菇的方形餐盆，仔細檢查，然後說：「有人忘了洗這些菇。」有些主廚會指示學生不要清洗菇類，只要輕輕撢一撢就好，因為菇類會吸收水分，進而稀釋它們的味道。德桑堤斯主廚看著約翰和保羅說：「拿去洗一洗。這種菇類生長在**消毒過**的馬糞裡，我可不想直接拿來吃。去**洗一洗**。」這種菇類和牛排很搭，還有他正放入沸水中的新鮮去皮豌豆也是。接著他將番茄蘸醬——用蘋果醋、鹽和胡椒調味的蔥、番茄碎、甜椒和黃瓜丁和蒜末，並煮至適當的溫度——舀到盤子中央，再將約翰烤好的牛里脊肉放在上面。「還要烤馬鈴薯，」他說：「這道菜有很多配料。」他回到義式烤麵包上，這時秀珍菇已經煎熟了。主廚的動作現在就像一部正在快轉的電影。「把菇拿起來，」他一邊說，一邊將它們堆在義式烤麵包上，而麵包已經抹上一層大蒜，「不要小器，放多一點。」然後他將整份麵包放進烤箱裡加熱，並拉出烤盤，裡面裝著四大排烤馬鈴薯。「有點烤過頭了，下次注意不要烤得太焦。」主廚在牛肉的周圍放了四小份馬鈴薯泥。

「四份牛肉下鍋，兩份要五分熟，兩份三分熟。」馬丁再度對著麥克風說道。

約翰也再次驚慌失措，他不確定究竟要將這裡當成一間教室，還是一間正式餐廳？他驚愕地瞪著馬丁，又回頭看著主廚。主廚表現得像是不打算做任何回應的樣子，但他考慮了一下，最終還是指示道：「四份牛肉下鍋，兩份要五分熟，兩份三分熟。」馬丁轉身把牛排放在烤架上，廚師卻對他大聲斥喝：「你！過來這邊！」

「我正要把牛肉放到烤架上。」

「先放在香料上就好。」

約翰照做了，然後轉過身去，看見主廚正將一片楔形的薯片塞入一坨馬鈴薯泥中，還對他說：「這是你的船錨，」接著便逕自去處理牛肉了。

他用小牛高湯製作醬汁，接著開始製作烤鮭魚，搭配烤甜菜和煙燻黑眼豆以及兩種蔬果醬。燒烤的示範結束後，我漫步走回來準備明天員工餐要用到的兩份豬里肌肉。一整段肉大約長兩呎半，瘦肉裡藏著一根形狀怪異的骨頭。我之前從來沒有處理過整塊肉，於是抱著好奇心開始嘗試，以鋒利的剔骨刀沿著豬肋往下劃，把骨頭與肉分離。

分配到負責製作柴燒披薩的是奎格．沃克（Craig Walker），一個看起來十分無害的男人，以前曾在附近的一家釀酒廠工作，還有來自北卡羅來納克羅威（Cullowhee）的大衛．塞勒斯（David Sellers），他很希望能回老家，在父親名下一座廢棄的露營區開一間餐廳。能負責披薩是十分難得的機會，大衛和奎格也躍躍欲試。我正好在披薩檯旁邊的備菜桌邊切里肌肉，這時主廚匆匆忙忙回來拿他的示範餐點。馬丁則持續不間斷的點單。從德桑堤斯主廚的說話聲聽來，我發現他在示範之後情緒變得有些激動。

他現在蹲在工作檯下的架子前面，拉出一盤又一盤的標準備料，奎格則站在他旁邊。

「這根本不是我今天的備料！」他抬頭看著奎格興師問罪。奎格則咕噥著說，絕對不可能是他的錯。「本來應該要有兩盤的！」他把所有的托盤都拉出來，不斷翻找著。奎格抬起雙手，含糊不清地咕噥著說不知道。「本來應該要有兩盤的！一份是前菜的備料！**我**今天早上做的！你負責這個工作檯嗎？是誰負責這個工作檯!?」

看見主廚怒火中燒，奎格反射性地想要他的夥伴一起承擔主廚的質問。他說負責的是大衛・塞勒斯，但此時大衛卻不見蹤影。

「**他**人呢!?」

在披薩檯旁負責製作甜點的史考特・麥高文（Scott McGowan），本來也暗中打算過來看看披薩示範，但後來害怕地瞪著眼睛決定過來幫我一起處理里肌肉，以免掃到颱風尾。

這時大衛・塞勒斯出現了。他是個理著平頭的大男孩，一雙神情認真的棕色眼睛前面掛著一副眼鏡，臉上露出十分友好、躍躍欲試的笑容。他就這樣帶著這種「太好了，**輪到示範披薩了**」的神情，蹦跳著奔向他的工作檯。

「你跑去哪裡了!?」主廚大吼。

大衛煞住步伐，對主廚的憤怒毫無準備。「我……我……我去廁所，」他回答。

「在這種時候!?」主廚繼續怒吼：**「你一定要現在去嗎？在工作時間!?」**大衛逆來順受地支支吾吾了一陣，最後聳聳肩。主廚不滿又不可置信地搖搖頭，然後很快開始在上面灑滿麵粉的木製披薩檯上擀起麵團。

與此同時，燒烤檯正面臨大災難。訂單以兩倍的速度和雙倍的份量席捲而來。我正在包豬里肌肉，而這時保羅——他是個皮膚黝黑的義大利人，有著一雙深色眼睛和濃密的落腮鬍——上氣不接下氣地奔過來，黑色捲髮裡看起來甚至黏了一些雜草。「你能幫我切些秀珍菇嗎？」他問了一聲，然後又飛奔離開。

我找出秀珍菇，用一大盆水洗掉消毒過的糞便，然後將菇類切碎。就是在這次我學會了快切，刀子真的在砧板上發出連續不斷的喀喀聲，並留下一片片切好的蘑菇。但是無論我切得多快，還是跟不上點單的速度。我才剛完成一半，保羅就趕回來要求更多份量。在這個溫暖晴朗的早晨，似乎餐廳裡的每位客人都特別想吃烤鮭魚和牛里脊肉。

就在我好不容易切了足夠的份量之後，畢業不到三週就加入培訓計畫的丹·萊斯垂德（Dan LeStrud）出現了，他問：「你能去一趟學校的海鮮廚房幫我們多要半隻鮭魚嗎？」

我立刻啟程。當然，今天也是柯基·克拉克海鮮料理新班級的第一堂課，他們正在上課。克拉克廚師靜默地站著，雙手撐著桌面，搖搖頭。他今天已經給他的新班級出了一道大難題，正準備讓他們雪上加霜。我一腳跨進教室，他立刻對搖搖頭，顯然很反感。「聖安德魯餐廳需要半隻鮭魚？」我說。他生氣地瞪著我，彷彿對他視線範圍內的一切都感到很憤怒，最後說：「拿去。」

我帶著鮭魚匆忙跑回餐廳，德桑堤斯主廚立刻將它切片，並計算出總共能切成多少份。這時丹又遞給我一大袋豆莢——燒烤檯已經用完了，他問我能不能馬上把這些豆莢處理好？

我盡可能地加快手腳，每處理好一些便將它們扔到餐盆裡，然後快步送去給燒烤檯。才走到一半我便遇到保羅，當他看到我手裡拿著的東西時，慶幸地閉上眼睛，大聲說了句「**太好了**」，便接手這些豆莢，立刻奔回他的工作檯。

廚房每天都在下午一點停止出餐，不過今天，到了一點四十分，約翰和保羅還在滿頭大汗地交出一盤又一盤的餐點。

❖ ❖ ❖

「我們的第一天還不錯，」主廚說。我們將所有工作檯都整理和清潔好，把托盤擺回冰箱的左手邊，刀具清理乾淨並包起來，廚房回到一片平靜。一切都完成之後，主廚又把我們叫到前面集合。「我們比預期中要忙一些，但這樣**很好**，這就是我們**想要**的情況。明天我們不接受單點。」這間餐廳經常有包場聚會，廚房則會提供宴會餐點。比如，我上星期就幫忙服務過一群杜且斯郡議員，還有查塔姆長青會，是一大群老年婦女以「不要孤單」作為宗旨舉辦的聚會。「我建議，你現在最好和你的搭檔開個簡單的會，聊聊今天的工作流程，還有你能做些什麼來讓一切進行得更順暢。」說完，德桑堤斯主廚讓我們解散，而我們到樓下去聽了一個小時的素食講座。

這就是聖安德魯餐廳廚房的一天。這間廚房由榮·德桑堤斯主廚主導，他曾經在沖繩的美國海軍陸戰隊擔任首席廚師，並擁有大師主廚執照。

❖ ❖ ❖

吃完員工餐之後，這個星期五的工作時光顯得很平靜，因為這天的兩個大型聚會對擺盤的要求大過於實際烹調。結束了一天的工作之後，我們便有週末兩天的休假，星期一上午六點四十五分再回到廚房，這會是這門課程的最後一週。保羅和約翰通常很早就到廚房裡完成他們所有的準備工作，但今天我只看到保羅。之前曠課的米米和曼寧則被降職，要和我負責員工餐。原來最後一天餐桌服務之後，他們便大老遠跑到紐約市區看米米最愛的樂團表演，一直到第一堂廚房課的早上才回到學校，累得無法來上課。一頭金髮、相貌稚氣的曼寧後來十分質疑自己當時的判斷：「也許那是一個很糟糕的決定。」但米米卻說，她絕對不會錯過最愛的樂團演出。米米和曼寧一起住在萊茵貝克。曼寧喜歡廚房工作，但不喜歡烹飪。米米曾在紐約州立大學賓漢頓分校（SUNY Binghamton）主修英語，還在校內電視台主持一個名為《雞唇和蜥蜴臀》的烹飪節目，她對烹飪充滿熱情，來念廚藝學院則是為了追求這股熱誠。

無論好壞，現在我們三個總歸就是要一起負責員工餐，今天要做的是什錦飯，有蝦、烤雞腿、香腸，和米米做的玉米麵包。但是我們週五剩的菜不多，所以整個早上都忙著拼湊食材。到週末，我們總共要湊出三百五十份餐點，員工餐其實是一項浩大的工程。

我要負責烤雞，因為我很喜歡燒烤。我先問保羅能不能用舊的小烤爐，等到我們都搬出來了，保羅才說可以。接著我又幫他將上週的炭渣拖到後門去，沿路拖到地下室的垃圾桶，他突然抱怨道：「老天，他今天沒來真的是太糟糕了。」說的應該是燒烤檯的搭檔約翰．馬歇爾，一直到現在都還不見人影。

「你知道他為什麼沒來嗎？」我問。

「知道，」保羅語帶苦澀地說：「他週末要工作，很累，所以在睡覺。」

我想在這件事情上，我比保羅更有同情心一些。每天，約翰都會在午餐服務和兩小時的講課之後離開學校，開車一個小時北上，換好衣服後直接去工作。他在馬許麥克獵場擔任廚師，要為大約六十位客人做飯，週末還要從早午餐一直工作到晚餐時段，只有星期三休假，這是他和妻子唯一的相處時光。每個星期一到星期五，他都在五點多起床，通常一直工作到晚上十點半或十一點，回到家睡覺時已經是半夜，隔天早上五點鐘再起床。對我來說，這似乎是個非常高壓的行程，所以我並不嫉妒他多睡了一個早上。更何況，我也沒有像他們一樣要提前到場準備燒烤檯。

在聖安德魯餐廳，連員工餐也要嘗試遵循營養指示，因此，我被要求去掉雞腿的所有皮，並用油、黑胡椒和卡宴辣椒來醃泡。我已經看過德桑堤斯主廚的燒烤示範，在帕德斯主廚的課堂上也看過——哦，基礎技能已經是好久以前的事了！那些日常標準備料、白醬、褐醬、法式清湯都恍如隔世。兩位主廚都教導過箇中技巧。事先評估雞腿的數量和燒烤時間至關重要。烤架的總面積大約為三平方呎，上排的溫度最高，越往下排溫度越低。所以我會先將一排十五隻雞腿左右放在上排開始烤，烤好後就移往下一格，最上面那排再放上十五隻新的雞腿。

才開工沒多久事情就變得棘手。這些雞腿基本上殘破不堪，有些骨頭完全斷了，有些肉沿著骨頭裂開，卻仍然黏在上面，看起來像隻蝴蝶——這些顯然是從肉品儲藏室拿來的殘肉，畢竟只是員工餐要用的。舊烤架也並不完美，冷熱不太均勻。當我已經把五十隻腿都放上烤架之後，開始搞不清楚哪些已經夠熱了。我徹底迷失方向，所以只能全程盯著它們。但我想這些雞腿看起來應該是還不錯——在上排烤熟，在下排烤透——因為主廚經過我身後，看見我在溫度中等的區域堆了大約三十隻雞腿，最上排則放了十隻左右，他用他那招牌的微笑，咧著嘴，牙關緊咬，嘴唇捲曲成一抹彎刀的形狀，慢慢點了點頭：「老兄，你真是令我開心，」他說：「你的方法沒錯，**就是要**這樣烤，但記得要翻面。我不明白為什麼會有人要把雞腿放在烤盤上，然後才放進烤箱，不如把它們**直接**扔進烤箱吧！」說完，他又匆匆離開了。

主廚開始認識我，而我也慢慢開始認識他。上週五我們的準備工作本來做得很好，一切也都進行得十分順利，有足夠的時間製作蜂蜜芥末烤豬里肌肉。我們的調味汁是前一天烤牛肉剩下的，我只是簡單地加了一些芥末醬，讓它變得很像羅勃醬的口味。史考特甚至還有時間將我們去完骨、汆燙過的豬肉放在以醋、胡椒和月桂葉製作的調味湯汁中，肋骨再用剩下的燒烤醬烤熟。

但九點四十五分時卻發生了問題，距離員工餐還有半個小時。里肌肉只有攝氏四十九度。兩分熟的定義通常是五十四到六十度，所以現在這種溫度一點也不好。我們得將肉加到至少六十六度才能從烤箱拿出來，根據食品藥物管理局的標準，安全溫度應該是六十八度。丹看著溫度計搖搖頭，然後轉動烤箱鈕。十五分鐘後，我們發現對流烤箱的火已經熄滅了。丹便將烤肉拿出來切成兩半，放在兩百六十度的傳統烤箱裡，希望能在十五分鐘之內烤好。

大家都知道，一旦員工餐慢了，主廚肯定大發雷霆。

曼寧已經設置好切割檯，上面放著用來搭配豬肉的醬汁、玉米糕和蔬菜。「把叉子拿走，我不想看到叉子，」主廚對曼寧說。曼寧只好帶著叉子逃到廚房後面——「為什麼他不想看到叉子？」他大聲問。主廚事先已經被告知肉烤得不夠熱，便親自過來切肉。肉的最後一段烤得很完美，但前面部位全都不夠熟，根本無法上菜，主廚接下來每切下的一刀都能看見肉太生了。

就在此時，我們也開始有點恐慌，不是因為主廚說的話（他說的是：「我們不能把這個端上桌。」），而是因為他的表情。我脫口而出說：「那我可以把肉再油煎一下！」而他怒瞪著眼前只有兩分熟的豬肉。

這些肉完全不能用，但現在已經十點二十分了——我們一共有五十份員工餐要做——所以別無選擇。「好吧，」他終於說。我跑去拿了五口大煎鍋，抓起最近的一罐油，正好是橄欖油。我手忙腳亂地將鍋子放在麵食檯的爐子上。主廚說道：「把爐子打開！」然後便離開了。

鍋子一開始加熱的速度太快了，油燒成棕色，第一片還黏在鍋底。但接著，剛剛親自切肉的主廚拿來更厚的肉片讓我油炸煎，這次在稍微降溫鍋裡煎得很完美，大約每面煎二十秒，我將煎好的肉片扔進方形餐盆裡，交給曼寧。我剛煎完一鍋，丹也拿來另外一大堆沒熟的豬肉，將肉片放進一旁高溫的空鍋裡，十片豬肉在鍋上冒著煙，滋滋作響，另外還有三口鍋需要兼顧。丹一邊工作，一邊用一種比我想像中更加冷靜的口吻說：「我們真是被那部烤箱害慘了。」

要成為一位冷靜的廚師——不一定要是個厲害的廚師——其中一項條件就是能同時兼顧好幾口鍋，還能一邊閒聊著像是花生油和葡萄籽油熱量與味道的不同。所以我盡了最大努力回答他：「幸好這不是發生在營業時間。」

丹說：「我以前發生過，一點也不好玩。」

閒聊時間差不多結束時，我已經煎好一百片肉排了，就算想煎久一點也沒有時間，所以每一片都煎得恰到好處。最後，這些肉排燙又多汁，十足美味。有三位我不認識的外場同學，他們可能不知道是誰做了這些員工餐，但他們說：「今天的餐點真好吃！」任何一名準備員工餐的廚師聽到這些都會由衷感到喜悅。就連米米才剛吃完燒烤檯製作的披薩，也覺得這些肉排很棒。

星期一的員工餐——烤雞什錦飯——準備工作也同樣糟糕。我們把裝滿什錦飯的大烤盤從烤箱裡拿出來。這些飯全都不夠熱，這表示曼寧最後扔進去的蝦子也沒有熟。我們確認了一下，確實如此，只好將這些蝦子一隻一隻挑起來放進鍋裡，再拿去距離最近的燒烤架上煮熟。我借了羅素的夾子，把沾滿醬汁的蝦子一一放下，然後翻面。負責冷盤的羅素·科布（Russell Cobb）今年三十三歲，在長島出生長大，成年後大部分時間都在汽車行業工作，像是擔任加油站服務員、機械工程師、汽車零件銷售等等，現在正處於轉換職涯跑道的道路上。他在學院念得很快樂，工作也非常有熱誠而努力，他愉快地將夾子借給我。最後，烤蝦顯然比燉蝦更加美味，成品比我們預想中的還要好，雖然我們一樣是誤打誤撞才完成的。

用完員工餐之後，我和曼尼及米米一起討論星期二的菜色。這時德桑堤斯主廚出現，站得離我很近，低聲問道：「之前你有幫忙燒烤檯的同學，對不對？」

我抬抬眉毛。

他說：「你今天去幫忙保羅，」說完便離開了。

餐廳還有五分鐘就要營業了。他所謂的「幫忙」具體是什麼意思？我在水槽旁洗洗手，走到工作檯看看我究竟能幫些什麼忙。

保羅早就自己做好了一切準備，正像是在神遊一般地重新確認一切陳設，他敲敲雙層蒸鍋，又敲敲瑞可達起司，一邊複誦著每一項物品的名字：「蘸醬、番茄蔬果醬、波布拉諾辣椒蔬果醬、蘑菇、蔥……」他的燒烤檯陳設整齊又有效率。保羅右邊的一只托盤放著他的標準備料。他還有一共四個爐灶，火爐上方有兩個置物架，放在架上的食物會因底下爐火而變得溫熱。在他左邊的是烤架，烤架旁邊還有一個架子，上面放著冰鎮的方形餐盆，肉品在放上烤肉架之前都會先放在餐盆裡。牛肉鍋裡有乾燥胡椒、洋蔥粉、大蒜粉、辣椒粉、乾燥芥末、紅糖和鹽。底層架子上放著燒烤工具、木炭和一塊纏緊並浸滿油的抹布，專門用來擦拭烤檯，讓檯面保持完美的清潔和光滑。偶爾他的搭檔約翰在抹布上抹了太多油，烤檯的溫度又過高時，抹布就會整團燒起來，變成像是《綠野仙蹤》一般的場景。這種情況有時會發生在營業過程中，烤肉架上還擺著牛排和鮭魚，這時，約翰便不得不一一擦掉鮭魚上的炭灰。

工作檯的標準設置如下：

爐子旁的托盤：

番茄蘸醬
烤波布拉諾辣椒蔬果醬
烤番茄蔬果醬
新鮮豆子
蔥切片

蔬菜高湯
橄欖油
數瓣生大蒜
芝麻
鹽
胡椒
主廚刀

冰箱下層：

一餐盆的牛腰肉
一餐盆的鮭魚片
備用番茄蘸醬
雙孢蘑菇切片
秀珍菇
備用豆莢

爐灶：

一鍋小牛高湯及一支兩盎司的湯勺
一鍋滾水及槽狀漏勺
夾子

爐灶上方的架子：

兩口深炒鍋
三只烤盤
烘焙盤及半面鐵架
一餐盆的烤馬鈴薯
一餐盆的義式烤麵包

燒烤檯的前面是Y字形的出餐檯，溫度非常高，下面擺有盤子和一個裝滿馬鈴薯泥的袋子，擺越久溫度也越高，燙得幾乎拿不住。

每天營業之前，保羅都會複誦一次他全部的筆記，然後說：「好了，沒問題。」接著又很震驚地大喊：「不對！我還需要我的工具，我需要我的刀子，還有我的夾子！」

「保羅，」我開口：「主廚要我過來幫忙燒烤檯。」

「太好了，」他只是這麼回答，口氣不到漫不經心的程度，就只是稍加回應而已。這時羅素跑來問：「嘿，邁可，你是不是拿了我的夾子？」

我完全忘了羅素在員工餐之前曾經愉快地借給我他的夾子。我說，沒有啊，我不知道夾子在哪裡。這似乎惹惱了羅素——他需要夾子才能工作，而餐廳現在就要開始營業了，他不得不離開崗位去找。我也離開工作檯，跑去水槽看看夾子有沒有在那裡，又跑回到燒烤檯看羅素找到了沒有。「對不起，羅素，」我說。他看起來像是恨不得勒住我的脖子大力搖晃。我打算跑回去看看曼寧有沒有拿走，事實上確實是他拿的，最後也把夾子還給了羅素，此時我聽到主廚透過麥克風用彷彿上帝降臨的低沉聲音點單道：「兩份牛肉，一份五分熟，一份三分熟。」還沒準備好的我震驚地愣住了。保羅複誦：「兩份牛肉，一份五分熟，一份三分熟。」接著問馬丁：「我們還有牛肉嗎？」我們現在只剩下兩份牛排。馬丁點點頭，說里脊肉才剛進貨，他正要處理。

「再一份牛肉，七分熟。」

「再一份牛肉，七分熟，」我重複。

「點單、下鍋和出餐各一份香腸前菜。」主廚說，讀著他面前點單機裡冒出來的小白單。

「**點單、下鍋和出餐各一份香腸前菜！**」大衛．塞勒斯從廚房後方以軍人的音量大聲複誦，整間餐廳的人都聽得到。

主廚對丹露出一個大大的笑容，又笑出聲來，說道：「**很好**。」

很快地，訂單開始源源不斷地湧入，也陸續開始出餐。主廚問道：「義式烤麵包在哪裡？」

我甚至沒聽到有人點義式烤麵包。但保羅將灑滿秀珍菇的義式烤麵包扔進烤箱裡，一邊回答道：「馬上就好，主廚。」

「馬上給我拿來，」主廚說，接著再新增一份，又說：「義式烤麵包好了沒有!?立刻給我拿來！」他低頭看看另一張單：「兩份牛肉，一份五分熟，一份三分熟。」

「兩份牛肉，一份五分熟，一份三分熟，」我重複，一邊將兩片切好的牛肉放上燒烤檯。

營業時間正式開始，我也開始動工了。在我意識到之前，我早已經烤了四片牛肉和兩片鮭魚，其中一塊牛肉已經烤好放在爐子上方的架子，等著被取走。保羅正在煎秀珍菇和豆莢，並切好了一塊兩吋高的大份義式烤麵包，上面堆著秀珍菇，他一邊擺盤，一邊向我解釋擺盤方式，好讓我在取餐時間之前也可以幫忙。大約二十分鐘後，主餐的點單開始湧入。保羅在煎秀珍菇時突然對我說：「這真的**很好玩**，我們一起**參與其中**。」

我也這麼覺得。要是我們現在在戰場上，我肯定會和他互相喊話、碰頭，幫彼此加油打氣，工作夥伴之間需要這股默契能量，能幫助你集中注意力，忘卻高溫的爐火和快速流逝的時間。我將五份里脊肉一一放在烤架上，還放了兩份鮭魚，它們需要不同的烹煮時間，以達到不同的內部溫度。我依靠觸覺和視覺判斷煮熟的程度。

不過我剛才犯了一個錯。「邁可，」當我將第一份鮭魚排到前面之後，主廚說道：「把鮭魚翻過來，要擺盤的那一面朝下。這樣等一下裝盤時，有油脂的那一面才不會朝上。」油脂加溫後已經變成灰色，明亮的橙紅色魚肉裡能看到一條又一條的紋路。他對我咧嘴笑了笑，又點點頭。

「點一份豬肉，前一張單現在下鍋！」主廚喊道：「現在一共有三份豬肉。一份雞肉下鍋，點單、下鍋和出餐各一份義大利米型麵。邁可，牛肉的情況現在怎麼樣？」

我轉向烤架前，戳戳一塊肥肉。我的手指直接深入肉片，這表示肉還很生，於是我說：「再五分鐘。」但我完全不知道我為什麼認為是五分鐘。

主廚說：「切成一半。」

「切成一半，」我重複，然後又轉向保羅問道：「切成一半？」

保羅從烤架上拿下肉片，放在烤盤上，用他主廚刀將肉片對半縱切，然後放回烤架上。我不確定為什麼要縱切肉片，但幾分鐘過後，肉片確實熟了，而且值得注意的是，當肉片重新折疊在一起，縱切口就不那麼明顯了。也許主廚認為喜歡吃熟牛排的客人不會在意或注意到這種切口。而且當他提出問題時，通常就表示他要你立刻動作，這也是我犯的另一個錯誤，當他剛才說「下鍋」時，我一定是沒有立刻將牛肉放上烤檯。所以目前我總共有兩個失誤，不，加上弄丟羅素的夾子，一共三個失誤。

餐點完成時，主廚常會問服務生怎麼還沒來取餐，有時候他會好聲好氣地提問。而服務生會從右邊走來，端起盤子，把大圓托盤架在肩膀上，然後大步從右邊的另一扇門走出去。

還在學習中的丹看著主廚利落地加快動作，並在主廚將餐點滑向出餐檯時幫忙擦拭盤子。

此時保羅的豆子用完了。「主廚，」他說：「請問還有豆莢嗎？」

主廚回答：「還有，」然後對著麥克風說：「米米和曼寧請到前面來。」米米和曼寧便過來幫忙加速處理豆莢，大約一分半就填滿了兩口蒸鍋。

「團隊合作，」保羅說：「這就是一切。」在這高溫的環境和快速的工作步調中，他顯然鬥志高昂，腎上腺素在他的大腦和四肢中不斷加速作用。「這真是一個**超棒的**團隊，**太棒了**。」他簡直像是吃了誠實藥一般。

燒烤檯的餐點一如往常地炙手可熱。好不容易有時間喘口氣時，保羅說：「我暫時離開一下，」然後匆匆跑到飲水機旁邊再趕回來，立刻回復到工作狀態。他低頭看看口袋裡的電子溫度計，說：「我的溫度計讀數是四十九度。」和我的感受差不多，廚房裡確實很熱。

「一份大的馬鈴薯餃，」主廚對麵食檯說：「還要一份小的馬鈴薯餃。」

「馬上好，主廚。」傑佛瑞說。

主廚向丹確認二十七號桌的點單——我真沒想到自己還有時間，一動也不動地旁觀他們做事——接著，令我吃驚的是，主廚竟然對著麥克風說：「好了，所有人開始收拾工作檯。」

保羅高舉雙手大喊：「是！」我也舉起雙手和他擊掌，力道非常之大，但保羅似乎**很開心**。

在我們將工作檯清理完之後，丹在解散前把我們叫到前面，問我們想不想聽聽今天的統計數字。每一天，每種餐點的數量都會由電腦算出平均的「綜合百分比」，也就是客人點各種餐點的比例。如果我們總共要出一百份餐點，而鮭魚的綜合百分比是九，那就得事先備妥十二份鮭魚，因為屆時可能出餐的數量會是九份。這種計算方法的效果很好，雖然偶爾也會有些偏差。

丹讀道：「我們準備了十一份蘑菇，一共賣了六份。六份米型麵，賣了三份。紅葉只準備十一份，卻賣了十三份。烤麵包六份，賣出六份。鮭魚十四份，賣了十三份。牛肉九份，但賣了十八份……」他讀完了整份統計資料。

❖ ❖ ❖

「學習烹飪絕不會是在這裡，」下了班之後，我和德桑堤斯主廚坐在他的共用辦公室裡。狹窄的辦公室只放了兩張桌子、兩張椅子和成堆的文件便滿了。「你在這裡學到的只是技術。」他說，雖然是一九八〇年在這裡畢業，但他不是在這裡學會烹飪，也不是在海軍廚房工作期間學會的。他又說，這些地方都不能學習到「真正的烹飪」。

我問他何謂「真正的烹飪」。

「真正的烹飪，」他說：「是不可言喻的，只能觀之、觸之、嘗之。」

德桑堤斯主廚說，他畢業後不久就來到德國慕尼黑的歐陸大飯店（Hotel Continental）工作，之後又前往班伯格（Bamberg）一家名為米榭廚房（Michel's Kueche Restaruant）的小餐館工作，直到那時，他才開始學會烹飪。

「那間餐廳一共有六十個座位，」他說：「廚房卻比這間辦公室還要小。每個星期二到星期六的晚餐都有兩個時段。」而且外場只有一名服務生。「但米榭主廚從來不慌忙，」德桑堤斯主廚回憶道。顯然，米榭主廚和年輕的德桑堤斯每天晚上都在瘋狂出餐，而服務生端走完成的餐點遞到點餐的那位客人桌上，不會顧慮同桌其他客人的餐點到了沒有，可能有的人已經吃完了，有的才剛上菜。

根據德桑堤斯主廚的說法，當米其林人員想為餐廳評分時，米榭主廚把他們全部轟出去。

「他非常在意新鮮度，」德桑堤斯主廚繼續說：「還有熟度和調味。他教導我在地的調味方式，和如何在惡劣的環境中更有效率地工作。那只是一間小餐廳，而且裡面的溫度非常高。」我在學院認識的好廚師，職涯中都曾經至少和一位這樣的主廚共事過。

但這樣的工作也讓他付出代價。在我看來，德桑堤斯主廚大約五十四歲，十分健康有活力，但實際上他才三十九歲，他的妻子是當年在德國認識的，他們還有兩個十歲出頭的孩子。我不太明白為什麼主廚總有這般老成的特質。也許是我自己的投射，我身為他們的學生，不由自主地認為自己比他們年輕許多，並在心中將他們塑造為大家長、引領者和老師的形象。但也不一定是這樣，因為在我看來，帕德斯主廚仍然像個年輕的研究生，而實際上他也只比德桑堤斯主廚年輕兩歲。或許這是因為德桑堤斯主廚散發出的職業風範和他軍人般的嚴謹程度，加上他已經在這裡當了十年的老師，看起來才會如此老練。

負責聖安德魯餐廳晚餐時段的漢澤斯基主廚，經常用一種彷彿在談職業美式足球的方式談烹飪。他正努力攻讀更高的學位，因為很少有人能一輩子都擔任廚師。「你只能煮到一定的年紀，」他告訴他的學生。

也可能是廚師的外貌，像是皮膚的紋理，讓他們看起來比較蒼老。我大概能想出原因，尤其在第一次站上燒烤檯之後，這原因對我來說更是鮮明。

那些面對燒烤檯、爐火、滾燙的金屬和熱水，還有把頭探進烤箱裡的日子，就這樣日復一日、年復一年，在這樣的高溫之中，**他們形同把自己也下鍋了**，在新手還不到兩分熟之時，他們早已經把自己煮成七分熟。還有那些凌晨開工、午夜收工的日子。廚師每週要工作五十到八十個小時，動作還要快得像是縮時攝影畫面一般。似乎更有可能的是，他們並非隨著時光荏苒而年邁，而是一生中工作的強度使他們顯得衰老。廚師的工作步調比別人更快，工時也比別人更長，所以他們能完成更多的工作。他們在更短暫的時間內投入更多的生命，因此才比其他人衰老得更快。這些投注，加上每天在五十度的高溫裡烘烤他們的血與肉，逐漸烤至焦糖化，對我來說，或許就是他們看起來歷盡滄桑的原因。

4 品嘗

隔天，也就是我們在廚房的第五天，這段課程的第十二天，將是我們品嘗的日子。每一個工作檯都要製作兩份他們負責的食物，並在十點之前端上桌，一秒鐘也不能遲，然後我們就可以品嘗整份菜單上的料理了。早上我們剛在樓下的教室裡集合完畢，準備聽德桑提斯主廚講課時，他馬上就提到這件事。

「再次提醒，」他說：「明天是品嘗日。這表示十點鐘一到，食物就已經放在盤子裡可以吃了，而不是才剛準備上菜。接著我們會花十分鐘左右的時間好好品嘗這些餐點、分析一下，然後再開始準備員工餐，到時就可以多吃一點。」語畢，他笑了笑。「多棒的一天啊！」他又點了點頭：「我告訴你們，這真的很不錯。」

「好了，剛剛講到要準備七十五人份的餐點，」他繼續說道：「記得，等一下你們準備週

四、週五的東西時，也要把週一的一起準備好。下星期一有六十五位客人訂位，所以你們星期五從這裡下班之前，要幫我把星期一的東西也準備好。」下週第一件事就是要迎接新的班級，事前準備對每七天就大換血一次的餐廳來說尤其重要。「到了星期一，新人基本上只需要加熱、擺盤就好。所以我們一定要幫他們準備好，第一天總是特別忙。

「離開前，不必留任何**注意事項**給**新人**。雖然在麥地奇餐館，」也就是我們下一間要去實作的義式餐廳，「他們很習慣在每個東西上面都黏很多小**紙條**。我的建議是，要特別小心標準備料托盤上的**可愛**小**紙條**，你根本不知道那是誰寫的、寫的究竟對不對。我們這邊沒有這種做法，當年我來這裡的時候就沒有。」

他走到書桌前，低頭掃視了一下桌面，然後又抬頭往前走。

「我今天想談談食物，」他說：「食物很有趣，不是嗎？我想從小牛濃高湯開始。我們昨天終於做出成品，花了大概三天的功夫。」

每隔七天，德桑堤斯主廚就要談一次聖安德魯餐廳的食物和哲學，而他都會從他在這世上最愛一種物質開始講起：小牛褐高湯。他談論的方式是如此迷人，如果想知道他是什麼樣的廚師，那麼就聽聽他對食譜的分析和解釋吧，他總會從《健康烹飪法》（*Techniques of Healthy Cooking*）第一八二頁的小牛濃高湯開始講起，這是小牛褐高湯的終極版本。

濃高湯的概念很簡單，好的小牛褐高湯應該風味濃郁、顏色深沉而又清澈，且擁有醇厚的質地，要拿這樣的小牛褐高湯加以提升，使之變得更好。食譜也十分明瞭，可以說是褐高湯的標準配方，只不過加入的原料不是水，而是非常優質的小牛褐高湯。然而，德桑堤斯主廚卻像個大師級學者親自解構經典文學一般，令那些原本習以為常的文本突然鮮活起來。

食譜中的第一個步驟寫著：「以熱油炒洋蔥、胡蘿蔔、韭菜和芹菜，直到洋蔥和胡蘿蔔炒至棕色。」

德桑堤斯主廚則說：「第一個步驟，用熱油炒洋蔥？」他停頓了一下，環視全班同學，「我建議**你**慢慢來，在烤盤上倒一點油，放進攝氏一百六十度的烤箱，然後先放入水份很多的芹菜。等到**顏色開始變深**，再加入胡蘿蔔，將它們都煮熟。胡蘿蔔也開始**變色**之後，」他說得越來越高昂：「再加入洋蔥！將所有食材都變成棕色，然後加入番茄糊！慢慢地煮，就會產生褐變。」他停頓了一下，點了點頭，臉上始終保持著那不是微笑的微笑。接著他又突然喊道：「這種調味蔬菜的**目的**是什麼!?」

教室後方有人輕聲答道：「顏色和味道？」

「顏色是最重要的，」德桑堤斯主廚以學者的口吻回答：「味道則是次要，畢竟我們有大量的小牛骨，這才是高湯的**主角**。小牛骨也要烘烤，但**不能**烤至**棕色**，烤出它們濃郁的香味即可。如果烤過頭，就會產生一種苦味，你絕對不會希望高湯是苦的。所以說，」他揚起眉毛：「我們有很多事情可以做，但這只不過是食譜上的第一步。」

小牛高湯，他重複道，是一種天然濃縮湯汁，一種當代醬料。「還有其他一些當代醬料嗎？」他問道。

我們此起彼落地拋出答案，肉汁、奶油白醬、蔬果醬、莎莎醬、印度酸辣醬，還有濃縮肉湯。

「濃縮肉湯！」德桑堤斯主廚踮起腳來大聲喊道，「非常好，這確實被認為是當代醬汁，還有油醋醬，這也是一種，可以運用在燒烤食物上，任何燒烤類都可以搭配這種柑橘香氣的醬汁。另外，還記得蔬菜**醬汁**吧？只要有一部榨汁機，把蔬果丟進去，就能得到美味的蔬果汁，這是一種快速醬汁，」他低語：「我真是**愛死它了**。」

德桑堤斯主廚又把焦點轉回小牛高湯和兩個主要階段。「第一階段將是強化，」他再度用舞台劇般的音量說：「強化，對吧？**賦予力量和強度！**」接著又低語道：「我們要強化這些原本已很好的小牛褐高湯，運用牛骨、香料、葡萄酒和調味蔬菜來**提升**、**強化**味道。讓我問問你們，當你聽到『好的小牛褐高湯』時，最先想到的是什麼？」

他停頓下來聆聽我們的答案：色澤、口味、濃稠度、香氣。

「這些的確是關鍵特徵，當我們說到好的小牛褐高湯時，沒錯，這些特徵確實十分重要，」德桑堤斯主廚說：「但是，一位好的廚師，還會做到一些非常基本的事情，來讓高湯變得更好。他做的會是什麼？」

「讓牛骨正確褐變嗎？」有人問。

「對，讓牛骨褐變，」德桑堤斯主廚同意，但這不是他想要的答案。

「燉得剛好？」

「嗯，對，」他應付道。

「撈除雜質？」

「嗯，對，文火慢燉、撈除雜質，這都很重要。但那位廚師還做了什麼**更加重要**的事？」

「使用好的番茄糊？」

「嗯。」

「色澤？」

「繼續說。」

大家都被難倒了，沒人想得到答案。最後，坐在後頭的羅素試探性地輕聲說道：「調味蔬菜、牛骨和水的比例正確。」

「**沒錯！**」主廚大聲喊道，我嚇得差點從椅子上跳起來。「**明白**了嗎!?**正確的比例！**好廚師要懂得**計算**，需要多少牛骨、需要多少水，無論是褐高湯或白高湯，一切都必須是黃金比例，比例正確了，就能熬製出完美的高湯。」他再次以那傑克·尼克遜的耳語說道：「你，必須**精心計算**。」

「有了好的小牛高湯並加以強化之後，第二階段有兩個重點，一是濃縮，同時還要澄清，」他說要把鍋子從瓦斯爐的中心點移開，如此一來，鍋內便只有一半的範圍受到加熱，「這麼做的好處是，雜質會聚集在鍋內溫度較低的一側，然後你便能不斷撈除。這就是澄清的過程，並且是自然發生的，你讓這兩件事同時自然而然地發生，得到美麗而**清澈**的肉湯。

「那麼，我們又如何知道是否已經濃縮得恰到好處了？我們怎麼知道**什麼時候**該**停下來**呢？」

羅素再次回答：「要經過計算？」畢竟這個答案似乎適用於一切問題。但這次主廚卻說，不需要那樣做。還有同學問，將湯汁撈入盤中觀察？主廚環視了同學一圈，**沒人知道答案嗎？**

一個我認不出來的聲音小聲說：「嘗一嘗？」

「**嘗一嘗!!!**」主廚大喊，他的食指快速舉高到半空，頸部冒出青筋，還踮起腳來，整個人高了幾吋。「**我們一直在做的事！我昨天說過了！沒錯！就是這樣！**」他停頓了一下：「**嘗起來**美味的時候，那就對了。」他伸出雙手，彷彿在指揮著交響樂團：「品嘗、品嘗、再品嘗，我們必須不斷地品嘗，當肉湯嘗起來……」他低聲說：「美味得令你**動容**，你就**知道**自己成功了。」

「不過，」他繼續說道：「濃縮肉湯的稠度可能正確，也可能**不夠**好，甚至大多時候可能都煮得太稀了。保羅，你剛才提到要把湯汁撈入盤中，對吧？這的確是檢查濃稠度最好的方式，而**不是**裝在勺子裡，畢竟你不會將湯勺**端上桌**給客人，」他再次降低嗓音：「而是盛裝在**盤子**裡，多半是一只溫熱的盤子。所以，將湯裝入盤中，搖晃一下，如果稠度足夠而又質地輕盈，那就對了——但是如果裝入盤中之後卻像巧克力醬一樣停滯不動，那就大有問題了，你得想辦法稀釋它。再說一遍，品嘗看看，這是最重要的，接著用保溫的盤子檢查濃稠度，接著過濾它，就可以上桌了，這就是濃縮肉湯。」

說完，他顯得心滿意足。

「有問題嗎？沒有的話，這就是成品，準備上菜。只要拿來加熱一下，裝進盤子裡，端去給客人，不用再做任何事。是這樣嗎？」他的嘴唇向上揚起，形成一個詭異的微笑。「假設現在廚房很忙，每個人都水深火熱，好幾口鍋子同時在烹煮，餐點不斷從廚房送出去。你匆忙擺盤，接著你轉過身，剛才加熱的濃縮肉湯突然變得像巧克力醬一樣黏稠，太濃了。這時該怎麼辦？該加點什麼進去？」

「水，」約翰說。

「水！為什麼?!」

「因為水在剛才的加熱過程中被收乾了。」

「沒錯！不要加高湯進去。更何況水很便宜，又很好取得，水龍頭打開就有，而你剛才煮乾的正是水份。我們剛剛才說風味正確，因此只要把水加回去，就會恢復成為你需要的味道。」

「好了，這麼簡單的食譜也能千錘百鍊，對吧？」他笑著說，這次是頑皮的笑容。「但這也是看待食譜的一種方式。我本可以照本宣科地把內容都解釋一遍就好，然而，這一切的背後都各有不同的**概念**，有許多值得思考之處，而這就是烹飪的**意義**。你在烹調的同時，也要處理你的直覺、你的感覺和許多其他的事情，甚至是你的第六感等等。一旦你學會以深思且靈活的方式面對烹飪，那麼你就會一直具備這樣的能力，這對你也會有極大的幫助。這種能力就是基礎，而扎根無疑是最重要的事。」

「這是一個理想方式，」他總結道：「我們剛才練習的思考過程，就是最好的方式。當然並非所有人往後的職涯道路都相同，你們會走入不同的場域，而每一個地方都有不同的運作方式，掌握基礎，你就能**如—魚—得—水**。現在你也許會對此嗤之以鼻，認為這平淡無奇。但，你也能成為一位時時思考的廚師：『我要如何才能讓眼前的食材嘗起來**更美味**？』你面前擺著無數蔬菜和肉材，還有各式各樣的調味醬汁、香草和根莖類蔬果。掌握根本之道，你便也有能力去提升這些基礎食材，使它們**變得**更具風味。」

說完後，他要我們提問。

比爾．史潘斯基說：「請問濃縮肉湯是否還需要再調味，還是就這樣使用？」

「濃縮肉湯的美妙之處在於，」德桑堤斯主廚回答：「它本身味道很棒，但它也能吸收味道，」他**拍了一下手**，「就這樣。所以說，假設你手邊有一些鹿骨，你可以把這些骨頭烤一烤，然後放入鍋中，加入一些小牛高湯，文火慢煮，不必收乾，只要燉煮大約十五分鐘，接著關火，蓋上鍋蓋，靜置四十五分鐘，然後過濾，」他再**拍了一下手**，「嘗起來**就像**鹿肉了。它能帶出食材本身的風味，這就是美妙之處，它是中立的，但本身依舊十分美味。好了，這個話題該**結束**了。雖然我**很喜歡**討論這個，那是最棒的食物之一，但我們時間不太夠了，現在讓我們看看一百九十二頁。」

在課堂剩下的時間裡，他簡單解釋了《健康烹飪法》中的幾個基本食譜，這些食譜都妙趣橫生，甚至是獨具創意的。這並非是一本關於健康食品的書，也沒有「香腸泥法式吐司佐糖煮水果」或「義式火腿裹烤鵪鶉肉佐無花果與野生蘑菇」這樣的料理，而是聚焦在如何讓好食物變得更健康。

第一九二頁寫的是一種基本的奶油天鵝絨醬，使用脫脂牛奶來保持濃稠度與質地，這便是一種「烹飪法」。

二十頁之後又是另一種烹飪法了，這次寫的是油醋醬。「我們這裡就是這麼做的，」德桑堤斯主廚自豪地說：「用高湯代替三分之二的油，整份成品只有五公克的脂肪和微量膽固醇。我建議多用蔬菜高湯。如果你用濃縮雞湯淋在沙拉上，吃起來會很像雞湯冷麵的味道，效果並不好，相信我。蔬菜湯就不錯，擁有美妙的蔬果風味，與沙拉搭配得宜。」他說，只要以純澱粉將美味的熱蔬菜高湯濃縮至與油相同的稠度，冷卻後再加入一些油即可。「以濃縮湯汁與油相結合的產物，我會稱之為油醋基底，接著我只需要用三份基底加入一份醋或任何酸類，就能製成油醋醬，當然也能製作出其他醬汁，它的功用就像一般的油一樣。這與一般傳統做法很不同，卻能做出很棒的醬汁。」

「我比較喜歡這個，」泰瑞莎說。她和羅素一起負責冷食檯。

「沒錯，我也很喜歡，」德桑堤斯主廚說：「我更認為這是往後應該發展的方向，可以打造出輕盈的質地，沒有一般油脂的油膩之感，淋在沙拉上卻能製造出與油脂相同的效果，因為湯汁經過濃縮，能夠完美的包裹住菜葉。」

聖安德魯餐廳的冰淇淋是義式的，而且裡面不含任何奶油，使用瑞可達起司和優格代替，並用楓糖漿代替了所有的糖。事實上，餐廳所有的奶油淋醬、糕點麵團、冰淇淋和甜點醬料中都使用瑞可達起司，它具有雞蛋的黏合特性和脂肪的觸感與質地。而你所要做的就是不斷攪拌，讓起司徹底變成泥狀。

「乳品基底，」德桑堤斯主廚說：「再說一遍，都要用瑞可達起司。首先，將起司攪拌至泥狀，這非常重要。將瑞可達起司加入優格、楓糖漿和香草，就能做出香草醬。」他再度以詭異的耳語說道：「加入之後，你可以使用食物處理機或攪拌器，繼續攪拌至質地光滑為止，便能倒入盤中，當成香草醬使用！它的滋味美妙，與傳統的香草醬無異，你不需要再增補任何材料！但也可以加入一些有趣的調味，像是即溶咖啡，以一湯匙熱水溶解，**味道非常濃**，你不會想直接喝下去，但可以倒入你的瑞可達起司泥中，做成卡布奇諾醬，還有**各式各樣**創意瘋狂的做法，因為這就是乳品基底，專門用來製成醬汁，它擁有極佳的濃稠度。」

把瑞可達起司泥放入冰淇淋機裡——說著，他又**拍了拍手**——就能製成義式冰淇淋。我自己也嘗過這種冰淇淋，有熱帶水果口味、巧克力口味、覆盆子口味等等，就像傳統冰淇淋一樣令人心滿意足。但德桑堤斯主廚說，還有一個問題。

「瑞可達起司並不是非常穩定的材料。也就是說，如果你把它放在冷凍庫裡過一夜，隔天，它就會堅固得像桌面一樣，」他用手指敲打前方的桌子，「會變得非常堅硬，因為它的脂肪含量很低。」他說，因此一定要記得放在冷藏即可。

接著他又說了許多，像是調味鑲肉（以米代替肥豬肉）、秋葵濃湯（一種需要加入乾油糊和烘焙麵粉的濃湯），還有以脫脂牛奶、玉米粉和水果泥製作的舒芙蕾，他滔滔不絕地說到該回廚房準備品嘗並上工的時候。等一下我們會嘗到馬鈴薯餃、鮭魚、牛肉、豬肉、雞肉和蝦，然後對這些料理進行一番解析，再開始用員工餐，最後上工準備服務客人。

❖ ❖ ❖

「現在該是做計畫的時候了，你們要為畢業做好準備，」德桑堤斯主廚說：「現在這個行業與五年前相比有很大的不同，你正面臨一些嚴峻的挑戰。你需要知道身為一名廚師需要具備哪些條件，也要知道自己當你出社會之後該做到哪些事情、需要懂多少。」

這是聖安德魯餐廳的最後一天，我們坐在安靜的教室裡，德桑堤斯主廚剛開始輕聲細語，但益發激昂，最後以他每七天就會重複一次的信心喊話來總結。他告訴我們，食品產業的變幻莫測，在我們畢業並進入這個領域之前，他想聊聊我們可能會需要反覆思考的一些想法。對所有受過廚師訓練的人來說，現在正是最多挑戰與機會的時刻。

「你需要有良好的技能，」他說道：「我知道，從這裡畢業的同學都身懷絕技，我願意向**所有人**保證，受過正規學院訓練的美國廚師絕對是世界上**最好的**。我這麼說是因為，當年我畢業的時候，我去了一趟歐洲，和許多一到三年的學徒和主廚並肩工作，在那裡待了幾年之後，我也成了開始訓練學徒的人。我至今依舊相信受過正規訓練的美國廚師就是世界上最好的。正是我們在這裡學到的所有技術，讓我們成為這樣頂尖的廚師。我們擁有優秀的技術能力，知道食物世界的脈絡，而不是只會依樣畫葫蘆。

「而你必須持續成長與練習的則是思考能力，要像練習刀工一樣。這可能並不是我們經常在做的事，所以會令你感到有壓力，然而，就如同你第一次在基礎技能課堂上拿起刀的時候，許多年沒做飯的人剛開始也許會有些生疏，有些不適應，但經過練習，現在的你彷彿天生就會運用那把刀。

「因此，思考能力是你可以練習、建立並學會使用的，其中包含**眼界**與**創造力**。要想踏入這個領域，你就必須具備解析與談論視野的能力，身為未來的主廚，你必須擁有一套哲學、信念、理想，然後才會知道接下來你要往哪裡去，以及你的員工和你的事業下一步又是什麼，你必須對你的人生有見解。同時，你還需要更有創造力。

「這指的**不僅**是擺盤，當然我們對此十分擅長，而是包含了許多其他的方面，像是如何吸引客人光顧，這也需要有創造力。還有如何留住員工，這對你來說也會是個**巨大的挑戰**，畢竟你**不**希望流動率太高，這並不好，因為這既耗時又耗成本，所以你需要有創造力，想方設法留住你的夥伴。假如說你只能付給員工一定金額的薪水，以後很快就會發現，你能提供的薪資真的有限，這時你就必須有其他方式激勵員工，並讓他們留下，無論是外場還是廚房的同仁都一樣。這些都是需要運用到思考能力的範疇，你必須明白，除了策動大家一起工作、把**食物**送出廚房之外，管理一間餐廳還有許多層面。」

「你也必須具有財務技能，」他說著，一邊在黑板上寫下這個詞。「第二天有跟你們說過一些概念，關於總銷售額分析，以及如何使用混合百分比來計畫和預測，這些都是財務管理的一部分。你必須能夠閱讀、理解、分析和執行損益表。因為，那些『嘿，那家餐廳的主廚很棒、食物很好吃』的日子已經過去了，客人不會光是因為這樣就來光顧，已經不會成為你大獲成功的唯一理由了。所以你最好要知道**如何做這些基本工**，你**必須**能夠**做到**這些，否則，再見，老闆會再找一位新主廚，即便對方的料理品質比你低一些，」德桑堤斯主廚瞇起眼睛，食指和拇指捏在一起，「但，**最重要的是**——

「你更要了解市場行銷。從自我行銷，想想要如何推銷你自己？在座的每位同學，你們都得做這件事，把你在這裡學到的事物拿來融會貫通，然後**推銷**給別人，就是推銷**你自己**。而這還僅僅是行銷的開端而已。」

「我們以前經常把披薩和其他東西混在一起。我有跟你們說過嗎？」德桑堤斯主廚接著說了一個故事，說他的一位業內朋友來聖安德魯餐廳參觀，之後便建議他要如何提升餐廳業務。說起這個故事時，德桑堤斯主廚化身為演員，兩個角色都演得十分精采。

「那天晚上我們聚在一起，他說，『這裡的食物很好吃，我也知道你們的健康食譜，但是，聖安德魯餐廳最特別的是什麼？』我回答說，我們有披薩。他說：『你有**披薩**？』我說：『是啊！』他又說：『**在哪裡!?**』我說，在**菜單**上啊！他再問：『**菜單的哪裡!?**』我說，在前菜那邊，而他說：『你是**怎麼回事!?**要讓披薩從菜單中脫穎而出！把它放在一個人們看得到的位置，大家才會覺得，**哇！**你們也有**披薩！**』

「所以我們採納了他的建議，菜單的排列方法、菜名擺放的位置，這些都是行銷。我們把披薩從前菜類別的底部移出來，往上排，大概放在餐廳名稱和午餐的下面，斗大的字樣，就寫著**我們有柴燒披薩**，放在頁面中央偏上。

「結果，披薩的銷量現在比之前翻了一倍。這是非常簡單的行銷方法，但我之前從來不知道。我們必須不斷地學習這些東西，你也必須不斷地推銷料理，這是管理階層必須處理的一件重要之事。」

「對未來的主廚來說，**最大的不同**則是廣泛的基礎知識，」他繼續說道：「你需要知道的不僅僅是優秀的烹飪，還要知道如何研究各式各樣的事物。你還必須能夠寫出清晰完整的句子、標點正確、**文法也正確！**」他停頓了一下，牆壁也不再因他的音量而震動。「來吧，大家，我們必須開始寫作，彷彿我們是一群聰明的專業人士。你必須知道了解至少一種語言，要能**流利**、**清晰**、**完整表達**，讓人們知道你想說什麼。如果懂兩種語言，那你就能更加如魚得水，萬一會三種或更多語言，你就可以當大老闆。

「你也必須對科學有更多的了解。你將面對外面世界的一切變化，像是永續農業、優生育種、水產養殖等等，你甚至必須大致明白基因改造之類的東西，大多數的主廚都不知道這些，但你要去找出這些事物的相關知識，無論你認為自己喜歡與否，這都是你在職業生涯中**必—須—面—對**的事物。你以後一定**會**聽到基因改造的問題，你需要知道這是怎麼回事。

「去了解一些藝文相關的事物也很不錯，能使你變得更加圓滿，這才是未來主廚的模樣。舊的做生意方式已經不夠好了，與五年前、十年前還有我入行的時候相比，你正準備進入一個非常不同的勞動市場——即使你是位廚師也一樣。」

「我們的食品服務業預計在一九九六年達到三千一百二十億美元。這麼大的數字，有些國家連國民生產總值都沒有這麼多，而我們光靠賣食物就足以達到這天文數字，」他低聲說道：「這裡的每個人都想分一杯羹。」

「在我看來，醫療保健將會是食品服務業中成長最快速的市場，」他總結道：「還有療養院等等。萬豪酒店集團（Marriott）正準備關閉一些營業額最低的度假村，要把這些地方改建成療養院。每個人都會變**老**，當年的戰後嬰兒潮一代現在就正在變老，他們需要有人照顧和餵養他們。

「我要說的是，外面的世界發生了很大的變化。超市也是另一個你或許會想探索的巨變市場，畢竟越來越多人開始關注所謂的『家庭代替餐』（home meal replacement）。還有教育市場也是，你可以考慮傳授你的所學。總之，外面有許多新鮮事等著你，因此，隨著你往前進，你會開始思考你的職涯，你能做的事情會變得更加廣泛，外面有很多好事情值得做。這個產業很大，三千一百二十億美元不是只來自餐廳，而是來自很多地方。有沒有什麼想回應的，或有沒有問題？都**聽懂了**嗎？

「現在就做好計畫，想想這個產業，思考你想往哪裡走。

「有沒有人要提問？好吧，那就說到這裡。你們今天離開廚房的時候，需要幫我把下週的東西都準備一下。每個工作檯都還要準備一份示範餐點，用保鮮膜包起來，放在冰箱裡，星期一我就可以為新人示範，甜點也要做，可以利用今天空閒的時候準備。星期一總共要準備七十三道單點，所以需要幫新人準備很多東西。**來吧！**」他說。

他將身子往前探，低聲說道：「把這裡都清理乾淨之後，週末才算是開始。保持專注，務必**保持——專注！**」

❖ ❖ ❖

半小時之後，主廚回到披薩檯，用一把檀木柄的削皮刀撬開鵪鶉蛋。他在每段課程的最後一天都會這麼做。大衛和克雷格和他並肩工作，正在一旁攪拌奶油乳酪，攪至質地細滑之後，便將新鮮蒔蘿和細香蔥切末加入其中。其他人正為今天和下週一營業作準備，而披薩檯準備的則是梅茲校長的早餐：鵪鶉蛋魚子醬披薩。

因為這一天是畢業典禮，梅茲校長邀請了迪士尼樂園餐飲部的主管迪特．漢尼格（Dieter Hannig）擔任演講人，還有一些其他的客人，他們都會先在校長的私人餐廳用早餐，其中一部分餐點便是聖安德魯餐廳的披薩。之前幾個月，梅茲校長一直喜歡吃德桑堤斯主廚製作的煙燻鮭魚披薩。「那是很棒的披薩，」德桑堤斯主廚說：「但他最近吃膩了，所以我問他，那你想吃什麼？他只回答，你想個新口味。」

德桑堤斯主廚一開始著眼於培根或義式醃培根，後來他發現這種披薩實在太過常見，就算出自他手，充其量也只是普通披薩罷了。他接著想到「早餐」和「培根與雞蛋」兩種關鍵字，開始考慮是否可能用鵪鶉蛋代替雞蛋。想著想著，他益發喜歡鵪鶉蛋這個主意，於是就把培根拋諸腦後，畢竟這想法太初階也太尋常了。他和學生們一起思考製作的可能性，他不太記得是自己還是某個學生提起的，說魚子醬也不錯，聽起來很有意思——魚子醬也是一種蛋，現在，一切都串起來了。鵪鶉蛋與魚子醬披薩，興味盎然。他使用了伊朗賽魯佳（Sevruga）魚子醬，和小小的鵪鶉蛋搭配起來，奢華得恰到好處。他先製作了一份試吃版，嘗起來味道很棒，到時絕對能提供給梅茲先生和他的客人品嘗。不過他同時也做了原本的的煙燻鮭魚披薩送上樓，以防校長對他的新創意不滿意。結果晚些時候，校長辦公室便來電了。鵪鶉蛋與魚子醬披薩很美味，接下來這段時間的畢業典禮早餐就決定是這個了。

那之後，舊金山名廚耶利米．陶爾（Jeremiah Tower）也受邀擔任演講人，他品嘗過後，建議梅茲校長可以搭配香檳。「魚子醬確實適合香檳，」德桑堤斯主廚說，十分讚賞陶爾的意見，「咖啡無法襯托它的風味。」搭上香檳之後，披薩的味道又更好了，連陶爾都把它列入旗下晨星餐館（Stars）的菜單上。

就連學生也因此受惠。每一期畢業典禮，德桑堤斯主廚都會額外做兩片披薩，讓每名學生都可以嘗一嘗。因為品嘗一般都是在週三的十點鐘，我們這組特別幸運排到星期五，是今年正好碰上畢業典禮的第二個組別，才得以嘗到這種披薩，主廚還說——我們也可以喝香檳。

然而，最後的披薩成品並非完美無缺。熱血的奎格和大衛讓烤箱溫度過熱，溫度高出太多了。

雖然主廚就在烤箱旁，起初卻沒有注意到。他正忙著用削皮刀敲開幾十顆鵪鶉蛋，把每顆蛋都放在一只小烤碗中。大衛和克雷格則負責把新鮮的香草混合到奶油乳酪中。德桑堤斯主廚先是攤開一塊麵團，將一只盤子放在上面，切出一個完美的圓形，再將奶油乾酪鋪在麵團上，只留下約一吋的邊。接著他用一支一盎司的湯勺壓壓乳酪的邊緣，做出許多凹槽狀，然後將生雞蛋一一倒入這些凹槽中。因為蛋熟得很快，而他需要先烘烤餅皮，他小心翼翼地將餅皮從半圓形的開口滑入烤窯中。他瞇起眼睛看了看，轉頭開始製作第二片披薩，他總會一次做兩片，免得校長突然想吃。

接著，他似乎感覺到有些不對勁，不停轉過身看烤窯中的披薩，最後把它從爐子拖出來。很不幸，乳酪已經稍微烤成褐色，餅皮卻還沒有熟。主廚搖搖頭，拿起溫度計。攝氏四百三十二度，他再度搖搖頭。

「你們這些傢伙，木頭**燒過頭**了，」他生氣地說。他盯著烤窯，裡頭的壁面已經燒得黃光閃爍，而木頭都燒碎了。我看得出主廚**很火**，畢竟他得在二十分鐘內把披薩準備好，卻無法快速讓烤窯快速降溫，反而溫度還會越燒越高。

我暗忖著該回去準備員工餐了。主廚發火時，你可不會想呆呆站在原地。我轉身離開，聽到他對大衛說：「拿個烤肉盤來！還有幾支長鉗子！」

在相鄰的麵食檯和燒烤檯之間，有一道通向廚房後方和披薩檯的開口。雖然很擠，但是這裡有個小圓檯，我選擇在這裡開始切蔬菜。才正準備著手，我就聽到主廚怒吼：「讓開！」他手裡正拿著烤肉盤，裡頭裝滿正在燃燒的小圓木，他眼神發狂地向我衝過來，我立刻放下刀子跳開。只見主廚把烤肉盤砰地一聲放在燒烤檯上，掀開燒烤爐的頂端，再把木頭全都倒進爐中。把木頭拿出來的確是個讓烤窯降溫的好方法，而且，在室內空間，燒烤檯的爐子也確實最適合擺放五十磅正在燃燒的木柴。此外，主廚也知道他必須將木頭從烤窯中快速轉移到燒烤檯的抽油煙機底下，否則黑煙就會啟動灑水系統，在每個人的頭頂上噴灑大量泡沫化學物質，最後導致整間廚房關閉。

烤窯經過主廚的拯救，校長的披薩也就幸免於難了。

❖ ❖ ❖

基本上，熟悉一個新的工作檯和所有標準備料只需要幾天的時間，也因此在一間廚房待上七天，似乎就足以掌握工作節奏了。最後一天我們進行得很順利，學生們也都步調穩定。廚房打掃乾淨之後，德桑提斯主廚再次把全班叫到前面。許多人已經站在那裡，刀具收拾好、帽子摘下，正看著在一本名為《食物藝術》（*Food Arts*）的雜誌，裡面有張保羅和另外兩位年輕廚師的照片。雜誌寫了一篇關於廚藝學院學生和實習生的報導，還引用了保羅的話，當時他在埃爾托瓦餐館（El Tovar）校外實習。「上台演講！」有人打趣喊道。保羅也十分樂意，他急著站到最前頭，用深沉而嚴肅的聲音說：「這需要精熟理論，並付諸實踐。」他的聲音響徹整間廚房。德桑堤斯主廚在一旁看著，搖頭莞爾一笑。

等我們都就定位之後，主廚便走到前面說話。

「我非常、非常感謝你們，我一早來工作時，心情都十分愉快，」他說：「我很欣賞你們的幽默感，也很欣賞你們的工作態度，你們做的料理很棒。我希望你們接下來在其他餐廳也能繼續發揮在這裡的實力，相信你們會玩得很開心。你越是花時間投入，就能學到越多。也記得偶爾回來看看我，我常跟業內朋友往來，有時候會知道外頭的工作機會。」

然後，學生們一一與他握手，離別前向他表達感謝。

❖ ❖ ❖

回想起來，這段課程有兩件事始終令我記憶猶新，其中一件就發生在當天早上。披薩切好之後，全班都吃了一塊，配上一杯香檳，彷彿在一場雞尾酒宴席上，還有指定的服裝規則，每個人都穿得一模一樣。吃披薩時，德桑堤斯主廚還警告我們：「吃蛋的時候小心，蛋黃可能會流下來。」我已經非常小心了，卻還是在我沒意識到發生什麼事情之前，半熟的鵪鶉蛋黃就沿著我的下巴正中央一路往下滴。而且正如主廚所言，香檳是品嘗體驗的關鍵。保羅看著我，手裡拿著一只香檳杯，他一邊咀嚼，一邊說道：「這就是烹飪學校的一切。」那確實是個快樂而美妙的時刻，是週末將臨的星期五，一個明亮溫暖的日子，忙碌的餐桌服務與烹調即將結束，而我們一手拿著鵪鶉蛋與魚子醬披薩，一手舉著香檳，蛋黃還沿著我的下巴滴了下來。

另一個我永遠保留在心中的記憶則是德桑提斯主廚。我永遠不會忘記，他的食指高舉至半空，脖子上冒出青筋，踮起腳尖，整個人高出一吋左右，大喊著：「**噹一噹!!!**」

第五部

豐收

1 完美的殿堂

我等待了將近半年的時間，才要求採訪梅茲校長和資深副校長萊恩。若想認識一座山林，不能只是搭直升機到山頂鳥瞰，而必須從山腳開始向上攀爬。我在這所學院裡或多或少就是這麼做的。

一九八二年，費迪南・梅茲邀請了一名二十四歲的年輕人加入他的團隊，在學院開了美豐盛餐館，致力於推出美國在地料理。這位年輕人正是我們現在的副校長提姆・萊恩。當時，一九七七年畢業於廚藝學院的萊恩正在匹茲堡的諾曼第餐館（La Mormande）擔任行政主廚，而梅茲也曾經在匹茲堡擔任亨氏食品公司的資深食品開發廚師，兩人便是在當地相識。萊恩二十四歲就當上學院的老師，這似乎也是他職業生涯中的一個常見模式。無論達到了哪些成就，他每次都是競爭者之中最年輕的一位，像是在一九八四年時，他也是德國烹飪奧林匹克大賽（International

Exhibition of Culinary Art）團隊中最年輕的成員。接著他更在二十六歲拿到大師主廚執照，成為有史以來最年輕的大師主廚。三十七歲時，他成為美國廚藝聯盟（American Culinary Federation）最年輕的主席，這個聯盟由大約兩萬五千名業內專業人士組成。一年後，他又成為聯盟董事會主席，同時繼續擔任廚藝學院的副校長，更拿到管理碩士學位。

在學院於公共電視製作的節目《美國廚藝學院的烹飪秘辛》中，有一段開場畫面是萊恩親自下廚的片段。他穿著廚師服，站在一具冒煙的蒸氣鍋旁，手裡捏著一條豆莢。「專業廚師該如何判斷蔬菜是否煮好了？」他對著攝影機問道，一副準備向觀眾傳授秘辛的神情。他先是咬了口豆莢，停頓了一下，接著點點頭，說：「煮好了。」萊恩告訴我，拍攝那段影片時他只是在裝腔作勢，順便取笑一下電視名廚。電視名廚對蔬菜烹調之道總會有五花八門的建議，但對他來說，這種事情就是咬一口就知道了。另一位跟我聊過的學校老師曾經評價道，梅茲校長的作風一絲不苟，令人感到難以親近，而萊恩副校長則是個「隨興的傢伙」。

我採訪萊恩主要是想問兩個問題，於是便和他約在他的辦公室見面，位於羅斯大樓鋪著橡木地板的學士教室那一側。我只見過他穿著西裝的正經模樣，他的打扮風格十足像位企業家，但對於我提出的第一個問題，身為廚師的他竟然直接回答：「我早就不太做褐醬了，」他停頓了一下：「但我很喜歡褐色油糊。」

「為什麼？」我問。

「我喜歡那種深棕色，用淺棕油糊做成的褐醬看起來很蒼白。」他還提到褐色油糊濃郁的堅果香。這時我不禁覺得，我基礎技能老師堅定的態度終於受到認可。

萊恩顯然發覺我對油糊的興趣和敬意，他補充說，一年前，他曾經一度考慮要不要建議更新基礎技能課的內容，刪除經典母醬的課程內容。他詢問一些業內他十分尊敬的同事，統計了大約四十位左右同仁的意見。「結果令我吃驚，」他說：「大家的答案完全一致，所有人都認為不應該更動。」每個人都認為基礎非常重要。「這所學校一點也不新潮，」萊恩總結。

我的下一個問題是關於「我認識的一位同學」，我不會說出他的名字。之前基礎技能課時，他曾經冒著暴風雪來學校考試，而當時帕德斯主廚對他說「廚師們不畏風雨」「廚師們和一般人不同」，任何基礎技能老師都會這麼說嗎？或者，那是否有些「自我強化」的意味，試圖誇大基礎技能的重要性、誇大烹飪教育的整體概念，超越真正的意涵，變得有些言過其實？畢竟有很多學生經常蹺課，卻不曾有人經歷帕德斯主廚讓「這位同學」經歷的這一切。這整件事是不是有點太過戲劇化了？

萊恩點點頭，彷彿他之前聽過這種事了，他說：「這是我們的哲學，每年冬天都會發生。除非學校停電，否則我們永遠都會照常打開大門。第一，百分之八十以上的學生確實都會出席，第二，我們的教職員絕對不會缺席，這就是學校的文化。」

「為什麼？」我問。

「不知道，」他說：「他們就是會**到**，一直以來都是這樣。」

「那你認為為什麼會這樣？」

「我認為是因為他們很敬業，在我們這行裡，人們就是不會缺勤。事情就是這樣，而我們也努力傳達這種價值觀，我們就是如此告訴學生的。我們並不想讓任何人陷入危險，但你必須在生活中為自己做出決定，你也必須為這些決定承擔責任，要是你讓自己在風雪中陷入生命危險，那也是你自己做出的決定。無論如何，學校就是照常上課。事情就是這樣，我們的規則也始終如此，其實這和外面的世界沒什麼不同。餐廳照樣開張，如果你在飯店工作，飯店也一樣會營業。假如你曠職，你會拿到薪水嗎？不會。這就是我們的哲學，看起來很殘酷，但這就是現實生活。只要你沒有去上班，即便你有充分的理由——出了車禍、沒有鑰匙，無論是什麼千奇百怪的藉口，那天你就是拿不到薪水。這是職業精神的一部分，也是這個行業的現實之一。若是有人們擅離職守、有人不負責任、有人恩斷義絕，有人擅自曠職的時候，我們不希望這些人是來自廚藝學院。我們從來都不希望有學生發生意外，也**相信**如果情況真的很危險，學生會有足夠的智慧判斷該不該出門。但若學校真的沒有為他們留一扇敞開大門，他們的反應絕對會讓你感到很吃驚。這裡的學生並不是每個都很年輕，但這所學校某種程度上來說是正在形塑他們的生活，可能他們正歷經職業轉型，或正準備進入一個新的領域。如果你奪走他們的選擇，把事情變得很簡單——畢竟就連我自己都不喜歡這麼累，要把車道的雪鏟出來，要在雪地上撒鹽，要做些事情就得提早一個小時起床，或做一些其他事情——很多人也會就麼直接放棄了。但如果他們沒有放棄，沒有選擇最簡單的一條路走，他們所能完成的成果絕對也會令你感到驚訝。」

顯然帕德斯主廚是對的，我很感激他。即便我曾經懷疑，但我其實也知道他說的是真的，並非誇大其辭。學院的教育不是一場遊戲、不是裝模作樣，也不是兒戲。如果這些過程圖的只是輕鬆過關，我當時也不會有如此強烈的反應，更不會在結冰的馬路上行駛二十五哩去做白醬。烹飪教育不僅如此。

然而廚藝學院卻經常被自己的學生批評為「一廂情願」「與現實脫節」，我不知道為什麼。還有，業內不是從學院畢業或不曾在學院服務過的廚師，經常會貶低這所學校或嘲笑這裡的畢業生。這些詆毀者聲稱學院的畢業生根本不合格、起薪還高出他們的實際價值，或者指控美國廚藝學院是一座與行業隔絕的象牙塔，裡面擠滿了還在製作奶油青花菜或波蘭風奶香花椰菜的過時廚師。

這些指控我都沒有答案——在我看來，這些說法都不是真的——但這些詆毀者強烈的批判卻始終令我驚訝。他們總是激烈指控，無一例外。為什麼？如果他們的指控是真的，那麼他們也不必再雇用學院的畢業生或者關心任何學校發生的事。但這顯然對他們來說還是很重要。

其實原因很明顯：因為美國廚藝學院非常具有影響力，毫無疑問是全美乃至全世界最有影響力的烹飪學校，在美國高達三一三〇億美元的食品服務業價值中，擁有強大的發言權。除此之外，還會有什麼其他原因？美國廚藝學院每年在學士學位和進修教育中，培養了八千到一萬名專業人士。假設西岸的灰石學院校區招收人數增加，這個數字也將會隨之提升。這八千至一萬人在從業過程中將他們在學院所學到的知識傳播給他們的職員和同事，也讓學院的影響力變得更大。而學院在其他國家的其他教學計畫也讓這些知識及影響力在各國散布開來。憑藉學院豐富的資源——包含設施、老師的知識，以及在長達半世紀的烹飪教育中所累積的經驗——美國廚藝學院早已成為全世界食品知識、資訊和推廣的中心。而網際網路有一天更會透過電腦和電信裝置讓所有的家庭和企業都能接收到這些資訊。

因此，我能理解人們對學院的強烈反應。學院的畢業生源源不斷——當然有些是好廚師，有些則不稱職，有些是名人，有些只是無名小卒，有些人很貪婪，有些人很真誠，有的年紀大了，有的還年輕力壯——學生有千百種，沒有任何一名畢業生能代表集體。另一方面，學院所傳遞的資訊，以及這些資訊中不可分割的價值觀，也逐漸滲透到整個行業中。

❖ ❖ ❖

美食作家兼歷史學家貝蒂．福塞爾（Betty Fussell）在她的著作《美國烹飪大師》（*Masters of American Cookery*）中指出，美國的食物「革命」發生在二次世界大戰後的一九四〇年代。她認為，大批從海外回到美國的軍人勢必早已品嘗過從歐洲乃至遠東各種不同口味的食物，對食物的好奇和接受程度因而隨之萌芽。之後不久，人們開始進行跨洲旅遊，也進一步照亮了這個原本致力發展罐裝湯品和可口可樂的國度。福塞爾寫道，二戰後直至八〇年代，四位非正統廚師出身的名人——美食作家費雪（M. F. K. Fisher）、餐廳評論家克雷格．克萊本（Craig Claiborne）、電視名廚詹姆士．比爾德（James Beard）和茱莉亞．柴爾德——通過寫作和電視持續推動了這場食品革命，使美國對食品的知識、興趣和熟練程度都更加提升，重要的是，也使「烹飪很有趣」這項非比尋常的概念變得更加鮮明。這場鞏固於六〇年代的革命至今仍在繼續。

這場革命在六〇年代出現了另一分支。當時，一位名叫法蘭西絲．羅斯（Francis Roth）的律師——首位錄取康乃狄克州律師公會的女性——受邀擔任康乃狄克一所烹飪學校的創始合夥人。紐哈芬餐飲學院（New Haven Restaurant Institute）是一九四四年由一個餐廳公會所創立，他們擔心隨著戰爭持續進行，當地餐館會失去越來越多廚師，因為他們都被徵召前往海外參戰。兩年後，也就是一九四六年二月，這所學校終於在一間租來的店面開班授課，招收了一共五十名學生。大量返回的退役軍人讓學院得以持續發展，一年之後，學院搬進一棟新建築，到一九五〇年，已經有六百名退役軍人從學院畢業，這所學校也正式更名為「美國廚藝學院」。法蘭西絲．羅斯精力充沛，在近二十年的時間裡，她一直在學校裡授課，並為學校籌募資金，決心創建和維持的不僅僅是一所職業學校或初階教育中心，而是全美國最好的烹飪學校。

一九七二年，當學院搬到現在的校址時，註冊人數已經上升到一千三百人。四年之後，學院實施了「進步主義式」的教育。提姆・萊恩正是當年的其中一名學生，他回憶道，光是九月份就有一千一百名學生「搶著入學」，而且以一所烹飪學校來說，那樣的課程安排實在是過於瘋狂。「來學校的第一天，」他說：「你就開始學進階糕點課程，或者在學埃斯科菲耶餐館和美豐盛餐館等級的烹飪技能，卻沒有上過衛生學概論。」

一九八〇年，當梅茲當上校長時——董事會中不乏優秀的人才——註冊人數已經超過一千八百人，而畢業的校友共有一萬六千人。此時學院依然是一所職業學校，學生多半是受過高中教育的藍領階級，也仍有許多人是退伍軍人，他們的穿著和行為標準經常良莠不齊。聽說，梅茲上任校長職位所主持的第一次畢業典禮上，有名戴著牛仔帽、穿著廚師夾克的畢業生讓他十分尷尬，她顯然是從校外實習回來後就一直那樣穿。此外，一九七〇年代中期開始，學院幾乎每年都換一位新校長，這讓學校的進步變得很困難。業界雜誌《餐飲機構》（*Restaurants & Institutions*）曾用整整一期的篇幅介紹美國廚藝學院，詳細描述了學校的歷史，以紀念學院五十週年。但對於一九七五年雅各・羅森塔（Jacob Rosenthal）校長卸任後至一九八〇年費迪南・梅茲接任前，這段期間雜誌隻字未提。要不是因為提姆・萊恩畢業於一九七七年（他本身在校期間有很棒的回憶），這段時間幾乎可說根本不存在。

當我問萊恩說梅茲校長究竟改革了些什麼，他想了一陣子，然後開始羅列出廚房、班級、餐館和建築等等一連串清單，列到一半就多得放棄了。「差不多是我們眼前所及的一切，」他終於說道。萊恩形容，在最開始五年之中，梅茲「單打獨鬥」地做事，而他加入的期間，梅茲組了幾個團隊，負責帶領學院的各部門進入全新的篇章。

❖ ❖ ❖

梅茲首先專注於打造出卓越的烹飪教育、高品質的食材和設備，並提高學生和老師的服裝與行為標準，接著，他將視野拓展到未來。他在校內建造了無數的廚房——比如實驗廚房、海鮮廚房、肉品廚房、美洲料理廚房和熟食廚房。他規劃了美食概論課程，提供學生食品產業的文化概述。他還開設了三間對外營業的餐廳。聖安德魯餐廳是全國最早致力推動營養食譜和烹飪方法的餐廳之一，美豐盛餐館則是美國最早提倡和探索美國在地美食的餐廳之一，早在「在地」一詞成為餐廳流行概念的幾年前就已經開始。

梅茲還在烘焙和糕點領域設立了一個專門學位，並為進修教育學程建造一座專用大樓，現在每年為成千上萬的專業人士提供進修服務。第一批研讀烘焙與糕點專精課程的學生去年十二月畢業，是紐約州政務委員最新認可的學士學位畢業生。另外，全新的圖書館和影音中心也在最近落成。在同一棟建築內，梅茲還規劃了一座大型劇院空間，邀請丹尼爾．巴魯（Daniel Boulud）、格雷．昆茲（Gray Kunz）和安德烈．索特納等名廚來此親自烹飪和演講。在這座劇場廚房的後面則是一個影音製作中心，製作了美國廚藝學院的烹飪影音系列節目。若有些公司希望員工能參與烹飪進修，卻無法遠行至海德帕克鎮，影音製作中心也有能力對全國各地進行遠端烹飪示範和教學。去年秋天，學院出版了四本關於食物和酒的書籍，並前往海外開設三十多種烹飪課程，遠至墨西哥城、巴西聖保羅和波多黎各等地，就連印度、日本、香港和新加坡也設立了進修教育項目。

另外，學院創立了一個名為「數位廚師」的網站，期望有一天能透過網路讓全世界的專業廚房和家庭廚房都能看見學院的烹飪示範和食物資訊。未來的憧憬是如此誘人，人們在家就可以透過網路上的烹飪資料學習，做出無數食譜中的任何一道料理。當網頁上的食譜指示要「煎」雞胸肉時，只要點擊「煎」這個字，螢幕上就會立刻出現正確的煎肉技巧畫面。或者當網頁上寫道要用切絲器將胡蘿蔔切絲，點擊「切絲器」，上頭還會告訴你可以去哪裡買到切絲器。而專業廚師們，面對著冰箱裡成堆的側腹橫肌牛排、蘆筍和香菇，則可以連線到學院的首頁，進入其中一個專門頁面，然後找到無數以牛排、蘆筍和香菇作為食材的食譜，如此一來，他就有了許多特色餐點的靈感，可以好好利用他剩餘的這些食材。

去年秋天，學院的西岸校區灰石學院正式開張，內有令人敬畏的一流設施，坐擁獨立的有機菜園，自己種植梅洛葡萄，頂樓還有燈光明亮的開放式廚房，可能是世界上最棒的教學廚房，報紙稱之為「教學廚房中的泰姬瑪哈陵」。

《全美餐飲新聞》（*Nation's Restaurant News*）等指標性刊物紛紛指出，烹飪學校校長費迪南・梅茲是業內的大夢想家。這個說法似乎並非空穴來風。

❖ ❖ ❖

在海德帕克鎮的校園裡，梅茲先生被公認有著淵博的食品知識。他在為亨氏食品公司做開發工作期間，便在匹茲堡大學拿到學士和碩士學位，此外，他一直參與每四年舉辦一次的德國烹飪奧林匹克大賽，已經連續二十年了。一九八四年，他曾帶領美國隊在烹飪奧運最困難和最受重視的單元「熟食」競賽中獲得金牌，一九八八年又二度摘金。沒有任何一個國家在熟食比賽中連續拿下兩次冠軍。有些人說，他打造了一支全球其他國家都想挑戰的團隊。但後來美國廚藝聯盟擔心這個團隊已經成為廚藝學院廚師的「私人俱樂部」，於是找人取代了梅茲，這也令梅茲大為光火。少了他的帶領，美國隊在接下來兩屆的烹飪奧運中都表現得不太好，最近的熟食競賽拿下第五名，只比一九九二年最糟糕的第七名紀錄好上一點點。

梅茲先生也有大師主廚執照，但根據史密斯主廚的說法，他自認是一個「烹飪的人」。去年秋天，當美俄兩國總統在位於廚藝學院對面的富蘭克林羅斯福莊園會面時，他找了提姆．羅傑斯一起幫忙，為兩位國家元首做飯。更重要的是，當梅茲來到學院時正是食物革命進入新階段的時刻。而隨著梅茲逐步將學院推向高峰，美國對食物越來越了解，對廚師這個行業也越來越感興趣。專業廚房不再被視為一個兇殘的藍領階級男人的世界。這個職位現在不僅受人尊敬，還光鮮亮麗。男男女女的廚師紛紛成為名人。「一旦烹飪成為我們的主要娛樂管道，」貝蒂．福塞爾寫道：「廚師也勢必會成為明星。」梅茲帶領的學院不僅分享了這一行業日益增長的聲望，也試圖影響其中的服裝、職業禮儀和價值觀等行業標準。

梅茲是一位令人驚豔的人物——他是擁有管理碩士學位的宴會廚師，也是擁有堅實產業基礎的研究開發專家。他在會議上與在廚房內同樣游刃有餘。他能為家人做飯，也能為美俄兩國總統掌廚。對他的員工來說，他是完美的化身；對他的學生而言，他則像位羅馬神祇。我的朋友特蕾莎在埃斯科菲耶餐館工作時，有一天梅茲校長跑來與主廚說話。事後她告訴我：「我離他這麼近，可以摸到他。」說這番話時，她的眼睛瞪得老大，語氣十分認真。

我很期待和這樣的人碰面。我有一些問題想問他，但這些問題與企業管理、經營計畫和產業未來預測沒什麼關係。我想知道我會發現什麼：一名廚師必須知道什麼？烹飪教育到底是什麼？我想知道他用哪種油糊來做褐醬。還有那天，他到底要那些羊萵苣做什麼？

❖ ❖ ❖

我在約定的八點鐘之前就到達梅茲先生的辦公室，沒等多久他也到了，遠遠走來一邊向我道早安，然後打開他辦公室另一頭的門。過了一陣子，他出現在另一扇門前，請我進去他的主辦公室。我們坐在一個大房間裡的圓桌旁，中間隔著一張深色洛可可風格的高背木椅，這是紐哈芬校區的固定設備。我已經感覺到，當梅茲先生在你面前，你很難去注意身旁的其他事物。即便他沉默不語，你還是會全神貫注地關注著他。他是如此奪人眼目。我隱約發現角落有一部小電視機，而南側的牆面上，是一幅雷根總統舉著香檳敬酒的畫像。雷根總統旁邊則裱框掛著一份梅茲先生碩士學位的畢業證書。至於他帶領了烹飪奧運團隊所出版的書籍則陳列在北側的架子上。房間裡的裝飾和傢俱都豪華精緻，但相形之下，它們的優雅早已失色。除了用眼角餘光掃視環境之外，我的目光很難從梅茲先生身上移開。

我們簡短地聊了一下他也來自克里夫蘭的妻子卡蘿還有我的工作。朵拉．波提格里，那位當時拒絕給我羊萵苣的女子，還說「梅茲先生是不可能**亂拿食材**的」，此時推著一輛餐車走進房間，並在角落設置了小排自助餐，然後來到我們的圓桌旁，將咖啡倒進瓷杯裡，杯子放在托盤上，旁邊還擺了餐巾。接著她問我要喝什麼果汁，柳橙汁還是西瓜汁？我說柳橙汁。

「他很傳統，」梅茲先生對朵拉說，而朵拉朝我笑了笑。

我們討論了他為學院設定的短期目標、專業精神在餐飲產業中的重要性，以及聖海倫娜的新校區。他對灰石學院非常自豪，令他忍不住離開座位去翻出灰石學院主教室的照片給我看，接著又告訴我他們在那裡安裝了感應式電磁爐，會偵測鍋子所在的位置進行加熱。「我可以這裡放一磅的奶油，」他張開兩隻手比劃著位置，一邊說道：「然後在這裡煮一壺水，但奶油完全不會融化。」真厲害，我說，但電磁爐的熱度夠嗎？「它能在大約八秒鐘之內讓這麼多水沸騰，」他用手指比出大約一吋的高度。他和萊恩都用這種爐子做飯，發現煮出來的食物比用瓦斯煮得更好吃。他相信這是未來趨勢，他相信品質可靠的事物（學校最近在不斷擴建的羅斯大樓上加新的屋頂，梅茲選擇了石板，而不是任何便宜的建材）。我們又談到學士學位課程，這是廚藝學院二十年來最重要的發展，他說，這些課程將「把烹飪教育和商業管理結合起來」。

這些話題都很棒，而且毫無疑問，這些內容都非常重要。但我想問的是更具體的東西，於是直接切入重點。褐醬、油糊，怎麼做才對？

「很明顯，」他說：「你不能用淺棕油糊來做褐醬，所以你應該問的問題是，該用哪一種脂肪。」接下來的幾分鐘，他解釋各種脂肪的特性，把我完全弄糊塗了。我覺得自己如墮五里霧中。我知道埃斯科菲耶用的是澄清奶油。我也想起下午時段海鮮料理課的德拉普蘭主廚（Chef Delaplane），他是公認的金色油糊擁護者，曾經在講解秋葵濃湯時說，他認識一位路易斯安那州的廚師，會用「鱷魚的脂肪」做油糊。然而梅茲先生的一番解說並不比這怪異的故事來得易懂，令我一頭霧水。他說完之後，我告訴他我提起油糊的原因，他得知赫斯納主廚頒布的「油糊條令」後，似乎感到很驚訝，並問我赫斯納為什麼那麼做。我說我真的不知道，只知道他似乎認為用褐色油糊製作褐醬是不對的，似乎在暗示基礎技能課的學生總是把褐色油糊做得太苦。

「對我來說，」梅茲先生於是說：「苦味不是好東西，一旦出現苦味，就表示煮過頭了。油糊若是苦的，我就會認為那是燒焦的油糊。」

聽完他的答案，我感到心滿意足，可以暫時把油糊的疑問放到一邊了。

我們又一路談到他在亨氏食品公司的職業生涯（當時他忙著攻讀學士和碩士學位，一邊全職工作，在亨氏公司負責研發瘦身膳食，甚至還在匹茲堡地區為大約五千名學生授課，教授美食烹飪，一邊提升和量化他自己的食譜）。他說，他至今仍然每天在家做飯。在家裡，他會將料理做至完美。完美是他的標準，而無論他在哪裡烹飪，都不會改變這項標準。「在家裡，」他說：「晚餐時間是在料理完成的時候，而不是在七點鐘或任何時候。」後來他的妻子告訴我，他對吃下去的每樣東西都會進行批判思考，不會在沒有經過思索的情況下就張口咬下去。

這時我為我那奇怪的問題找到了發問機會。我告訴他，我碰巧聽說，他在七月四日的週末帶著一些羊萵苣回到他在賓州的家。我想冒昧請問他，他拿那些羊萵苣是要做什麼？

他想了想，最後回答：「做龍蝦沙拉。」

龍蝦沙拉！

他解釋，加入酪梨和洋薊，羊萵苣會為龍蝦沙拉帶來美麗的視覺與完美的口感。我說：「一定的。」奇怪的是，他似乎沒有對我提起羊萵苣的事感到驚訝，也不想知道我為什麼會發現他拿走那些蔬菜。

在無數採訪和每月的入學課程招待會中，梅茲都用幾個例子說明看待食物的獨特法門。魯賓三明治和起司放置的位置就是一個他常舉的例子。他也有獨特的見解來講述究竟是什麼讓蘋果派如此美味，進而提到為什麼派皮應該要成層狀，又要烤至什麼樣的溫度（本質上，一份很棒的派皮只是一份做得很差的酥皮）。他還會解釋為什麼我們煮茄子要加鹽，以及鹽對茄子的含水量和脂肪吸收會帶來什麼樣的影響（鹽會濾出水份，梅茲解釋道，鹽也會阻止脂肪吸收，進而導致最終成品更少油脂）。梅茲用一問一答的方式講述著這些故事，彷彿他是柏拉圖座談會的帶領人。

雖然他的一系列故事說明了掌握食物特性的重要，但其實並沒有觸及問題的核心。畢竟就算你在這所學校待上十年，也不可能因而對世上所有的食物瞭若指掌。即便你從這裡畢業，獲得大量的知識，但這些知識在食物的世界中仍然如此微不足道，而你就像是手持燭火的小男孩，推門走進了一座灑滿耀眼陽光的宏偉廳堂。懂得如何將麵團做成層狀的派皮固然重要，理解起司在魯賓三明治中的角色、還有乳化的物理特性等等，這些也都很重要，但這些說到底也都僅僅是舉例而已，是從烹飪教育的主幹延伸出來的枝葉。

「我認為烹飪教育由幾個部分組成，」梅茲先生說道，試圖為我描述烹飪教育的「樹幹」。他的一舉一動十足優雅，當他啜飲咖啡或在椅子上轉身時，始終自適而優雅。他的德國口音很柔和，但也很明顯。「一部分是，要讓學生徹底理解並能夠徹底執行這些基本的烹飪原則，無論是燒烤、燉煮或者油炸等等，」說到這裡，他突然重重地嘆了口氣，似乎在感嘆些什麼，「如果你把這些基本原則與之相關的各個面向都弄懂了，你幾乎可以說你已經學會了烹飪……。你的思緒將不再被一些基本的細節占據，像是『我燉的方式對嗎？還是我該去參考一下課本？』再也不會發生這種事了，因為你已經知道，也操作過很多次，不必再去查閱。你已經明白基本原則，也知道方法——**現在**，你就可以著眼於『我要服務五十位客人、我要服務一百位客人』。

「然後你就能擁有創造力。理解這些基本原則之後，會讓你變得更有創意。我經常和新生交談，他們之所以受這個職業吸引，是因為這能讓他們發揮創造力。但是他們並不知道，創造力雖然令人興奮，但必須在一段時間之後才能開始發揮，而不是在第一週就出現。因為在第一週，你的創造力往往只是建立在對這一切的膚淺理解之上。學生們明白了只有某些肉可以用來燉煮，而同樣的肉不一定可以用來燒烤和醃製之後，才會開始擁有巨大的優勢。如果學生完全弄懂了『煎』，那表示他已經懂得有關『煎』的各個層次。我們的教學是為了讓學生明白原理，然後讓他們以經驗和開放的心態讓每個概念變得更加完善。當你不必再擔心『我是否了解基本知識』時，你才能擁有開放的心態。

「如此一來，一邊煎肉的同時，你腦中就會知道，天啊，其實有好幾種不同的溫度可以煎出不同的結果。因為你知道煎的基本原則就是透過使蛋白質焦糖化包裹住你的肉或魚並封住味道，而根據你的手法和溫度會煎出各種不同層次的口感和風味。有些煎法可以煎出粗獷的口感，有些則煎得很嫩，幾乎帶著一些水份，而它們的不同完全取決於你的做法。無論是雞肉或者培根，也都有各自不同的烹製方式。

「再來則是兩個字：熱情。推動你繼續追尋更多知識，繼續達到更多成果。」

萊恩副校長也談過熱情。他說，他會選擇充滿熱情的學生，而不是有經驗的學生。

「熱情教得來嗎？」我問梅茲校長。

「可以，」他說：「但要透過身教，而非言教。以身作則，這是一定的。如果學生看見老師談論某種新鮮的香草和它的作用時兩眼發光，對那些細小的植物感到無比振奮，他們便會知道，這就是熱情。當一位成熟而經驗豐富的老師，依然專注於這些細微的事物，持續理解並欣賞這些事物為他們的料理帶來的變化，並始終都能從中獲得快樂，我想，是啊，學生們看到了，一定也會覺得這是值得學習的。

「第三部分是平衡。我看到很多人，尤其是年輕人，他們投身於這個產業之中，有些人還有機會能開一間餐廳，他們全心全意地投入其中。這樣很好，但總有一天他們還是可能會走到筋疲力盡的地步。我個人認為，生活中還有其他非常重要的事。保持生活與工作平衡是一件令人振奮的事，甚至因此更能從烹飪中獲得樂趣。如果烹飪是我人生中的唯一，而且我一天還煮十八個小時，那麼烹飪很快將會成為一件苦差事，也會變得令我完全提不起勁來。我有個朋友就開始有這種感覺，他討厭回到烘焙房，也討厭回到廚房。如果真的走到這般田地，那就太糟糕了，你再也不快樂、變得苦不堪言、再也沒有期待，那麼也就再也無法做出好麵包、好料理了。

「所以，我會認為烹飪教育總共有三大部分：基本理解、熱情和平衡。」

梅茲十分關心這些抽象的教育問題，但他也對學院的食物要求很高。他說他會要求各間教室將課堂上完成的食物送過來，看看學生和老師平時都在做些什麼。他接著說：「我熱愛馬鈴薯沙拉，但很多人不知道要怎麼做出好的馬鈴薯沙拉。我也不會太刻薄，總會告訴他們，試試這麼做、試試那麼做。」

「你最近有吃過學生做的嗎？」我問。

「嗯，有，」他幾不可見地點點頭，回答道。

我能從他的表情看出，他對嘗到的東西不太滿意。「那你覺得如何？」我問。

「不太好，」他回答。顯然他並沒有為此感到光火，相反地，他的神情傳達出一股哀傷，這讓他不開心。

「怎麼說？」

「你知道的，」他說：「就是因為有些人喜歡把蔬菜煮得半生不熟的。我認為這簡直是最愚蠢的事。如果他們想生吃，那乾脆不要煮。」他停頓了一下，沉思著：「但他們卻又煮得不夠熟。有的人可能會認為『那又如何？』嗯，這個問題有很多答案。第一，吃起來口感不好。第二，它無法吸收味道。口感和味道是料理最重要的兩個部分，這是原則。你必須知道各種蔬菜該煮多久。千萬不要把馬鈴薯煮得半生不熟，尤其是要做沙拉時。這些都是很簡單的事情。但人們常常陷於『我要做些變化、我要用更現代的方式做』諸如此類的想法裡。用老方法做事沒什麼錯，如果能做出良好的效果，那就更沒錯了。為什麼要浪費完美的食材呢？」

聽著他說話，我突然發覺，烹製馬鈴薯的方法與道德價值判斷其實很接近，事實上在這所學校上過的每一堂課都給我同樣的感覺。梅茲先生對我說，要把自己的價值觀帶入料理之中，他認為這是烹飪基礎中最終極也最獨特的元素，「你添加的東西是你自己對標準和品質的觀感。」

我請他再說明一次剛才他所謂的「把自己的價值觀帶入料理之中」是什麼意思。

「就像藝術家透過他的繪畫、素描或雕塑以及作品的品質來傳達自我，」他說：「我認為，我們則是透過盤子裡的食物來體現我們的價值觀，不一定要是藝術的層次，而是在我們製作出來的口味上。我總覺得，當我把食物放在家人甚至是**任何人**的盤子裡時，我是在表達：『我很有信心，我認為這是一道好料理，如果不是，我就不會將它放在你面前。這是我喜歡的食物，這是我的標準，這是我相信的好料理，我希望你也喜歡。』我認為，每一次你端出一道菜時，都是在傳達價值。」

在我們道別之後，我這才意識到，他最後這一席話所說的，正是成為一位好廚師最後的要素。沒有任何獨門秘方，也不仰賴外界。你自己的價值觀和你自己的標準，這就是一切了。這最後一個要素，正如學院試圖傳授給學生的，是一種近乎完美的標準，即便是從這裡畢業的學生也幾乎不可能達到。然而，有許多好學生、充滿熱情的學生，還有像亞當和艾莉卡一樣的學生，他們總是竭盡所能地理解那些完美、絕對的遙不可及的一切，只是為了衡量自己究竟離完美還有多遠，或者已經靠得多近。其實標準是很明確的，煮得恰到好處、打掃得一塵不染、合適的濃稠度，還有能一眼見底的清澈度。在梅茲校長的帶領之下，美國廚藝學院成為一座完美的殿堂。

2 美豐盛餐館

我的最後一間廚房是美豐盛餐館，這裡是學生們實作的最後一站，也是學院最好的餐廳。當我和萊恩副校長及弗里茨·索南施密特（Fritz Sonnenschmidt）主廚碰面，一起討論學院教育的新書時，我們就是約在美豐盛餐館，他們平時和客人碰面時也都是如此。而這間對外營業的餐廳也大受遊客歡迎，每年的來客數大約是三萬六千人。

我穿上白色廚師夾克，向丹·圖爾真（Dan Turgeon）主廚打招呼，他十分年輕，只有三十三歲。我下意識地希望被視為一名校內學生，雖然經過自我介紹，大家終究還是會知道我是個局外人。

「打擾一下，主廚？」他經過我身邊時，我叫住了他。他似乎十分不情願地停下腳步。圖爾真主廚有一對金色眉毛和一雙冰冷的藍眼睛。他姿勢僵硬，肩膀像舉重選手那樣聳起。我報上姓名，暗自希望他已經知道我的來意。他往後退一步，搖了搖頭。

「梅奧博士有沒有——」

他不情願地瞇起眼睛，但終究點了點頭，顯然學務處副主任弗雷德．梅奧（Fred Mayo）已經事先知會過他關於我的事情。他開口：「你知不知道——」

「前置準備，」我馬上回答：「今天三點半。」

「對。」圖爾真主廚說完便走開了。

我在原地站了好一陣子，或許是期待主廚會微笑著走回來告訴我一些資訊，但他沒有，也沒有握手或道別——什麼也沒有。我於是前去和我聖安德魯餐廳的夥伴會合，他們才剛結束埃斯科菲耶餐館的七天實作。三點半集合之前，他們會先待在大廳裡等待，其中幾個人正低聲討論著圖爾真主廚。曼寧說：「主廚作風很強硬，我之前在美洲料理課就碰過他，但我聽說他越來越誇張了。」所有人疲憊地點點頭。

三點半一到，我們魚貫走入餐館，在還未鋪上桌巾的小桌旁坐下。保羅．安吉利斯站在透明糕點檯後面，一看見我們就也走進餐廳。他不太高興，因為他不再是這個團體的一員了。為了畢業，他早上得補修之前錯過的國際料理課，所以現在被安排在下午班。

組長吉恩對他說：「回去你的班級啦。」

「吵死了，」保羅回嘴：「我就是想跟你們同組。」

圖爾真主廚一出現，他馬上又乖乖溜走了。

有人大聲說：「他不是我們這組的。」聲音大得足以讓保羅聽到。

圖爾真不苟言笑地回答：「感謝老天。」接著他打開桌子上一本厚厚的文件夾，找出班級名單，開始邊走邊點名，並分配工作檯。「羅素．科布、馬克．扎諾夫斯基？你們負責湯品檯。史考特．斯特恩、史考特．麥高文？海鮮檯。邁可．魯曼、約翰．馬修？燒烤檯。」

圖爾真主廚繼續點名，但是我震驚得什麼也聽不到了，主廚把我安插進保羅的空缺。我竟然能在學院最好的餐廳裡正式負責熟食類的工作檯，這之中一定是出了什麼差錯。

「……最重要的就是要熟讀這些講義，」我終於從錯愕中回過神來時，聽到主廚這麼說：「這絕對是學校裡講解最深入的一份講義，裡面有鉅細靡遺的指示，把這當成一本聖經，遵循其中的食譜，不要擅自作其他解讀。」

前置準備通常是讓主廚大致講解基本須知，也總能讓員工事先理解一下這位帶領者的作風。圖爾真主廚說明了他的期望和評分標準：「如果你每天只是按時出現，你循規蹈矩，你總是準備好工作檯，開始烹調，接著打掃，讓廚房保持乾淨，或在我要求你的時候，你就乖乖整理——如果你做好**所有**這些，那你只會得到一個C。」

他的教學理念是：「要把這當成你真正的工作，把我視為行政主廚，我希望你們這樣想。並不是要你們拍我馬屁。以前我在外面工作的時候，我經常會讓想求職的人先進來試做幾天，這樣我就能知道他們的工作態度如何。我希望你們要把這門課當成真正的戰場。」

他用三類標準來檢視學生的表現。首先是知識：要精熟美豐盛餐館的所有食譜和你負責的工作檯。其次是技能：你烹飪食物和管理工作檯的能力。最後是專業精神。「這其實根本不必多說，但是，請你們確保自己的刀是鋒利的。要是被我發現鈍刀，我就會沒收，不准找藉口。我們要拿出滿分的表現。有些同學會在這裡被當掉，但多半是因為曠課。我眼中的你們已經是畢業生，要把這當成你的第一份工作。我們每天為大約一百二十位客人服務，而我在這裡的工作，就是要讓你們為進入這個產業做好準備。」

他的目標：教育、待客之道和做出學校最好的料理。「如果你犯了錯，就老實告訴我，」他繼續說道：「我不會把你的頭砍掉的。你只要說『主廚，我的東西燒焦了』或『我煮過頭了』，絕對不要試圖隱瞞。我們的客人支付高額的價格來用餐，如果你犯了錯，就說出來，絕對不要就這樣把餐點送出去。」

「我的副手是蘿絲安．塞爾皮科（Rose Ann Serpico），」他繼續說道：「如果她叫你做事，就當成是我說的，等同於我給的指令。廚房六點半開門，你們七點才需要到，但你也可以提早到。進廚房之後，我第一件會做的事是準備湯匙、內鍋、鹽和胡椒，然後把你的食材放在托盤裡。假設你今天需要六磅的甘藍菜，托盤上就一定要有這些東西。備料要在八點半前完成，最多只會有八種東西。如果你找不到需要的材料，就去其他廚房借用。另外工作期間，請盡可能保持安靜。」

接著他開始解說每個工作檯。羅素和馬克負責做火雞肉湯（搭配有火雞香草餃，還有胡蘿蔔和青蔥）、玉米龍蝦巧達湯（搭配紅辣椒和細香蔥），以及蘋果胡蘿蔔洋蔥湯佐羊奶起司焦糖洋蔥塔。蔬菜檯要用乾傑克起司和烤蘑菇製作玉米糕，還要製作烤波布拉諾辣椒，以附近寇馳農場產的山羊起司、黑豆和新鮮玉米來填充。煎炒檯的工作最為困難，由他們負責的料理最受歡迎，數量也最為龐大，他們要負責前菜的蟹肉餅，還有傳統芥末汁嫩煎雞肉，撒上烤大蒜，再搭配馬鈴薯泥、烤玉米、辣椒和南瓜與燉羽衣甘藍，以及嫩煎羊腿搭配迷迭香大蒜卡本內醬、切達起司干貝馬鈴薯、烤南瓜和烤馬鈴薯。

盡是美味療癒的特色餐點。

但明天，我們不會做這些餐點。因為最後兩段課的時程有所調整，正好會碰上其他期學生的畢業典禮，他們參加完畢業之後，還會再回到廚房工作。也就是說，埃斯科菲耶餐館和美豐盛餐館的第一天往往要負責畢業餐點。明天的畢業典禮不同尋常，因為參與的學生還有學士學位的畢業生，他們和家人都會來美豐盛用餐。所以明天我們要做的是一百二十份蟹肉餅（搭配涼拌高麗菜和紅辣椒蒔蘿醬）、一百二十份沙拉，內有水芥菜、苦苣、蘋果和小甜菜，搭配核桃覆盆子醬，還要烤一百二十份醃雞胸肉，搭配烤番茄莎莎醬和洋蔥布丁，至於甜點則是一百二十份香蕉奶油派搭配巧克力香草波本醬。

「我們要用這個做紅辣椒蔬果醬，」圖爾真主廚說道，隔天早上七點的課堂從蟹肉餅開始。他說起話來是渾厚大器的男中音，與他正在描述的蔬果醬、酸豆、洋蔥布丁等瑣碎食材形成強烈對比。「先把蔥和大蒜蒸軟，但不要熱過頭了。然後加入辣椒，先炒一下，夠熱之後加入雞高湯，文火煮一段時間，最後用攪拌器打成泥狀，要足夠濃稠。」他在畫架上放了一塊白板，並用彩色馬克筆畫出這些食材。

接著他解說沙拉。「核桃要烤一烤，上一個班級把核桃都烤焦了，」語罷，他搖搖頭，「他們竟然在最後一天把核桃烤焦。看著學生烤焦千百磅的核桃和松子之後，我想告訴你一個小竅門。雖然聽起來很愚蠢，但很有效。烤核桃的時候，在砧板的角落放一顆核桃來警惕自己。這真的很有效，不騙你。」

「好，」他繼續解說其他工作內容：「海鮮檯要做洋蔥布丁，要再多做五份，十點十五分要送進烤箱。燒烤檯有很多以前做過的醬汁，除了龍舌蘭醬以外你們都學過了。龍舌蘭醬多做四份，別加契波透辣椒，知道嗎？客人不喜歡吃辣，甚至可以加奶油。再來是烤波布拉諾辣椒這道菜，裡面的萊姆奶油多做六份，可以對半稀釋。」雞肉則要用鹽和烤波布拉諾辣椒粉調味。「十點四十五分一到，雞肉就要烤好，」他對我和約翰說：「雞肉要烤出漂亮的交叉線條，先朝向七點鐘方向，再轉到十一點鐘方向，溫度不要太高，雞肉要嫩一點，雞皮可以直接剝掉。把雞肉放在焙烤盤裡，調整好位置，這樣就能均勻地烤熟，每只烤盤上放大中小各一塊，最後再送進兩百度的烤箱裡。我會再讓你們知道什麼時候要放進烤箱，也許一次可以烤四份左右。」

「最後，要記住，」他總結道：「你們今天是在宴會廚房工作。」這表示，所有食材的刀工都必須非常細膩，而且所有人切出來的蔬果丁，尺寸都應該一模一樣。「而且所有的擺盤也必須一模一樣，從第一盤到最後一盤，不能有任何差異。另外，每個人都要保持相同的戰鬥力，十一點鐘一到，這裡就是戰場。」他的身子稍稍往前傾，指尖合十，並轉動著拇指，「到時候，廚房一塵不染，而且所有標準備料都已經備妥。我的目標和標準都必須是完美的，如果做不到，請離開。」

接著我們便離開教室，走進廚房。當時我覺得，作風強硬是一回事，一大早七點鐘就雷厲風行又是另一回事，圖爾真主廚顯然一以貫之。

❖ ❖ ❖

宴席的步調不如營業來得快速，我得以好好熟悉這間廚房和我的工作檯。此外，圖爾真主廚也讓上一個班級在離開前先為我們的第一天做好準備。我事先列了一份準備清單，但走進冰庫時才發現材料都備齊了。顯然每間營業廚房都以這種方式運作，因為每隔七天就會換一輪員工，主廚也不知道下一批員工究竟是否可靠。我看著約翰，他翻遍我們的備料，問道：「那我們現在有什麼可做的？」說著，他又聳聳肩。我建議我們可以回去打個瞌睡再回來上工，但他認為這不是個好主意。

約翰還是一樣每週在獵場工作六天，通常晚上十一點或十二點才下班，隔天早上五點半又要起床來上課。約翰告訴我，他這種時間安排最大的好處就是瘦身，腰圍從四十四變成三十八腰，但他也說，今年真是漫長。有次我們下班後一起走去停車場，我想到他等一下又要直接去獵場廚房工作，忍不住說：「你老婆有點可憐。」他用滑稽而震驚的語氣開玩笑道：「我結婚了嗎!?」接著模仿辛普森發出一連串的抱怨聲。他年紀比我大，也有豐富的廚房經驗，我很高興能和他搭檔。

❖ ❖ ❖

燒烤檯負責的食物並不難，只有蝦和牛排兩種，但每天讓我陷入困境的是準備工作。雖然只有兩道料理，但盤子裡的所有其他配料加起來，卻零碎得令我手忙腳亂，此外我們還經常要製作一些單點和醬汁。

我們負責的開胃菜是烤蝦沙爹搭配辣花生醬、東方蔬菜、黃瓜和薄荷沙拉。這道前菜以三大部分組成，但每部分之中都還有無數瑣碎的食材。首先，蝦必須先醃泡在精心製作的咖哩醃汁中，其中包括魚露、咖哩、蜂蜜、椰奶、大蒜和各種香料。其次是辣花生醬，材料有紅咖哩醬、薑黃、花生醬、椰奶、雞高湯、魚露和萊姆汁。第三部分的沙拉是由多種蔬菜混合而成，我們必須將黃瓜削皮、去籽、切片，紅椒也要切絲，香菇則是先煎過並調味，最後才切絲，上菜前再撒上香菜與薄荷末。沙拉淋醬的成份有白米醋、萊姆汁、第戎芥末醬、蜂蜜、蔥末、生薑、大蒜、醬油、磨碎的香菜，最後還有一些烤花生碎屑。

主餐就更精緻了。六盎司的菲力牛排首先要抹上紅甜椒粉、鹽、孜然、糖、芥末、胡椒、乾奧勒岡（牛至）、辣椒、大蒜和墨西哥辣椒粉（以乾燥的波布拉諾辣椒製成，先經過烘烤，接著磨碎成美味的粉末，乾燥辣椒加水並切碎之後，加入莎莎醬也能製作出極美妙的風味）。我們還得切數百顆馬鈴薯，在出餐前以攝氏一百三十五度高溫油炸。而這些美味的薯條，做法可是與普通薯條大相逕庭。馬鈴薯切好之後，我們必須用洋蔥調味，要將洋蔥去皮、切碎，以荷巴特牌研磨機擠出洋蔥汁，再將它們烤乾，然後倒入香料研磨機中磨碎，與鹽混合，再加上一點海鮮調味粉。再來，我們還得用大漏皿裝滿菠菜，先是經過一番清洗，再搭配紅蔥末炒熟。

圖爾真主廚喜歡以豆煮玉米搭配牛排，因此我們要另外準備洋蔥丁、新鮮玉米粒，要從玉米上刨下來、煮熟，然後搗碎，另外還有好幾磅的蠶豆，全都要剝殼、煮熟、搗碎，然後去皮。這些穀物豆類在出餐之前會經過重新加熱，並放上一抹濃稠的奶油，最後再撒上切碎的山蘿蔔。但可別以為只是這樣，我們絕不會僅把將豆煮玉米裝在碗裡端給客人，這太過樸素了。我們會將這些彩色顆粒裝入挖空的甜洋蔥裡，像只小杯子，然後放在盤子上。要製作這甜洋蔥小杯，首先，要將洋蔥煮熟，經過冰鎮，然後去皮、切開，像一只附蓋的小杯子，最後把豆煮玉米裝滿其中。

洋蔥杯當然也要經過調味：兩份墨西哥辣椒粉、一份孜然末，再加上一份香菜末。然而這一切之中，最讓我頭痛的要數抹在菲力牛排上的美豐盛烤肉醬，裡頭包含了碎洋蔥、碎大蒜、乾芥末、墨西哥辣椒粉、孜然、香菜、卡宴辣椒、乾奧勒岡、烤番茄、雪利醋、糖蜜、蜂蜜、波本威士忌、小牛高湯、褐醬和香菜莖。

一般在預習食譜時，我很少特地為配料做筆記。但要做出這美味精緻的燒烤醬料，首先竟然要先製作褐醬。在全班十八位同學中，我偏偏是必須負責完成它的那一個。

❖　❖　❖

這天我六點三十三分到達廚房時，約翰已經站在我們的工作檯旁磨刀了。他把砧板放在離烤架比較近的地方，看來他打算負責烤牛排和蝦，也就是說我得負責製作所有其他的東西。我利用一開始的半小時大致思考了一下，但還是不太確定該做些什麼，同時檢查了一次我們的備料，確保它們都沒有問題。我沒注意到主廚已經來了，他要我們到開了空調的高級用餐區集合，準備聽他解說。解說的時間只夠讓我喝杯咖啡，並讓腦袋清醒。之後我們回到廚房，除了要準備畢業典禮的餐點，還要製作一般單點品項。前一個班級已經幫我們準備好辣花生醬和燒烤醬，令人鬆了一口氣，畢竟就算熟知做法，燒烤醬也得花一上午的時間準備，更何況因為約翰必須為四十八份雞胸肉製作三夸脫的宴會醬汁，一吃完員工餐他就會霸佔瓦斯爐不放了。在解說過程中，主廚教約翰怎麼做宴會醬汁：烤兩磅雞骨、焦糖化半磅調味蔬菜，倒入六杯雞湯和六杯小牛高湯中燉煮，加些香料，像是月桂葉、對切的大蒜，然後文火慢煮一段時間，撈除雜質，再加入一些羅勒莖，之後過濾，確認味道，出餐前增稠。

「燒烤檯的工作很繁瑣，」圖爾真主廚說。

確實如此，但是我忙得沒有時間思考這一點。我得切馬鈴薯、將紅蔥切末、洋蔥切丁、切碎，然後把它們都倒進研磨機，擠出汁液體再攪碎。十點半時，我只花了五分鐘匆匆吞下員工餐便馬上回到工作檯，根本無法確定能否在一小時之內把東西全部準備好。其他人似乎也很緊張，就在第三次有人把東西摔到地上，並發出一陣巨響之後，圖爾真主廚不滿地說：「老天啊，別這麼笨手笨腳的。」想不到沒過多久，史考特．斯特恩打翻了他的標準備料，我聽到瓷器碎裂的聲音從海鮮檯傳來——他們會把所有切好的東西都裝在湯碗或烤碗中——雖然在一片陶瓷碎片中我只看到一堆切好的紅辣椒，但史考特臉上的表情極為驚恐，顯然碗裡裝的不只紅辣椒。最後，他們沒有準時備好所有示範用的材料，被主廚痛罵了一頓。

主廚伸長脖子，速度一致地在廚房裡來回踱步，彷彿每走一步他就越來越生氣。他大步穿梭在每個工作檯之間，突然停在我們方形餐盆前面，這時盆裡擺著幾口內鍋，裡面裝滿標準備料，上頭還蓋著保鮮膜。他伸出手指刺破保鮮膜，戳戳裡面的蠶豆，又戳戳玉米，然後是洋蔥，檢查它們的新鮮度，然後繼續往前走。他沒有將保鮮膜掀開，彷彿認為這層透明塑膠膜是一種妨礙，感到很不滿，所以非要戳破不可。

很快他就來到我們的工作檯進行示範。「調味是最重要的，」他告訴我們：「搞砸味道的時候，首先可以用的就是鹽和胡椒。」接著他便開始示範烹調。製作開胃菜要先將四隻蝦子串成兩串放到烤架上，餐盤則先擺在爐子上方的架上待命。接著將一把綠色蔬菜放入大碗中，碗裡還有大量香菇、紅辣椒、黃瓜，還有香菜和薄荷末，攪拌過後，在盤中堆成塔狀，並淋上一小勺醬汁。我們通常喜歡堆得越高越好。此時，將蝦子翻面，同時開始烤牛排，主廚喜歡肉排上有明顯的烤紋，先朝七點鐘方向擺放，再朝向十一點鐘方向，之後翻面，不能在烤架上烤得太熟，大約保持在兩分熟即可，等到主廚指示下鍋時，再把牛排送進攝氏兩百三十度的烤箱裡。接著蝦子熟了，把蝦尾放在綠色蔬菜的中心點，捲成一個均勻的圓圈，所有的蝦子都要朝同一個方向捲曲。沙拉周圍還要淋一圈辣花生醬，並撒上烤花生，便可以出餐了。

與此同時，在挖空的維達麗雅甜洋蔥外圍刷上燒烤醬，用孜然末和墨西哥辣椒粉調味，然後放進烤箱裡加熱。之後，拿兩口煎鍋，先在鍋內分別融化一些奶油，一口鍋子放入洋蔥，另一口則放紅蔥。紅蔥鍋是要用來炒菠菜的，洋蔥鍋則加入玉米和蠶豆以及大約兩盎司的奶油。兩鍋都進行調味，接著將奶油收乾——炒菠菜裡可以快速加入一些雞高湯，讓奶油慢慢煮乾。蔬菜完全熟透之後，洋蔥鍋裡要加入一些切碎的山蘿蔔。而熱騰騰甜洋蔥杯也差不多該從烤箱裡拿出來了，可以開始進行擺盤。把盤子上的圖案當成十二點鐘方向，菠菜要擺在一點鐘方向。這時，約翰應該把牛排放入烤箱，而我應該把八份馬鈴薯送進炙熱的炸鍋裡。洋蔥杯擺在三點鐘方向，杯蓋蓋上、擺入一支湯匙，讓一些玉米粒落在盤子上。六點鐘方向擺一支兩盎司的醬汁匙，然後擺上牛排。現在薯條可以起鍋瀝乾、進行調味，擺在盤子的九點鐘方向，堆成一個像小木屋一樣的平行四邊形，用一些香菜葉加以裝飾，主餐便完成了。

主廚接著到煎炒檯示範，然後宴會服務便開始了。蘿絲安對著麥克風說：「一份湯、一份蝦，」她停頓了一下，「**燒烤檯**？」約翰聞聲立刻回應：「一份蝦！」同時把頭鑽進矮櫃，取一隻蝦扔到烤架上。此時洗碗槽上方的時鐘顯示著十二點十分。

❖ ❖ ❖

一旦開始營業，時間概念就形同一團迷霧。約翰在兩點鐘時烤了最後一塊牛排，此前他已經烤了十二份左右，而我則根本不記得這兩個小時裡到底發生了哪些事。我恍惚想起剛才我走到冰庫裡要拿一托盤雞肉，身上的汗水令我在裡頭打了個冷顫。我試著跟上節奏，和大量的豆煮玉米、烤洋蔥和菠菜賽跑，把它們全部擺好盤，抬頭看見圖爾真主廚正在工作檯間穿梭。他一邊踱步，一邊指示我要把工作檯整理乾淨。這裡確實一片混亂，但我真的太忙了。他第二度經過我面前時便說：「我要你停止手上的工作，先清理檯子。把這些清掉，你需要用到這些嗎？不用。我希望這個檯子乾淨到你可以躺在上面。」我只好動手開始整理。

之後，我出了一份牛排主菜，圖爾真主廚瞇著眼睛檢查它。他轉動盤子，看著豆煮玉米。

「這看起來煮過頭了，上面的奶油也快崩塌了。」

「我應該重做嗎？」我問。當我轉身準備取菠菜來擺盤時，奶油果然就滑了下來。

他說不用，接著看了看點菜單，又說：「好吧，去重做，你還有一點時間。」

後來，當他把這盤主菜遞給服務生時，又補了一句：「薯條也有點炸過頭了。」

我旁邊的煎炒檯也忙得人仰馬翻。我們共用六個爐子，他們只留了一個給我。稍早時，他們把鮭魚煮壞了，圖爾真主廚設法要到另外一隻，並及時送達廚房處理和烹煮。約翰用一張褐色衛生紙來記錄我們的工作進度，我因此也放心不少，因為我的進度也被他一併記錄下來了。

當我的紅蔥用完之際，米米不知道從哪裡冒出來，手裡拿著一只裝滿碎蔥的烤碗，但我根本不記得我有請她幫忙過，她真是位天使。我回想起之前在聖安德魯廚房的時候，當我帶著豌豆出現在保羅面前時，保羅想必也是這種心情。

時間不知不覺地流逝，我突然聽到約翰問蘿絲安我們是否可以開始整理工作檯了，她說可以。

我們先是檢討了一下今天的所有工作，充分討論一番，有些地方確實做得不完美，但我自認負責範圍內都做得還算不錯。我又熱又累，本該和約翰擊掌歡呼一下，卻絲毫提不起勁來。明天的備料實在太多了，所有的東西都要在三點前清理、包裝和收拾完畢。

我和約翰一起將新的備料放入冰庫，約翰突然拿著一顆甘藍菜轉向我，問我們架上為什麼會有這東西，我說我不知道。他把菜遞到我手上，這時組長吉恩正好也走進冰庫，我竟不假思索地把這顆菜像球一樣扔給他。吉恩眼明手快，立刻接住，假裝很生氣。「麻煩保持專業，好嗎？」他玩笑斥責道：「這裡是美國廚藝學院，我們是一群專業人士，沒有時間跟你開玩笑。」說著，他想起什麼似的：「哦，我忘了，你是個記者。」

約翰本來正在整理我們架上的備料，試圖把所有食材都歸位，聞言，他有點驚訝地回頭看著吉恩說：「我還真的看不出來。」

這令我五味雜陳。我謝過約翰，便離開了冰庫。

三點鐘一到，我們便去找主廚集合，像群球員圍繞在教練身邊一樣。「第一天大家通常不會表現得太出色，」他說道：「我會說，今天的水準大約在D+和C-之間。海鮮檯，示範用的材料漏太多了，你們真的沒有準備齊全，也讓我大約預料到你們接下一整天的表現。燒烤檯，你們大致上表現得還可以，煎炒檯也還不錯。不過正式營業之後，燒烤檯太髒亂了，煎炒檯進度也有點落後，稍微散漫了一些。整體而言，你們有很多小地方需要改進。」他還提到有人的食材份量錯誤，要更加嚴格遵循食譜才行。「一般來說，如果我沒有點到你，就表示你表現得不差。但只要我走過去和你說話，要你清理這個或動手做那個，那就不好了。下週會很忙，做事要有條理。沒有問題的話，就祝你們週末愉快，下週見。」

❖　❖　❖

週末過得很快，我們在星期二回到美豐盛餐館。那天下班後，我和一位朋友通信，試圖向他解釋我最近為什麼失聯：

這是一項個人挑戰，我真的踏入一間真正的營業廚房，並負責熟食。主廚很年輕、作風強硬，也很好勝。「你的薯條炸過頭了！」工作期間他生氣地指責我，「我光從顏色就看得出來。」

「是，主廚，確實如此，我——」

「既然你知道我的標準，就請照做。如果你做不到，我可以另請高明。」

我搭檔口袋裡的溫度計顯示著攝氏四十九度，而我還有兩份豆煮玉米和菠菜要做來不及出餐，同時副主廚蘿絲安．塞爾皮科正大聲質問牛排究竟好了沒有。我試著跟上腳步，並且力圖完美，我甚至還試著想把一切紀錄下來，寫下人們說過的話，好用來當成寫作材料。

這是一份真正的工作。我每天六點半抵達，開始準備標準備料，接著餐廳開始營業，而我們開始烹煮，結束之後打掃廚房，並在三點鐘下班，只不過我並沒有像約翰和其他人那樣再找另一份工作。有天，我的同學陶德．薩瓊遲到了，我利用吃員工餐的時間問他原因，他表情猙獰地說：「來這裡工作，又要上課，還要兼職，實在是太——累了。」他每晚都在海德帕克釀酒吧的廚房工作，有時也要負責外場接待。一旁的大衛．塞勒斯也點頭稱是，說他有時累到連關掉鬧鐘的力氣都沒有，就放任它持續鈴聲大作。陶德住在學校，還身兼舍監，他說他總是收到鬧鐘太吵的投訴。

我通常太忙太累，沒有時間好好品嘗食物。星期二時，艾瑞克．里貝特（Eric Ripert）主廚為了錄製電視節目《大廚》（*Great-Chef*）來到我們的廚房。他十分年輕，更被媒體評為「勒伯納丁餐館（Le Bernardin）之星」。他和圖爾真主廚對談，我為此感到很惱火，因為現在是營業時間，我沒辦法過去旁聽和做筆記。傑佛瑞．拉斯穆森設法離開他的蔬菜檯去要簽名。「致傑佛瑞，」里貝特主廚在筆記本上寫道，他似乎對簽名的請求感到尷尬，「希望有朝一日你能親自光顧勒伯納丁餐館，我們將盡全力驚豔你的味蕾，祝你好運，用餐愉快！」

正如圖爾真主廚一開始告訴我們的，這就是一份真正的工作，雖然也不斷有學生抱怨說這和真實情況相距甚遠。畢竟這裡一間廚房的學生人數比外面的餐廳多，例如，在猴子酒吧，熱食檯只會有四人，這裡卻有八個人負責。冷食檯會有三人，還有一名見習廚師，甜點檯則有四人，總共十二人，相當於學院一個小班級的人數。

星期三，約翰沒有出現。才第三天我就已經筋疲力盡，更不敢相信他竟然沒來，他一定知道我們的事情很多。我當然知道他很累，但我實在無法接受，他明知道我們——現在只有我——有這麼多事情要做，他卻選擇在家睡覺。不該如此。

主廚要機動組的米米過來幫我，但她也忙得不可開交，四處幫忙備料，最後才回到燒烤檯負責炒菠菜和豆煮玉米，而我則負責其他工作。隔天約翰回來時向我道了歉，當天要製作的又是宴會料理，其中包含烤雞。約翰負責雞肉，而我要做燒烤醬，這表示，我得從褐醬開始做起。

「為什麼，」我忍不住對圖爾真主廚說：「為什麼一定要用褐醬？」

「我試過使用高湯，」他說：「但口感就是不對。雞肉需要濃稠的醬汁。」褐醬能為燒烤醬增添一股滑順濃郁之感，光是濃縮的小牛高湯無法達到這種口感。我問主廚他的褐醬要使用哪一種油糊，他說他用的是金色油糊，而不是基礎技能課多半會用的褐色油糊。「從這裡畢業之後，我大概只有親自做過三十次油糊吧，」他告訴我：「十年之間。」過了一會兒，他說：「我看看能不能找到現成的褐醬給你用。」

我心想，感謝老天。畢竟幾個小時後就要開始營業了，若要製作褐醬，不但要先做好油糊，還要切好所有的調味蔬菜，並將它們充分焦糖化，接著再煮上一小時，才能製作出褐醬成品。十五分鐘之後，他掛下電話，回頭喊道：「邁可，你得自己做褐醬。」我霎時感到頭痛欲裂，而且心力交瘁，我們已經有一百萬件事要做了。我試圖在腦中釐清一夸脫半的褐醬需要用到多少油糊。上技能課時，我們通常會用八盎司的油糊製作出四十盎司的褐醬，但我不記得麵粉的份量，也沒辦法當下就計算出來，更沒有時間慢慢思考，所以，我只好一股腦地往鍋裡倒入麵粉，份量看起來差不多之後，就把它送進烤箱，然後開始切調味蔬菜。

廚房裡的每段時間各有不同。抵達廚房到開始講課之間大約有四十五分鐘，而這段時間，遠比講完課到開始營業之間的四十五分鐘更加重要。如果你能用最初的四十五分鐘把備料都拿到工作檯，然後處理好特定幾樣東西——比如說我量了麵粉，切好調味蔬菜，完成了焦糖化——接下在整個營業過程都會很順利，你還可以給自己整整十五分鐘享用員工餐。但是假如你一開始就無法集中注意力，浪費了一些時間，四十五分鐘裡只完成一件事，那麼接下來，無論你手腳多快或節省了多少時間，整天都會像是一場災難，你會永遠跟不上。這就像是某種熱力學定律。

腦袋不清醒絕對是有代價的。褐醬開始燉煮後，我走到乾貨儲藏室拿洋蔥和大蒜回來切碎，沒人擋路的話，從我的工作檯走去大約只要十五秒鐘，但我截至目前為止去過兩趟了。接著，我瀏覽了一下食譜，又發現我需要拿雪利醋，也放在乾貨儲藏室，所以第三趟路上我非常自責，覺得自己剛才為什麼沒有想起來，早在第一趟我就該一次拿齊了，我到底在**想什麼**？量完醋之後我又想起我需要蜂蜜，**也**放在乾貨儲藏室。還有，波本威士忌呢？「主廚，」我連忙發問：「我們有波本威士忌嗎？」

「波本威士忌？」他說：「你**現在**難道不該先**過濾**褐醬嗎？」

我實在很想回答：「我才不打算現在過濾什麼鬼褐醬，我就是要找波本威士忌！」這就是自我厭惡的防衛機制。但我當然沒有這麼說，只是應和道：「好的，主廚。」後來，我在糕點檯找到波本威士忌。

十點半，約翰把所有的雞胸肉都從烤箱裡拿出來放上烤架，準備烤出漂亮的交叉紋路，但是烤架卻不夠熱。如果你腦袋夠清楚的話，溫度只不過是種顯而易見的物理現象，然而當下，卻沒有人注意到雞肉放上烤架的瞬間，並未發出一如往常的美妙滋滋聲，而他用手拍打雞肉時，也沒發現少了灼熱之感，一心只想著烤肉的同時還有哪些事情要做。由於烤架溫度不足，不夠熱，雞皮並未像正常情況那樣滲出油脂，想烤出紋路也就需要更久的時間，因此他最後只能把它們一直擺在烤架上。

此時圖爾真主廚正好經過，他望著烤架時說：「把雞肉從烤架上拿下來，不要太熟。」然後他發現什麼似的停下腳步，轉過身，盯著取下來放在焙烤盤中的雞肉，並用手指使勁戳戳它們，力道大得令我以為他的手指會直接穿透。「**老天**，肉被烤熟了！」他喊道：「我說**兩分熟**！」他又拍打了一下雞胸肉，接著怒火中燒地拿起其中一塊，將之撕成兩半，瞪著那淡粉色撕痕好一陣子，然後把它扔回盤子裡，悻悻然走開了，一邊舉起雙手怒罵：「可惡！」

過一會兒，他又回來了，將約翰做的三十道菜拿來評估一番，最後只留下其中十二道。「把這十二道拿出來，其餘只能拿來當員工餐。」他走回點菜的電腦桌前，在凳子上坐下來，打電話給學校的肉品室。「我非常需要，」他說：「對，六隻全雞，就是這些。」幾分鐘後，他大喊：「燒烤檯！去肉品室拿雞回來！」我為約翰感到難過，同時動身前往大樓另一側樓下的肉品室，並帶著六隻雞跑回來，把它們交給曼寧，由他負責處理好全雞，為我們取出雞胸肉。接著我回到工作崗位上，營業時間也快開始了。主廚依照慣例巡視了每個工作檯，檢查每個人的備料，並嘗了嘗醬汁。

他找約翰過去談話。我雖然聽不清楚全部，但當我從瘋狂的切料過程中轉過身來時，依稀聽見主廚**冷笑**著說：「不准對**我**擺臭臉。」他的聲音比平時更加低沉，邊說著邊搖頭。

約翰回答：「我不是來學校當餐廳員工的。」

主廚說：「也許是因為你年紀比較大，或者是因為你已經有一些工作經驗……」約翰與圖爾真主廚正面衝突固然令我感到吃驚，畢竟在這所學校，沒有任何人會對老師這麼做，但圖爾真主廚一邊檢討約翰時，竟能一邊繼續檢查著眼前的食材和醬汁，而且毫不失準，這才更讓我甘拜下風。他先是把手指伸進紅蔥堆裡，又俯身看著鍋裡並攪拌一番，檢查濃稠度，再調整一下爐火，嘴裡一邊說道：「也許是因為你有一些工作經驗……」

「也許我只是沒有從你的教學**風格**中學到任何東西，」約翰打岔。

此時我非常需要主廚過來檢查一下我的醬汁，我終於混合並過濾完成了。他用湯匙勺起，又倒回鍋中。「濃稠度很好，」他說：「事實上很完美。」他嘗了一口，點點頭之後，又遲疑了一下：「加兩大匙糖蜜，再放一點鹽，不要太多，這樣就完美無缺了。」說完他便離開了。

營業時間開始，宴會料理也陸續出餐，單點的份量並不多，並且一如既往，整個上午的準備能量都在營業過程中一次爆發。工作結束之後，圖爾真主廚和約翰反而悠閒地開始聊起華盛頓，他們兩人都在那裡工作過。

那天廚房很早就打掃乾淨了，主廚站在工作檯的最後端，就在點單的麥克風旁，而我們來到他身邊集合。

「今天，」他開口：「好多了。情況越來越好，但仍沒有盡如人意。宴會料理的步調仍然太慢，單點的細節也有待加強。」距離解散還有幾分鐘的時間，主廚沉思著，說道：「有時候，我叫學生動作快，他們會回答：『我已經**盡可能的**快了。』但其實你們還**沒有**全力以赴。你會驚訝於你速度的潛力，效率是可以無限提升的，永遠都還能更好，也永遠還能更快。一定要記住這點。」

他一一問每位同學今天學到了什麼。米米說她認識了一種新的酸凝乳，傑夫則說：「當有人幫忙你完成某道食材時，記得要仔細檢查。」

主廚微笑著說：「嗯，你真的學到了。沒錯，我一直都是這樣想的。比爾呢？」

比爾說：「我學會如何做出美味的蔬菜高湯。」

主廚回答：「我想蘑菇莖和蔬菜出水是關鍵。」把蔬菜加入高湯或水裡之前，他喜歡先將蔬菜蒸至接近軟爛。

還有人學到擦拭醬汁容器的方法，主廚說：「我曾在一些大餐廳工作，要經常擦拭容器才不會積垢，而且盡量用小一點的容器來盛裝醬汁比較好。約翰，你呢？」

約翰站在最後面。他回答：「我學到——當你心情不好時，我最好不要去掃到颱風尾。」

主廚點點頭，笑著說：「好，那大家明天見。」

❖ ❖ ❖

我問主廚下班後能否聊一聊，畢竟上班時間因為太忙，能說話的時間並不多。我對丹尼爾．圖爾真知之甚少，只知道他三十三歲，出生在芝加哥，還有開著一輛閃亮的紅色美國跑車。他很聰明，能清楚地表達食物，即便他在廚房裡更經常談論工作方法或罵人。他曾在加州與瑪德琳．卡曼（Madeleine Kamman）共事過——「偉大的廚師，」他如此評價這位作家名廚，並說，當他發現卡曼主廚也具有「廚師的高傲」心態時，感到非常驚訝。所謂「廚師的高傲」，大概是指「**我是最強悍的、我最有效率，我是最好的廚師**」，圖爾真主廚說他自己會把這種心態**隱藏起來**。我只知道，如果你沒有把準備工作做好，標準備料沒有到位，或者你的工作檯上四處都是鹽粒和垃圾，他就會勃然大怒。他在廚房和課堂上經常討論的重點是，廚師到底有多難做，而這也是我採訪他首先想問的：如果他認為這個行業如此艱難，他為什麼還要入行？

聽到我的問題，他以喉音發出「哈哈！」的聲音，然後微笑著開始回答，語調十分輕鬆，是我在廚房裡從未見過的。

「你知道嗎，這問題很有趣。我記得自己剛開始教基礎技能課沒多久，我就在腦中盤算著第一堂課要問學生：『你**為什麼**要來這裡呢？你瘋了嗎？你為什麼要踏入這行!?』」

圖爾真主廚說，其實連他自己都不知道這個問題的答案，只能說他就是這麼一路煮過來的。小時候，他曾為了做一盤手工餅乾，差點沒把廚房炸毀，糖還撒了一地。他的第一份工作就是在餐館打雜。當時的他覺得廚房很酷，一心想進廚房工作。等到進了廚房，他最想要的就是「站上工作檯，開始烹製熱食」。高中時，他便認定自己的下一站是美國廚藝學院，他說他知道那就是自己的未來。一九八五年，他從廚藝學院畢業。

「廚師的高傲」心態還有另外一個例子。畢業後他工作了六年，一週上班六天，一共九十個小時，他壓力很大、筋疲力盡，一度認真考慮要不要退出這個行業，就在那時，他受邀去馬里蘭海岸的一家新飯店擔任行政主廚，那不服輸的競爭心態馬上又回來了，他立刻應邀前往。「那真的很瘋狂，但我很享受。」他說。

我把話題轉向烹飪本身和學習烹飪。提起這個主題，就不能不提這所學校，而這也是一切的根本。

「蘿絲安今天早上才跟我聊到這個，」他說：「她正打算置產，結果發現其中有太多細節是他們毫無概念的。她回顧在學校學到的東西，突然感嘆說擁有基礎知識實在是太重要了。以廚師這行來說，像是，要如何正確烹煮綠色蔬菜？這就是學校在傳授的基本功，而這確實極為重要。

我們上課時說過，你去看看那些很厲害的大廚，他們之所以能把一切都做得如此完美，那是因為他們早已精通那些基本的烹飪技巧。學生在這裡就是一個起步，來這裡學習他們終生受用的知識和技巧。大廚是已經掌握了這些基本功夫，而且**熟能生巧**，變成他們的習慣了，無論何時何地烹煮豆莢，他們一定會煮得**恰到好處**。」

「那你認為自己是個好廚師嗎？」我問。

「我認為是啊。當然每個人多少都有懶惰的天性，所有人都一樣，而成功的廚師就是那些最勤奮的人。想要成為好廚師，就是要每天努力不懈，那也是我的目標。我不在乎名號，而是享受那個學習的過程，並且教導別人成為一名好廚師。這就是我一直在追求的目標，盡可能成為最好的廚師。」

我說，要成為一位好廚師真的很難，畢竟他自己就告訴過我們：永遠都還能更好、永遠都還能更有效率，諸如此類。

「對，這很有趣，今天這個小組長就出了點狀況，」他說：「我之前就在課堂上說過，廚房裡永遠不會有『已經夠有效率了』這種事，即便歷練越多，效率也越好。但你們組長今天的言論很有趣，當他進度有點落後時，他還是不小心脫口而出說：『我已經夠快了！』」

我笑了，以後我們絕口不提這句話。

「我走到他的工作檯，他正在用一支小茶匙為餐點淋上醬汁。我遞給他一把大匙子，然後說：『我認為你動作可以再**快一點**。』他那時手忙腳亂，所以開始生我的氣。我說：『不必對**我**發脾氣，你現在還有很多事情要做，做完再來氣。』後來他也道歉了。

「廚房裡大家的壓力都很大，所以我認為生氣也沒關係，我自己有時也會那樣。有時候我走過去問進度，大家忙得人仰馬翻，這時有的人就會開始不滿，但我認為有壓力是好事，這樣他們回頭來檢討時，就會知道自己下次要保持冷靜，要堅持到底，先把工作做完，再去想別的。」

「約翰就是這樣，」我說。

「對，我今天也在想著約翰的事。當時我對他說——」他低沉地笑了起來，「『不要擺臭臉』，通常發生這種事情之後，他們最後都會回來道歉，我很清楚。工作時，大家都在戰場上，大家都在**前線**，一切都是高壓狀態，尤其當你知道自己進度落後或出差錯了，你就會變得更加煩躁，情緒更加緊繃。做第一份廚房工作時，我的主廚也經常說營業時間就是一場戰鬥，永遠分秒必爭。那位主廚名叫傑佛瑞・布本（Jeff Buben）。你不能讓時間走得比你快，你永遠都必須搶在時間之前。

「我有個學生以前是急診室的護士，我經常說，廚房工作可能和急診室非常接近，除了這裡並沒有病危的患者之外，兩者都必須是非常高效率的，必須盡速完成手上的工作，還必須時時刻刻保持頭腦清醒，我認為這是最困難的。你所處的情境永遠都是：『來不及了，快點！該出餐了！』不僅一切都要盡速完成，還要兼顧品質。所以我常在課堂上說，試著找到幾個和你步調相當的人一起共事，無論是速度、效率、品質還是整潔度，你們都能從中互相切磋，如此一來你便能學到更多。」

對圖爾真主廚來說，他職業生涯中兩位最重要的老師，就是他畢業後在職場上遇到的兩位主廚。五月花飯店（Mayflower Hotel）尼可拉斯餐館（Nicholas Restaurant）的傑佛瑞・布本和大衛・費伊（David Fye），是他們兩人奠定了他的職涯方向。

「上工**第一天**，我簡直是接受了震撼教育，」圖爾真主廚說：「我**嚇死了**。我就這樣被嚇了八個月，真的。布本還把我罵到哭。」圖爾真主廚似乎光是回憶起這一切，就讓他突然感到疲憊不堪，「他還踹了我一腳——那真的是很糟糕的感覺，然後讓我坐板凳。『**你不夠好！**』我當時動作太慢，事情做不完，覺得自己被冷凍也是活該。那時我想著：『我被開除了嗎？』

「大衛・費伊當時還只是副主廚，他說：『再給他一次機會吧。』在那間廚房裡八個月，我那天突然彷彿**開竅**了。隔天我回到廚房工作，想要盡可能減少他對我**大吼大叫**的頻率。後來變成他每週只會問我一次，說：『嘿，這是怎麼回事，這**又是**什麼？』而他總是問得有理，並非只想找麻煩，的確是我出了某些小差錯，他便會提點我，而我也的確**需要**有人指引。不是每個人都能承受那種高壓狀態，但大家或多或少都需要有人在後面催促你往前進。之前我之所以情緒崩潰，是因為我還沒準備好面對那種壓力，沒辦法面對有人對著我指手畫腳。那間廚房的流動率很大，有的人甚至只待一兩天就受不了了。但他的標準就是這麼高，而他用這種方式來使他的廚房趨近完美。」

「我從這所學校畢業時，」圖爾真主廚繼續說道：「可能就和你們差不多。我不太記得畢業的分數，可能是拿了B或A吧，即便分數不錯，但我不知道自己剛畢業時究竟算不算是個好廚師，我真的不知道。成為好廚師必須花時間。大概過了三到五年後，我才開始感覺，自己慢慢開始成為一名好廚師了，腦中也開始有不同的想法。」

正是如此。當他這麼說的時候，我再次下意識又有些意外地感受到，自己也早已開始慢慢成為一個不同的人。如他所言，「腦中**開始**有不同的想法」。新的結構逐漸形成，嶄新的資訊與前所未有的經驗整合在一起，塑造出一個新的模式，並逐一彙整，如同一個齒輪系統逐漸嚙合，突然便開始運作了。接下來，無論你身在何處、在做哪些事，這種新的模式都會一直與你共存，在廚房裡如此，在外面的世界也是如此。這種經驗筆墨難形。圖爾真主廚說這就像是一種「第六感」，你忽然通透了，明瞭了廚房裡的一切，有人也把這稱之為「廚房之感」，而它會在你的體內脈動著，像一個新生命一樣。用實際事物比喻，可能會是像這樣的：你拖著沉重的行李穿過歐海爾機場，趕著搭飛機，這時你走上一條空無一人的電動步道，雖然用和原本相同的行走速度，但由於電動步道的加成，空間和時間便以兩倍的速度飛快流逝。

我接著再問他，這個產業究竟有什麼致命的吸引力，什麼樣的人——或者更確切地說，什麼樣的「頭腦和身體」才會視烹飪為唯一選擇？

「我共事過的廚師，」圖爾真主廚說：「對他們的職業都有深厚的熱誠，還有很多人是工作狂。這就是他們想要的一切，他們就是只想待在廚房裡。有些人則可能是控制狂，享受掌控一切的感覺，我不知道如何解釋。當一切事物發生在你的周圍，而你有辦法讓一切都在你的掌控之中的時候，那種感覺其實很棒，好像身為交響樂團的指揮，在你的指引下，一切都是那麼美妙。有些人可能就只是喜歡吃，他們就是愛吃，對食物有強烈的鑑賞力。我自己就**熱愛美食**，而為了獲得真正的美食，有時候你真的必須親自下廚，不可能一天到晚上餐館吃飯。更何況，烹飪也是一門藝術。」

「怎麼說？」

「我真的如此認為。我認為擺盤、展示都是一種藝術，烹飪包含了藝術、化學和科學各種不同的層面。

「總之我覺得，和我一起工作的人對食物有一種激情，他們就是**喜愛食物**。他們是真心喜歡。部分原因是想讓吃的人開心；另一部分原因，對我來說，就是天生的，和運動很像，讓我很喜歡。而烹飪也是一種成就感，當營業運作得行雲流水，而你嘗到自己製作的每道料理都是如此完美，沒有比這更棒的了，可能就像在棒球賽裡投出完封那種感覺，你會覺得，太好了，就這樣保持下去。你會不斷試圖保持獲勝狀態，試圖不要出錯，試圖再締造無安打或完封紀錄。但這是一體兩面的，要做到如此，你必須有很高的自我要求，而且必須一直工作。所以你也必須保持一切平衡。」

「你認為這教得來嗎？」我問。

「可以，絕對可以。其實這和品鑑葡萄酒很像，需要長期培養。對食物的敏銳度也是可以鍛練的，最後即便你品嘗了同一道料理很多次，你都還是能分辨出其中的差異，有些也會令你特別驚豔。這絕對是學得來的，毫無疑問。」

我又問他我的表現如何。

「我認為你做得很好，不過你們那組的壓力已經比較輕一些了，如果你是在晚班負責那個工作檯，主食還會再多一道。你們有時候會有些跟不上，我想剛開始那幾天你可能是有點緊張。

「你最好的經歷就是約翰沒來的那次。那天你必須負起全責，一肩扛起所有工作。那之後的第二天，我便看到了你的不同，你更有效率，更清楚自己何時該做哪些事。

「而與效率最為相關的就是，你必須頭腦清醒、你必須手腳夠快。一上工你就必須掌控一切，出差錯時也能馬上意識得到，例如說，如果我準備三十六份餐點顯得手忙腳亂，思緒糊成一團，那麼我也必須立刻意識得到自己的狀況，並對自己說：『停！我得停下來！』如此一來便是最好的。」

❖　❖　❖

正如刀工和醬汁做法是可以傳授的，處理失誤的方法也一樣學得來。在烹飪的道路上一定會遇到困難，若想成為一位出色的廚師，你更會經常處於困境。而圖爾真主廚遇到困境的做法，便是像以下這樣的。

那是星期六營業時間前不久。負責煎炒檯的辰華在進行準備工作時忽然看著我，雙手模擬顫抖的動作。

「緊張？」我問，一邊將胡桃南瓜切塊。他點點頭。「為什麼？」我問。

他說：「緊張。」

「是因為語言的關係嗎？」我又問：「工作期間大家說話太快了，讓你聽不懂？」

「對，有時候聽不懂。」

辰華準備工作有些落後，他的備料散落各處，整個工作檯擺滿羽衣甘藍和菠菜碎葉、蔥芯和燒焦的紙巾，他一直用紙巾點燃瓦斯爐。這種情況很常發生。當你忙得不可開交時，你便不會想再多花時間清理桌面，畢竟沒過多久桌面一定會再度變得凌亂。

但圖爾真主廚走過來，並且數度表示：「辰華，請你保持工作檯整潔。」圖爾真主廚看到辰華沒空整理，顯得十分沮喪，於是即便沒有多餘的時間，他還是停下腳步與辰華說話。

「你知道自己有麻煩吧？」圖爾真主廚問他，辰華點點頭。「當我**真的**遇到麻煩時，我會先停下來並告訴我的主廚：『請給我一點時間。』」圖爾真主廚抬起頭來，彷彿在看著眼前一位無形的裁判，並像打擊手一樣舉起手來，請求主審給他時間離開打擊區。圖爾真主廚有著演員一般的肢體語言，宛如在演出一場舞台劇，動作很大，誇張地將角色呈現出來。「給我一點時間，」他說，舉著手，低頭走向他的工作檯。然後伸手至檯子下方，從桶子裡拿出一塊藍色快乾抹布，慢慢地、誇張地以畫大圓的方式，徹底且有條不紊地擦拭辰華的工作檯，直到不鏽鋼桌面變得乾淨晶亮，接著說：「清理完畢。」在他鎮定清理桌面的表演過程中，營業時間的急迫性不知何故彷彿就這樣慢了下來。

表演結束後，圖爾真主廚把抹布扔進桶子裡，站直身子，對辰華說：「當你遇到困難，這些雜物也會越堆越多。」他將手掌放在工作檯上，又慢慢地舉高到胸口位置。「如果你被這些雜物困住了，」他說：「你的腦袋也會跟著混亂。」

聽到這一席話，我忍不住笑了。他說的完全正確。我想起辰華剛才的工作檯，到處都是食材殘渣和用過的紙巾，還有鹽粒和胡椒，灑出來的醬料也乾涸成一層硬皮，這場景和混亂的大腦**簡直**一模一樣。營業期間你的腦中大約會有兩種情況同時運作。第一個是你想像的流程——肉材要煮多久、醬汁要花多少時間、烹煮過程應該是什麼樣子、什麼時候才是正確的濃稠度、沸騰時的泡沫應該多大、應該收乾至什麼程度，還有擺盤時，你也必須提前思考，想像每一只盤子裡的每一件東西該如何在成品中呈現。第二則是你實際的視線，當下的視覺景象，每一秒發生的事件。營業期間的工作強度很大，因此你眼前所見以及你腦中的想像——也就是稍後會成為你眼前所見的事物，這一切全都會融為一體。假如你的工作檯十分混亂，到處都是碎屑，到處都是骯髒的餐具、用過的紙巾，甚至連鞋上都黏著碎屑，這便會與即將發生的事物混合在一起，然後完全融入你製作的食物中。這種感覺就像是你的大腦內蒙上了一團迷霧，令你難以思考。然而一旦你清理了工作檯，便同時也是清理了大腦。當一切整潔有序，沒有任何妨礙、沒有任何多餘之物，那麼你便也能在腦中更有效地想像，能在工作檯上更有效率地工作。

所以當圖爾真主廚說「如果你被這些雜物困住，你的腦袋也會隨之混亂」，我才會會心一笑，因為他用三言兩語便精準地描述出這種狀況。圖爾真主廚聽到我的笑聲，也忍俊不禁，為自己的聰明感到自豪。這時蘿絲安出現了，手裡拿著一份點菜單，喊著：「主廚、主廚。」圖爾真主廚還沉浸在他剛才的一番言論裡，笑得十分開懷。蘿絲安只好再次喊道：「主廚！」

圖爾真主廚停下了笑容，對蘿絲安說：「**嘿！我正在和學生說話！**」蘿絲安忍不住翻了個白眼。圖爾真主廚這才停下來，微笑著說：「好吧，什麼事？」

今天是星期六，廚房運作得一切順利，主廚也得以稍微放鬆。

營業期間，辰華的工作檯一直保持乾淨，但是他的雞卻似乎又出了些問題。雞胸肉必須帶翅但去骨，經過快速嫩煎之後，再送入烤箱。雞肉還沒烤好時，辰華看著我說：「肉太大塊了。」主廚來到辰華的工作檯，他們兩人都蹲在攝氏兩百六十度的烤箱前，主廚將雞肉拉出來分別戳戳看，說道：「這塊就快烤好了，這塊還不錯。」辰華也戳戳它們，並向主廚點點頭。

同時，我正重新加熱野生菰，並將蘋果丁和胡桃南瓜加入濃縮的雞高湯中。上星期四課堂間我一直心不在焉，一邊為了尚未著手製作的褐醬而焦慮，一邊試圖驅散早晨的恍惚。那時主廚正在討論湯品。「火雞高湯非常美味，」他說：「簡直是極品，我完全不想再製作一般雞湯了。」接著又說：「那次的試喝真的很不錯，如果把這道湯品放入菜單，餐廳水準馬上就提升了一個等級。」

然後他看著我和約翰，要不是正為了約翰昨天曠課而生氣，要不就是認為我們做得太簡便了。他開口道：「燒烤檯，星期六的菜單你們不打算做點變化嗎？好好想想。我也會打電話給肉品室，看看有什麼其他的蛋白質產品。」約翰輕鬆的點點頭，彷彿主廚只不過是要我們再切幾顆馬鈴薯罷了。

那天的營業結束後，約翰的雞肉失誤和與主廚的對話也成為過去式，主廚來到我們的工作檯邊，問我們想好週六特餐了沒有。令我大鬆一口氣的是，約翰早已有想法：「我想做鵪鶉。」主廚點點頭。「可能還會做葡萄醬汁，」約翰繼續說。

「我不太喜歡在醬汁裡加葡萄，」主廚說。

「還是加點莓果，或果乾？」

主廚說：「讓我想想。」

稍晚當我們正為週五做準備時，主廚在我們工作檯上方的架上放了一本黃色便條，上頭寫著：

週六，十二份套餐

烤鵪鶉鑲山核桃與煙燻墨西哥香腸

野生菰米

蘋果

胡桃南瓜

野菇

其他蔬菜

對我而言，特餐發想的過程十分有趣，簡直稱得上是天馬行空。週四開始，我們會先詢問肉品室裡有哪些蛋白質食材，週六便將之化為饒富興味的料理。一個普通而常見的問題——今晚要煮點什麼？——就這樣化成巧妙的料理，甚至能拿來販售。

一旦廚房步上軌道，圖爾真主廚似乎就開始感到無聊了，而為了自娛，他親自製作那精美的鵪鶉鑲肉。首先，他將一些山核桃片扔進小烤盤並置於爐上，接著將去骨的雞腿放上烤架，底下襯著馬鈴薯片。燻肉與大約百分之二十的肥豬肉一起絞碎，再加入紅蔥、濃縮蘋果酒、鹽和胡椒、百里香、迷迭香和芥末籽醬。擔任替班廚師的大衛在一旁將大約一盎司的攪肉裝進擠花袋中，再塞入去骨的鵪鶉中，並在外皮上切些小口，好讓鵪鶉腿不致斷開，接著將油抹上整隻鵪鶉。約翰則要負責先在烤架上烤出紋路，最後送入烤箱中。

約翰接著又製作了一種小牛混雞高湯的醬汁，以大量烤雞骨提味，並加入一些濃縮至四分之三的鼠尾草與蘋果酒。主廚嘗了嘗，在其中添入酸葡萄汁、迷迭香和百里香。約翰將之過濾並收乾，出餐前加入乳化奶油，便可以上桌了。

與此同時，我以奶油香煎胡桃南瓜與澳洲青蘋果丁，撒上野生菰米與核桃，倒入幾盎司的雞肉湯，再以鹽、胡椒和新鮮百里香調味。另一口鍋裡則以奶油和培根油脂炒豆莢、蠶豆與培根片。

擺盤更是賞心悅目。首先放上一大勺野生菰，將鮮黃色的南瓜與白色蘋果丁放在盤子正中央，形成一個鳥巢狀，讓兩隻鵪鶉分別正對著五點鐘和七點鐘方向歇息。蠶豆與豆莢四散在鵪鶉周圍，再添上以雞肉湯香煎過的數朵香菇。最後，在盤中淋上醬汁，並以亮綠色的百里香葉點綴鵪鶉。

不知什麼時候開始，我們已經十分能夠勝任自己的崗位，即便有再多的備料需要切割處理，有更多烹飪步驟，一切似乎都成了一種愉快的消遣，而不再是惱人的雜務。

一天結束之時，我們又圍在圖爾真主廚身邊，他說道：「我會讓你們提早解散。今天是你們目前為止表現得最好的一天，很少出錯。祝你們週末愉快，下星期二見。」

星期二便是我在廚房工作的最後一天了。對同學來說，這也是他們畢業前在廚房的最後一天，更是兩年辛苦的總結。我問他們感覺如何，答案幾乎是一致的。米米說：「今早醒來，我發現這是我最後一次穿這件制服了。」而當我問約翰他是否很慶幸就要離開這間廚房時，他先是沉默了一陣，接著換上帶著冷酷的微笑，顯然在腦海中回想著某些諷刺的事。最後，他笑了笑，說：「對，我很想趕快離開這裡。」

❖ ❖ ❖

「還好嗎，各位？」主廚帶著他厚厚的文件夾來到用餐區。即將畢業的那組學生週末烤了一隻全豬來慶祝他們最後一門課，顯然這是圖爾真主廚想到的第一件事。「烤全豬怎麼樣？」他問：「好吃嗎？很好，太好了。今天會很忙，我們有七十組訂位，請務必確保你們已經完全準備好了，連同明天的材料也要一併準備，大約有五十組客人，外加一個小派對，但都是單點。宴會共有二十八人，要製作二十八份蟹肉餅，替班廚師會負責。總之，我們必須為明天準備二十八份材料，外加十二份其他餐點，也要準備一點苦苣和涼拌高麗菜。再來是主餐，」他看著約翰和我，「基本上就是你們的牛排，但把牛肉換成豬里脊肉。替班廚師，我叫了十二塊里脊肉，你們要幫忙處理一下，處理好之後還要進行醃泡，明白嗎？另外，我們要製作大約兩夸脫醬汁，替班廚師和蔬菜檯一起幫忙。蔬菜檯也要協助炸薯條，大概要切三十五顆馬鈴薯，馬鈴薯記得先調味。另外要清洗五袋菠菜，行有餘力的話，也幫我準備一下洋蔥，我額外叫了三十顆洋蔥，還有三十顆要用來裝豆煮玉米。所以，燒烤檯，你們要負責的有洋蔥、醬汁和豆煮玉米。」

「請問你有訂蠶豆嗎？」約翰問。

「有，訂了四磅，」他繼續解說完其他宴會料理，然後說我們還需要為新進同仁的第一天做好準備。「把這些做完，一切就結束了，」圖爾真主廚說：「完成之後叫我一聲，我會過來檢查你的工作檯。要幫新人整理一份優先準備清單，還有一張工作檯設置指引，離開前，再多花點時間讓你的檯子越整潔越好。

「還有，我們前兩天不在，所以要你仔細檢查每樣材料，拿出來嘗一嘗，確保沒有變味，我不希望十一點半時還要處理食材腐敗的問題，到時候我已經要開始營業了，不要讓我發現有東西壞掉或黏糊糊的。

「接下來我要聽聽你們今天的工作規畫，從湯品檯開始。」

湯品檯和海鮮檯分別說明了他們的規劃，圖爾真主廚說：「好，那燒烤檯呢？」

約翰說：「我們要處理大約五十顆洋蔥，三十顆用來製作豆煮玉米。我們還有很多燒烤醬，但是不足兩夸脫，所以我們要另外再做大約兩夸脫的醬汁。可能明天還要將洋蔥脫水，另外還需要再準備一些備料來應付今日特餐，並且切一些馬鈴薯。

「我會叫蔬菜檯幫你們切馬鈴薯。」

所有組別的發言之後，圖爾真主廚評論了一下星期六的表現，挑剔了一些小地方，主要是煎炒檯，最後他說：「總而言之，星期六是目前表現最好的一天。但是今天，你們要表現得比上星期六好兩倍，好嗎？要成為你在學校表現最好的一天，知道嗎？這就是你們的目標。

「我也曾經站在你們現在的位置，即將面臨畢業，而畢業後我一時之間沒有找到工作。現在回想起來，後來我的第一份工作可能是我職涯中最重要的一段時間。我原本根本不知道我到底想做什麼，」

圖爾真主廚畢業前曾在一間大型連鎖飯店工作過，雖然他在那裡學會了一些有用的技能，像是如何嚴格控制食譜，但那不是令他有所成長的地方。後來一位朋友介紹他到五月花飯店工作。「一切都是因緣際會，有人告訴我，傑佛瑞．布本正在找人，過幾天就要到職。我接下那份工作，才做了兩天，主廚就說他要開除我。然而，這段經驗成為我往後職業生涯的基石。後來我在他那工作了整整兩年半。那正是我所需要的，我需要那種紀律。我至今依然清楚記得他的工作態度。休息時間，他總會親自擦拭不鏽鋼餐具，還會**時刻**整理環境，他可以一邊坐著和你說話，一邊擦桌子。他性格**瘋狂**，但我從中學到許多重要的訓誡，學到了他的工作方式。工作檯一定要保持整潔，**一整天**都必須井井有條。我剛進去時，每天都跟不上進度，而他也天天找我麻煩。但那段時間非常重要。他會指著我說：『把這裡清乾淨！』也許你們未來不會為這樣的人工作，那麼你就必須每天自我鞭策。

「我可以告訴你們我所學到最重要的兩件事。有些人現在已經有工作了，有些人可能還沒有，也有些人來找我聊過。未來你們畢業後，要怎麼找工作才對？去某一個城市，找出那裡前十名、前二十名的餐廳，然後想辦法錄取，不要太在意錢的問題。你們之中有些人年紀稍長，也有人可能還會組織家庭、娶妻生子，讓你更加擔心收入問題，但對大部分人來說，至少三到五年內，錢不該是主要考量。我是認真的。相反的，你要做出對的決定、為對的人工作，在擁有卓越品質的地方做事，如此一來，往後你就會比其他人賺得更多，像是某些年過三十還在普通飯店擔任副主廚的人，你最終會遠遠超越他們。因此你的首要考量應該是學習，當你離開那個地方之後，永遠不要在品質這件事情上有所退讓，我就是這樣一路過來的。薪水有時也是一種驅動力，離開某個工作時，你要繼續去尋找下一個更好、再更好的地方。只要你做出正確的決定，即便高薪來得晚一些，但你終究會獲得**很好的**報酬。所以做對選擇非常重要。

「第二點是什麼呢？我認為要待在這行，你必須身手矯健。這是很實際的問題，你的動作必須非常、非常快速。很多人工作時毫無朝氣，在我們這行是絕對不能如此，這是體能問題，而且標準很高。我把這一切看作一場戰爭或遊戲，每天都要與時間賽跑，無時無刻都必須趕在時間之前完成。只要我一踏入廚房，就會盡全力快速完成工作，盡可能高效率，盡可能乾淨利落地做好一切。這兩件事是我認為最重要的。」

最後，他問同學們畢業後有何打算。泰瑞莎準備回西雅圖，到她校外實習的餐廳工作，馬克也會去西雅圖。辰華則希望將他在埃斯科菲耶餐館學到的一切移植回他父親在台灣經營的飯店。曼寧和米米要到舊金山，而約翰打算先加入《食物藝術》雜誌團隊，然後前往德國。羅素回答說：「我要去紐約的君悅酒店（Grand Hyatt），並希望兩年後我能開一家自己的餐館。」

「很好，」圖爾真主廚說：「比爾？」

「我要去波士頓海港飯店（Harbor Hotel）工作。」

「很不錯啊，那裡的行政主廚是誰？」

「丹尼爾．布魯斯（Daniel Bruce）。」

「我聽說過他。好，那吉恩呢？」

「我要搬去佛羅里達。」

「去那裡做什麼，釣魚嗎？陶德呢？」

「我還不確定，也許會去波士頓或芝加哥，靠校外實習認識的人脈找工作。」

「你在哪裡實習？」

「底特律的響尾蛇酒吧（Rattlesnake Club）。」

「你在那裡一共見過傑米．史密茲（Jimmy Schmidt）幾次？」

「我到職時正好有重大人事變動，他們剛換了三名新廚師，但人手不足，所以他在那裡也有點忙不過來。」

「好吧，各位，先到這邊。今天是個好日子，有七十組訂位呢。」

我們魚貫回到廚房。

「他一定是故意的，」我們走回工作檯時，我對約翰說：「那種燒烤醬需要花一整天的時間製作，更何況我們還有九千萬顆洋蔥要處理吧。」

「三十份豆煮玉米，」約翰說：「我們就盡力而為吧。」

「也只能如此了。」

這是我在美國廚藝學院廚房工作的最後一天，而我正準備再次製作褐醬。猶記去年冬天那場激烈的油糊之爭，當時我想：「這裡真是個不尋常的地方，有這麼多不尋常的人對褐醬如此痴狂，執著於油糊的色澤。」沒想到如今，我**已然**成為其中一員。

在蠶豆去殼、煮熟、剝皮之後，在搭配鵪鶉的備料處理妥當，還有洋蔥經過煮、脫水、去皮、挖空，以及更多的洋蔥去皮、剁碎、磨製、脫水、磨粉之後，我終於有時間好好製作三杯褐醬。至於我做了什麼顏色的油糊？金色的。金色油糊也很好，因為我早已完全明白製作褐醬的工法與要素。

❖ ❖ ❖

最終，我們設法趕在時限之內完成了一切，出餐也快速而順利，彷彿一切都還沒開始便已結束。

「我們做得不錯，」圖爾真主廚在解散之前說道：「出餐很快，一切基本上都很順利。在這七天裡，我真正想做的，是給你們現實感，讓你們明白這個產業是怎麼運作的，讓你們知道這裡的節奏有多快。有時候我會對你們發火，但那主要是為了讓你們做好出社會的準備。最後，我想祝福你們好運，希望你們的未來很美好。」一陣掌聲過後，圖爾真主廚又補充說：「記住，明天你們輪到外場的時候，不要跟我裝熟。」

一切都結束了。明天，約翰會穿上黑褲子和白襯衫，繫上領結和圍裙，為客人端上他這一週以來製作的食物。下一次他再穿上廚師夾克，就是要參加畢業典禮了，距離離開學校還有六天。到那時，畢業生將坐在台下，然後一個接一個走上校友廳的舞台，向梅茨校長敬禮，而梅茨校長會為他們掛上畢業勳章——那會是一個短暫而盛大的時刻——廚藝學院的旅程就到此為止了。我的班級也會各奔東西，有的人準備遠赴歐洲，辰華要回到臺灣，有的人會去紐約，有的飛往西岸。沒有太多時間停下來思考，這是一種四海為家的生活，這就是廚師的生活。必須不斷前進，臻於完美。

後語：祝福

在美豐盛餐館廚房工作的第一個星期六，可以說是我真正開始烹飪的第一天，我的搭檔約翰告訴吉恩，他根本不知道我是個記者。那天下班後，我開車去帕德斯主廚家。某種程度而言，這有點像是一趟謝恩之旅。我之所以能夠在美豐盛餐館工作，之所以能通過實作測驗，之所以能夠充滿自信地穿梭在各間廚房裡，都要歸功於帕德斯主廚。他一直是位好老師。我曾經問過圖爾真主廚他的基礎技能老師是誰，他告訴我她的名字之後，又說：「你會在這所學校上很多課，但你永遠不會忘記你的基礎技能老師。」這是真的。此外，我也很想念帕德斯主廚，很想再聽他談論食物，並爭論荷蘭醬是否加了太多酸或太少鹽。

我打電話問他地址時——我找了一個藉口和他見面，雖然這其實也沒有必要，但我說我想知道他在巴西的三個星期過得如何——他告訴我：「我住在荒郊野外。」他還說，離他最近的鄰居

3

是會把壞掉的洗衣機放在自家前草坪上的那種人。在他租來的農舍式房屋後方，玉米田似乎延伸了好幾哩，遠處可以看見卡茲奇山脈（Catskill Mountains），當我在溫暖明亮的夏日午後到達他家門前時，山景是一片朦朧的藍綠色。他的狗狗南瓜和厄爾見到陌生訪客便開始又叫又跳，而帕德斯主廚走出來迎接我，然後帶我去看他的廚房。他穿著一件新的牛仔短褲，褲管沒有磨損。他剛才本來在廚房裡碎冰。

「我正要做薄荷朱利普，」他說：「要來一杯嗎？」我說樂意之至。「我在後院種了薄荷，」他又說道，並補充，據他所知，朱利普是薄荷的最佳用途。我基本上同意他的看法，尤其是在這樣一個晴朗溫暖的下午。

我們坐在他家後面的小院子聊天，用超大的玻璃杯暢飲完美的薄荷調酒，太陽高掛在卡茲奇的天空上。他告訴我巴西的情況，以及那裡的小麥與美國有何不同，也因此讓醬汁的製作方式變得不同，因為不同的小麥做出來的麵糊也是不同的。他描述事物的邏輯立刻將我帶回基礎技能課上。「我們的小麥種植在哪裡？」他問我：「我們的小麥又有哪些特點？」我從科佩奇主廚那裡學到，氣候越是惡劣，小麥生長得越結實，而使小麥變強壯的則是蛋白質。在北美大平原惡劣的天氣中，種植出來的小麥蛋白質含量會非常高。「他們的小麥又種植在哪裡？」帕德斯主廚繼續用他咄咄逼人的方式提問：「而那又意味著什麼？他們的小麥是**低**蛋白質、**低**麩質和**高**澱粉。要用那種小麥來做油糊，你會需要加更多東西。否則，你再煮也永遠煮不出厚實的味道和口感。」

由於風土對植物的影響，他在巴西教學生使用諸如葛粉等純澱粉來增稠醬汁。「那裡產很多葛類，」帕德斯主廚告訴我：「你可以在市場上買到新鮮貨。」

他還給我看他新認識的朋友、當地的廚房和學生的照片。

然後我們向後靠放鬆。在一整天漫長的烹飪工作之後，我想，喝大一杯薄荷調酒是多麼美好的事啊。此刻我們被一片玉米海包圍著，遠景一片朦朧，幾乎像是發著光，陽光從山的方向照過來，而狗狗在田間奔跑，在香草園裡嬉戲。園子裡有一棵小小的無花果樹，是葛里菲斯主廚送他的禮物，種在花園旁邊的一個盆子裡，而我們頭頂上是一株年輕的山毛櫸。這是個完美的夏日午後，而回想起那年冬天的暴風雪，我想再也沒有比這個時機更適合說出我一直以來想說的話了。

「主廚，我一直想要謝謝你，」我說：「我知道我是名記者，不是個廚師，」我總是小心翼翼地做出這種區分，尤其是在帕德斯主廚面前，「但是如果我當初沒有修過你的基礎技能課，我就無法完成我現在正在做的這些事。」

「嘿，邁可，」他說：「你當然是位廚師。你能在週六下午到美豐盛餐館的燒烤檯工作，你當然是位廚師。」

我一瞬間百感交集。我的天，我真的是個廚師。自從那年冬天的暴風雪以來，這一直是我想要實現的目標。那天下午，約翰給了我很大的讚美，但現在，我的基礎技能老師賦予我「廚師」這個稱號，而他是唯一有資格這麼做的人。我感到非常、非常驕傲。我以身為一名廚師為榮。

3 後語：祝福

誌謝

首先，我要感謝Ferdinand Metz和Tim Ryan讓我進入美國廚藝學院，且從未拒絕我所提出的任何請求。Fred Mayo博士十分慷慨，在這座迷宮般的學院中提供我寶貴的指引。Andrea Harding與Janis Wertz則努力幫我協調各項事務。所有校內導師都非常慷慨地費時回應我的問題，也有許多人沒有出現在故事中，像是Todd Philbrook（秀盤的事我很抱歉！），還有Tom Griffiths，你們真的幫了我許多忙。在我使用的參考書籍中，最棒的是廚藝學院的教科書《新專業大廚》（*The New Professional Chef*），有關基礎烹飪法和標準比例，沒更好的書籍了。最後，我要感謝所有出現在本書中的廚師和同學，感謝他們的時間，也謝謝他們願意成為這個故事的一部分。

我也要感謝我的經紀人Elizabeth Kaplan，我永遠感激她。

我的編輯Bill Strachan如此真真知灼見且充滿智慧，大大改進了我的初稿，非常感謝他。

永遠感謝R. P.。

還要感謝我的媽媽Carole，她不僅是一位了不起的母親，也是善良與崇高精神的化身。

言語無法表達我對妻女的感激。她們是世界上最奇妙的組合，少了她們，我將會迷失。

附錄
美國廚藝學院課程表：副學士學位

課程表：副學士學位*

烹飪藝術 第一學期：15週				
A 階段 美食概論烹飪 數學	**B 階段** 營養學 衛生學 肉品識別	**C 階段** 肉品處理 食品識別與 食材採購 烹飪法語	**D 階段** 基礎技能一	**E 階段** 基礎技能二
	或	或		
	食品識別及 食品採購 烹飪法語 營養與衛生學	肉品識別 肉品處理		
烹飪藝術 第二學期：15週				
F 階段 熟食概論 進階技能	**G 階段** 海鮮烹調 美洲料理	**H 階段** 亞洲料理 熟食冷肉	**I 階段** 早餐烹調 午餐烹調（成本測驗）	**J 階段** 冷盤（烹飪實作測驗）
烹飪藝術 第三學期：21週				
K 階段 校外實習（至少18週）				

烹飪藝術 第四學期：15週			
L 階段 麵包烘焙 甜點基礎技能	**M 階段** 糕點	**N 及 O 階段** 菜單與設施規劃 葡萄酒與烈酒管理 餐飲法	**P 階段** 國際烹飪 進階烹飪技巧
成本控制			

烹飪藝術 第五學期：15週				
Q 階段 經典宴會烹飪 餐桌與外燴 服務概論	**R 階段** 單點服務 聖安德魯餐廳	**S 階段** 套餐服務 麥地奇義式 餐廳 （烹飪實作測驗） （成本測驗）	**T 階段** 正規法式服務 埃斯科菲耶 餐館	**U 階段** 美式服務與 餐廳管理 美豐盛餐館 廚房

* 此課表為本書成書於1996年時的課程編制。之後課程有所改動。

國家圖書館出版品預行編目資料

一個主廚的誕生 / 邁可.魯曼(Michael Ruhlman)作 ;
劉佳澐譯. -- 初版. -- 臺北市 : 積木文化出版 : 家庭傳媒城邦分公司發行, 2020.06
面 ; 公分
譯自 : The making of a chef : mastering heat at the culinary institute of america, 2nd ed.
ISBN 978-986-459-230-2(平裝)

1.魯曼(Ruhlman, Michael, 1963-) 2.傳記

785.2 109006354

一個主廚的誕生

暢銷美食作家勇闖世界級主廚殿堂，邁可・魯曼的美國廚藝學校CIA圓夢之旅

原 書 名／The Making of a Chef: Mastering Heat at the Culinary Institute of America 2nd Edition
作　　者／邁可・魯曼 Michael Ruhlman
譯　　者／劉佳澐
特約編輯／陳錦輝

總 編 輯／王秀婷
責任編輯／梁容禎
行銷業務／黃明雪
版　　權／徐昉驊

發 行 人／凃玉雲
出　　版／積木文化
104台北市民生東路二段141號5樓
電話：(02) 2500-7696　傳真：(02) 2500-1953
官方部落格：http://cubepress.com.tw/
讀者服務信箱：service_cube@hmg.com.tw
發　　行／英屬蓋曼群島商家庭傳媒股份有限公司城邦分公司
台北市民生東路二段141號11樓
讀者服務專線：(02)25007718-9　24小時傳真專線：(02)25001990-1
服務時間：週一至週五上午09:30-12:00、下午13:30-17:00
郵撥：19863813　戶名：書虫股份有限公司
網站：城邦讀書花園　網址：www.cite.com.tw
香港發行所／城邦（香港）出版集團有限公司
香港灣仔駱克道193號東超商業中心1樓
電話：852-25086231　傳真：852-25789337
電子信箱：hkcite@biznetvigator.com
馬新發行所／城邦（馬新）出版集團
Cite (M) Sdn Bhd
41, Jalan Radin Anum, Bandar Baru Sri Petaling,
57000 Kuala Lumpur, Malaysia.
電話：603-90578822　傳真：603-90576622
email: cite@cite.com.my
封面設計／廖韡設計工作室
內頁排版／菩薩蠻數位文化有限公司
製版印刷／韋懋實業有限公司

2020年6月30日 初版一刷　Printed in Taiwan.
售價／599元

ISBN 978-986-459-230-2